ちくま学芸文庫

改訂増補 古文解釈のための国文法入門

松尾 聰

筑摩書房

はしがき

字引を引いてもわからないことが古文については多い。だから、古文を自習しようとする人はたいてい、「古今集」なら「古今集」の、「源氏物語」なら「源氏物語」の、何かしら註釈書を手許におかなければやっていけなくなる。だが、一つ一つの作品の註釈書を自分が持っているということは容易なことではない。それで、私がいつも考えていたことは、そうした諸君のために、国語辞典の外にこれ一冊がありさえすれば、たいていの古文は一通り自習できてゆくという本を諸君に提供したいということであった。国語辞典で引いてもわからないことというのは、主として助動詞、助詞などに属することばの意味、その使い方である。あとは文構造のことである。私は、この本では文構造のことにまでは紙幅の関係上説き及ぼせなかった。助詞・助動詞などの説明を少し省略して文構造にも触れようかとも思ったがけっきょく二兎を追うものは一兎をも得ずで、筆を省いたがために諸君の理解をあいまいにしては何にもならないと思ったので、思いとどまった。将来増補できる機会があったら増補したいとは思っている。だが、文構造は、大体、自力を以て会《え》得《とく》することも可能だと思うし、またその方面には時枝誠記《ときえだもとき》博士の高名なる御著作（至文堂刊「古典解釈のための日本文法」）もあるのだから、私は助詞・助動詞などに全力をそそいだことをけっして悔いてはいない。

諸君は、学校の正読本や補助教材で、「万葉集」「古今集」「竹取物語」「源氏物語」「枕草子」などに接するであろう。殊に近年のように国立の新制大学が入学試験にかなりむずかしい、それら古典の文章から問題を撰ぶようになっては、いや応なしに諸君はこうした古典を自習するであろう。そのときに諸君は傍らこの本を一冊読みとおしてほしい。諸君は必ず、今まで朦朧《もうろう》として目の前をおおっていた霧がたちまちにして晴れ上がるような感じをうけるにちがいないと思う。そして今まで国語の解釈を、わからないままに、いいかげんな「勘」でやってすましていたことが、いかにいいかげんであったかということ、国語も完全に科学的に研究するべき「語学」であるということを痛感するにちがいないと思う――とまで私は敢えて言い切っておく。

と言ってこの本に書いてあること全部を高校生の諸君が記憶していなければならないということはない。ただ、この本を手にとって調べさえすればすぐ諸君の古典自習がスラスラと進行する程度に習熟してはおきたい。この本は奈良・平安（上代・中古）の文章に対して初心者である諸君への手引ではあるが、諸君がやがて成人して、非専門家たる古典愛好者としてのこるときには、おそらく諸君の生涯のハンドブックとして諸君に奉仕するであろう。本書を、習慣的なよび方に従って一往「古文解釈のための国文法入門」と名づけたものの、本書で取り扱うのは、正確に言えば、前述の如く文法ではなく、主として語意である。「き・けり・つ・ぬ・けむ・らし・らむ」等、助動詞の語としての意味・「なむ・ばや・かし・ば・ども・は・も」等、助詞の語としての意味・「よけば・よけむ・よけく・よみ」等形容詞の古形を含む語の意味、そうしたものを中心としてここに述べた。「それなら文法ではないか」と言う人もあろうが、文法というのは、「き・けり・らむ」等は助動詞であるとか、「き・けり・らむ」等は用言・助動詞の何形からつづくかとか、その活用形はどうであるかとか、「らし」の連体形は体言につづかないとか、「かし」は文の終りにしか用いられないとか、「ばや・かし」などには活用はないとか、そんなことを取り扱うのが本来であって、「き」が過去の意をもつとか、「けむ」は過去の推量の意をもつとかというのは、「かなし」が「泣きたくなるような気持ちである」意をもつとか、「動く」が、「物体の位置が変わる」意をもつとかいうのと全く同じであって、実は文法の取り扱い範囲外のことなのである。つまりそれは語の解釈にほかならない。したがって本書は、正しくは「古文解釈のための助詞・助動詞・形容詞その他注意を要すべき古語の常識」とでも名づけるのがよかったのである。ただ、従来この助詞・助動詞の語意をまで国文法で便宜上取り扱っているので、私も学生諸君の「予備知識」に従って一往わかりやすい書名にしたのである。

なおこの本はちょっと手に取ってパラパラとめくっただけでは、ひどく小むずかしいよ

うに見えるが、けっしてむずかしい本ではない。もし、むずかしい本だと思う人があった

としたら、その人には我慢して勉強してもらうより仕方がない。なぜといって、ここに書いてあることは、古文解釈に必要な最少限度の知識なのだから。用例が、「万葉」「源氏」など古いものばかりで目馴れないかも知れないが、それは序説に述べたように、生きた口語として「口でしゃべられていたことば」でないものには誤用があって、正しい知識を養うための邪魔になるから、鎌倉時代（中世）以後のものを一切採らなかったからである。用例はすべて歌か物語か文学的随筆からとってある。これらは深遠な哲理を述べた文章でも、ひねくりまわし飾りたてた特異な文章でもなく、昔の人の日常の生活の中で、とりかわされることばや言いまわしの範囲を一歩も出ていないのである。また、「らむ」なら「らむ」の用法に、やさしい用法とむずかしい用法とがあって、片方は一年生向き、片方は三年生向きなんていう、そんなばかげた区別があろうはずはないことは、現代の日本語で、「た」とか「う」とかに、大人用・子供用・貴人用・庶民用・学者用・一般用などの区別がないのによってもわかるであろう。つまり現代の日本語の「た」「う」の意味を知ろうためには、そのあらゆる用法を一わたり見とおさなければ、日常文における「た」「う」の理解について完全とは言えないように、いやしくも古語たる「らむ」の意味を知ろうためには、やはりそのあらゆる用法の一通りを知らなければ、日常用の古文における「らむ」の理解についてけっして完全とは言えない。だから私は一見くどいと思われるほ

ど、そうしたいろいろな用例を列挙して諸君の知識を完璧にしようと努力した。

ともあれ、諸君がこの本を活用することによって、やがては、われわれの千年前の祖先ののこしてくれた偉大なる文化財「源氏物語」「古今集」などを自らの力で読みほぐして、諸君の今日の生活への大きなプラスにしてくれるであろうことをいのってやまない。

なお本書を執筆するにあたっては、山田孝雄《よしお》・松尾捨治郎《すてじろう》・橋本進吉・吉沢義則・森本治吉《じきち》の諸博士、宮田和一郎・佐伯梅友・木枝増一《きえだますいち》・橘純一の諸教授その他多数の先覚諸賢の御研究に負うところはすこぶる甚大であり、特に助動詞については、松尾捨治郎博士の「助動詞の研究」をひたすら祖述したと言ってもよいくらいである。限りない学恩につつしんで深謝したい。諸賢の御研究を紹介するにあたっては、つとめて芳名を掲げようとしたが紙幅の都合などもあってまま省略したこと、例文については、孫引はなるべくさけて一々原本に当たりはしたものの、自分で調べる手数を省いてしばしば徳川時代以降諸賢の調査による例文を借用したことなどについて、深くおわびしたい。また、筆者の勤務している学習院大学の国文学研究室で、東条操《みさお》先生のおそばにいる関係上、終始懇切な御助言を賜わった。末ながら記して、厚く御礼申し上げる。

昭和二十六年八月三十日

著者識

改訂版に際して

昭和二十七年一月初版刊行以来、思わぬ御支持を得て刊行満二年で五万部を越え、その後今日までに計十万部に近い版を重ねて、版が摩滅したため、この際改版したいとの書肆《しょし》の申し入れがあったので、改版するからにはすっかり書き変えて十分にくわしくしたいと思う心が切だったのだが、身辺忽忙《そうぼう》、結局、旧版の誤りを正し、不足を補うだけで終ってしまって申しわけない。しかし、長年気がかりだった補正——とりわけて後半の「形容詞」以下の簡略にすぎた諸章についてのかなり大量の補正を果たし得たことは、私としてはありがたいことであった。正直言って語学が専門でない私としては、すっかり書き変えてみたところで、これ以上大してよくはならないかも知れない。殊に、なまじくわしくすると、わかりにくく面倒になったかも知れない。手頃の入門書としては、やはりこのくらいがいいのだと、自分で自分に言い聞かせてなぐさめておくことにする。

旧版執筆のころは、これくらいで新制高校の生徒の学力に合うつもりであったし、事実合ってもいたのだったが、その後二十年の今日では、遺憾ながら高校生の国語の古典読解力は、だいぶ低下したようである。しかし、今年四月新改定の文部省の検定教科書の「古典Ｉ乙」でもやはり「源氏物語」や「枕草子」が教材に取られることが許されているのだから、私のこの本が、むずかしすぎるという理由はまったくないのであり、これ以上程度を下げてはならないのである。読者である生徒諸君は、我慢して勉強してほしい。ただなるべく自習しやすいように、引例の多い「万葉集」については、諸註釈書で調べる便利をはかって「国歌大観」番号を新たに加えた。

この本は、本来高校生向けのものであるが、高校できちんと勉強をして来なかった大学の一般教育課程の学生諸君にも、あるいはお役に立つであろう。ただし私の本来のお願いは、大学の学生諸君は、こんな程度のことは、すでに「百も承知」であっていただきたいということである。

昭和四十八年　一月

著者識

（補記）旧版では先賢諸家の御研究を引く場合または御研究に負う場合は、つとめてそのお名を掲げさせていただいたが、改訂版において新たに筆を加えた部分については、叙述を簡略にする必要から省かせていただいた場合が多い。また、しろうとの私なので、旧版執筆以後の二十余年間の、諸家の専門的な御研究を一々くわしく拝見しているわけでもなく、当然拝見して学恩を仰ぐべき御研究の数々を見すごしているにちがいない。

その点の非礼を深くおわびする。なお、まことに迂闊《うかつ》ながら、松村明教授編の「日本文法大辞典」を、この改訂版の筆を終るに近いころになって手に入れて、敬語の項の途中からようやく恩恵を頂いた。同辞典の敬語の諸項目御担当の杉崎一雄氏の御解説には、教示されることがすこぶる多かった。なお「おはす」「まゐる」などについて御造詣の深い宮地幸一氏の御業績など、当然仰ぎ見るべくして、ついその時間の余裕を得ずにしまったことも申しわけないこととおわびしたい。

目次

二　謙譲語……五四五

改訂増補 古文解釈のための国文法入門

序説

諸君は次の問に答えられるか。もし答えられないのだったら、この本を読む必要があるだろう。なぜと言えば、諸君は、古語についてきわめて初歩的な知識さえもしっかり身につけていないことが確かなのだから。

〔問題〕 つぎの中古（口語）文または上古（口語）文を正確な現代（口語）文に言いかえよ。

（イ）花咲かむ。
（ロ）花咲くらむ。
（ハ）花咲きなむ。
（ニ）花咲かなむ。
（ホ）花咲きけむ。
（ヘ）花咲きけり。
（ト）花咲けり。
（チ）花咲けりけり。
（リ）花咲きぬ。
（ヌ）花咲きにき。
（ル）花咲きたり。
（ヲ）花咲きしか。
（ワ）花こそ咲きしか。
（カ）花こそ咲かね。
（ヨ）花こそ咲かね、春は来にけり。
（タ）花咲かね。（上古文）
（レ）花咲きね。
（ソ）花な咲きそ。

(ツ) 花咲かず。
(ネ) 花咲かざり。
(ナ) 花咲かじ。
(ラ) 花や咲かまし。
(ム) 花だに咲く。
(ウ) 花だに咲け。
(ヰ) 花さへ咲く。
(ノ) 花咲かむや。
(オ) 花咲かめや。
(ク) 水流れぬ。
(ヤ) 水ぞ流れぬ。
(マ) 水流れぬべし。
(ケ) 水流る、なり。
(フ) 水流るなり。

右の答をつぎに掲げよう。

(イ) 花が咲こう。(花が咲くだろう。)
(ロ) 今頃は花が咲いているだろう。
(ハ) 花が咲いてしまうだろう。(花がきっと咲くだろう。)
(ニ) 花が咲いてくれ。
(ホ) (かつて) 花が咲いたろう。
(ヘ) 花が咲いたのだった。
(これには説がある。後述)
(ト) 花が咲いている。
(チ) 花が咲いていた。
(リ) 花が咲いてしまう。
(ヌ) 花が咲いてしまった。
(ル) 花が咲いている。
(ヲ) 花が咲いたか。
(ワ) 花こそ咲いたが……。(〔マタハ〕花、まさにそれが咲いた。)

（カ）花こそ咲かないが……。（〔マタハ〕花、まさにそれは咲かない。）
（ヨ）花こそ咲かないが、春は来てしまったのだった。
（タ）花が咲いてくれ。
（レ）花が咲いてしまえ。
（ソ）花がどうか咲かないでくれ。
（ツ）花が咲かない。
（ネ）花が咲かないでいる。
（ナ）花が咲かないだろう。
（ラ）ひょっとしたら花が咲くかしら。
（実際は咲かないだろう。）
（ム）花でさえ咲く。

（ウ）せめて花なりと咲け。
（ヰ）花までが咲く。
（ノ）花が咲くだろうか。
（疑問の場合と、反語の場合とがある）
（オ）花が咲こうか、咲きはしまい。
（ク）水が流れてしまう。
（ヤ）水が流れない。
（マ）水が流れてしまうにちがいない。
（水がきっと流れるにちがいない。）
（ケ）水が流れるのだ。
（フ）（音が聞えるのによれば）どうやら水が流れるようだ。

右に上古文と注したのは、上古（奈良時代）の言い方で、中古（平安時代）にはほとんどすたれたものである。さて右の現代語による訳文は、できるだけ正確にその意をつたえるように直訳体を以てしたのであるから、なかにはぎこちない感じをうけるふしもないではなかろうが、しかし訳文のあいまいさを、できるだけなくなそうとすると大体こんなところに落ちつくべきだと思う。

右の訳文を見てなかには疑問をおこす諸君もあるかも知れない。たとえば「(ル)の『花咲きたり』を『花が咲いている』と訳したのは、へんだ。むしろ『花が咲いた』であって、過去のことを言っているのではないか」などと。だが、その疑問は、その「花咲きたり」が中古文である限りにおいては、明らかに誤っているのである。

もし右の疑問に類したことが肯定されることがあるとすれば、たとえば「昨日という過去の時に地震があった」ということを、中古文では「昨日地震ありき(マタハ)ありけり)」と言うのであるが、現代文語文としては

昨日地震ありたり。

と言っても、——それは中古文の言い方から見れば明らかに誤っているのだが——便宜上、みとめられるという場合だけである。つまりこの場合は「き」と「たり」との意味上の差をわきまえなくなった後世の人々がそれを勝手に混用しているのにならって、「ありたり」と書かれているものを「ありき」の意に用いたものと諒解しようというのにすぎないのである。

ここで私は、一往「口語文」「文語文」と普通呼びならわしていることば及びその事柄

について考えてみて、諸君にはっきりした知識をもっておいてもらいたいと思う。

いったい「口語」「文語」とは何かというと、「口語」とは話す言葉であり、「文語」とは文に書くときにつかう言葉である。ただし話す言葉と、文に書くときの言葉とがまったく一致するなら「口語」「文語」と言いわける必要はないわけであるから、「文語」とは話す言葉と当然いくらかのちがいがあるはずである。そのちがいとはいったい何なのだろうか。

どの国でも大昔、言葉はあってもそれを記しておく文字がなかった時代がある。日本でもそうであった。日本で人々が文字を知ったのは、漢籍の渡来によってであるといわれている。その漢籍の渡来について史書に見える最初の記事は、応神天皇十六年に百済《くだら》から王《わ》仁《に》が「論語」十巻「千字文」一巻をもって来たことである。（古事記にそのことが見える。ただし日本書紀では「諸の典籍」とあって「論語」「千字文」の名は見えない。）はじめはこれを外国文字（漢字）によって綴られた外国語の文章（漢文）として——つまり日本語とは全然無関係に——シナ語をわきまえている特殊の人々だけが読んだのであろうが、そのうちその外国語の文章（漢文）を、外国語（漢語）で読まないで逐一当時の日本語に言いかえながら読むというはなはだ器用なことが行われはじめたらしい。それがすなわち漢文の訓読である。たとえば

花開

というのをシナ音でよまずに日本語に言いかえて「はなさく」とよみ、

吾観花

というのをシナ音でよまずに日本語に言いかえて「われはなをみる」と読むのである。そうしているうちに、やがて今度は、逆に、日本語で「はなさく」とか「われはなをみる」とかいうようなことばを——それまでは書きしるしようがないから、他人に伝え、また、後代に伝えようとするときは、口から口へとうつしつたえていたのであったが——この外国文を使って「花開」または「吾観花」と書くようなことがはじまった。ところがまた、そのうちに「花開」と書きしるしたのでは、なるほど「はながさく」という日本語の示す事実はほぼつたえることはできるが「はなはさきぬ」とか「はなぞさける」とかいうような場合の「は」「ぬ」「ぞ」「る」といったふうの日本語のこまかい意味のつけ加えがなかなかうまくそのままに言いあらわせないということがもどかしくなってきた。(ほかに、人の名、土地の名などの固有名詞を書きあらわすのに外国文字【漢字】の意味を使っているのでは、すこぶるあらわしにくいという大きな理由もあったが)そこでまたもう一工夫《ひとくふう》して、今度は、そのシナ文字の意味はまったく無視して、そのシナ音だけを借りて、日本語をうつそうということになった。たとえば「はな」を「波奈」とかくのである。この「波」というシナ文字の意味は日本語の「なみ」にあたるが、それにはかまわずにただそのシナ音（つまり「なみ」のシナ語）「は」を用いたのであり、「奈」というシナ文字の意味は日本語の「なに」とか「どうして」とかにあたるが、同様に、ただそのシナ音「な」を用いたのである。したがって「はな」を「花」と記す場合はシナの人にも、その「はな」という日本語の発音は諒解してもらえないが「はな」という意味は諒解してもらえたのであったが「波奈」と記す場合には、シナの人に「はな」と発音してもらえるだけで、その意味はまったく諒解してもらえなくなったわけである。つまり後者の場合はことばとしてはまったく外国語から縁が切れたのである。さて、こうして「はな」という日本語を書き記すのに「花」と書くのと、「波奈」（あるいは「波那」「磐那」など）と書くのとの二つの方法ができたのだが、理窟から言うと、「波奈」と書く方式だけを使うと――ちょうど英語のアルファベットと同じことになって――わかりやすく便利であったろうとちょっと想像されそうであるが、必ずしもそうではなかった。

というのは、日本語の一音をシナ文字の一字で一々書き記すとなると、複雑な劃《かく》をもっている文字をたくさん書かなければならなくなって、ひどく能率がおちてくる。たとえば「みづながる」という日本語を前者の方式で書けば「水流」ですむのに、後者の方式をつかえば「美豆奈我留」といったふうに、字数もふえ、劃もたくさん書かなければならなくなる。ことに、そうした文字を使って日本語を書き記そうとする人たちは、もともとシナ文字を（更にあるいはシナ語をも）相当わきまえていて、そのシナ文字の示す意味（つまり日本語の何にあたるかということ）を十分知っているのだから「みづながる」ということを、わざわざ「美豆奈我留」などと書き記すのは、ばかばかしくてやれたものではなかったにちがいない。そんな事情から、けっきょく日本語を書き記すのに、この二つの方式が混用されることになってしまった。たとえば

　次国稚如浮脂而久羅下那州多陁用弊流之時（「つぎにくにわかくうきあぶらのごとくしてくらげなすたゞよへるときに」と読む）

これは、古事記の一句であるが、こんなふうに、書き手が日本語を特にそのままにつたえたいと思う部分にだけ、後者の方式が使われたのである。なお、前者の方式をつかう場合にも、たとえば「うきあぶらのごとく」を「如浮脂」のように外国語（漢語）の語序もそのままに純外国文で書く場合、「浮脂如」のように、語序を日本語に従って書き下してしまう場合、更に「浮脂乃如久」のように、日本語と漢語との差の特質である助詞、活用語尾などを小さい字で添えて書く場合などといろいろのちがいがあり、これらが後者の方式と混用されるのだから、書き方としては、かなり不統一になったわけである。

こうしているうちに、漢字を以て日本語の一音をあらわす場合、一々その漢字を克明に書いてゆくのではわずらわしくてたまらないということから、漢字の劃の一部分だけをもってこれの代用とする方法と、漢字をできるだけ草体に書くという方法とが工夫された。前者が片仮名であり（たとえば「宇」の冠「宀」を以て「ウ」が出来た）、後者が平仮名

である（たとえば「以」の草体から「い」が出来た）。片仮名は、主として漢文、殊に学僧が漢訳の経文を訓読するのに用いられ、平仮名は主として、漢字漢語漢文にしたしんでいない女性たちによって用いられることになった。大体平安時代のはじめのことであった。こうして、はじめて日本語がそのまま手軽に文字にうつされるようになったわけであるが、片仮名は、その成り立ち上、漢語漢字と交ぜて用いられ、片仮名だけで文をつづったり、うつしたりすることは、かなり後世（鎌倉時代）まで稀であったようで、純粋なかな文は平仮名で書かれるのが普通であった。

「口語」と「文語」とのちがいはいったい何であるかということを話すはずなのが、よこ道に入って古代の日本語の記し方をのべてしまったが、実はこれをのべなければ、本題に入れなかったのである。というのは、口語と文語とのちがいは、話すことばと書くことばとのちがいだからである。つまり、書く文字がなければ文語ということはあり得ないのである。

だが、話すことばと書くことばとは、どうしてちがうのだろうかという疑問が、まず諸君の頭に浮かびあがるにちがいない。いかにもごもっともな疑問である。実は、ちがうはずはないのである。ちがうはずがないのに、ちがうのは、話すことばと書くことばとのどちらかが動くとか、両方とも動くがその動き方に差があるとかいうことに原因があるのである。

これをもう少し具体的に言うと——ことばは時代によって変化する。ところが、文字に書かれることばは、とかく保守的になって時代後れのことばで書かれる。それで、はなしことばとの間にちがいができる。こういうわけなのである。

したがって、文字によって書かれない時代のことばには当然文語はないわけであるが、厳密に言えば、それに似たものはあったかも知れない。たとえば、文字がないために、暗記することが上手な人に、いろいろ大切なことを暗誦させて後代につたえてゆくというような場合は、その暗誦されたことばには、古い時代のことばをつたえたものもあって、暗誦されたことばを聞く人々には、普通のはなしことばとちがって感ぜられることがあったであろう。これも一種の文語——文字によらない文語である。古事記の文なども、古事記が筆録された時代のはなしことばとはいくらかちがっていたかも知れないのである。

しかし、これは、あくまで厳密な言い方であって、大まかに言えば、日本人が漢字という外国文字をはじめて知って、その漢字を以て、不自由な思いをしながら、たどたどしく日本語を書き記した頃から、ようやく片仮名、平仮名が出来て、かなり自由に日本語を書き綴った頃を通って、宮廷の女性たちが数々の文字を、純粋に近い固有日本語で、自由奔放に書き流した頃まで、つまり平安時代の中期までは、はなしことば（口語）と書きことば（文語）とはほとんど一致していたと言って差支えがないのである。

念のために、この時代を通して、口語と文語との差を明らかにあらわしていることばといわれているものを記してみると、「万葉集」の書かれた時代における「たづ」と「つる」ということばはその一例である。すなわち「万葉集」では鶴を、動物の名として呼ぶときにはかならず「たづ」と読まれるべき文字で記しているのにかかわらず、助動詞「つ」の連体形の「つる」を書き記すのには「鶴」の字を用いている。これは「鶴」が口語では「つる」と呼ばれていたのに、歌では「たづ」としか言われなかった、つまり「たづ」は「つる」の歌語——一種の文語であったことをあらわすということになる。その他、「万葉集」にしきりに見える詠嘆の助詞「かも」も、あるいは口語の「かな」(「常陸風土記」に「与久多麻礼流弥津可奈《ヨクタマレルミヅカナ》」という例が一つ見える)に対する歌語であったかともいわれている。いったい、歌はとかく取りすましたお上品な態度で詠まれるから俗語が自然避けられて、保守的になりがちな一方、字数や音調にも制せられるので、口語から離れる節々が出来てくるのは止むを得まい。枕詞なども口語では用いられない歌独特のことばである。また、歌では、意識して外来語(漢語)をつかわないし、口語ではしきりにつかう音便も避けてつかわないようにしている。こんな点に歌語は、口語と明らかに差が見られるのである。

だが、これは前にも言ったとおり、厳密な立場に立っての区別であって、大体に言えば、口語文語の区別はないのである。それは、今一往区別がありそうなことを言った「歌」のことばを、その当時の「物語」などに見える会話体のことば、あるいは消息文に比べてみるとよくわかる。物語の会話体のことば及び消息文は明らかに当時の口語であるが、それと歌のことばとには、現代のわれわれから見てほとんどちがいは感じられないであろう。

「目もみえ侍らぬにかく畏き仰せごとを光にてなん（以上、会話体）」とて見給ふ。「程経ば少しうち紛るる事もやと待ち過す月日に添へて、いと忍び難きはわりなきわざになん。いはけなき人もいかにと思ひやりつゝ、諸共にはぐゝまぬおぼつかなさを。今はなほ昔の形見になずらへて物し給へ（以上、消息文）」などこまやかに書かせ給へり。

宮城野の露吹きむすぶ風の音に小萩がもとを思ひこそやれ（以上、歌）

とあれど、え見給ひはてず。

右は「源氏物語」の桐壺の一節であるが、会話体のことば・消息文は、歌及び地《じ》の文とほとんど区別せられないことがわかるであろう。つまり、平安時代の中期までは、口語と文語との差はほとんどなかったと言ってよいのである。もとより奈良時代から平安時代にうつるに従って、口語自身に若干の変化が生じたが、その口語の変化に伴って書きことば、すなわち文語の方も変化したので、奈良時代、平安時代（中期まで）のそれぞれにおいては口語と文語との差はなかったのである。

ところが平安の中期を過ぎて院政期（一〇八七年白河上皇執政の後百年をいう）に入ると、次第に口語にかなり大きな変化が生じてきた。それは、荘園の崩壊によって京都の藤原貴族たちの勢力が衰えて、地方の武士である源平両氏が京都に進出して、政権を得、ことに平氏の如きは清盛自身が太政大臣となり（一一六七年）、一族郎党をひきいて天下に号令したために、これらの田舎武士の話しことばのくせが、いちじるしく従来の京都人の口語の中に入ってしまったのであった。いつの時代でもさして勢力のない人々の間に行われる特殊な話し言葉などは、そう特別に一般の言葉に影響することはないのであるが、権威あり勢力のある人々の集団が特殊な話し言葉を使うときには、その支配下にある人民の話しことばがいちじるしく影響されて変化することは当然である。

この頃における口語の変化は大体次の三つの法式によって行われている。

（1）用言助動詞の連体形を終止形に代用する。

（2）用言助動詞の二段活用が一段活用に変わる。

（3）音便の頻用。

たとえば、従来の口語「水流る」「木朽つ」は、（1）に従って「水流るゝ」「木朽つる」となり、更にそれが（2）に従って「水流れる」「木朽ちる」になる。また「花美し」は（1）に従って「花美しき」となり、更にそれが（3）に従って「花美しい」となるというわけである。もちろん、手のひらを返すように、ある時に一度にすっかり変わり切るということはなく、院政期から鎌倉時代を通ってだんだんに変わっていったのであるが、右の三法則がほぼ完全に実行され終った江戸初期の口語は、現代のわれわれの口語にいちじるしく近くさえなっているのである。

さて、このように口語がいちじるしく変化してきた院政期以後、書きことば（文語）はどうなったかというと、その変化した口語をそのまま書きことばにつかうことはもちろんあったけれど、文学の世界では、変化して行く口語を捨てて、平安中期の口語を規準としてこれを書きことばに用いるという傾向がつよかった。それは、文学を作る人々の多くが、従来の藤原貴族の社会に住む者またはその同調者、同情者であり、新支配階級である田舎武士たちのことばによって変化させられた口語を自然いやしみさげすむような気持ちが強かったためと、彼らのあこがれが、藤原貴族全盛の平安中期にあったためとであろう。こうして、院政期以後室町時代までの文学を見ても、和歌、擬古物語は言うまでもなく、軍記物語、説話集、日記、随筆、お伽草子、謡曲、宴曲の類までも多かれ少なかれ、平安中期の口語を行文の規準とするけはいが濃い。

　こんなわけで、書きことば、すなわち文語とは、平安中期の口語の語法を守って書かれる文を指すようになったのであるが、なにぶんにも、後代の人にとっては、平安中期の口語は、生きた口語ではなく、死語であるから、よほど平安中期の文学作品などを読みこなしていないかぎりは、語法のあやまりをしでかしてしまう。ところが、そのあやまった文を、読者の方も知識が低いので、あやまりと気がつかないで、そういうものなのだと鵜呑みにして、それをまねて自分も書いたりする。それがいつの間にか一般にひろがってしまうと、今更それはまちがいだと一部の識者が言い立てたところで、間に合わない。とうとう、それも一つの慣用語だとして認めるというようなことになる。たとえば、前にあげた

とおり

昨日地震ありたり

といったような誤った組合わせのことばが「昨日地震ありき」の意味をあらわすことばとして許されたり、「命は惜しし」「得《え》せしむ」「せまじきもの」といったような平安中期には聞いたこともないようなことばが「命は惜し」「得《え》しむ」「すまじきもの」の代わりに用いられたりするに至ったのである。これらは、口語が時代によって自然に変化したのとはちがって、死語が無知によって人為的に改変されたのであるから、厳密に言えば、許容さるべき正当な理由はまったくないのである。

さて、明治時代に入ってから、国民のふだん書く文、公用の文などの規準を定めるにあたって、やはり平安中期の口語の語法に従って書く文を正しいものとして、これを「普通文」と名づけた。ただし前掲の「命は惜しし」「得せしむ」程度の誤りは一往許している。そのほか、鎌倉時代初期の口語の会話文体を規準とする「候文」が書簡文体として用いられた。現在世の中で「文語文」と言いならわしているものは右に言う「普通文」のことである。

ところが、今度の大戦後、公用文から普通文、候文は除かれ、一切が現代の口語文で書かれることになったのだから、今までのわかりにくい「文語文」「口語文」という言い方は、むしろはっきり改めて「何々時代の口語文」「何々時代の文語文」と言った方がよい。

そうすれば、西鶴の文などは「口語文か文語文か」と聞かれて、返事に困ることもなく「徳川時代の一種の文語文」と言えるであろう。大正昭和期によく見られたいわゆる口語文語の混交文も「大正昭和時代の一種の文語文」と言って片づけることができる。

以上で「口語文」「文語文」についての話を一通り終えたが、私がここで諸君に知ってもらいたかったのは、こんなふうに、平安中期を過ぎてからの文学作品の文章は、狂言（室町時代の口語で書かれている）や近松の浄瑠璃（その中の会話は徳川時代の上方の口語で書かれている）のような演劇用台本を除いては、たいていがその時代の生きた口語ではなく、平安中期という過去の時代の口語、つまり作者にとってはまったくの死語である特殊な言葉で書かれているということ、したがって、当然かなり語法上の誤りが犯されがちであること、したがって、たとえば、徳川時代の国学者の亜流の輩によって書かれた誤りだらけの擬古文などを読みならした知識だけでもって、生きた口語で書かれている「竹取」「土佐」「落窪」「源氏」などの平安期の諸作品を読もうとすれば、かえって正当な理解から遠ざかるであろうということ、これを逆に言えば、「竹取」「土佐」「落窪」「源氏」などの平安期の諸作品を正当に理解しようとするためには、擬古文などでいわゆる「文法」を一通り習ってそれから「竹取」「土佐」「落窪」「源氏」などに立ち向かおうとするような従来の有害無益に近い「戦術」をやめて、じかにそれらの作品にぶつかって行くべきだということなどだったのである。

以下、擬古文体による作品の平安中期の口語文の格に合わない幾つかの例をあげてみよう。たとえば徳川時代の擬古文体小説の雄と称えられる上田秋成の「雨月物語」をちょっとひらいてみても、そこここにあやしげなことばが見える。

須磨明石の浦吹く風を身にしめつも行く行く讃岐の真尾坂といふに暫く杖をとゞむ。（白峯）

この「つ」を秋成はしきりに用いている。「つゝ」のつもりらしいが、もとよりこんなことばはない。

この里近き白峯といふ所にこそ新院の陵ありと聞きて（白峯）

やがてぞ参りつらめと奏す。（仏法僧）

万作酌まゐれとぞ課《おほ》せらる。（仏法僧）

貴なる御方とは見奉るこそ賢かりき。（蛇性の淫）

こうした係結の誤りはとてもあげきれない。

伴なひに後れし由にて一宿を求めらるゝに、士家の風ありて卑しからねと見しまゝに、逗《とど》め参らせしに（菊花の約）

たま〳〵こゝかしこに残る家に人の住むとは見ゆるもあれど昔には似つゝもあらね。（浅茅が宿）

これは「卑しからず」「似つゝもあらず」とあるべきところである。「こそ」の結びの場合

「ず」は「ね」となるのだが、その「ね」の方だけを用いてしまって、「ず」の強めまたは感動表現のつもりでいるのであろう。中古にはもとよりこんな語法はない。なお「似つゝもあらず」の「つゝ」の用い方もあやしい。（「つゝ」は動作の反覆を意味する。「似つゝあり」は、「似い似いしている」「いつもいつも似ている」の意）「似てもあらず」とあるべきである。

今は京に上りて尋ねまゐらせんと思ひしかど、丈夫さへ宥さざる関の鎖《とざし》をいかで女の越ゆべき路もあらじと（浅茅が宿）

思ひし事の露たがはざりしよと、更に涙さへ出でず。（浅茅が宿）

後の文の「さへ」は平安中期までの語法では「だに」とあるべきもの。前の文の「いかで云々」は

いかで女の越ゆべき路あらむ。

女の越ゆべき路もあらじ。

のいずれかでなければならない。

なんぢ人ならぬ心より我を（我に）纏うて幾度かからき目を見するさへ（だに）あるに（ヒドイ目ニアワセルノサエケシカラヌコトナノニ）、かりそめ言を（に）だにもこの（かく）恐ろしき報をなん（なんせんと）いふは、いとむくつけなり（むくつけげなり）。（蛇性の淫）

少なくとも右の傍線の部分のことばはその下の括弧内のことばのようにでも改めないと通じにくい。こんな状態だから、「雨月物語」などを読んで、これを中古文と同じ語法に従っているものと思いこんで、その知識を以て、「源氏」「枕草子」などに立ち向かおうとすることは厳につつしんでもらいたい。せっかく、正しい語法のみで書かれている――それは生きた口語だったのだから、誤るはずはなかったのである――中古の文学を理解する道の妨げにさえなるであろう。（徳川時代の擬古文のうちで、ほぼ中古文の格を誤らずに書き得ているのは、本居宣長の文である。これだけは、まず中古文に立ち向かう前の「練習教材」として用いることができる。宣長が、「源氏」「古今集」をはじめ中古の文学をよく読みこなしていた証拠である。）

「徒然草」は日本の古典文学中の宝といわれる名作であるが、これも兼好法師が自分の時代の口語で書いたものではなく、「源氏物語」「枕草子」など、つまり平安中期の口語文に倣《なら》って書いたものであろう。兼好の時代、すなわち鎌倉の最末、室町の最初期は、秋成の徳川時代よりははるかに平安期に近く、したがって口語自身も平安期との隔たりが徳川時代ほどいちじるしくはなかったろう。その上、兼好は、宣長のように「源氏」「枕草子」などの文学に親しんでいた。そんなわけで、「徒然草」には、ほとんど平安中期の口語から外れることばやことばづかいはないようであるが、気をつけてみれば、やっぱりかなりどうかと思われる節々がある。たとえば

ありたき事はまことしき文の道。（一段）

「たし」という希望の助動詞は、「万葉集」にそれと見られる一例があるので、やや疑わしいふしはあるが、その一例以外は平安後期までの仮名文学にはまったく見えない。したがって、ここも「あらまほしき事」とあるのが当然穏当である。

その世の歌には、姿言葉、このたぐひのみおほし。（十四段）

平安時代の仮名文では「おほし」「おほけれ」の用例はまったくない。「おほかり」「おほかれ」と言う。つまり連用形「おほく」と連体形「おほき」のほかは、（「おほく」と「あり」とが結合して出来た）「おほかり」の活用形だけが用いられていたのである。したがって右も「たぐひのみおほかり」とあるべきである。

朝夕隔なく馴れたる人の、ともある時、吾に心置きひきつくろへる様に見ゆるこそ「今更かくやは」などいふ人もありぬべけれど、猶げにげにしくよき人かなとぞおぼゆる。（三十七段）

この「げにげにし」は「誠実さがあるようだ。実直らしい」というような意味で使われていると思うが、平安中期までには「げにげに」は見えても「げにげにし」という形容詞の用例は見当たらないようである。ただし鎌倉期に入って「宇治拾遺物語」に「げにげにし」の用例があるが、それは「本当らしい・もっともらしい・道理があるらしい」の意であって、右の「徒然草」に用いた意味とはちがう。ところが、「徒然草」にはもう一つ用例がある。

げに〳〵しく所々うちおぼめき、よく知らぬ由して、さりながらつま〴〵合はせて語るそらごとは恐ろしき事なり。（七十三段）

この「げにげにし」は「宇治拾遺」の用例と同じ意味である。さて、これだけで軽々しく判断することは正しくないかも知れないが、ともかく臆測として次のことは言えよう。

（1）人の言うことや、前に示されたことがらを「なるほど」、「いかにも」などと合点する場合につかう「げに」ということばを重ねて、それを形容詞にした「げにげにし」という言葉は平安中期にはなかった。

（2）「げにげにし」という言葉は口語として院政期以後鎌倉初期までに出来、「なるほど」と人に思わせるようだ」の意に用いられた。

（3）さて兼好の時代にはどうであったか。兼好の時代には、それが口語として（2）のような意味に用いられる一方、「誠実さがあるようだ」「実直らしい」の意にも用いられるようになったので、兼好はその両方の意味に用いたと考えるのが一つの考え。兼好の時代には「げにげにし」は口語としては用いられなくなり、死語となったので、兼好あるいは兼好時代の人が意味を誤解して「誠実さがあるようだ」「実直らしい」の意をもあらわすことばとして誤り用いてしまったと考えるのがもう一つの考え。

右は、まったく臆測にすぎないが、こんなふうに「徒然草」などの文でも、その用語が果たして生きた口語であるか、または今は死んでいても、かつて生きていたことのあることばであるか、またはまったく生きてつかわれたことのない、文章を書くためだけに造られたことばであるかなどについて十分の吟味が必要となる場合が多いのである。

此僧都或法師をみて、しろうるりと云ふ名を付けたりけり。「とは何物ぞ」と人の問ひければ、「さる物を吾も知らず、もしあらましかば、此僧の顔に似てん」とぞいひける。（六十段）

この「てん」も上の「ましかば」をうけているのだから、字数に制約される歌でない限りは平安中期までの普通の言い方では「似てあらまし（似たらまし）」となるはずのものであろう。（もっとも中古でも散文で同様の例は皆無とは言えないから、誤りとは言えない。）

以上で、諸君が「竹取物語」「落窪物語」「源氏物語」や「枕草子」などの日本の古典を、正しく理解しようとするためには、擬古文などで語法を覚えたりしないで、じかにそれらの古典にぶつかるべきだということの意味がわかったことと思う。

それで私はこれから、それらの古典に用いられていることば、すなわち平安時代の初期から中期までの口語文のなかで、特に諸君が知っていなければならないことばについて説明してゆきたいと思う。諸君は私がこれから説明することばや事柄を十分理解して身につけさえすれば、いわゆる「古文解釈」の道は、その後おそらく諸君の自力を以て比較的たやすく切り開けるであろう。だが、それはあくまでも「十分理解して身につけさえすれば」である。逆に、もし、ここに私が説明することばや事柄をさえ、あいまいに覚えているにすぎないのなら、諸君は、自分たち民族の過去の偉大なる遺産であり、自分たち日本人だけにしかおそらく正当には理解できないであろう「源氏物語」や「枕草子」などに対する鑑賞の特権を自ら捨てさることになるであろう。要は、一にかかって諸君の勉強の意欲如何にある。精進を祈ること切である。

さて、私は諸君に単語、句、文のすべてにわたってあらゆる角度から「古文解釈」のための道をつけたいのであるが、そう間口をひろげてしまっては、限られた紙数の中に、奥行の浅い説明——つまり一わたりのおざなりの説明しかできないであろうから、できるだけ大切なことだけを抜き出してそれをかなりくわしくのべてみようと思う。その大切なことは、「き」「けり」「つ」「ぬ」「たり」「り」「らむ」「らし」「なり」「めり」等々の助動詞の意味、「が」「の」「に」「を」「は」「だに」「さへ」「なむ」「ばや」「つゝ」「こそ」等々の助詞の意味、動詞、形容詞その他諸品詞に属する古語のうちの特に誤られやすいことばの意味などに対する理解、また、敬語の言いあらわし方に対する理解等々である。なおここに扱うことばの時代の範囲は、口語と文語とが大体において分かれないでまだ一致していた時代、すなわち中古中期までであるが、上代だけで亡んだことばについては、特にその旨をことわって記した。上代を遠く遡る古代のことばというのは、文字がない頃のことだから、わからない。したがって当然ここには取り扱っていない。

第一章 助動詞

一 る、らる

「る」「らる」（ただし、上代には「らゆ」の用例は見えても「らる」の用例は見えないようである。）には、受身、可能、自発、尊敬（ただし上代には尊敬には用いられない）の四つの用法がある。活用と接続は次表のとおりである。

	未然形	連用形	終止形	連体形	已然形	命令形	接続
る	れ	れ	る	るる	るれ	れよ	四段・ナ変・ラ変動詞（助動詞）の未然形
らる	られ	られ	らる	らるる	らるれ	られよ	それ以外の動詞（助動詞）の未然形

ただし可能・自発には活用に命令形を欠く。

（イ）受身

価問はれ（未然形）ば（モシ値段ヲ尋ネラレルナラ）千五百貫といらへよ。（宇津保、忠こそ）

かうのみ（頭ノ中将カラ）見つけらるるを、ねたしと（源氏ハ）おぼせど（源氏、末摘花）

なよびかにをかしき事はなくて、交野《かたの》の少将には笑はれ給ひけむかし。（源氏、帚木）

偲ばるべき形見をとゞめて（アトデ男カラ女ガ思イ出サレルデアロウヨウナ形見ノ品ヲ残シテ）深き山里、世ばなれたる海づら（海岸）などに這ひ隠れぬかし。（源氏、帚木）

最後の例の「偲ばるべき形見」の「偲ばる」の主体については、「形見が」偲ばるではなく「女が」（男から）偲ばるであることに注意せよ。

この受身の助動詞がサ行変格活用の動詞に連なるときは、当然、その未然形から、

賞讃せらる。侮辱せらる

となるべきであるのを

賞讃さる。侮辱さる

というふうにも言うようになったのは室町時代からのことである。

なお注意すべきことは、日本では中古はもちろんのこと近代に至るまで、受身の言い方は「人」が主語に立つ場合に限って用いられ、人以外のもの特に無生物については用いら

れなかったといわれていることである。たとえば、現代では、

家が建てられる。

日光が雲にさえぎられる。

というような言い方が頻繁に用いられるが、これは欧文の直訳体の影響によるのであって、本来の日本語の言い方では

家を建てる。

雲が日光をさえぎる。

というふうに言う。だから、たとえば、

なぞかう暑きにこの格子はおろされたる。（源氏、空蟬）

も「ナンダッテ、コンナニ暑イノニ、コノ格子ハオロサレテイルノデスカ」ではなくて「……コノ格子ハオオロシニナッテイルノデスカ」（この場合、「格子」は目的語で「格子をば」の意であることに注意せよ）の意と解くのが正しいようである。ことにこの本文は「源氏物語」の異本（河内本）では、

などかいと暑きにこの格子もおろさせ給へる。

となっているから、この異本本文を前掲本文の解釈的本文と見るべきなら、異本本文の出来たと思われる平安末期には明らかにこの「おろされ」の「れ」が尊敬の意に解かれていたことがわかる。

しかしながら、以上はどうやら「原則」らしくて、かなり無生物を主語とする受身の言い方の例外的用例があるようであるから、なお今後われわれは十分に調査して、解釈の正確を期さなければなるまいと思われる。以下その例外的用例の二、三をあげれば

花盛りは過ぎにたるを、ほかの散りなむ（古今、春上「見ル人モナキ山里ノ桜花ホカノ散リナムノチゾ咲カマシ」）とや教へられたりけむ（ト教エラレテイタノデアロウカ。主語ハ桜）遅れて咲く桜二木《ふたき》ぞいと面白き。（源氏、花宴）

これは桜は「人」ではないが直立している生物だから擬人化してもさしつかえないとも言えよう。

右の「源氏」の空蟬本文のすぐあとにある

この（格子ノ）際に立てたる屏風も端のかた押したたまれたるに

は、主語は無生物の屏風だが、やはり受身と見るより仕方があるまい。屏風は立っているものだから、やはり擬人化されたのであろうか。

唐土《もろこし》に至らむとする程にあたの風吹きて三つある船二つは損はれぬ。多くの人沈みぬる中に俊蔭が船は波斯《はし》国に放たれぬ。（宇津保、俊蔭）

これは、自発（自然損傷スルヨウニナル。自然ニ波斯国ニフラ〱離レテイッテシマウヨウニナル）とも解けようが、普通は受身とみなしているようである。

更に、前掲の「源氏」の本文につづいて、

この際に立てたる屛風も、端のかた押したたまれたるに、まぎるべき（邪魔ニナル）几帳など
も、暑ければにや、（几帳ノ帷子ヲ几帳ノ手ニ）打掛けて、いとよく見入れらる。
とあるうちの「見入れらる」は、後述するように可能の「らる」は中古では打ち消しを伴ってのみ用いられていたのだとすると、「部屋ノ中ガ、タイソウヨク源氏ノ君ニヨッテ見入レラレル」というふうに受身に解くことができそうでもある。そうするとこれも無生物たる「部屋ノ中」が主語であるわけである。だが、これはやはり可能（その場合は後述の可能を肯定する用例となり得る）あるいは自発（自然目ニ入ッテクル）――おそらくは後者がよいであろう――と見る方が穏当であろう。
「る」「らる」の意味について、山田孝雄《よしお》博士（日本文法講義）は、その根源は、受身であり、一転して自然にその事のあらわれる勢にあることを示し、再転して文の主体に或る能力の存する義をあらわし、三転して敬語に用いられると説かれる。つまり、受身といい、可能といい、自発といっても、もともと一つの語「らる」の意味が、別れていろいろに用いられるようになったのだから、右の例のようにかなりあいまいでどっちにも解けそうなものもたくさんあることには注意せられたい。

(ロ) 可能

「万葉集」には、肯定の用例があるが、中古文では打ち消しの形だけしか見えないと山田

孝雄博士（平安朝文法史）は説いておられる。

国王の仰せ言をまさに世に住み給はむ人の承らでありなむや。いはれぬ事なし給ひそ。（言ウコトノデキナイヨウナコト——理屈ニアワナイコト——ヲドウカナサラナイデ下サイ。）（竹取）

恋しからむ事の堪へがたく、湯水のまれず同じ心に歎かしがりけり。（竹取）

物は少し覚ゆれども腰なむ動かれぬ。（腰ガ動ケナイ）（竹取）

寝られ給はぬままに。（源氏、空蟬）

答《いら》へに何とかはいはれ侍らむ。（何ト言エヨウカ、何トモ言エマイ。）（源氏、帚木）

最後の例は明らかには打ち消しを伴わないが、反語だからこれに準ずべきであろう。右のように中古文では可能は打ち消しの場合の用例だけしか見えないといわれることから、逆に打ち消しを伴う「る」「らる」だから、可能の意と解く方が穏当だろうと判断できそうな例も見える。

鎖《さ》し籠めて護り戦ふべきしたくみ（カネテノ用意）をしたりとも、あの国の人をえ戦はぬなり（「を戦ふ」ハ「戦ふ」が「叩《たた》く」カラ出タ語ダトシテモ用例上ヤヤ疑ワシイ。アルイハ「あの国の人を」ハ「射られじ」ニツヅキ「え戦はぬなり」ハ挿入句ト見ルベキカ）。弓箭《ゆみや》して射られじ。（弓箭デ射ルコトハデキマイ。）（竹取）

右は「カノ国ノ人ハ弓箭ニヨッテ射ラレマイ」のように受身とも解けそうだが、おそらくは、他の例から類推して可能と解くのが一往通説と言うべきであろう。

しかしながら、中古文でも可能が肯定の場合に用いられている例はないとも言い切れないようである。正確な用例を見出すまでは、しばらく挙例を控えておくが、今後調査をつづけたい。

中世になると、肯定にも用いられて、「徒然草」にはいくつかの例が見られる。

かくてもあられけるよ（住ンデイルコトガデキタノダナア）、とあはれにみるほどに（十一段）

（八）自発

「自発」とは自然々々にそうなってやめられないことを言う。したがって「自然勢」と呼んでいる学者もある。

秋来ぬと目にはさやかに見えねども風の音にぞ驚かれぬる。（自然ハット気ガツイテシマウ。）（古今、秋上）

なま人わろく爪くはるれど、さりともこよひ日頃の恨みは解けなむと思う給へしに（少々キマリガ悪クテレクサクテ自然爪ヲ食ウヨウナコトニナッタガ、マサカ今夜ハ日頃ノ恨ミハキット解ケルダロウト思イマシタノニ）（源氏、帚木）

心一つに思ひあまる事など多かるを（妻ハドウセワカラズヤダカラ）、何にかは聞かせむと思へば、うちそむかれて（自然自分ハ後向キニ坐ッテ）、人知れぬ思ひ出で笑ひもせられ（自然人知レヌ思出シ笑イモスルヨウニナリ）「あはれ（ア、ア、）」ともうち独りごたるるに（自然ヒトリ言ヲ言ウヨウニナルノニ）（源氏、帚木）

所狭《せ》く集《つど》ひし馬車のかたもなく（今ハアトカタモナク）さびしきに、世は憂きものなりけりとおぼし知らる。（源氏ノ君ハ、自然……トオ思イニナル。）（源氏、須磨）

白たへの衣《ころも》打つ砧《きぬた》の音もかすかにこなたかなた聞きわたされ（砧ノ音ヲモカスカニアチラコチラ、ズウット自然耳ニ聞イテ）空飛ぶ雁の声取り集めて忍び難き事多かり。（源氏、夕顔）

いといたく荒れて人目もなくはる〴〵と見渡されて（自然見渡スヨウニナッテ）木立いとうとましく物ふりたり。（源氏、夕顔）

この後者の二例は、可能（可能の肯定）と解くことができるかもしれない、大体現代語で可能の意をあらわす「できる」という語も、「出《い》で来《く》る」から生まれた語で、「自然に発生出現する」意が本来であろうから、可能と自発が近いことは推察できよう。（言いかえればある事が「できる」ということは、その事がそこに内蔵される自然の力に従って自然に出現するようになることなのである。）

(二) 尊　敬

父母眼《まなこ》だに二つありと思ふ程に、俊蔭十六歳になる年、唐土船《もろこしぶね》いだし立てらる。（朝廷ガ唐

土船ヲオ出シニナル。）（宇津保、俊蔭）

右は無生物を主語とする受身と解くこともできそうだが、尊敬と見る方が穏当であろう。

御蔀《しとみ》のもとまで畑作られ御前近き対《たい》にてかくせしめられたること、あるまじきことなり。（三春高基への或人の対話）（宇津保、藤原君）

親たちのいと事々しう思ひ惑はるるが心苦しさに（源氏、葵）

なほ名のりし給へ。いかでか聞ゆべき（名ガワカラナクテハ、今後ドウシテ文通ガデキヨウ）。かうてやみなむとはさりともおぼされじ。（オ思イニハナリマスマイ。）（源氏、花宴）

新しう造り給へる殿を、宮たちの御裳着の日、みがきしつらはれたり。（右大臣ガ殿ヲ立派ニオ造リニナッタ。）（源氏、花宴）

いでむつかしき事な聞えられそ。（イヤモウ面倒ナコトヲドウカ姫君ニ申シ上ゲナサラナイデ下サイ。）人の御宿世宿世のいと定め難く（縁トイウモノハワカラヌモノナノダカラ）（源氏、少女）

なお尊敬の「る」「らる」は「給ふ」に接続して用いられることはないと言われている（敬語動詞「給ふ」の項参照）。したがって

（女房ノ少納言ガ云々ト）聞ゆるさまの馴れたるに、少し罪許され給ふ。（源氏、若紫）

の「れ」も、自発と見て「源氏ガ、少シ少納言ノ罪ヲ自然オ許シニナル」と解くべきであろう。

ただ次の例などは自発と解くのは疑わしく、むしろ尊敬と見られそうであるが、なお研究したい。

「落窪君のこれ（侍女ノアコギ）をさへ呼び込め給ふこと」と（北ノ方ガ）腹立たれ給へば、心のどかに（落窪君トアコギトハ）物語もせず。（落窪）

また、尊敬の「す」「さす」に尊敬の「らる」が接続して「せらる」「させらる」だけで用いられることも中古にはまだなかったといわれる。

二　ゆ、らゆ（上代）

「ゆ」「らゆ」は上代の「記」「紀」「万葉集」などに多く見られ、受身、可能、自発の意を表わす。活用と接続は次のとおりである。

	未然形	連用形	終止形	連体形	已然形	命令形	接続
ゆ	え	え	ゆ	ゆる	ゆれ	えよ	四段・ナ変・ラ変動詞（助動詞）の未然形
らゆ	らえ	（らえ）	（らゆ）	（らゆる）	（らゆれ）	（らえよ）	それ以外の動詞（助動詞）の未然形

ただし可能・自発には活用の命令形を欠く。また、受身には、命令形はあってよいはずであるが、用例は見えない。

この「ゆ」「らゆ」は点本《てんぽん》（漢文に訓点を施したもの）では平安末期ごろまで（「る」「らる」と並行して）用いられたが、一般には上代を過ぎると用いられなくなり、「る」「らる」がもっぱらこれに代わった。ただし「る」も、上代に用いられていたことは、次の用例でわかる。ただその用いられ方は、「ゆ」にくらべていちじるしく少ない。

山菅《やますげ》の実《み》ならぬ事を吾に寄せ（実ノナイコトヲ自分ニサモ関係ガアルヨウニ噂シテ）言礼師君者（イハレシキミハ。）誰とか寝《ぬ》らむ（万葉四、五六四、大伴坂上郎女）

大御言《おおみこと》戴き持ちて唐《もろこし》の遠き境に都加播佐礼（ツカハサレ。）まかりいませ（万葉、五、八九四、山上憶良）

相模路《さかむぢ》のよろぎの浜の真砂《まなご》なす児らは愛《かな》しく於毛波流留可毛（オモハルルカモ。）（万葉、十四、三三七二、相模国歌）

（イ）受身

か行けば人に伊等波延（イトハエ。）、かく行けば人に邇久麻延（ニクマエ。）（万葉、五、八〇四）

吾がやどに生ふるつちはり（草ノ名）心ゆもおもはぬ人の衣《きぬ》に須良由奈（スラユナ。）（心カ

ラオ前ヲ思ワナイ人ノ衣ニ摺《す》ラレル料トナルナ）（万葉、七、一三三八）

漢文式の書き方なのでその「よみ」に不安はあるが、次の例は、やはり「人でない物」が主語となっている受身の「ゆ」である。

沫雪《あわゆき》に所落開有（フラエテサケル）梅の花、君がり遣らばよそへてむかも（アナタニ贈ルナラ、人々ハ私トアナタトガ関係ガアルヨウニソレニ托シテシマッテ言イ立テ噂ヲスルデショウ。）（万葉、八、一六四一）

（ロ）可能

妹《いも》を思《おも》ひ伊能禰良延奴爾（イノネラエヌニ）秋の野にさを鹿鳴きつ妻《つま》おもひかねて（万葉、十五、三六七八）

「らゆ」の用例は、受身・可能・自発を通じてこの「いのねらえぬ」という「万葉集」における三例だけである。

漁《あさり》する海士《あま》の子どもと人は言へど美流爾之良延奴（ミルニシラエヌ）貴人《うまびと》の子と（万葉、五、八五三）

右は自発の意と見られぬこともないが、可能の肯定の例と見てよかろう。（中古では可能は打ち消しの場合だけにしか用例が見えないといわれていることは前述。）

（八）自発

あまさかる鄙《ひな》に五年《いつとせ》住まひつつ都の手振《てぶり》和周良延爾家利（ワスラエニケリ。「わする」ハ四段動詞）（万葉五、八八〇）

瓜食《は》めば子ども意母保由（オモホユ。〔「オモハユ」ノ転音〕）、栗食めばまして斯農波由（シノハユ）（万葉五、八〇二）

「る」「らる」と「ゆ」「らゆ」とはどちらが本来的な語であるのかは明らかでないが、おそらくは「ゆ」「らゆ」が古く、後に「る」「らる」が出来たのであろう。更に溯れば「らゆ」は「ゆ」から出来たものであって、根源は「ゆ」一つであったろうとも考えられている。というのは

伊喩之之乎（射ユ鹿《シシ》ヲ）つなぐ河辺の若草の若くありきと我《あ》が思《も》はなくに（射ラレタ鹿ヲ追イ求メテ行ク河ノ辺ニアルアノ若草ノヨウニ亡クナッタ児ガ幼ナカッタトハ私ハ思ワナイノニ。）（日本書紀、斉明四年、天皇が皇孫を失われたときの御製）

所射鹿乎（イユシシヲ）つなぐ河辺の和草《にこぐさ》の身の若《わか》かへにさ寝し子らはも（射ラレタ鹿ノ跡ヲツギツギニ追イ求メテユク河辺ノ若草ノヨウニ、身ノ若イ時ニ寝タアノ娘ハドウナッタカナア、恋シイコトダ。）（万葉、十六、三八七四）

所射十六乃（イユシシノ）心を痛み葦垣の思ひ乱れて（万葉、九、一八〇四）

などに見える「射ゆ鹿」の「射ゆ」は「射らゆ」の意であり、しかもそれが連体形だのに

未発達の時代なので原形（終止形）で用いられているのだと解いてよさそうだからである。このことから、同じ形のことばの「見ゆ」が上代はもとより中古及びそれ以後の用法でも受身の「見らゆ（見られる）」の意と解いてあたる理由が合点せられる。同じく「煮ゆ」は上代の用例は見つけがたいが、「煮らゆ（煮られる）」の意とも見られるのも同じ事情と考えてよい。

好《す》きがましきさまにはよに見え奉らじ。（アナタカラ見ラレ申シ上ゲナイツモリデス。）（源氏、帚木）

「ほのかなりし御けはひ有様は、げになべてにやは」と思ひ出で聞えぬにはあらねど（先夜ホノカニ拝シタ源氏ノ君ノ御ケハイヤ有様ハ、ナルホド並一通リデハナカッタト思イ出シ申シ上ゲナイデハナイノダガ）、「をかしき様を見え奉りても、何にかはなるべき」など思ひ返すなりけり。（自分ノ風情アル様ヲ君カラ見ラレ申シ上ゲテ、サテ何ニナロウ、今更何ノ役ニモ立チハシナイナドト思イ返スノデアッタ。）（源氏、帚木）

宣ふ声に「この君（源氏ノ君）なりけり」と（女ハ）聞き定めて、いささか慰めけり。（女ハ）「わびし（困ッタコトダ）」と思へるものから（思ッテイルモノノ）、「情なくこは〴〵しうは見えじ（無愛想デ強情ナヨウニハ源氏ノ君カラ見ラレナイヨウニショウ）」と思へり。（源氏、花宴）

かぐや姫に「はやかの御使に対面し給へ」と言へば、かぐや姫「（私ハ）よき容貌《かたち》にもあらず、いかで見ゆべき（ドウシテ、御使ノ者カラ私ガ見ラレルコトヲシヨウ↓ドウシテ御使ノ者ニ顔ヲ見セヨウ、イヤナコトダ）」といへば（竹取）

夢にだに見ゆとは見えじ（見ラレマイ）朝な朝な我が面影に恥づる身なれば（古今、恋四、六八一）

これは受身の「見られる」の意の例であるが、次にかかげる「見ゆ」の用例は自発の「見られる」の意であると見てよいであろう。

「妹がすがたの夢《いめ》にし見ゆる」「ともしびの光に見ゆるさ百合花」「眉の如《ごと》雲居に見ゆる阿波の山」「夜《よる》の夢《いめ》にを（をハ強メ）継ぎて見えこそ（自然ニ現ワレテキテオクレ）」（以上、万葉）

つぎの例は（自発とまぎらわしいふしもあるが、まず）可能の意と見るべきか。

「飲む水に影《かげ》さへ見えてよに忘られず」「一世《ひとよ》には二度《ふたたび》見えぬ父母を」「吹く風の見えぬが如くやまとの見えぬ、国遠みかも（国ガ遠イカラカ）」「梅の花それとも見えず降る雪の」（以上、万葉）

なお、中古の「おぼゆ」は「思《おも》はゆ」が「おもほゆ」と転音して、更に「おぼゆ」となったものであり、「きこゆ」も「聞かゆ」の転音であるから、「思われる」「聞かれる」と解くと、よく意味が通じるような文例があるから注意せよ。

京の人は珍らかにやおぼえけむ（自然…思ワレタノダロウ）。（伊勢物語）

「これに唯今おぼえむ故事《ふるごと》（タッタ今自然頭ニ浮カンデクルダロウ故事ヲ）書け」と仰せらる、に（能因本「枕草子」（以下必ズシモ一々能因本トコトワラナイ））
「つむが野に鈴がおと聞こゆ（自然耳ニ入ル）恋ふれども一声だにもいまだ聞こえず（聞クコトガデキナイ）」「み船泊《は》てぬと聞こえ来《こ》ば（自然耳ニ入ッテクルナラ）」（以上、万葉）
なお現代の「あらゆる」「いわゆる」等という語も、この「ゆ」のなごりである。

三　しむ、す、さす

「しむ」「す」「さす」には使役と尊敬との用法がある。活用と接続をつぎに示す。

	未然形	連用形	終止形	連体形	已然形	命令形	接続
しむ	しめ	しめ	しむ	しむる	しむれ	しめ(よ)	すべての動詞(助動詞)の未然形
す	せ	せ	す	する	すれ	せよ	四段・ナ変・ラ変動詞(助動詞)の未然形
さす	させ	させ	さす	さする	さすれ	させよ	それ以外の動詞(助動詞)の未然形

（イ）しむ

上代には「しむ」は、使役にのみ用いられた。

恨めしく君はもあるか宿の梅の散り過ぐるまで美之米受（ミシメズ）ありける（万葉、二十、四四九六）

布施おきて吾《あれ》は乞ひのむ（イノル）欺かずたゞに率《ゐ》行きて天路《あまぢ》思良之米（シラシメ）（万葉五、九〇六、子を失なった山上憶良の歌）

中古には使役、尊敬の両意に用いられたが、主として男子の、それもあらたまったよそゆきの（または、漢文訓読のおりの）用語だといわれる。女子は「す」「さす」をもっぱら用いた。したがって中古仮名文学における「しむ」の用例ははなはだ乏しい。

使役の例

かぢとりして幣《ぬさ》たいまつらするに、幣の東《ひんがし》へ散ればかぢとりの申して、奉ることはこの幣の散る方にみ船速《すみや》かに漕がしめ給へ（私ヲシテ漕ガシメテ下サイ）』と申して奉る。（土佐日記）

「君にとてあまたの春をつみしかば常を忘れぬ初蕨《わらび》なり。御前に読み申さしめ給へ。（故宮御在世ノ折リカラ多年春毎ニ摘ンダノデスカラ、ソノ常例ヲ忘レズニ姫君様ニトテ差シ上ゲル初蕨デス。――姫君様ノ御前ニ、誰方カヲシテコノ歌ヲ読ミ申シ上ゲサセテ下サイ）」とあ

り。(源氏、早蕨。阿闍梨《あじやり》から中君の女房への消息文)

用意してさぶらへ、便《びん》なき事もあらば重く勘当せしめ給ふべき由なむ仰言侍りつれば(「薫君ガ私ニ命令シテ、注意シテ番ヲシロ、モシ不都合ナ事デモアレバ、オレハ然ルベキ者ヲシテオ前ニ重ク罰ヲ当テサセテヤルゾ」トオッシャイマシタノデ)いかなる仰言にかと、恐れ申し侍る。(源氏、浮舟。内舎人《うどねり》が女房に向かって話すことば)

「(浮舟君ガ)悲しげにのたまふ事どもの侍りしかば、法師にては勧《すす》めも申しつべき事にこそはとて、誠に出家《すけ》せしめ奉りてしに侍る。(法師デアル自分トシテハ、マサニオ勧メ申シ上グベキコトダト思ッテ誠ニ出家オサセ申シ上ゲテシマッタノデスヨ)」(源氏、夢浮橋。僧都のことば)

「源氏物語」には「しむ」は(使役、尊敬を通じて)右の三例しかないと言われているが、いずれも男子のことばの中に現われている。はじめの二例は尊敬と解けないこともないし、そう解く説もあるが、院政期に入って「今昔物語」などにはまた頻りに使役の意で用いられているし、男子用語としてやはり一往使役と解いておく。ただし、もとより断定はできない。

また、院政開始の応徳三年(一〇八六)の前後あたりに成ったといわれる「大鏡」には「家貧しくならむ折はみ寺に申文を奉らしめむとなむ卑しきわらはべ(妻ヲサス)とうち語らひ侍る」と(翁ハ)同じ心に言ひかはす。

のような例がある。「中文ヲ人ヲシテ奉ラセヨウ」と解くのは、無理である。これを橘純一氏（挿註大鏡通釈）は、尊敬が謙譲に転じたものだ（「中文ヲ奉リマショウ」と解く）と見ておられる。

「皇太后宮にいかで啓せしめむと思ひ侍れど、その宮のほとりの人に、え逢ひ侍らぬがくちをしさに、こゝら集り給へる中に、もしおはしましやすらむと思ひ給へて、かつはかく申し侍るぞ」

これも橘氏は「しめ」が謙譲動詞「啓せ」の下にあるために、尊敬から謙譲の意に転じたのだとされて「ドウカシテ申シ上ゲタイ」と訳しておられる。これらは果たして尊敬が謙譲に転じたのか、あるいは使役が謙譲に転じたのか（直接「奉ったり」「啓し」たりしないで、中間に人をおいてその人に「奉らしめ」たり「啓せしめ」たりする方が、謙譲の度合がつよくなると見ることもできよう）は、なお考えるべきであろうが、ともかくこのように中古を過ぎると用法にもいろいろ変化が生じてくることは注意しなければならない。

尊敬の例

ありし有様をことごとく奏す。帝大に驚かせ給ひて、感ぜしめきこしめす事限りなし。（宇津保、俊蔭）

くらつ麻呂申すやう「燕《つばくらめ》子産まむとする時は、尾をさゝげて、七度めぐりてなむ産み落すめる。さて七度めぐらむ折引き上げてその折子安貝は取らせ給へ」と申す。中納言喜び給ひて、よろづの人にも知らせ給はで、みそかに寮《つかさ》にいまして、をのこ共の中に交りて、夜を昼になして取らしめ給ふ。（竹取）

後の例は、使役とも解けるが、たとえ実際は自身で手を下さないとしても、取る意志を持つ主体は中納言であるから、中納言を「取る」の主語と見れば、「しめ」は尊敬の意となる。そうすると、この文の少し前にある次の文の「しむ」も同様に、尊敬と見られぬこともない。

そこにまめならむ男共を率《ゐ》てまかりて、足座《あぐら》を結《ゆ》ひ上げてうかがはせむに、そこらの燕《つばくらめ》、子産まざらむやは。さてこそ取らしめ給はめ。（竹取）

（ロ）す、さす

「す」「さす」は上代にもそのきざしを示すわずかの例が見えるが、ひろく用いられたのは中古に入ってからである。

使役の例

二上《ふたがみ》の山にこもれるほととぎす今も鳴かぬか伎美爾伎可勢牟（君ニキカ（四段未然）セム）

（万葉、十八、四〇六七）

妻《め》の嫗《おうな》に預けて養は（四段未然）す。（竹取）
（帝ハ）何事にも故ある事のふしぶしには（更衣ヲシテ）まづまうのぼら（四段未然）せ給ふ。（源氏、桐壺）
足引の山の山守守《も》る山ももみちせ（サ変未然）さする秋は来にけり（後撰、秋下）
さは親にはこれを食は（四段未然）するぞと知りて（宇津保、俊蔭）
人ども出だして求め（下二段未然）さすれば、失せにけり。（枕草子）
人の国などに侍る海山の有様を御覧ぜ（サ変未然）させて侍らば（アナタ様ヲシテ御覧ニナラシメマスナラ→アナタ様ニ御目ニカケマスナラ）いかに御絵いみじうまさらせ給はん。（源氏、若紫）

最後の例は、尊貴を「使役」することになって、失礼な感じがするかも知れないが、文法用語としての「使役」には尊卑関係はなく、ただ相手または他者に、ある行為をさせる意をあらわすに過ぎないのだから、支障はないのである。

なお「源氏物語」桐壺の巻の左の「賜はらせ」についてはいろいろな説があるが、やはり「せ」を使役と解いて、はじめて納得できるようである。

引入《ひきいれ》の大臣《おとど》のみこ腹に唯一人かしづき給ふ御むすめ、春宮《とうぐう》よりも御気色《けしき》あるをおぼし煩ふ事ありけるは、この君に奉らんの御心なりけり。内裏《うち》にも御気色賜はら（「イタダク」の意の四段動詞未然形）せ給へりければ「さらばこの折の御後見《うしろみ》なかめるを、添臥《そひぶし》にも」と（帝ガ）催させ給ひければ（コノ「催させ」ノ「せ」ハ尊敬）（大臣ハ）さおぼしたり。

というのは、同じ物語の真木柱《まきばしら》の巻で、髭黒《ひげくろ》大将の北の方が、嫉妬によるヒステリーをおこしたあと、父式部卿宮邸に、子たちもろとも、にわかに引きとられたので、髭黒は放っておけず、宮邸に出かけてゆくが、北の方は会わないし、宮も強硬で、姫君にも会わせず、わずかに男の子だけに会わせたという話のところで、

次の君（男ノ子）は八つばかりにて、いとらうたげに姫君には覚えたれば（似テイルノデ）、（父ノ髭黒ハ）かき撫でつつ「あこをこそは恋しき（姫君ノ）御形見にも見るべかめれ」など打ち泣きて語らひ給ふ。宮にも御気色賜はらせ給へど、「風おこりてためらひ侍る（療養シテオリマス）程にて」とあれば、はしたなくて（間ガワルクテ）出で給ひぬ。

という記事がある。右の傍線の部分は、「髭黒が、仲介者をして、宮からも、髭黒に対する御内意をいただかせなさるけれど」と解するほかに解しようはないであろう。したがって、右の桐壺の巻のそれも、「左大臣が、仲介者をして、帝からも、御内意をいただかせなさっていたので、↓左大臣が、人をつかって、帝からもかねて御内意をおうかがい申し上げさせておありだったので」（「御内意ヲイタダク」トイウコトバニハ、左大臣側ノ意志ハマッタクナク、タダ帝ノ御発意トイウワケデアルガ、事実トシテハ、左大臣側デ娘ヲサシアゲタイガ、イカガデゴザイマショウカトイウフウニ、オ伺イヲ立テ奉ッテ、ソレカラ帝ノ御内意ヲイタダクノデアロウカラ、「御内意ヲオウカガイ申シ上ゲル」ト意訳スルコ

トハ、許サレルデアロウ）の意であるべきことは、たしかであろう。右の二つの例は「AがCを仲介者として、Bに話を伝える」という形になっているが、Aが直接Bに話すことがはばかられるので、Cが必要であったという事情を諒解すれば、「せ」が使役でなければならないことはおのずから明らかになるであろう。真木柱の巻の場合、宮邸の女房などの、髭黒に同情的な者が仲介者として必要であったろうし、桐壺の巻の場合、左大臣は自分の娘を直接推薦することができるはずはなかろうから、当然、然るべき仲介者が必要であったはずなのである。

同じく桐壺の巻の、勅命によって命婦《みょうぶ》が亡き更衣の里の母を訪ねて宮中に立ちかえったあと、母から贈られた更衣の形見を帝にお見せするところの文章、

かの贈物御覧ぜ（サ変未然）さす、なき人の住処《すみか》尋ね出でたりけむしるしのかんざしならましかばと思ほすも、いとかひなし。

も、やはり「命婦が、帝をして御覧になるようにさせる」意と解いて然るべきである。

尊敬の例

後涼殿にもとよりさぶらひ給ふ更衣の曹司《ざうし》を、外《ほか》に移させ給ひて上局《うへつぼね》にたまは（四段未然）す。（源氏、桐壺）

使に禄とらせ（コノ「せ」ハ使役ノ「す」ノ未然形）させ給ふ。（源氏、早蕨）

なにがし、この寺に籠り侍るとは知ろしめしながら、忍び（上二段未然）させ給へるを（オイデニナッタコトヲ内密ニナサッテイラッシャルノヲ）憂《うれ》はしく思ひ給へてなむ。（源氏、若紫）

以上は、正規の用例であるが、この「す」「さす」については、中古において、その形態の上にかなりな異例があるといわれていた。たとえば次のようなものである。

（A）いよ〳〵道々の才を習は（四段未然）させ給ふ。（源氏、桐壺）

御心ばへありて驚か（四段未然）させ給ふ。（源氏、桐壺）

これらの例では「さす」が四段活用の未然形に添っているように見える。

（B）さらばまろに文習はさ（未然）じをや。（宇津保、藤原君）

さらずはおほん文も習はし（連用）奉らじ。（宇津保、藤原君）

心ざまさとくて琴なども習はす（連体）人あらば（落窪）

箏心に入れたりとて「これ習はせ（命令）」と北の方のたまへば（落窪）

この例では、使役の「す」が下二段でなく、四段に活用しているように見える。こうした例は「酔《ゑ》はす」「匂はす」「散らす」などほかにも見える。

（C）このかうやうに物もてくる人に、なほしもえあらで、いささけわざせさすものもなし。

（土佐日記）

この例では「さす」を連体形と見るかぎりは、やはり下二段ではなく、四段活用と見るほかはない。しかし右のうち（A）（B）の例は、それぞれ「習ふ」「驚く」という四段動詞のほかに、それらにそれぞれ使役の意の接尾語「す」を加えた「習はす」「驚かす」という四段他動詞が別に出来ていたものと考えてよいのであって、「習はさせ」「驚かさせ」は、それぞれ「習はさ」「驚かさ」という使役の意をもつ四段動詞の未然形に、尊敬の「せ」がついたと解くべきである。

（注）右の「習はす」の「す」のように四段活用動詞「習ふ」に添ってそれ自身四段活用する「す」という、使役の意をもつ接尾語（単語の構成部分）を、接尾語と見ずに、下二段活用の「す」「さす」同様単語（助動詞）と見たらよさそうに思うかも知れないが、助動詞と見なすためには、少なくともこの四段活用の「す」がすべての四段活用動詞に自由に添わなければならない。しかし、この「す」は、たとえば「散る」には添っても、「咲く」に添って「咲かさず・咲かして」というふうに使われる中古の用例を見ない。したがって、助動詞として扱うわけにはいかないのである。

（C）の例は、「土佐日記」であり、「土佐日記」は作者紀貫之の自筆本の字形をまで、そのまま忠実に写し伝えたといわれる写本（大島雅太郎氏蔵本）が現存しているので、この本文を誤伝と見ることはできない。しかし、この部分については「せさす。ものもなし」というふうに読み解く説が現在有力である。そうすれば、「さす」は終止形であるから、不審は解消する。

その他、「ふるまひはさせじ」（源氏、若菜下）、「東西をさせず」（枕草子）などの用例から、助動詞「さす」が単独に動詞のように用いられていたと説く考えもあったが、右の用例は、その拠った本文が誤写を伝えた不良本文であって、現在知られている善本本文では、それぞれ「ふるまひはせじ」「東西せさせず」であることが明らかになって、自然解消した。このように、中古における文法上の異例というものは、伝写本文の誤りに由来するものが少なくないから、十分に吟味が必要なのである。

（八）「聞えさす」の特殊用法

「聞えさす」の「さす」が使役（申シ上ゲサセル）または尊敬（申シ上ゲナサル）に使われるなら普通であるが、中古中期頃から末期にかけての作品には謙譲の意に用いられていることがある。これは前にあげた「大鏡」の「奉らしめむ」「啓せしめむ」の場合の「しむ」と性質は同じと見るべきであろう。したがって橘氏流に解けば謙譲動詞「聞ゆ」の下にあるために、尊敬から謙譲の意に転じたということになろうが佐伯梅友博士（国語史要）は「それを直接でなく、人をして申し上げさせる心持から謙虚の度、従って動作の関係する方面を高める度の高いことばにしたのであろう」と解かれているのに、やはり従うべきであろう。宮田和一郎氏（物語文学攷）によれば、「枕草子」には五例しか見られぬが、「源氏物語」には百近い例を数えることができるという。地の文においてよりも、対話文の中に多く用いられている。

男君（夕霧）の御乳母《めのと》宰相の君出で来て、「同じ君とこそ頼み聞えさせつれ。（私ハ貴女様ヲ夕霧ノ君ト同ジコトニオ頼ミ申シ上ゲマシタ。）くちをしく渡らせ給ふこと（ソレダノニ、オ引越シアソバスノハ残念デス）……」など（女君ニ）さゝめき聞ゆれば（源氏、少女）

傍痛き事なれば、まほにもえのたまはで「いかならむ世に人づてならで聞えさせむ（イツノ世ニナッタラ、間接ニデナク、ジキジキオ話シ申上ゲ（ラレ）ヨウ）」とて泣い給ふ（源氏ノ）さまぞ心苦しき。（源氏、紅葉賀）

「みづから聞えさすべき事も多かれど（自身デジキジキニ申上ゲルベキコトモ多イノデスガ）今日明日《けふあす》過ぐしてさぶらふべし。」（源氏、夢浮橋。僧都の消息文）

「いと遠くも侍るかな。まめやかにきこえさせうけたまはらまほしき世の御物語も侍るものを」と（薫ガ、母屋ノスダレニ几帳添エテ向ウ側ニイル中ノ君ニ向カッテ）のたまへば（源氏、宿木）〔人を介さず直接に話している場面である。〕

「あやし。今宵《こよひ》のみこそ聞えさすると思ひ侍れ（妙デスネ。今夜ダケオ話シ申シ上ゲルノダト思イマスノニ）。さき〴〵は何時かは」などはかなき事に聞えなすほどに（和泉式部日記）

（二）「申さす」の特殊用法

「申す」に接続する「す」も、「聞ゆ」に接続する「さす」同様に謙譲の意に転じて用いられることがある。ただしこれは用例はあまり多くなく、宮田和一郎氏によれば、「枕草子」には見えず、「源氏物語」中にも十二例しか数えられぬという。

睦まじき下家司《しもげいし》にて、殿にも仕うまつる者なりければ、（源氏ノソバニ）参り寄りて、「さるべき人召すべきにや」など申さすれど（源氏ニ申シ上ゲルガ）（源氏、夕顔）

宿直《とのゐ》人めく男、なまかたくなしき、出で来たり。「しか〴〵なむ籠りおはします。（八宮ハ、寺ニ、カクカク御参籠デス。）御消息をこそ聞えさせめ。（御来訪ノ由ヲ八宮ニ申シ上ゲマショウ。）」と申す。「何かは。しか限りある御行ひ（七日ト日限ノ定メテアル御修行）の程を、紛らはし聞えさせむにあいなし。（オ邪魔申シ上ゲマショウナラ心ナイコトデス。）かく濡れ濡れ（京カラ）参りて、いたづらに帰らむ愁《うれ》へを、（オ留守居ノ）姫の御方に聞えて、あはれとのたまはせばなむ慰むべき。」とのたまへば、（宿直人ハ）醜き顔うち笑みて「申させ侍らむ。（姫ニ申シ上ゲマショウ。）」とて立つを（源氏、橋姫）

四　す（上代）（四段活用）

上代には、通常四段活用の動詞の未然形に添って、四段に活用する尊敬の助動詞「す」がある。

吾背《わがせ》子《こ》は借廬《かりほ》作良須（ツクラス）（オ作リニナル）草《かや》なくは小松が下《した》の草《かや》を苅らさね（オ苅

リナサイナ）（万葉、一、一二）

吾が形見見つつ之努波世（シノハセ）（恋心ヲ馳《ハ》セテ下サイ）あらたまの年の緒長く吾もしのはむ（万葉、四、五八七）

尊敬といっても、天皇が道ばたの娘に向かって「この丘に菜つます児、家聞かな、名のらさね（万葉、一、一）」と呼びかけておられる例などから考えて、あまり重い意味のものでなく、やや軽いものであろうと言われている。

「思ふ」「聞く」に添うときは「思はす」「聞かす」となるべきものが、変化して「思ほす」「聞こす」となることがある。「聞こす」は、「聞く」意味から離れて「言う」「食う」の尊敬語としても用いられている。（五三一ページ参照）

遠々し越《こし》の国に賢《さか》し女《め》をありと聞かして、麗《くは》し女《め》をありと伎許志（キコシ）て（オ聞キニナッテ（タダシ、コノ例モ「オッシャッテ」ノ意ト解ク説モアル））（古事記、神代）

わが背子し斯《か》くし伎許散婆（キコサバ）天地の神を乞ひ祈《の》み長くとぞ思ふ（アナタガコノヨウニオッシャルナラ、天地ノ神々ヲ祈ッテ長生キヲシヨウト思イマス。）（万葉、二十、四四九九）

大御酒《おおみき》うまらに（オイシク）岐許志（キコシ）もち食《を》せ（オメシアガリ下サイ）まろが親《ち》。（古事記、応神）

この「す」が稀に四段以外の動詞「す（サ変）」「寝《ぬ》（下二段）」「着る（上一段）」「見る

（上一段）」などに添うときは、その動詞はたいてい音の変化を生じる。（ただしサ変は変化しない。）

旗薄《すゝき》小竹《しの》を押しなべ草枕旅宿り世須（為《セ》ス）（旅宿リナサル）古《いにしへ》思ひて（万葉、一、四五）

奥山のま木の板戸をとどとして（ゴトゴト音ヲタテテ）吾《わ》が開《ひら》かむに入り来て奈左禰（寝《ナ》サネ）（入ッテキテオ寝ニナッテ下サイ。）（万葉、十四、三四六七）

吾が背子《せこ》が蓋世流（着《ケ》セル――「ル」ハ「リ」ノ連体形）衣《ころも》の針目落ちず（着テオイデニナル衣ノ針目一ツ残サズ）入《こも》りにけらし我が心さへ（万葉、四、五一四）

はふ葛《くず》の絶えず偲《しの》はむ大君の売之思（見《メ》シシ）野辺には（ゴ覧ニナッタ野辺ニハ、記念トシテ）標結《しめゆ》ふべしも（万葉、二十、四五〇九）

なおこの「見《め》す」は「見る」の意から転じて「召《め》す（目下ノ者ヲ身近ニオヨビヨセニナル）」「食《め》す」「めす（政ヲゴ覧ニナル・統治ナサル）（↓「きこしめす」＝政ヲオ聞キニナリゴ覧ニナル意カラ政ヲ執《ト》ルコト）」などの意にも用いられる。「思ほしめす」「しらしめす」およびその転音「しろしめす」なども、もと「思ひ見る」「知り見る」（知るは、領有する意）の尊敬語から出ている。

さて、中古において受身、使役の助動詞「る」「らる」「す」「さす」「しむ」が尊敬に転用され、いったいに尊敬の助動詞は転来のものばかりであるように考えられることから、佐伯梅友博士はこの「す」も、上代をさかのぼる以前において、元来、使役の意をあらわ

すものであったのが、上代に至って尊敬の意に変わったのではないかと解いて

あやめ草玉貫《ぬ》くまでに（玉トシテ貫ク五月ニナルマデ）鳴き響《とよ》め安寝《やすい》寝《ね》しめず君を奈夜麻勢（悩マセ）（君ヲシテ悩マシメヨノ意）（万葉、十九、四一七七）

などをその名残りが見える例としておられる。

もしそれに準じて考えてよいのなら、有名な難解の歌

瓜食《は》めば子ども思ほゆ栗食《は》めばまして偲《しの》はゆ何処《いづく》より来たりしものぞ眼交《まなかひ》にもとな懸《か》りて夜周伊斯奈佐農（安寝《ヤスイ》シ寝《ナ》サヌ）（万葉、五、八〇二）

も、「安寝《やすい》を寝《ね》しめない」意と解くことができよう。

この「す」は中古に入るとまったくすたれ、わずかに「御はかし（御佩刀）」「御とらし（御執弓）」「御けし（御着衣）」（「はく」「とる」「きる」の尊敬表現「はかす」「とらす」「けす」の連用形が体言となったもの）などにその名残りをとどめているだけである。

五　き、けり

「き」「けり」はある動作あるいはある現象が、現在現実としては存在しないが、かつて過去において存在したということを、頭《あたま》で思い出して叙述する意味を、上の動詞に加える助動詞。これを普通「過去」あるいは「回想」の助動詞と呼んでいる。活用と接続はつぎ

のとおりである。

	未然形	連用形	終止形	連体形	已然形	命令形	接続
き	（せ）（け?）	○	き	し	しか	○	活用語の連用形。ただしカ変・サ変動詞は特別。
けり	けら	○	けり	ける	けれ	○	活用語の連用形。

カ変・サ変の動詞に「き」が接続する場合は

（カ変）　こ《（来）》（未然形）{し。／しか。　マタハ　き《（来）》（連用形）{し。／しか。

き《（来）》（連用形）―き。　トハ言ワナイ

（サ変）　せ《（為）》（未然形）{し。／しか。　し《（為）》（連用形）―き。

となる。（ただし「きし」は「源氏物語」でも「きしかた」（『源氏物語』大成本で五一例。なお「こしかた」は三例）ということばに限って用いられ、「きしか」は「源氏物語」に用例を見ないといわれているように、中古の用例は稀有であり、「万葉集」では「きし」「きしか」の仮名書きの例はまったくない。）

（イ）き

つぎの「せ」は「き」の未然形と考えられている。

十月《かみなづき》雨間もおかず零爾西者（フリニセバ）誰《いづれ》の里の宿か借らまし（十月ノ雨ガ晴間モナク降ルヨウナコトハアルマイガ、モシ降ルト仮定シタラ、私ハドコノ里ノ宿ヲ借リヨウカシラ、ドコノ里ノ宿モ借リラレソウモナイナア。）（万葉、十二、三二一四）

筑波嶺に吾行利世波（ワガ行ケリセバ）ほととぎす山彦響《とよ》め鳴かましやそれ（私ハ筑波嶺ニ行カナカッタガ、モシ行ッテイタラ、ホトトギスガ山ニコダマサセテ、サカンニ鳴イタデアロウカシラ。多分鳴カナカッタロウニ。）（万葉、八、一四九七）

高光る吾が日の皇子《みこ》の伊座世者（イマシセバ）島の御門《みかど》は荒れざらましを（ワガ皇子様ハオ亡クナリニナッタガ、モシコノ世ニ生キテイラレルナラ、島ノ宮ハコウ荒レナイデイヨウモノヲ、生キテイラレヌノデ荒レテイルコトダ。）（万葉、二、一七三）

かからむと懐知勢婆（カネテ知リセバ）大御船《おほみふね》泊てし泊《とまり》に標《しめ》結はましを（コウオ亡クナリニナロウト前カラワカッテイルト仮定シタラ、天皇ノオ乗リノ船ノ泊ッタ港ニシメヲ結ッテ、オ船ヲトメテ、天皇ガ天路ニ旅立タレナイヨウニスルノダッタノニ。）（万葉、二、一五一）

この「せ」をサ変動詞「す」の未然形と見る考えもあるが、右の最初の例は、助動詞「ぬ」の連用形「に」を承《う》けているのだから（助動詞「ぬ」を動詞が承ける例はない）やはり助動詞と見るほかはないであろう。ただし過去の意味にも回想の意味にも用いられず、後述の「まし」と同様に、下に接続助詞の「ば」を承けて事実に反することを仮定する意味をあらわすのに用いられている。ただ活用の形が「し」「しか」と通じてサ行であるし接続も同じなので「き」の未然形と見なすのである。「せ」を「き」の未然形と見るのに不都合な例としては

つれなさの限りをせめて知りもせば命をかけて物は思はじ（新後撰、恋二）

身にかへてとむる習ひのありもせば我ぞ今宵のけぶりならまし（続千載、哀傷）

などがあげられている（「き」が助詞の「も」を承けることはないという理由による）が、これは中世の用例であるから、むしろこういう「せ」を、動詞の強意に用いられる「動詞の連用形」プラス「サ変動詞」（例―恋ひす）の形と同じものと考え、サ変の未然形と誤認した後人の特殊用法と解くべきであろう。

（付言）佐伯梅友博士（国語双書、奈良時代の国語）は、サ変動詞「す」はその連用形「し」も意味が変わって「こゝにして家やもいづく（万葉、三）」（一方に「こゝにありて筑紫やいづく（万葉、四）」の用例がある）「鴨ぞ鳴くなる山かげにして（万葉、三）」などと用いられ、他の動詞と変わったところがあるから、この「せ」もやはりその特別な用法と見る方が、過去や回想をあらわさず、仮定の強めに用いられていることを合理的に説明できそうだというふうに考えておられる。その場合「行利世波」（行けりせば）の「り」は助動詞

とは言っても、もとおそらく「行きありせば」で、動詞から出たものであろうから、サ変動詞に接することの可能性が説明されようが「零爾西者（降りにせば）」については触れておられないので、なお十分納得するわけにはいかないようである。

以上は上代の「せ」の例であるが、中古にも多く用いられている。

世の中に絶えて桜の無かりせば春の心はのどけからまし（古今、春上）

いつはりのなき世なりせばいかばかり人の言の葉嬉しからまし（古今、恋四）

思ひつゝぬればや人の見えつらむ夢と知りせば覚めざらましを（古今、恋二）

玉鉾《ほこ》の道の空にて消えにせば憂き事ありと誰か告げまし（赤染衛門集）

稀有ではあるが、最後の歌のように「ぬ」に接続する用例が中古にもあるのである。

さてこの「せ」を「き」の未然形ときめるか、サ変の未然形ときめるかによって、語釈の上にも当然微妙な差異ができるべきはずであるが、現在のところまだはっきりした説明はされていない。

なお「き」の未然形には、古く「け」という形もあったのではないかとも考えられている。

つぎねふ（枕詞）山城女《やましろめ》の木鍬《こくわ》持ち打ちし大根《おほね》（ソノ大根ノヨウニ）、根白《ねじろ》の白腕《しろたゞむき》麻迦受祁婆許曽（纏《マ》カズケバコソ）知らずともいはめ（白イ腕ヲ私ガ抱カナイノナラ――アルイハ「抱カナカッタノナラ」カ――アナタハコノ私ヲ知ラナイトモ言イマショウ。ダガ、抱ク――

アルイハ「抱イタ」カ——ノダカラソウスゲナイ返事ハデキナイデショウ。）（古事記、仁徳）

この場合「け」は「せ」と同様に反事実の仮定に用いられているようである。ただしこういう「け」の用例ははなはだ乏しくて、他に山田孝雄博士のあげられた「万葉集」三の「通計万四波（カヨヒケマシハ）」は古写本では「通計万口波（カヨヒケマクハ）」となっているので、「通ひけむことは」の意味にとるべきであり、佐伯梅友博士のあげて居られる左の歌も、「け」を未然形と見ると歌意が通じない（かりに已然形とでも見るなら通じるようであるが）ようだから、何か東国方言の訛とでも解くべきではなかろうか。

あらさかの神のみ酒をたげ（「たぐ」ハ食ウノ古語。呑ム）と伊比祁婆（イヒケバ）かもよ我が酔《ゑ》ひにけむ（常陸風土記）

ともあれ、もう少し研究しないとはっきりしたことはわからない。この「け」を「き」の未然形と考えると「けむ」（後述）の意味を説くのには都合がよくなる。また、「日本書紀」に仁徳天皇の御製として見える

水渟《たま》る依網《よさみ》の池に蓴繰《ぬなはく》り破陪鶏区（延《ハ》へケク）知らに（知ラナイデ）、堰杙《ゐぐひ》築《つ》く川俣江《かはまたえ》の菱《ひし》茎《がら》の佐辞鶏区（刺シケク）知らに、吾《あ》が心し（「し」ハ強メ）いや（ヒドク）愚《うこ》にして

の「延へけく」「刺しけく」の「く」を「曰はく」「言ひけらく」などの「く」のように用言または助動詞の未然形を受ける「く」だとすると、「け」はやはり「き」の未然形と見たくなる。（そうすれば「延へけく」は「伸びたこと」、「刺しけく」は「刺したこと」の

意となる。ただし、「曰はく」「言ひけらく」などの「く」はその約音から考えて「曰ふあく」「言ひけるあく」の約で、もと活用語の連体形をうける「あく」という体言であったとする仮説〔後述〕に従えば、この「延へけく」「刺しけく」は「延へきあく」「刺しきあく」の約ということになって、「け」の活用形としては消えることになり、一方また、終止形「き」とおぼしきものからも「あく」につづくという例外が生ずることにもなって、問題はむずかしくなる。）なお、前に「せ」が「し」「しか」と五十音図で同行だと言ったが、同様に「け」は「き」と同行であって、その点も関係が深そうである。

「き」が打ち消しの助動詞「ず」につくときは、中古では「ざりき」となるが、上代では、（「ずけり」〈須介利〉の用例があることから、推測して）連用形「ず」に直接ついて「ずき」と言ったと考えられているが、仮名書きの用例は見えない。

こころゆも吾者不念寸（アハオモハズキ）山河もへだたらなくにかく恋ひむとは（万葉、四、六〇一）

「き」の連体形の「し」をもって文を終止する例が中古文にも多く見られる。

心細かりければ、幼き者などもありしに思ひ煩ひて、撫子の花を折りておこせたりし。（源氏、帚木）

思ひ出でしまゝに、まかりたりしかば、例のうらもなきものから、いと物思ひ顔にて、荒れたる家の露しげきをながめて、虫の音にきほへる気色、昔物語めきておぼえ侍りし。（源氏、

帚木)

これらは下に「ことよ」という類の語が省かれたもので、詠嘆的な余意を含んでいると見るべきである。

「き」の已然形の「しか」が「ば」や「ども」に接続する場合は、意味を誤解することはないが、「こそ」の結びに用いられた場合は、学生諸君は往々にして、「き」の連体形に疑問の助詞「か」が添ったものと誤ることがある。注意してほしい。

その夜の事にことつけて(カコツケテ)こそまかり絶えにしか(行クノヲヤメテシマッタ。)(源氏、帚木)

かうのどけきにおだしくて(コノ女ガコウ暢気ナノデ安心シテ)、久しくまからざりし頃、この見給ふるわたりより(私ノ本妻ノ所カラ)、情無くうたてあること(イヤナコト)をなむ、さるたよりありてかすめ言はせたりける(然ルベキツイデヲ以テソレトナク言イ送ラセテイマシタ、ソノコトヲ)、のちにこそ聞き侍りしか(アトデハジメテ聞キマシタ。)(源氏、帚木)

また一般に「こそ」が活用語の已然形で結ばれるとき、そこで文の意味が切れずに逆態接続の意味をもって下文につづくことがある。(上代では下文につづくのがむしろ原則であったようである。中古に入ると、はっきり切れる用例があらわれる。)「しか」についてもそのことが言える。

昨日こそさ苗取りしか。(ホンノ昨日サ苗ヲトッタガ) いつの間に稲葉そよぎて秋風の吹く(古今、秋上)

「猶思ひてこそ言ひしか。(ヤハリ深ク思イコンデアノ女ノコトヲ言イハシタガ) いとかくしもあらじ (ヒドクコレホド思イ込ンデイルノデハアルマイ)」と (ソノ男ノ親ハ) 思ふに、(男ハ) 真実《しんじち》に絶え入りにければ (伊勢物語)

なお「き」がきわめて稀に、存続をあらわす「り」「たり」の意と同様に用いられた例が上代及び中古の末期にあることを今泉忠義博士 (金沢博士還暦紀念東洋語学の研究・国語史概説) は指摘しておられる。これらは今後も研究課題となるべきであろう。

下枝《しづえ》の枝の末葉《うらは》は、あり衣《きぬ》の (枕詞) 三重《みへ》の子 (伊勢ノ采女) がささがせる瑞玉盞《みずたまうき》に (サシ上ゲテイル酒杯ニ) 宇岐志阿夫良 (浮キシ脂) 落ちなづさひ (浮イテイル脂ノヨウニ落チタダヨイ)、水《みず》こをろ〳〵に (コロコロト) (古事記、雄略)

わが園の咲きし桜を見渡せばさながら春の錦延《は》へけり (藤原為忠集) (群書類従巻二五五所収)

(ロ) けり

「き」と「けり」との意味上の差については、近年までの通説では「き」は単純に過去をあらわすのに対し、「けり」は過去の詠嘆的な表現であって、時には転じて過去の意味を失い、詠嘆の意味だけをあらわすと言われていた。

しかし、一方、英語学者の細江逸記《いつき》博士（動詞時制の研究）は、「竹取物語」の二例

（1）今は昔竹取の翁といふものありけり、野山にまじりて、竹を取りつゝ、万のことにつかひけり、名をばさるきのみやつことなむいひける。その竹の中に本光る竹一すぢありけり。

（2）或時は風につけて知らぬ国に吹き寄せられて、鬼のやうなるもの出で来て殺さんとしき。ある時には、来し方行末も知らず、海にまぎれんとしき。或時は糧《かて》尽きて、草の根を食《くひ》物《もの》としき。ある時にはいはん方なくむくつけげなるものきて食ひかゝらんとしき。

をあげて次のように述べられた。

私の考に依れば我が国には古き昔に於いて此両者の区別が儼然《げんぜん》として存在して居たので「き」は「目睹《もくと》回想」で自分が親しく経験した事柄を語るもの、「けり」は「伝承回想」で他よりの伝聞を告げるのに用ひられたものである。……故藤岡博士は、竹取物語は草紙地には「けり」（ける、けれ）を用ひ、対話には「き」を用ふ（「国文学全史、平安朝篇」百八十六頁）と述べて居らる、……私見によれば草紙地（記録的）に「けり」のあるのは、それが作者の言葉であって、伝承であるか、然もなくば自己の作意より出づる事柄を「伝承」として叙述するからで、何れも「非経験」に属し、又対話（対談）に「き」とあるのは、記述する事柄がその言者の「経験」であるか、然もなくば「体験」として陳述するからであって……上例（2）の場合は…言語学的には、言ふまでもなく「目睹回想」の語形となって居るので

ある。……この故に私は「男ありき」ならば、これを「男があった」の如く現代訳をなし、「男ありけり」ならば「男があったとさ」「男があったげな」の如く解すべきものと信ずる。

この細江博士の説は、右の挙げられた例に関するかぎりはすこぶるふさわしくて、新しく国語学者の注目をひいた。

松尾捨治《すてじ》郎《ろう》博士（国語法論攷）は「けりは常に過去の意と感嘆の意とを兼ね有するのがその本義である」とされて、

いづれのおほん時にか女御更衣あまた侍ひ給ひけるなかに、いとやんごとなき際にはあらぬがすぐれて時めき給ふありけり。（源氏、桐壺）

思ひめぐらせばなほ家路と思はむ方は又なかりけり。（源氏、帚木）

赤玉は緒《を》さへ光れど白玉の君がよそひし尊くあり祁里（ケリ）（古事記、神代）

幼くおはしける男《をとこ》女君たち慕ひ泣きておはしければ、ちひさきは敢へなむと公《おほやけ》も許さしめ給ひしかば、共にゐて降り給ひしぞかし。（大鏡）

などの例をあげ、「此等の例の如く、けりの方は単なる過去の説明記載でなく、記者の感情が高潮されて居る。」というふうに「き」とのちがいを説かれ、更にまた「右のなかりけりや尊くあり祁里や次のやうな例は感嘆の意が強いので、単なる感嘆の意で過去の意が無いかのやうに思はれるが、よく考へるとさうではない。

天若日子《あめのわかひこ》が父またその妻皆哭《な》きて我が子は死なずして有り祁里（ケリ）、我が君は死なずし

て坐《ま》し祁里といひて（古事記、神代）

み山には松の雪だに消えなくに都は野辺の若菜つみけり（古今、春上）

常磐なる石室《いはや》は今もありけれど住みける人ぞ常なかりける（万葉、三、三〇八）

ある時はありのすさびに憎かりき、なくてぞ人は恋しかりける（源氏、引歌）

此等は皆過去に於て認識の外にあった事実を、新たに認識して驚嘆する意であるから、単なる回想といふのは物足らない」と言っておられる。右の「過去に於て認識の外にあった事実を、新に認識して驚嘆する」と言われるのは、前記の細江博士の説に共通するふしが多いと言えよう。

その後「き」と「けり」の差については、右の細江・松尾両博士の説の線に添って研究がすすめられていったが、「き」は「目睹回想」（体験した事柄の回想）というふうに限定してしまうと、たとえば、

香具《かぐ》山は畝火《うねび》ををしと耳梨と相諍競伎（アヒアラソヒキ）神代よりかくにあるらし古昔《いにしへ》も然《しか》にあれこそうつせみもつまをあらそふらしき

反　歌

香具山と耳梨山と相之時（アヒシトキ）立見爾来之（タチテ見ニコシ）印南《いなみ》国原（万葉、一、一三・一四）

の「き」や「し」は、少なくともそのまま作者の目睹回想とは見かねようし、その他にも、

説明のつかない用例がかなり多く見られるので、現在では、

むしろ「き」の原義を、確信をもって過去に存在したと言いうる事実をのべるというふうに考えるのが、穏当ではなかろうか。確信をもって過去にあったと主張しうる事実の第一は、自分の体験であるから、体験回想として用いることが多くなるのは、当然であろう。

とされる伊《い》牟《む》田《た》経久《つねひさ》氏（解釈と鑑賞、昭和32・11）の説などによって代表される線に落ちついているようである。

「けり」についても、同じく伊牟田氏が、「竹取物語」の、かぐや姫が竹取翁に自分の身の上をうちあけることば

おのが身は、この国の人にもあらず、月の都の人なり。それをなむ（コノ「なむ」ハ本文ノ誤リトシテ削ルベキカ）、昔の契ありけるによりなむ、この世界にはまうできたりける。

の「ける」は自分の直接体験たる事実を述べたものであること、また、かぐや姫は、更に、同じ事実を、

月の都の人にて、父母あり。片時のあひだとて（自分ハ）かの国よりまうでこしかども、かくこの国にはあまたの年を経ぬるになむありける。

と「し」を用いても言っていることを指摘され、「けり」は非体験の過去の事実をのべる（伝承回想）とするだけでは、十分でないとされて、

結局は、今まで意識しなかった「過去の事実・過去から現在まで続いている事実・目前の事

実」を、はっきりと意識し感嘆をこめてのべるのが原義であると言うことができよう。と結論されるのが、穏当な説と言うべきであろうか。したがって「けり」の訳語としては、「今思エバ……ダッタ（ノダナア）」「気ガツイテミタラ……ダッタ」などが当たることが多い。

雲の上もくらしかねける春の日を所がらとも（私ハイナカノ里居ノセイデワビシイノカト）
ながめつるかな（三巻本枕草子）

右は、里下りしている清少納言に中宮から無聊《ぶりよう》を訴える歌がとどいたのに答えた清少納言の歌であるが、「宮中でもやはり暮らしかねなさるのだったと私は初めて気がつきました」の意をあらわしている好例と言えよう。

式部卿宮（紫上ノ父宮）、明けむ年ぞ五十になり給ひけるを、御賀のこと、対の上（紫ノ上）
おぼし設くるに（源氏、少女）

右は、「けり」が未来時のことについて用いられているように見える珍しい例であるが、今年四十九なら来年五十になることは確定的な事実であり、いわばその事実はすでに四十九年前過去時から存在していたはずなのだから、別に普通の用例の外にあるものではない。「気ガツイテミタラ、来年ハ五十ニオナリニナルノダッタ」の意である。

「けり」の未然形は中古に入ると用いられないが、上代には行なわれた。

梅の花咲きたる園の青柳はかづらにすべく奈里爾家良受夜（ナリニケラズヤ）（カズラニシ

テ頭ヲ飾ルホドニ芽吹イテシマッテイナイカ。イヤ、スッカリ芽吹イテシマッタヨ。）（万葉、五、八一七）

「けり」が打ち消しの助動詞「ず」につくときは、中古では「ざりけり」となるが、上代では連用形の「ず」に直接ついて「ずけり」というのが普通であったらしく、「万葉集」では仮名書きの「ざりけり」の例は見えない。

ぬばたまの夢《いめ》にはもとな（ヤタラニ）相見れど直《ただ》にあらねば孤悲夜麻受家里（コヒヤマズケリ）（万葉、十七、三九八〇）

「けり」がラ変活用であるということは、元来ラ変動詞「あり」と複合して出来た語であることを推測させるが、その原形は「きあり」であったろうといわれる。ただその「き」を助動詞の「き」とする説（山田孝雄博士）とカ変動詞の「き（来）」とする説（春日政《まさ》治《じ》博士）とがあって、なお定めがたい。

なお中古における漢文の訓読には、過去・回想の助動詞としてはほとんど「き」がもっぱら用いられて、「けり」は、稀に詠嘆として文末を結ぶのに用いられるだけであり、中古後期以後には、それさえもほとんど例が見えなくなる由である（築島裕《つきしまひろし》博士「平安時代の漢文訓読語につきての研究」）。したがって逆に言えば、変体漢文で記されている後小野宮《のちのおののみや》右大臣藤原実資《うだいじんふじわらのさねすけ》の日記「小右記《おうき》」長和五年（一〇一六）正月二十四日の記事に

「式部卿宮云……東宮事能思定天こ所可申かりけれと宣き」（トウグウノコトヨクオモヒサダメテコソマウスベカリケレトノタマヒキ）（史料大成本）

とあるのなどは、実資自身、式部卿宮の言われた「気がついてみたら……だった」の意をあらわす「けれ」（けり）を、漢文ではあらわしかねて、敢えて平仮名でしるしのこしたということになるであろう。

六　む

「む」はもともと、まだ現実になって現われてこない事実や現象や状態について、そのまさにあらわれるであろうことを想像する意をあらわす助動詞であって、ある学者はこれを「予想」の助動詞と名づけている。またそのまさに現われるであろうことを想像することから、自己の「希望」とか、他への「勧誘」とか自己の「決意」とかをあらわす意になることもあるが、更にまたすでにそれが現実であっても、それが目前にあってはっきり認識されないかぎりは、一種の非現実であることから、すでに現実になって現われ出ているであろう事実や現象や状態についての「推量」をあらわす意になることもある。なお未来が現実でなく想像にほかならぬために、従来この「む」を未来の時をあらわす助動詞と言っていた。

活用と接続を示せば次のとおりである。

	未然形	連用形	終止形	連体形	已然形	命令形	接続
む	○	○	む	む	め	○	活用語の未然形

予想の例

み吉野の山のあらしの寒けくに（サムイコトデアルノニ）はたやこよひも我独宿牟（アガヒトリネム。）（万葉、一、七四）

後涼殿にもとよりさぶらひ給ふ更衣の曹司を外に移させ給ひて、上局《うへつぼね》に賜はす。その恨み、ましてやらむ方なし。（ソノ後涼殿ニ居タ更衣ノ恨ミハマシテハラソウ方法モナイ。）（源氏、桐壺）

明日よりは吾波孤悲牟奈（アレハ恋ヒムナ。）（恋シク思ウダロウ）名《な》欲《ほり》山岩踏み平《な》らし君が越えいなば（万葉、九、一七七八）

春日《かすが》野《の》に時雨《しぐれ》降る見ゆ明日よりは黄葉頭刺牟（モミチカザサム。）（「モミチ」ハ当時清音）高《たか》円《まと》の山（万葉、八、一五七一）

最後の二例は「明日よりは」という未来時が指定されているために、従来「未来」の意と解かれたものである。

希望または勧誘の例

1　希　望

見れど飽かぬ吉野《よしの》の河の常滑《とこなめ》の絶ゆることなく復還見牟（マタカヘリミム。）（決意ノ意ト見ルコトモデキル）（万葉、一、三七）

2　勧　誘

我が屋前《やど》の花橘にほととぎす今社鳴米（今コソ鳴カメ。）友に逢へる時（友ニ逢ッテイル今コソ鳴クノガヨイ、（アルイハ「鳴イテオクレ」）ホトトギスヨ。）（万葉、八、一四八一）

かくてもおのづから若宮など生ひ出で給はば（成人ナサルナラ）、さるべきついでもありなむ（キットヨイ機会モアルダロウ）、命長くとこそ思ひ念ぜめ。（吾ガ命長カレト思イコラエルノガヨイ、（アルイハ「思イコラエテオクレ」））（源氏、桐壺）

「し、こらかしつる時は（御病気ヲナオシソコナッテシマウトキハ）うたて侍るを、とくこそ試みさせ給はめ。（早クオタメシナサルノガヨロシュウゴザイマス、（アルイハ「オタメシナサッテ下サイマセ」））」と申したれば（源氏、若紫）

「人なくて悪《あ》しかめるをさるべき人々夕づけてこそは迎へさせ給はめ。（オ呼ビヨセニナルノガヨイデショウ）」と（源氏ハ）宣ひて（源氏、若紫）

「今更に何かは大殿ごもる。起きさせ給はむ。（オ起キニナルノガヨロシュウゴザイマス（アルイハ「オ起キニナッテ下サイマセ」））と聞えさするに（栄華物語、花山尋ぬる中納言）

この場合は、たいてい「こそ」の結びで已然形の「め」が用いられるが、最後の例のように終止形の場合もある。なお橋本進吉博士の「新文典別記上級用」には

大納言が死霊を宥《なだ》めんと思召《おぼしめ》さんにつけても、生きて候ふ少将をこそ召還《めしかへ》され候はめ。〔御召還ナサルノガヨイデショウ〕。（平家、三）

都にてこそ如何《いか》にもなり給はめ〔御ナリニナルノガヨイデアロウガ〕、又西国へ落ちさせ給ひたらば、助かり給ふべきか。（源平盛衰記、三二）

などの例をあげてこれを「適当・当然」の意をあらわす「む」と説いておられる。

決意の例

あをによし奈良の家には万代《よろづよ》に吾母将通（ワレモ通ハム）忘ると思ふな（万葉、一、八〇）

推量の例

近き御厨子《みづし》なる、色々の紙なるふみどもを引き出でて、中将わりなくゆかしがれば、「さりぬべき（サシツカエナイモノヲ）少しは見せむ。かたはなるべきもこそ（不体裁ナモノガアルトイケナイ）」と許し給はねば、「そのうちとけて傍痛《かたはらいた》し（キマリガワルイ）とおぼされむこそゆかしけれ……」と怨ずれば（源氏、帚木）

思はむ子を法師になしたらむこそはいと心苦しけれ。（ソノ親ガカワイク思ッテイルデアロ

ウ子ヲ、親ガ出家サセテ法師ニシテイルデアロウコトコソハ、ヒドク気ノ毒ダ。)(枕草子)

これらはそれぞれ「傍痛クオ思イニナル」「カワイク思ウ」「法師ニシテイル」という事実が未発の事実でなくて、すでに現実の事実であると思われながら、ただそれを受けとる側で、確実なものとしては認識できかねるので「推量」のかたちで表現したものである。

ただし木枝増一《きえだますいち》氏(高等国文法新講、品詞篇)は、後者の「思はむ子云々」の例を

上に仮定を示す条件が無くて「む」が仮定を表している例である。即ち「かりに愛する子があったとして、それをもし僧にしたらば」という意味である。

というふうに説いておられる。

一般に「む」が体言(またはそれに準ずるもの)につづく語、たとえば「来む時」「帰らむ人」などを現代の口語に訳す場合、「む」の口語助動詞「う」「よう」を用いて、「来よう時」「帰るであろう人」などと言うと、はなはだ不自然に感ぜられるのは、そういう場合、現代の口語では「来る時」「帰る人」と言うからである。したがって中古文を現代口語文に飜訳しようとする場合は、やはり「来る時」「帰る人」と言いかえなければ、正しい口語文とは言えまい。しかしながら中古文を現代口語文に正当に飜訳しようとするためには、まず中古文のあらわす意味を正確に理解することが必要であって、諸君はその必要のためには一往は直訳文を作ってみることがのぞましい。さもないと「来む時」「帰ら

む人」が「来る時」「帰る人」とこの場合だけ同じであるということから「来む」と「来る」「帰らむ」と「帰る」とをいつでも同じ意であるとするような錯覚を起こす初学者が出てくる心配がある。

宮の中に召さむことは〔直訳＝召ソウコトハ。現代口語訳＝召スコトハ〕宇多の御門の御誡《いましめ》あれば（源氏、桐壺）

誠の器《うつは》ものとなるべきを取りいださむには〔直訳＝取リ出ソウノニハ。現代口語訳＝取リ出スノニハ〕難《かた》かるべしかし。（源氏、帚木）

なおこれらの「召さむこと」「取りいださむに」なども、右の木枝氏の「思はむ子」に対する訳のように「モシ召ストスルナラ、召スコトハ」「モシ取リ出ソウトスルナラ、取リ出スノニハ」というふうに「予想」の意を一々「仮定」に代えて口語訳すれば、一往無理のない口語文として、その意味するところはほぼ正確にあらわし得るに近いようであるが、一方、仮定条件というよけいな重みが新たに加わってしまって、かえって文意を曲げる場合もあろうから、なお十分に考えたい。

已然形「め」は、上に疑問的な語があると、反語的な意味になる例が、上代には見える。

吾《わ》が背子《せこ》を何処行目跡（イヅクユカメト）〔ドコヘ行コウカ、ドコニモ行キハシマイト〕さき竹の（枕詞）背向《そがひ》に寝《ね》しく（後向キニネタコトガ）今し悔《くや》しも（万葉、七、一四一二）

愛《かな》し妹《いも》を伊都知由可米等（イヅチユカメト）山菅《やますげ》の背向《そがひ》に寝《ね》しく今し悔《くや》しも（万葉、十四、三五七七）

また已然形「め」は下に疑問の助詞「や」を伴うと反語的な意味となる。

にほ鳥の（枕詞）葛飾早稲《かつしかわせ》を饗《にへ》すとも（神ニ対シテ新嘗ノ祭ヲオコナッテイルキビシイ物忌ノ夜デアッテモ）その愛《かな》しきを刀《ト》爾多氏米也母（外ニ立テメヤモ）（立テヨウカ、立テハシナイツモリダ。）（万葉、十四、三三八六）

銀《しろがね》も黄金《くがね》も玉も何《なに》せむに（ドウシヨウトテ）まされる宝《たから》古爾斯迦米夜母（子ニシカメヤモ）（万葉、五、八〇三）

この「めや（も）」は中古に入っても用いられているが、歌にだけしか見えないことから考えると、少なくとも日常口語としては亡んだのであろう。

引き別れ年は経《ふ》れども鶯の巣立ちし松のね（「根」ニ「音」ヲカケテアル）を忘れめや（源氏、初音）

紅の初花染めの色深く思ひし心われ忘れめや（古今、恋四）

また下に来る疑問の助詞が「かも」であることもある。

橘の下吹く風の香ぐはしき筑波《つくば》の山を古比受安良米可母（恋ヒズアラメカモ）（恋イナイデイヨウカ、恋イナイデハイラレナイダロウ。）（万葉、二十、四三七一）

大空の月を見るが如くに古を仰ぎて今を恋ひざらめかも。（古今集序）

山科《やましな》の音羽の山の音にだに人の知るべく我が恋ひめかも（古今、恋三）

ただし「めかも」の用例ははなはだ少ない。「めやも」の方が音感が柔かいので多く用いられたのであろうという。意味の差はあるまい。

なお右にかかげた「銀も黄金も」の歌のなかに見える「何せむに」という言い方は、上代から中古にかけて行なわれるが、「ドウシヨウトテ」「ドウシヨウカラトテ」「ドウシテ」などの意に用いられる。

何為牟爾（ナニセムニ）吾《わ》を召すらめや（万葉、十六、三八八六）

何せむに結びそめけむ岩代の松は久しき物と知る知る（拾遺、恋二）

上代に「……であろうこと」の意をあらわす「まく」という語があるが、その「ま」は助動詞「む」と関係がある。

梅の花知良麻久怨之美（散ラマク惜シミ）（散ロウコトガ惜シイノデ）我《わ》が苑《その》の竹の林に鶯なくも（万葉、五、八二四）

右の「まく」の「く」から説明するが、この「く」は、上代に多く見える「言はく」「有らく」「為《す》らく」「見らく」「恋ふらく」「寝《ぬ》らく」「寒けく」「欲《ほ》しけく」「寝《ね》しく」などの「く」と同じで、すぐ上の語についてその語を体言化する接尾語であるが、すぐ上の語が「言は」「有ら」「寒け」「欲しけ」のように四段動詞・ラ変動詞・形容詞の未然形（上代の形容詞の未然形は語尾が「け・しけ」となる）と見ることができるものと、「散らま」「為ら」「見ら」「恋ふら」「寝ら」「寝し」のように、どういう形ともたしかには言えないものとがあって、従来説明に窮していたのであったが、その後、金田一京助博士の、これらを活用語の連体形に、体言化する接尾語「あく（aku）」が接続したものとする仮説（昭和十七年東京大学講義。大野晋《すすむ》博士「日本語の動詞の活用形の起源について」――国語と国文学、昭和二十八年六月――所引）を祖述して更に精細にした大野晋博士（上記論文）の説が、現在、もっとも穏当なものと考えられる。それによれば、「言ふあく→言はく」「有るあく→有らく」「為るあく→為らく」「見るあく→見らく」「恋ふるあく→恋ふらく」「寝《ぬ》るあく→寝《ぬ》らく」「寒きあく→寒けく」「欲しきあく→欲しけく」となり、したがって「散らまく」も「散らむあく」から生まれたことばだということになるわけで、この「まく」の「ま」が従来、一往、助動詞「む」の未然形と考えられながら、他にそうした未然形「ま」の用例がないままに不審がられていたのがきれいに解決したことになる。つまり「まく」は連体形「む」が「あく」（この「あく」を大野博士は「トコロ」とか「コト」とかいう意味の名詞と推定して、その証拠として「アクガル」――物事から心が離れる意と見る。「カル」は離れる意の上代・中古語――の「アク」を当てている。）と結合して転音したに過ぎないということになったのである。（なお上代の日本語では、発音上の習慣として、母音が二つ連続することをひどく嫌ったので、そういう場合には、その一方の母音〔多くの場合、前の母音〕が脱落するか、二つの母音が融合して別の母音をつくる〔たとえば ia→e〕かした。したがって「言ふあくifuaku→言はくifaku」「寒きあくsamukiaku→寒けくsamukeku」となるわけである。）この「あく仮定説」は、「寝《ね》しく」（「寝しく」は「ネタコト」の意に用いられている。したがって、この「しく」は過去・回想の助動詞「き」の連体形「し」に「あく」がついたものだとすれば「siaku→seku（しあく→せく）」となるはずであって、例外となる。「しく」の例は、他に「思へりしく」などがある）については当てはまらないので、なお確実なものと断ずるわけにはいかないが、十分有力な説と言うべきであろう。

「まく」の用例は中古にもあるが、歌にだけであることは、口語としては亡んだということである。

海《わた》の原寄せ来る浪のしば〱も見まくのほしき（「見ムコトノ欲シキ」ノ意）玉津島かも（古今、雑上）

別れ路《ぢ》は恋しき人の文なれや（手紙デアルカラカ）やら（破《や》ルニ遣《や》ル（ハナレタトコロニ行カセル）ヲカケテイル）でのみこそ見まくほしけれ（拾遺、別）

なおこの「まくほし」が、中古の希望の助動詞「まほし」を生んだのである。また、「源氏物語」桐壺の

この君の御童姿《わらはすがた》変へまうくおぼせど、十二にて御元服し給ふ。

の「変へまうく」は「変へまく憂く」の約であり、「変エヨウコトガツライ（トオ思イダ

ガ)」の意である。

中古に「むず」という助動詞がある。これは、おそらく

狭井《さゐ》川よ(ヨリ)雲立ちわたり畝傍《うねび》山《やま》木の葉さやぎぬ加是布加牟登須(風吹カムトス)。(古事記、神代)

などに見える「むとす」(助動詞「む」に助詞「と」とサ変動詞「す」のついたもの)が変わったものであろう。「枕草子」(三巻本)にも

何事をいひても「その事然《さ》せむとす」「いはむとす」「何とせむとす」といふを「と」文字を失ひて、ただ「いはむずる」「里へいでむずる」など言へば、やがていとわろし。まいて文に書いては言ふべきにもあらず。

と言っているから、当時「むず」という俗語が出来ていて、それは「むとす」の約略だと考えられていたことが知られる。(なお「文に書いては言ふべきにあらず」と言いながら、同じ「枕草子」で会話文には「今秋風吹かむ折にぞ来むずる。待てよ」とか「いかで帰らむずらむ」とか、俗語のままで記されていると指摘されていたが、それは「枕草子」でももう一つの伝本である能因本の本文であって、三巻本ではそれぞれ「来むとする」「帰らむとすらむ」となっている)。更に、もっと古く「竹取物語」にも、次の一例が見えるが、他にこの時代の用例は見つけられないので、あるいは伝本本文を疑うべきかも知れない。

「いづちもいづちも足の向きたらむ方へいなむず。かゝるすきごとをし給ふこと」とそしりあへり。

「源氏物語」では宿木巻の「待遠なる折々あるを、かからむずる事とは思ひしかど」が唯一の例として指摘されているが、それは湖月抄本だけのことであって、青表紙本・河内本を通じて「むとする」とあるから採るわけにはいかない。しかし中世に入ると、「平家物語」などで会話に多く見えるようになる。このように「むず」のたしかな中古の用例は稀有なのだが、一方この「むず」の「む」が更に省略されて「ず」だけで「むず」と同じ意味に用いられていると思われる例が「土佐日記」に二か所ある。

夜更けぬ。この歌主《うたぬし》「またまからず（マタオ伺イシマショウ）」と言ひて立ちぬ。ある人の子の、童《わらは》なる、ひそかに言ふ、「まろ、この歌の返しせん」と言ふ。驚きて「いとをかしき事かな。よみてんやは。よみつべくは、はや言へかし」といふ。「まからず、とて立ちぬる人を待ちてよまむ（マタオ伺イシマショウ、ト言ッテ立ッテシマッタ人ノ戻ッテ来ルノヲ待ッテヨモウ）」とて求めけるを

こうした「ず」の中古の用例は他にはまだ見出せないが、「土佐日記」の本文は作者貫之の自筆本の文字さながらに写し伝えた本が現存しているのだから、この本文は疑うわけにはいかない。そうすると「むとす」は、すでに紀貫之（八六八？—九四五？）のころには俗語（会話語）としては「むず・んず・ず」などとなっておりながら、なお清少納言には

「文に書いて言ふべきにあら」ぬものと考えられ、「源氏物語」でも、会話文の中にさえ採られなかったが、男子の作品と考えられる「土佐日記」や「竹取物語」では会話文には早速採られていたと見てよいであろうか。同じ俗語でも品のわるいものは会話にも採り入れない女子と、それにはこだわらない男子とのちがいが、どうやら推測されそうで興味がふかい。

七　まし

「まし」は事実に反した事を仮設して想像する意をあらわす助動詞であって、これを「仮想」の助動詞とよぶ人もある。この「まし」の意味を江戸時代の学者が「む」と同じだと述べたことから、近頃までその説に従って解く人もあったが、明らかに誤りであるから、注意せられたい。

「まし」の活用と接続を示すと

	未然形	連用形	終止形	連体形	已然形	命令形	接続
まし	ませ ましか	○	まし	まし	ましか	○	活用語の未然形

上代には未然形「ませ」、終止形「まし」、連体形「まし」しかなかったが、中古に入ると、已然形「ましか」が生じ、それが未然形にも用いられた。

思ふにし死にするものに有麻世波（アラマセバ）千度《ちたび》ぞ吾は死に返らまし（万葉、四、六〇三）

吾が背子《せこ》と二有見麻世波（フタリ見マセバ）いくばくか此の降る雪のうれしからまし（万葉、八、一六五八）

もし海辺にて詠ましかば「波立ち塞《さ》へて入れずもあらなん」とも詠みてましや。（土佐日記）

あはれと思ひしほどに煩はしげに思ひまつはすけしき見えましかば、かくもあくがらさざらまし。（源氏、帚木）

前の二例は上代、後の二例は中古のものである。ただし中古でも歌には「ませ」も用いられている。

かくばかり恋しきものと知らませばよそに見るべくありけるものを（拾遺、恋四）

「ませ」と「ましか」とはこの場合、意味の差はないと考えられている。

「まし」の連体形は、係結の「結」とか、助詞「を」「ゆ」「より」「も」などに接する場合とか、体言「もの」などに接する場合などに用いられる。つぎの例のうちの「おはせまし御為の志」や後掲の「国知らさまし島の宮」などのような一般の体言に自由に接した用例は多くない。

飛鳥川《あすか》しがらみ渡し塞《せ》かませば流るる水も能杼尓賀有万思（ノドニカアラマシ）（万葉、二、一九七）

草枕旅行く君と知らませば岸の埴生《はにふ》に仁宝播散麻思乎（ニホハサマシヲ）（岸ノ黄色ノ粘土デオ召物ヲオ染メスルノデシタノニ）（万葉、一、六九）

打ちなびく春見麻之従者（春見マシユハ）（見ヨウヨリハ）夏草の茂くはあれど今日のたのしさ（万葉、九、一七五三）

蛙《かはづ》なく井手の山吹散りにけり花の盛に逢はましものを（古今、春下）

（秋好中宮ハ）父宮母御息所のおはせまし御為の志をも取り添へおぼすに（亡キ御両親ガ御在世デアッタラキットナサルニチガイナイ源氏ヘノ感謝ノ御志ヲモオ加エニナッテオ考エニナルガ）（源氏、若菜上）

「まし」の已然形「ましか」は「こそ」の結びとしてのみ用いられる。

我にこそ聞かせ給はましか。（宇津保、嵯峨院）

待たましもかばかりこそはあらましか思ひもかけぬ今日の夕暮（私ハ、オイデ下サルモノトシテアナタヲオ待チシテイマセンガ、カリニオイデ下サルモノトシテアナタヲオ待チ申シ上ゲル折リモ、心ノ乱レハコレクライノコトデアルデショウノニ。オイデ下サルトハ思エナイノニ、コンナニ心ガ乱レルルトハ思イモカケナイ今日ノ夕暮デス。「待たましも」ハ「待たま

し折も」ノ意）（和泉式部日記）

つぎにいくつかの「まし」の用例について考えてその意味に習熟しよう。

悔《くや》しかも可久斯良麻世婆（カク知ラマセバ）青によし（枕詞）国内《くぬち》ことごと美世麻斯母乃乎（見セマシモノヲ）（万葉、五、七九七）

右は山上憶良が亡妻を悲しんだ歌。「カリニコンナコトニナルノダト知ッタロウナラ、国内ノ景色ヲスッカリ見セルノダッタノニ。ダガ、実際ハコンナコトニナルトハ知ラナカッタノデ、国内ヲスッカリ見セナイデシマッテ残念ダ。」の意。

人知れず絶えなましかばわびつつも無き名ぞとだに言はましものを（古今、恋五、伊勢）

右の歌について今昔物語には「伊勢（女の名）が少将（藤原仲平）をひそかに通わせたが、自然その事が人に知られるようになった。その後少将が通わなくなったので、伊勢はこの歌をよんで遣わした。少将はこれを見てあわれと思って、その後は大ぴらに通った」とある。歌意は「カリニ、ハジメカラ二人ノ仲ガ世間ノ人ニ知ラレナイデ切レテシマウノデアッタロウナラ、ツラガリツラガリシツツモ、セメテアレハ無根ノ噂ダトデモ言イマショウモノヲ。ダガ、実際ハ、世間ノ人ニ知ラレタ上デ、切レテシマッタノデ、無根ノ噂ダトモ言エナクテツライコトデゴザイマス。」となる。

冬枯の野辺とわが身を思ひせば燃えても春を待たましものを（古今、恋五、伊勢）

右は詞書に「物思ひける頃、物へまかりける道に野火のもえけるを見てよめる」とある。

歌意は「カリニ、冬枯レノ野辺ト我ガ身ヲ思ウノナラ、アノ野火ノヨウニ心中「オモ火《ヒ》」ノ火ニ燃エテ、ヤガテ来ルベキ新緑ノ春ヲ待トウノニ。ダガ、実際ハ、ワガ身ハ人間デアッテ、冬枯レノ野辺トワガ身ヲ思ウワケニハイカナイカラ、思イニ燃エツツ辛抱シテ、ヤガテ来ル光明ノ春ヲ待ツトイウワケニハイカナクテ残念ダ」。

以上はいずれも「ませば……（まし）」「ましかば……（まし）」「せば……（まし）」のように、空想的な条件を前提とした「まし」の例であって、「何々するであらうなら（または「するのであったろうなら」）、何々するであろうのに（または「何々するであったろうのに」）」と訳せばよい。だいたい英語の Subjunctive Mood と同様に心得てよいであろう。

また、前提の条件が「ませば」「ましかば」「せば」のように明らかな仮想の意をもつものでなくて、普通の仮定である例や、前提の条件が仮想でありながら、下文が普通の推量の形であらわされている例もある。これらの場合も、あとの「まし」または前の「ませば、ましかば、せば」に引かれて意味はそれぞれ「ませば」「ましかば」「せば」または「まし」「ましを」と同様であると見てよい。こうした例は、字数（音数）に制約のある歌において多いが、次にあげる最後の例のように散文の中でも稀には見られる。

鶯の谷より出づる声なくは（「なからましかば」ト同ジ意）春来ることを誰か知らまし。（古今、春上）

梅が香を袖に移して留めてば（「留めてましかば」ト同ジ意）春は過ぐとも形見ならまし。（古今、春上）

待てといふに散らでし（「し」ハ強メ）止まるものならば（「ならましかば」ト同ジ意）何を桜に思ひまさまし（古今、春下）

おいらかならましかば（モシカノ女ガアノトキ素直ニ従ッタノダッタラ）心苦しき（アノ女ニトッテハ気ノ毒ナ私ノ）あやまちにても止みぬべきを（「止みなましを」マタハ「やみぬべからましを」ナドトアルベキモノ）（源氏、夕顔）

また上に空想的な条件が明示されていない例がある。

高光る（枕詞）吾が日の皇子《みこ》の万代《よろづよ》に国所知麻之（国知ラサマシ）島の宮はも（万葉、二、一七一、日並皇子《ひなみしのみこ》の薨後《こうご》に宮舎人《とねり》が悲しんで作った歌）

右は「ワガ皇子ガソコ（宮）ニアッテ万代ニワタッテ国ヲオ治メニナロウハズデ、ツイニオ治メニナレナカッタ島ノ宮ヨ」の意。

独りのみながむるよりは女郎花《をみなへし》我が住む宿に植ゑて見ましを（植エテ見ヨウモノヲ。ダガ実際ハデキソウモナクテ残念ダ。）（古今、秋上）

さりとも、明石の並《なみ》には立ちならべ給はざらまし。（源氏、玉鬘）

すべて仮想であることに変わりはないが、最後の例は、説明を加えないとすこしわかりにくい。これは源氏が今は亡き、かつての愛人夕顔の子玉鬘《たまかずら》を養女として引きとるのにあたって、夕顔のことを妻の紫の上に話して、「ずいぶんたくさんの女性と会ったが、夕顔ほど、しみじみと可憐だと思われるほどのものはなかった。」とて「(夕顔ガ)世にあらましかば、北の町にものする人の並にはなどか見ざらまし(北ノ区劃ノ御殿ニイル明石ノ女君並ニハ、ドウシテ世話シナイコトガアロウカ、ナカロウノニ)。」と言ったのに対する紫の上のことばである。「ソウハ言ッテモ、今アナタガアンナニ愛シテイラッシャル明石ノ女君ニハ、カリニ本心ダッタラ、ソノ夕顔ノ君ヲ同列ニオ並ベニナラナイデショウノニ(ソレヲ実際ハ本心デナクテオ口デハ同列ニオ並ベニナルヨウナコトヲオッシャイマス)」というような意味である。

いたづらに身は為《な》しつとも玉の枝を手折らでたゞに帰らざらまし(玉ノ枝ヲ手折ラナイデハ、ヒタスラ帰ラナイデイルデショウノニ。ダガ実際、玉ノ枝ヲ手折ッタノデ、コウシテヒタスラ帰ッテ来テイルノデス。)(竹取物語)

これも仮想である。

見る人もなき山里の桜花ほかの散りなむのちぞ咲かまし(外ノ都アタリノ花ガ散ッテシマウデアロウ後デ、咲コウモノヲ。ソウスレバ賞美サレルダロウニ、実際ハ外ノ花ガ散ッテシマウデアロウ後ニハ咲カナイカラ残念ナコトダ。)(古今、春上)

右は「外ノ散ッテシマウデアロウアトデ咲ケバヨイノニ」と訳されて希望の意と解かれてもいるが、事実は右の意である。

また、同じ反事実の仮想でも、それが現在の事についての仮想の場合と、過去の事についての仮想の場合とがあるが、それについて語法上の差はないようであって、二つの場合とも同じ「ませば（ましかば）……まし」（あるいは「せば……まし」）の形であらわし、ただその語または文の成立した時の事情によってそのどちらであるかが判断されるようである。したがって、その成立した時の事情が明らかでない場合には、どちらの意であるかがわからないことも多い。

（1）ぬばたまの夜渡る月に安良麻世婆（アラマセバ）家なる妹《いも》に安比弖許麻之乎（逢ヒテ来《コ》マシヲ）（万葉、十五、三六七一）

この歌は新羅《しらぎ》に遣わされた人たちが、船旅の途中筑前国志麻郡の韓亭《からとまり》に到って泊ること三日、折りから夜の月が皎《こう》々と照らすのを見て旅愁に堪えかねて詠んだものである。したがって現在妻に逢うことを空想しているものと見てよい。だから歌意は「コノ私ガカリニ夜空ヲ渡ル月デアルナラ、遠イ家郷ニアル妻ニ逢ッテ来ヨウモノヲ。ダガ、実際ハ夜空ヲ渡ル月デハナイカラ、遠イ家郷ニアル妻ニハ逢ッテ来ラレナクテ残念ダ。」となる。ところが

（2）出でて行く道知末世波（道知ラマセバ）あらかじめ妹を留めむ塞毛置末思乎（関モ置カマシヲ）（万葉、三、四六八）

右の歌は大伴家持が亡妻を悲しんだ歌であるから、過去のことを空想しているものと見る

方が穏かであろう。そうすると歌意は「コノ私ガカリニ妻ガ出テ行ク道ヲアノトキ知ッタデアロウナラ、前モッテ妻ヲ留メヨウタメノ関ヲ置クノダッタノニ。ダガ、実際ハ妻ガ出テ行ク道ヲアノトキ知ラナカッタカラ、残念ナコトニハ前モッテ妻ヲ留メヨウタメノ関ヲ置ケナカッタ。」となる。この歌の成立の事情が不明だったら、（1）と同様に「コノ私ガカリニ妻ガ出テ行ク道ヲ知ロウナラ、前モッテ妻ヲ留メヨウタメノ関ヲ置コウノニ。ダガ、実際ハ妻ガ出テ行ク道ヲ現在知ラナイカラ、残念ナコトニ前モッテ妻ヲ留メヨウタメノ関ヲ置ケナイ。」と解けないわけでもないのである。

この区別・判断はなかなかむずかしく、したがって次の有名な小野小町（古今、恋二）の歌などにしても、両様の解が一往は成り立つ。

思ひつつ寝《ぬ》ればや人の見えつらむ夢と知りせば覚めざらましを

〔解1〕アノ方ノコトヲ思イ思イ寝タカラカ、アノ方ガ今、コノヨウニ私ノ夢ニ見エテシマッテイルノデアロウ（「らむ」ハ現在ノ推量「今……テイルデアロウ」ノ意）。コノ私ガカリニソレヲ夢ト知ルノナラ、覚メナイデイヨウモノヲ。ダガ、実際ハ、夢トハ知ラナイカラ、残念ナコトニ覚メナイワケニハイカナイ。〔この場合は夢の中で、この歌を作っているような気持ちと見てよい。〕

〔解2〕アノ方ノコトヲ思イ思イ寝タカラカ、アノ方ガ今（夢ガサメタ直後ヲ含メテ「今」ト感ジテイルモノト見ル）私ノ夢ニ見エテシマッテイルノデアロウ。コノ私ガ、ソノ時カリニソレヲ夢ト知ッタノダッタラ覚メナイデイルノダッタノニ。ダガ実際ハ、ソノ時夢トハ知ラナカッタカラ、残念ナコトニ覚メテシマッタ。

この「まし」が疑問文に用いられると、若干意味が変わってくることもある。

反語の場合

散る花の鳴くにしとまるものならば吾鶯に劣らましや（古今、春下）

右は「散ル花ガカリニ鳴クコトニヨッテトマルモノナラ、自分ハ鶯ニ劣ロウカ、劣リハシナイツモリダ。ダガ実際ハ、鳴クコトニヨッテトマリハシナイカラ、自分ハ鶯ノヨウニ泣イテミタリモシナイノダ。」の意。

見し人の松の千歳《とせ》に見ましかば遠く悲しき別れせましや（土佐日記）

右は帰京した貫之が、土佐で失った亡き子を悲しむ歌で、やや難解だが「見し人の」は「別れせましや」の主格だとする説にしたがって解くなら、「ナジミ見テ来タ子ガ、――ソレヲカリニ千歳ノ齢ヲ保ツ松ノヨウニ私ガ見ルノダッタラ、――遠ク悲シイ（私トノ）別レヲシヨウカ、シハセヌデアロウノニ。ダガ、実際ハ、千歳ノ齢ヲ保ツ松ノヨウニハ見ラレナカッタノデ、遠ク悲シイ別レヲシタノダ。」となろう。

心こそうたて憎けれ染めざらば移ろふことも惜しからましや（古今、恋五）

右は「自分ノ心コソ、イヤデ憎ラシイナア。カリニアノ人ニ色ガ物ヲ染メルヨウニ自分ノ心ヲ染《シ》ミツカセナイデイルナラ、色ガ変ワルコト（アノ人ノ心ガ変ワルコト）モ惜シイデアロウカ、惜シクハナカロウニ。ダガ、実際ハ、アノ人ニ心ヲ染ミツカセテシマッタノデ、色ノ変ワルコト（アノ人ノ心ガ変ワルコト）ガ惜シクテタマラナイ。」の意。

　兼覧《かねみ》の王《おほきみ》に初めて物語して別れける時によめる　　みつね

　別るれど嬉しくもあるか今宵よりあひ見ぬ先に何を恋ひまし（古今、離別）

右は「悲シイハズノオ別レヲスルケレド、今夜カラハ嬉シイコトデゴザイマスナア。ナゼトイウノニ、オ目ニカカラナイ前ニハ、何ヲ相手ニ恋イマショウカ、何ヲ相手ニ恋ウルコトモデキマスマイニ。ダガ、実際ハ今ハ、オ目ニカカッタノデスカラ、恋ウル相手ガアッテ嬉シイノデス。」の意。

右の諸例のように反語の場合は、やはり反事実の想像の意と見られる。

疑問の場合

　秋の野に道も迷ひぬ松虫の声する方に宿や借らまし（古今、秋上）

右は「面白イ秋ノ野ニツイウカウカ深入リシテ、日ハ暮レルシ道モワカラナクナッテシマッタ。ママヨ、松虫ノ声ノスルアタリニ、カリニ宿ヲ貸シテクレルナラ、借リヨウカ。ダガ、実際ハ宿ハ借リラレソウモナイガネ。」の意。

（須磨デ源氏ハ）夜昼（京ニアル紫ノ上ノコトガ）面影におぼえて堪へがたく思ひいでられ

給へば「なほ忍びてや迎へまし」とおぼす。（源氏、須磨）

右は「ヤッパリコッソリ迎エヨウカシラ。ダガ、ソレハトテモ実現ハムツカシイダロウナ。」の気持ちをあらわしたもの。そして実際迎え出すことはしなかったのである。

まだ人（女君）の有様よく見定めぬ程は煩はしかるべし、さりとて知らであらむ、はた（トハイエ）いとくちをしかるべければ、（源氏ハ）「いかにせまし」とおぼし煩ひて、つくぐとながめ臥し給へり。（源氏、花宴）

右は「カリニナントカスルトシタラ、ドウシヨウ。ダガ実際ハ、ドウニモデキソウモナイナア。」の意。

君は「いかにせまし。聞えありて好きがましきやうなるべきこと。……」と思し乱るれど（源氏、若紫）

右は、源氏が幼少の紫の上をその邸から源氏の邸に迎え出そうとするときの源氏の心境をうつしたことばであるが、やはり「ドウシヨウ、ドウニモシヨウガナイナア。」の意。ただし、実際は、あとでは迎え出してしまったのだから、結果的には、ひどく思案にあまったときのことばと見ることができる。

したがってこれらを遅疑の意をあらわすものとする人もあるが、ともかく裏にいつでも、実際は実現不可能だ、あるいは実現不可能に近い、という気持ちがあるのが原則である。ただし中世に入ると

行暮れて木の下蔭を宿とせば花や今宵の主ならまし。（平家物語、忠度の最期の事）

のように反事実の想像の意を失って、「む」に近い用例が見えてくる。（ただし、この歌も、現実には木の下蔭を宿とはしなかった作者の仮想と解けば、中古の用法で解釈できるし、そうした解釈も否定しがたいであろう。）

なお、松尾捨治郎博士（国語法論攷）があげておられる「源氏物語」の東屋巻の

かくくちをしくいましける君なれば、あたら御様をも見知らざらまし。

における「まし」は「少将ハコノヨウニ価値ノナイ人ダカラ、カリニ浮舟ノ君ノ夫ニナッタラ、アタラ浮舟ノ君ノ長所ヲモ見知ラナイデイルデアロウ。」の意であるから「む」に近いが、博士の言われるように、少将が浮舟の夫であるという「事実に反する仮定」の上に立っての想像であるから、右に準じてよいはずである。

「まし」は、もと予想（推量）の助動詞「む」に形容詞をつくる接尾語「し」がついたものであろうといわれているが、その意味は、「む」から離れてしまっていることは、右にくわしくのべたことによって明らかであろう。

八　つ、ぬ、たり、り

「つ」「ぬ」「たり」「り」は完了の助動詞といわれる。活用と接続とは次のとおりである。

	未然形	連用形	終止形	連体形	已然形	命令形	接続
つ	て	て	つ	つる	つれ	てよ	活用語の連用形
ぬ	な	に	ぬ	ぬる	ぬれ	ね	活用語の連用形
たり	たら	たり	たり	たる	たれ	たれ	活用語の連用形
り	ら	り	り	る	れ	れ	四段活用の已然形(命令形) サ変の未然形

完了の「つ・ぬ・たり・り」と過去の「き」とは意味の上でもと〳〵明らかに区別せられるべきものであり、更に完了の「つ」「ぬ」「たり」「り」もその相互の間において意味を区別せられるべきはずのものなのであるが、現代の口語では、場合によって「き」「つ」「ぬ」「たり」「り」を一様に「タ」と言っているので、学生諸君は、ともすれば、これらの相違を意識しないようである。特に気をつけてこの項を読んでもらいたい。たとえば

花咲きき。花咲きけり。花咲きぬ。花咲きたり。花咲けり。

は現代の口語では一様に「花ガ咲イタ」と訳しても誤りではない。また

花を咲かせつ。

も「花ヲ咲カセタ」と訳して差支えない。だがそうだからといって「き」「けり」「つ」

「ぬ」「たり」「り」はまったく同じ意味だとは言えないのである。つまり口語の「タ」で、中古語の「き・けり・つ・ぬ・たり・り」のそれぞれの意味が、場合場合によって表現されるというわけなのである。たとえば

　昨日花ガ咲イタ。

と言えば「花咲きき」、または「花咲きけり」（正確に言えば「花咲きけり」は、「（気ガツイテミタラ）昨日花ガ咲イタ（ノダナア）」にあたるということになろう）の意味であり、

　花ガ咲イタラ（タノ未然形）、オイデ下サイ。

と言えば「花咲きな（ぬノ未然形）ば、来給へ」の意味である。また

　ソラ、花ガ咲イタ。

なども「花咲きぬ」の意味と見てよかろう。

　花ノ咲イタ枝ヲ折ッテイラッシャイ。

は「花の咲きたる枝（あるいは「花の咲ける枝」）を折りて来給へ」の意味と考えられる。

　花ヲ咲カセタラ、モッテ行ッテ見セヨウ。

と言えば「花を咲かせてば、持ち行きて見せむ」の意味である。そして「昨日花ガ咲イタ」は、あくまで「花咲きき」または「花咲きけり」であって、「花咲きぬ」でもなく、まして「花咲きたり」「花咲けり」ではもちろんない。「花ノ咲イタ枝」もあくまで、「花の咲きたる枝」あるいは「花の咲ける枝」であって「花の咲きし枝」ではけっしてあり得

ないのである。だから、これを逆に言えば、中古文を口語に訳す場合には「き」「けり」「つ」「ぬ」「たり」「り」については、できるだけその意味の差を正確に伝えられるように、「き」は「タ」、「けり」は「タ（ノダナア）〔またはタ（ノダッタ）〕」、「つ」「ぬ」は「テシマウ」、「たり」「り」は「テイル」などとそれぞれ工夫して訳すよう心がけたい。要するに中古語の「き」「けり」「つ」「ぬ」「たり」「り」は現代の口語では「タ」と一様に言われるとしても、現代口語でそれらの意味の差が全くなくなってしまったのではなく、口語の「タ」が場合場合に応じて今なお「き」「つ」「ぬ」「たり」「り」の意味で使い分けられているということに注意しなければいけないのである。

さて完了とはある動作の完了することを言う。たとえば「花咲きぬ」と言えば「花が咲く」という動作が完全に果たされ終ることを意味する。過去、現在、未来いずれの時にもまったく無関係である。したがって「花ガ咲イテシマウ」などと口訳すれば当たるわけなのである。

萩の露玉に貫《ぬ》かむと取れば消《け》ぬ（取ルト消エテシマウ）よし見む人は枝ながら見よ（古今、秋上）

桜花とく散りぬとも思ほえず（早ク散ッテシマウトモ思ワレナイ）人の心ぞ風も吹き敢へぬ（人ノ心コソ風モ吹キ終ラヌウチニ移ロイヤスイ）（古今、春下）

しかしながら、現実には時に関係のない動作というものはあり得ないから、客観的に見た動作の完了というものを、主観に移して時と交えれば、すなわち多くは現在あるいは過去のこととなる。よって「花咲きぬ」を「花ガ咲イテシマッテイル」または「花ガ咲イテシマッタ」と口訳して当たる場合も生じてくる。

秋来《き》ぬ（秋ガ来テシマッテイル又は秋ガ来テシマッタ）と眼にはさやかに見えねども風の音にぞ驚かれぬる（古今、秋上）

「たり」「り」は、「完了」の助動詞に分類されてはいるが、実現した動作が、その状態のまま「継続」して「存在」する意をあらわすと言うべきであろう。たとえば「花咲きたり」「花咲けり」は「花が咲く」という動作の結果が現在にまでひきつづいて残っている意味である。したがって「花ガ咲イテイル」などと口訳して大体当たる。ただ「花の咲けるをよめる」（歌の詞書）などは「花ノ咲イテイルノヲヨンデイル歌」と口訳すると「ヨンデイル歌」はどうも不自然に聞えるようである。というのは、「花の咲ける」のほうは「咲く」すなわち「花がつぼみから開く」という瞬間的な動作の結果が、現在なおその開いたままの状態として残存しているのだから「咲イテイル」でよいのだが、「よめる」のほうは「よむ」、すなわち「声を立てて歌う」あるいは「詩歌を作る」という動作の結果として「歌う」あるいは「作る」がなお現在そのまま残存しているのでなく、「歌う」あるいは「作る」という動作によって「歌われた」あるいは「作られた」もの（作品）が残存しているのにすぎないのだからである。こういう場合現代の口語では言い表わすことばがないので、その「歌う」あるいは「作る」という動作を一往過去として「ヨンダ歌」と訳しておくより外はないであろう。

以下「つ」「ぬ」「たり」「り」のそれぞれについて説明しよう。

(イ)つ、ぬ

「つ」と「ぬ」との差については、古来学者によっていろいろ論議され、現在でも諸説が紛糾している観がある。たとえば、「記」「紀」「万葉」を重要資料として研究された結果、小林好日《よしはる》博士（国語学の諸問題）は、「ぬ」は動作の完了のみをさし、「つ」は完了と共にその結果の観念を伴なうと説かれたが、近ごろの研究（中西宇一氏、国語国文二六ノ八）には、「ぬ」は現在から未来にわたって存続する状態の「今」における発生を意味し、「つ」は過去から引きつづいている継続動作または瞬間動作がそこで完了することを意味するとする説などもあって、一見正反対のようで、どちらをとるべきか判断に苦しまざるを得ない。しかし、元来「つ」は上代の下二段動詞「うつ」（棄てる意。例―「羽たたぎもこれはふさはず、辺つ波そに脱ぎ宇弖《うて》」古事記神代）、「ぬ」はナ変動詞「去《い》ぬ」が動詞の連用形に添って、その語頭音が脱落した（上代日本語では発音上の習慣として、母音が二つ重なると、多くの場合、前の母音が脱落するのが原則であるが、「うつ」「いぬ」の場合はその添う動詞がすでにことばとして固定していたので、前の動詞の語尾の母音はそのまま残って、あとの「うつ」「いぬ」の語頭の「う」「い」の方が脱落したというような事情があったのであろうか）のに起源すると、早くから野々口隆正（国学者。一七九二―一八七一）などによって言われているとおり、「つ」は上の動詞のあらわす動作・状態を行為者が意志的に放棄して（手から放して）完了させるのが原義であり、「ぬ」は上の動詞のあらわす動作・状態が終了して自然に眼前から退去・消失するのが原義であると見てよいであろう。

したがって、「つ」は意志的な動作をあらわす動詞（他動詞。使役の助動詞もこれに準ずる）につき、「ぬ」は、自然的（推移・移動など無意志的）な作用をあらわす動詞（自動詞）につくのが普通である。これを具体的に言えば、「何が何をどうする」と言う場合には、たいてい「つ」が添い、（たとえば「われ石を投げつ」）、「何がどうする」または「何がどうなる」という場合には、たいてい「ぬ」が添う（たとえば「花散りぬ」）と言ってよい。しかし必ずしも、そのとおりにならない例が稀にはある。

山の上に霞たなびき高円《たかまと》に鶯鳴沼（鶯鳴キヌ）（万葉、六、九四八）

霞立つ野の上《へ》の方に行きしかば鶯鳴都（鶯鳴キツ）春になるらし（万葉、八、一四四三）

時鳥鳴きつる方をながむれば唯有明の月ぞ残れる（千載、夏）

右は同じ「鳴く」という動詞に「ぬ」と「つ」がついている。最後の歌について松尾捨治

郎博士（国語法論攷）は、

この鳴きつるは時鳥が自然的にその作用をしたのではなく、有意的に其の動作をした者と見たのである。稀に空はれつなどといふのも、故《ことさ》らに空に心あって其の動作をしたものと見たのである。

と説いておられる。かりにこれに従うなら

蜩《ひぐらし》の鳴きつるなへに（卜共二）日は暮れぬと思ふは山の陰にぞありける（古今、秋上）

も「日暮ラシガ、日ヲ暮レサセヨウトシテコトサラニ鳴イテシマウト同時ニナルホド日ハ自然ニ暮レテシマッタト感ジルノハ、実ハ、山陰ノタメニ薄暗イノダッタヨ」の意となるが、果たしてそう解いてよいのかどうかは、たしかでない。

「あり」も「ぬ」だけが添いそうであるのに、実際には

ありぬやと（ガマンシテイ果タセルモノカドウカト）試みがてら逢ひ見ねばたはむれにくきまでぞ恋しき（古今、誹諧歌）

さしもあらでありぬべかりける人も（宇津保、蔵開、上）

見るべき人見よとなめりとさへ思ふにいみじう悲しうて、ありつるやうに置きて（モトアッタヨウニ置イテ）（蜻蛉日記）

旅なれば思ひ絶えて（アキラメテ）も安里都礼杼（アリツレド）家にある妹《いも》し思ひ愛《がな》しも（万葉、十五、三六八六）

のように「ぬ」にも「つ」にもつづいている。これらの例のうち「ありぬや」は「ガマンシテ自然ニソノママイテシマウ（コトガデキル）カドウカ」また「アリツレド」は「コトサラニソウイウ状態で居果タシテイタガ」の意と解けるとしても、「ありつるやうに」を有意的状態と解くのには、かなり困難を感じるようである。「ぬ」にも「つ」にもつく動詞としては「鳴く」「あり」のほかに上代から「出づ・思ふ・かくる・来《く》・しのぶ・す・降る・ます・見ゆ」など二十足らずがあるといわれている。

なお松尾博士は「つ」は現在に対する関係はきわめて少なく、過去に近いので「き」「けり」とほとんど同意義のような用例が多いとして、

夜さりありつる人たまへ（夜ニナッタラ先刻ノ人ヲヨコシテ下サイ）。いかに近からむと思ひつるを、されど気遠かりけり。（源氏、帚木）

音に聞きつる御有様を見奉りつる、げにこそめでたかりけれ。（同右）

こゝらの日頃思ひわびつる心は今日なむおちゐぬる。（竹取）

かく打解けたる人の有様かいまみなどは、まだし給はざりつる事なれば（源氏、空蟬）

思ひつゝ寝《ぬ》ればや人の見えつらむ、夢と知りせばさめざらましを（古今、恋二）

けさはしも起きけむ方も知らざりつ、思出づるぞ消えてはかなき（古今、恋三）

をあげ、これらは「ありし」「思ひし」「音に聞きし」「思ひわびし」「し給はざりし」「見えけむ」「知らざりき」と過去に言っても差支えがないものだとしておられる。しかし

「き」「けり」に近い意を持つことがあるのは「つ」に限らず「ぬ」も同様であるはずであるから、やはり、前述の如く、完了を主観に移して時と交えて考えるために、過去の意を伴ったものとして、これらはむしろ「ありてし」「思ひてしを」「音に聞きてし」「思ひわびてし」「し給はざりてし」「見えつらむ（コレハコノママデヨイ――コウシテ今、夢ニ見エテシマッテイルノダロウノ意）」「知らざりてき」の意と見るのが穏当であろう。

なお「つ」の語源については前掲の「棄《う》つ」説（野々口隆正）のほかに、「果《は》つ」説（橘守部・松尾捨治郎博士）もあるが、音韻の点から考えても、前者が有力である。

「つ」は「む」「まし」「き」「けり」「けむ」「らむ」「らし」「べし」「めり」などにつづくと、「てむ（テシマオウ・テシマウダロウ）」「てまし（テシマオウノニ）」「てき（テシマッタ）」「てけり（テシマッタノダッタ）」「てけむ（テシマッタデアロウ）」「つらむ（テシマッテイルデアロウ）」「つらし（テシマウラシイ）」「つべし（テシマウニチガイナイ）」「つめり（テシマウヨウダ）」となる。また稀には「ず」の連体形「ぬ」につづいて

春の暮にかれこれ花惜しみける所にて

かくながら散らで世をやは尽してぬ花の常磐《ときは》もありと見るべく（コノヨウニ盛リノママデ散ラナイデ世ノアラン限リヲ永ラエ尽クシテシマワナイデヨカロウカ、ヨクハアルマイ。花ニモ常磐――常住咲キツヅケルコト――ガアルト人ガ見ルヨウニ）（後撰、春下）

のような用例もある。

なおこれらのうち「てむ」「つらむ」「つべし」などは、「テシマウデアロウ」「テシマッテイルデアロウ」「テシマウニチガイナイ」と口訳するほかに、「必ズ（コウコウ）ショウ」「必ズ（コウコウ）シテイルデアロウ」「必ズ（コウコウ）スルニチガイナイ」などと口訳してもよい場合、またはした方が適切な場合がある。或る動作の完了を示すということは、一方から言えばその動作を事実として確実に示すことでもあるからそうなるのである。

頼《たの》め来し（コレマデ私ヲシテ頼ミニ思ワセテ来タ——下二段ノ「頼む」ニ注意）言の葉今は返してむ（「御手紙ハ今ハモウアナタニ返シテシマオウ」マタハ「御手紙ハモウアナタニ確カニ返シマショウ」）我が身古《ふ》るれば（「古る」ハ上二段活用）置き所なし（古今、恋四）

鳴き渡る雁の涙や落ちつらむ（「落チテシマッテイルノデアロウ」ヨリハ「キット落チテソレガソコニアルノデアロウ」ノ方が適訳）物思ふ宿の萩の上《うへ》の露（古今、秋上）

船子どもは腹つゞみを打ちて、海をさへ驚かして浪立てつべし（「浪ヲ立テテシマウニチガイナイ」マタハ「キット浪ヲ立テルニチガイナイ」）（土佐日記）

なお「つ」の命令形は「てよ」であるが、これを現代の女性用語の「てよ（「て下さいよ」の約）」と混同して考えてはいけない。

ひさかたの天の河原の渡守君渡りなばかぢ隠してよ（カクシテシマエ）（古今、秋上）

ほとゝぎすこゝに近くを（「を」ハ強メ）伎奈伎弖余（来鳴キテヨ）過ぎなむのちに（花が

散ッテシマオウ後デハ）しるしあらめやも（万葉、二十、四四三八）

「つ」の連用形の「て」は完了の意味を失って、接続助詞となり、上代から盛んに用いられている。

梅の花咲きて散りなば桜花つぎて咲くべく奈利爾弖（ナリニテ）あらずや（万葉、五、八二九）

右の「て」は「ぬ」に添っているが、完了の助動詞の「ぬ」「つ」の重用は考えにくく、この「て」も接続助詞になったものと考えられている。この「てあり」がつまって助動詞「たり」となるのである。

つぎに「ぬ」について松尾博士（国語法論攷）は、「空はれぬ」「雨降り出でぬ」「をかしうなりぬ」「春すぎぬ」「やみぬるかな」のように自然的作用を表わす助動詞の下につけて用いられるほかに、人間の動作を表わす動詞の下にも用いられるが、手・足・口などの局部的動作には用いず、「我も遅れじとまどひ侍りて今朝は谷にも陥りぬべくなん見給へつる（源氏、夕顔）」などのように、全身的動作にだけ用いる。というのは、全身の動作は、局部的動作に比べて自然的な点があるからだと述べておられる。なおまた

いふまじき事もいひぬ。すまじきわざもしぬ。（詔詞解、二十七詔）

終に罪を己も他も同じく致しつ。此によりて天地を怨み、君臣をも怨みぬ。（同、四十五詔）

などの用例をあげ、これらは一見意志的ないしは強度の意識的動作に関して用いられているようだが、深く味わえば、やはり「自然言ウヨウニナッタ」「自然スルヨウニナッタ」「自然ウラムヨウニナル」の意であって「ぬ」の普通の用例から外れたものではないと言っておられる。

「ぬ」は「む」「まし」「き」「けり」「けむ」「たり」「らむ」「らし」「べし」「めり」などにつづくと「なむ（テシマオウ・テシマウダロウ）」「なまし（テシマオウノニ）」「にき（テシマッタ）」「にけり（テシマッタノダッタ）」「にけむ（テシマッタデアロウ）」「にたり（テシマッテイル）」「ぬらむ（テシマッテイルデアロウ）」「ぬらし（テシマウラシイ）」「ぬべし（テシマウニチガイナイ）」「ぬめり（テシマウヨウダ）」となる。また、稀には「ず」の連体形「ぬ」または「ずて」のつまった「で」につづいて

みち知らで止みやはしなぬ逢坂の関のあなたはうみ（「湖《うみ》」ニ「憂《う》み」ヲカケル）といふなり（道ヲ知ラナイデハ止ンデシマワナイデヨカロウカ、ヨクハナイデショウ（ツマリ、道ヲ知ラナイナラ止メルノガヨイノ意）、逢坂ノ関ノ向コウハ湖——憂クツライコトガアルトイウコトデスカラ。然ルベキ仲人ガナクテハ、逢イタクナイ、逢ッテ後ガツライカラノ意）（後撰、恋三、「女のもとにつかはしける　源中正　あふ道をしるべなくても見てしがな関のこなたはわびしかりける」に対する女の返歌）

さらに汐にぬれたる衣《きぬ》だにぬぎかへなで（ヌギカエテシマワナイデ）なむ、立ちまうで来つ

る。（竹取。会話文の中に用いられていることに注意）

みるめ（海松布《みるめ》ト見る目ヲカケタ）なきわが身を浦（憂《う》らニカケタ）と知らねばや（ツレナイモノト知ラナイカラカ）かれなで（ハナレテシマワナイデ）海人《あま》の脚たゆく（ダルクナルマデ）来る（古今、恋三、小野小町）

のような用例もある。なおこれらのうち「なむ」「ぬらむ」「ぬべし」などは、「必ズ（コウコウ）ナルダロウ」「必ズ（コウコウ）ナッテイルデアロウ」「必ズ（コウコウ）ナルニチガイナイ」などと口訳してもよい、または、する方がよい場合があることは「てむ」「つらむ」「つべし」と同様である。

かくてもおのづから若宮など生ひ出で給はば、さるべきついでもありなむ。（然ルベキ機会モ、キットアルダロウ。）（源氏、桐壺）

春毎に花の盛りはありなめど（必ズアルダロウガ）相見むことは命なりけり（ソノ花ノ盛リヲ見ヨウコトハコチラノ命次第ダ。）（古今、春下）

霧立ちて雁ぞ鳴くなる片岡の朝《あした》の原は紅葉《もみぢ》しぬらむ（今頃ハ必ズ紅葉シテイルデアロウ。）（古今、秋下）

かぢ取り物のあはれも知らでおのれ酒をくらひつれば、はやくいなんとて「潮みちぬ。風も吹きぬべし（キット吹クニチガイナイ）」と騒げば船に乗りなむとす。（土佐日記）

また、次の文中の「なむ」は「テシマオウ」でも「キット……テシマウダロウ」でも適訳とは言いかねる。橋本博士の言われる「適当」の意の「む」(前述)が「ぬ」に添ったものである。

国王の仰せ言をまさに世に住み給はむ人の承らでありなむや。(承ラナイデイテシマッテヨイモノダロウカ。)(竹取)

「よし、後にも人は参りなむかし(後カラデモオ付キノ者ハヤッテクルガヨイゾ)」とて(源氏ハ)御車寄せさせ給へば(源氏、若紫)

「ぬ」の命令形「ね」を誂《あつら》えの「ね」と誤らないように注意を要する。

一人一人にあひ奉り給ひね(オ逢イ申上ゲナサッテシマイナサイ。)(竹取)

み格子参りね(格子ヲオオロシシテシマエ)。物おそろしき夜のさまなるを宿直人《とのゐ》にて侍らん。(源氏、若紫)

住吉の神の導き給ふまゝに、はや船出して、この浦を去りね(去ッテシマエ。)(源氏、明石)

家聞かな(家のらせ、家のらへナド、ヨミニ説ガ多イ)名告沙根(ノラサネ)(告ゲテオクレ。)(万葉、一、一)(誂えの「ね」)

「ぬ」の命令形の「ね」は動詞・助動詞の連用形につき、誂えの「ね」は未然形につくから、多くの場合は区別することができる。

(ロ) たり、り

「たり」は「つ」の連用形「て」が本来の完了の意味を失って接続助詞的になったものに「あり」が加わって出来た語であるから「テアル」または「テイル」と口語に言い代えれば当たる。「り」も「あり」から出来た語といわれ、たとえば「行けり」は「行きあり」の約だと考えられる。したがってこれも「テイル」または「テアル」と口訳してほぼ当たる。つまりどちらも「存在」または「継続」の意味をあらわす。

(若君ハ)何事かあらんともおもほしたらず(オ思イニナッテイラッシャラナイデ)、さぶらふ人々の泣き惑《まど》ひ、上も御涙の隙《ひま》なく流れおはしますをあやしと見奉り給へるを(オ見申シ上ゲテイラッシャルノヲ)(源氏、桐壺)

吾が里に大雪落有(降レリ)(降ッテイル)大原の古りにし里に落《ふ》らまくは後《のち》(万葉、二、一〇三)

梅の花佐吉多流(咲キタル)(咲イテイル)園の青柳はかづらにすべく成りにけらずや(万葉、五、八一七)

秋の野のみ草刈り葺《ふ》き屋杼礼里之(宿レリシ)(宿ッテイタ)宇治の都の仮庵《かりいほ》し思ほゆ(万葉、一、七)

大君の遠《とほ》の御門《みかど》と於毛敝礼杼(思ヘレド)(思ッテイルケレド)け長くしあれば(モウココニ来テ日ガ長クタツノデ)恋ひにけるかも(万葉、十五、三六六八)

「り」の未然形、命令形、「たり」の命令形は中古文には比較的用例がとぼしいので、学生諸君には目新しいかも知れない。注意を要する。

天の河橋和多世良波（渡セラバ）（渡シテアルナラ）その上《へ》ゆもい（「い」ハ接頭語）渡らさむを秋にあらずとも（万葉、十八、四一二六）

鏡なむまめやかにうつくしげなりける。これをだにも給へらざらましかば（持ッテイラッシヤラナイノデアッタラ）と思ひて、かきぬぐひて枕上におく。（落窪）

なにがしが賤《いや》しきいさめにて、好《す》きたわめらむ女（四段動詞「たわむ」ニ「り」「む」ガ加ワッタモノ。風流ニ溺レテイルデアロウ女）には心おかせ給へ。（源氏、帚木）

右は「り」の未然形の例。

秋さらばわが船泊《は》てむ忘れ貝寄せきて於家礼（置ケレ）（オイテアレヨ）沖つ白浪（万葉、十五、三六二九）

右は「り」の命令形の例。

後《のち》をおぼさばこよひはたゞに臥《ふ》したれ（臥シテイロ）（「臥し給へれ」トイウ本モアル）。（落窪）

「こなたにな住ませそ。疾《と》くこめおきたれ。我守らむ。只今追ひもてこ」となむのたまへる。（落窪）

世の人に似ぬ心のほどは皆人にもどかるまじく侍るを、猶後安《うしろやす》くおぼしたれ（オ思イニナッ

テイラッシャイ)。(源氏、宿木)

右は「たり」の命令形の例。

「たり」はもと「つ」の連用形「て」に「あり」の添ったものであるからか、その「て」が完了の意味を失っているとはいえ、なお完了の「て」にその「たり」を添えて「てたり」と用いた例はないようである。

この御子生まれ給ひて後は、いと心殊に思ほしおきてたれば(源氏、桐壺)

の「おきてたれ」は「掟《おき》つ」という下二段動詞に「たり」が添ったのだから見誤ってはいけない。「にたり」の例はある。

花薄《すゝき》穂に出だすべき事にもあらずなりにたり(ナッテシマッテイル。)(古今、序)

「源氏物語」には「給ひたり」の用例がきわめて少ないといわれるが、なぜ用いられないかは不明である。「り」と「たり」との意味の差は、「降れり」と「降りたり」と比べてみるのに、「降れり」はもと「降りあり」であり、「降りたり」はもと「降りてあり」であるといわれるが、その「あり」と「てあり」との差であろう。つまり、「り」は「たり」より上の語に密接しているだけ、上の語との関係が緊密である。したがって「大雪降れり」と言えば「大雪が今現に降っている」という動作の現存または進行をあらわす場合に多く用いられ、「大雪降りたり」と言えば「大雪が降ってその雪が地上に残存している」というような動作の結果の存在をあらわすのに多く用いられると考えてよいであろう。(もっとも「大雪降りたり」という場合、その雪が現に止んでいなければ言わないというのではない。現に降っていようが、止んでいようが、それは論ずるところではなく、その降るという動作の結果が現に残っているということを「たり」と言うと考えるのである。）

しかし右は原則であって、「り」と「たり」とが、必ずしもそう劃然《かくぜん》と意識して使い分けられたとは考えられないようでもあるから、実際の文章に当たってはそれぞれ適宜考え分ける必要がある。

なお、「り」は四段活用の已然形につくと言われているが、上代の特殊仮名遣い（中古以後「え・き・け・こ・そ・と・の・ひ・へ・み・め・よ・ろ」の仮名であらわされている音のほかに、それに近い音で若干の差のあるもう一とおりの「え・き・け・こ・そ・と・の・ひ・へ・み・め・よ・ろ」の音が上代にはあったことが、橋本進吉博士の研究によって、「万葉集」の仮名の記し方から判明した。たとえば「月《つき》」の「き」には「万葉集」では、いつも「記・紀・己・帰・忌・幾・機・基・奇・綺・騎・寄・気・既・貴・癸・木・樹・城」の仮名のうちどれかを用い、「雪《ゆき》」の「き」には「岐・支・伎・妓・吉・棄・弃・枳・企・耆・祇・祁・寸・杵・服・来」の仮名のうちのどれかを用い、その両者はけっして混同することがなかった。この事は前者の「き」と後者の「き」とは中古以後は同じ音で発音されたが、上代には別の発音であったということを示している。つまりもし平仮名が上代に発明されていたら「き」のほかにもう一つの「x」がその一方の「き」

の平仮名として作られてはっきり書き分けられたのであろうが、中古にはその両方が一つ音になってしまったので「き」だけですんでしまったのである。と言うと、話がむずかしいようだが、たとえば現代同じく「い」と発音している仮名に「い」と「ゐ」とがあり、「お」と発音している仮名に「お」と「を」とがある。これは、たまたま上代を経て中古に入っても発音の差があったから「い」「ゐ」「お」「を」と書き分けられたのである。だからもしもっと後世に平仮名が発明されたのだとしたら、「い」「お」だけであって「ゐ」「を」は作られなかったにちがいない。それと同じことである。上記の二類の十三の仮名の発音の差による当然のつかい分けを、便宜上「上代特殊仮名遣い」と呼んでいる。）から言うと、命令形につくというのが正しいと橋本進吉博士（古代国語の音韻に就いて）は説いておられるが、今、語の解釈の上には、直接影響がないから、くわしくは述べないでおく。（簡単に言えば、たとえば「け」に二種の音があるが、上代では「行けり」の「け」は「行け（已然形）ど」の「け」と発音がちがって、命令の「行け。」の「け」と一致する。したがって、少なくとも上代では「り」は命令形につくと言うべきだとするのである。）

また、「り」は四段・サ変の両活用にしか添わないのであるが、中古語が口語から離れて行った後世

一楼の明月に雨初めて霽れ（下二段）り。（謡曲羽衣）

などと誤用していることに注意せられたい。

上代の

御民吾れ生有（生ケル）験《しるし》あり天地の栄ゆる時に逢へらく（逢ッテイルコトヲ）思へば（万葉、六、九九六）

の「生ける」を不審に思うかもしれないが、「生く」が上二段活用になったのは、中世であって、上代には四段に活用したから「り」につづくのは当然であった。

限りとて別る、道の悲しきに生か（四段未然）まほしきは命なりけり（源氏、桐壺）

なお「古事記」に、

橿《かし》の生《ふ》に横臼《よこす》を作り、横臼に迦美斯意富美岐（醸《カ》ミシ大御酒《オホミキ》）甘《うま》らに聞こしもち食《を》せ、まろが父《ち》。

とある歌が、「日本書紀」（応神紀）には

橿の生に横臼を作り、横臼に迦綿蘆淤朋瀰枳（醸メル大御酒）甘らに聞こしもち食《を》せ、まろが父。

と、ただ「醸みし」を「醸める」と変えて伝えていることをもって、上代には「き」と「り」とが同じ意にも解せられていたのではないかと説く説は、にわかには従いがたい。やはり松尾捨治郎博士（国語法論攷）の述べられるように、この場合は「醸造という動作に重要観点を置いたのが『醸みし』」で「眼前にある大御酒すなわち醸造の結果の残存に

重要観点を置いたのが『醸める』」であると見るのが正しいであろう。また、松尾博士が

絶えし頃（恋シイ人トノ関係ガ絶エタ頃）絶えぬと思ひし玉の緒の（絶エテシマウト思ッタ私ノ命ガ）君によりまた惜しまる丶かな（和泉式部集）

を「き」と「ぬ」の意味の差をよく示している歌として居られるのは、学生諸君によい参考となろう。

九　らむ

「らむ」は現在の推量をあらわす助動詞で、活用と接続は次のとおりである。

	未然形	連用形	終止形	連体形	已然形	命令形	接続
らむ	○	○	らむ	らむ	らめ	○	活用語の終止形（ただしラ変は連体形）

「む」がまだ現実になってあらわれて来ない事実や現象や状態について、そのまさにあらわれるであろうことを想像する意をもつのに対し、「らむ」は或る事実や現象や状態が現在、現実になって存在しているであろうことを推量する意をあらわす。たとえば

花咲かむ

ではまだ現実にあらわれていない「花咲く」という事実が、まさにあらわれるであろうと想像するのが「む」の意であるが、

花咲くらむ

では「花咲く」という事実が、もし存在するとすればそれは現在すでに現実になって存在しているのであって、ただそれが果たして存在しているかどうかが確実でないので、それを「らむ」と推量するのである。つまり、存在するとすればそれは現在の事実であることを、果たして存在するかしないかについて若干の疑惑をもちながら、多分存在するであろうと推量する意をあらわすのが「らむ」であると言ってよい。

あみの浦（伊勢国の地名）に船乗為良武（フナノリスラム）をとめらが玉裳《たまも》の裾《すそ》に四宝三都良武香（潮満ツラムカ）（万葉、一、四〇）

右は伊勢国に行幸があったとき都にのこっていた柿本人麿の作った歌であるが、「今頃ハ船ニ乗ッテイルデアロウ少女ノ裳ノ裾ニ、今頃ハ潮ガ満チテイルデアロウカシラ」という意味で、都にある人麿が今この歌を作っているその時と同じ時に、遠くはなれた伊勢のあみの浦で、随行の少女たちはおそらく舟乗りしていて、その裾にはおそらく潮が満ちているであろうと、（大体、その行動の予定などを理由として）人麿が推量したのである。

憶良らは今は罷《まか》らむ子将哭（子泣クラム）其《そ》の彼《か》の母も吾乎将待曽（ワヲ待ツラムソ）（万葉、三、三三七）

右は山上憶良が宴を中途で退席するときに作った即興歌である。「コノ私、憶良ハ（「憶良ら」ノ「ら」ハ接尾語。語調ヲ整エルタメダケニ用イタモノ）モウ今ハ自宅《ウチ》へ帰ロウ。今頃、自宅デハ子ハ泣イテイルダロウ。ソレニソノアノ母親モ今頃ハ私ヲ待ッテイルダロウヨ」の意。「泣くらむ」「待つらむ」は絶対確実に「今泣いている」「今待っている」とは言えないが、「今おそらく泣いている」「今おそらく待っている」と推量するのである。その推量の理由は、自分が不在の時はいつも子が泣くとか妻が待つとかいうことにあると見てよかろう。

　こんなふうに「らむ」は、自分が目の前に見ていない所で現在行われている事実、または自分が、目の前に見ていない所に現在存在している事実、現象、状態などを推量するのに用いられるが、その「現在推量」の意味がやや変わって、「時を超越して概念的に思考される或る動作や状態などを推量する」意味に用いられることもある。その場合も、やはり自分が見ていない所で行われ、または存在する動作、状態などについての推量、すなわち直接経験しない事柄についての推量である。

　鳥は、こと処のものなれど、あうむいと哀れなり。人のいふらむことをまねぶらむよ（自分ハ直接見タコトハナイガ、話デ聞クトコロニヨルト、人ガ言ウコトヲ真似スルソウダ。）

……山鳥、友を恋ひて鏡を見すれば慰むらむ。心若ういと哀れなり（話デ聞クトコロニヨルト、鏡ヲ見セルト、気ガ紛レルソウダガ、ソノコトガ心ガ幼稚デヒドクシミ〴〵サセラレル。）……鷺は……「ゆるぎの森にひとりはねじ」と争ふらむ（話デ聞ケバ、独リデハ寝マイト争ウソウダガ、ソレガ）、をかし。水鳥、鴛鴦《をし》いとあはれなり。かたみにゐかはりて羽の上の霜払ふらむ（話デ聞クト、タガイニ止マッテイル場所ヲカエテ羽ノ霜ヲ払ウソウダガ、ソノ）ほどなど。（枕草子、三巻本）

右の文中の「らむ」はすべて「今鳥がこうこうしているだろう」というのではなく、かねて直接目で確かめたことはないが、人から聞いたり物を読んだりして概念的に知っているその鳥の習性について「こうこうであろう」と推量しているのである。

また未来時に行われることではあるが、それが従来の例（きまりや習慣）で、行われることが確実であると推量されることについて「らむ」が用いられることがある。

（命婦ハ源氏ヲ手引キシテ末摘花ノ姫君ノモトニ近ヨラセル。姫君ハ）いとつつましげにおぼしたれど、かやうの人に物言ふらむ心ばへなど（「コウシタ男君ニ、キマッテ物ヲ言ウ場合ノ心ガマエナド」トイウホドノ意）も夢に知り給はざりければ、命婦のかう言ふを、あるやうこそは（ワケガアッテノコトダロウ）と思ひてものし給ふ。（源氏、末摘花）

（北山カラ帰ッタ源氏ハ宮中デ、義父ノ左大臣ニ行キ合ッテ、ソノママ左大臣ノ車ニ乗セラレテ、左大臣邸の葵上ノモトニ行ク。）殿（左大臣邸）にも「おはしますらむ」（習慣上、考エテ確カニ「オイデニナルデアロウ」ト推量スルノデアル）と心づかひし給ひて、久しく見給はぬほど、いとゞ玉の台《うてな》にみがきしつらひ、よろづを整へ給へり。（源氏、若紫）

つぎの例は、明石から都にかえった源氏が、自分の帰京後に明石で生まれた姫君の、五十日の祝の日が近いころに、使者を出すという叙述のなかにある一文であるが、

五月五日にぞ、五十日《いか》にはあたるらむ、と人知れずかずへ給ひて、ゆかしうあはれにおぼしやる。（源氏、澪標）

五月五日は未来時なのだが、それが生後五十日にあたることは確実なので、「らむ」がつかわれているのである。

また、以上「船乗りすらむ」「潮満つらむ」……「おはしますらむ」「あたるらむ」等の「らむ」はいずれも「らむ」の添った「船乗りす」「潮満つ」……「おはします」「あたる」等の動詞のあらわす事実が、事実として現在（あるいは超時的に・あるいは習慣的・規定的に）存在するかどうかについて推量する例であるが、「らむ」の用法には、その直上の動詞だけではなく、その直上の動詞をも含めた文句全体のあらわす事実について推量することがある。たとえば

我がさせる柳の糸を吹き乱る風にか妹が梅の散覧（散ルラム）（万葉、十、一八五六）

では「らむ」は「散る」だけではなく「柳の糸を吹き乱る風に散る」を推量している。

松浦《まつら》川川の瀬早み紅の裳の裾濡れて鮎か都流良武（釣ルラム）（万葉、五、八六一）

これも「らむ」は「釣る」だけではなく「紅の裳」「（それの）裾濡れて」「鮎」をもそれぞれ若干の疑いをもって推量しているのである。

更に「らむ」の用法には、「らむ」の添った動詞のあらわす事実を推量するのではなく、その動詞のあらわす事実を現在動作として行なっている人・時・処・方法・理由・原因等を推量する場合もはなはだ多い。「万葉集」の例をあげれば

みどり児の為こそ乳母《おも》は求むといへ乳飲《ち》めや（乳ヲ飲ムカラカ）君が乳母《おも》求覧（求ムラム）
（十二、二九二五）

右は「（現在）君が乳母求む」という事実は明らかであって、その理由を「乳飲めや」（乳ヲノムハズモナイノニオカシイナ、ノ気持チ）と推量したもの。

池神の力士《りきし》舞《まひ》かも白鷺の桙啄《ほこく》ひ持ちて飛渡良武（飛ビ渡ルラム）（十六、三八三一）

右は「（現在）白鷺のほこくひ持ちて飛び渡る」という事実は明らかで、その理由を「池神の力士舞かも」と推量したもの。

われのみやかく恋為良武（コヒスラム）かきつばた丹《に》づらふ（「かきつばた」以下八「妹」ノ序詞）妹《いも》はいかにかあるらむ（十、一九八六）

右は「（現在）かく恋ひす」という事実は明らかで、その人の範囲を「われのみや」と推量したもの。

わが背子《せこ》はいづく行良武（行クラム）沖つ藻の（「隠《ナバ》り」の枕詞）名張の山を今日か越ゆらむ（一、四三）

右は「（現在）行く」という事実は明らかで、その処を「いづく」と推量したもの。

「古今集」の例をあげれば

春日野の若菜摘みにや白たへの袖ふりはへて（「ふりはへて」ハワザ〳〵ノ意。「ふり」ニ袖ヲフル意ヲカケテアル）人の行くらむ（春上）

右は「（現在）人が行く」という事実は明らかで、その理由を「若菜摘みにや」と推量したもの。

白露の色は一つをいかにして秋の木《こ》の葉の千ぢに染むらむ（秋下）

右は「（現在）染む」という事実は明らかで、その理由を「いかにして」と推量したもの。

志深く染めてし（「し」ハ強メ）をりければ消え敢へぬ雪の花と見ゆらむ（春上）

右は「（現在）雪が花と見ゆ」という事実は明らかで、その原因を「志深く染めてしをりければ」と推量したもの。なおこの種の「らむ」は「乳飲めや」「力士舞かも」「われのみや」「若菜摘みにや」「いかにして」などのように推量する事柄について疑問の語を伴っているのが大多数であるが、この例のように疑問の語がないことがある。歌だから字数に制限されて「志深く染めてしをりければや」の「や」が省略されたというような事情もあるかもしれない。更にもう一例をあげてみれば

吹くからに（吹クノガ原因トナッテスグニ）秋の草木のしをるればうべ山風を嵐といふらむ（秋下）

「嵐といふ」は明らかな事実、その理由を「吹くからに秋の草木のしをるれば」と推量し

たもの。「しをるればや」とあればわかりやすい。「や」と「こそ」は重ねられないので、「や」が省かれた例も多い。

浮《う》き海藻《め》（「憂き目」ヲカケタ）のみ生ひて流るゝ（「泣かるゝ」ヲカケタ）浦なれば刈りに（「仮《か》りに」ヲカケタ）のみこそ海人《あま》は寄るらめ（ツライコトバカリガデキテ、自然涙ニヌレテクラス自分ダカラカ、恋シイ人モカリニチョットダケ立チ寄ルノダロウ。）（恋五）

「かりにのみ海人は寄る」は明らかな事実、その理由を「うきめのみ生ひてなかるゝ浦なれば」と推量したもの。「こそ」を省き「や」を加え「浦なればや刈りにのみ海人は寄るらむ」とある方がわかりよい。

秋の露色々《いろ〳〵》異《こと》に置けばこそ（幾種類カノ色ヲソレゾレチガウヨウニ置クカラコソ）山の木の葉の千種《ちくさ》なるらめ（秋下）

「千種なり」は明らかな事実、その理由を「色々異に置けば」と推量したもの。これも「色々異に置けばや……らむ」とある方が、少なくともここでの「らむ」の意味はわかりやすい。

龍田姫手向くる神のあればこそ秋の木の葉の幣《ぬさ》と散るらめ（秋下）

「木の葉の幣と散る」のは明らかな事実、その理由を「手向くる神のあれば」と推量したもの。これも「あればや……らむ」とある方がわかりよい。

なお右の四例とも「現在」の推量の意味はやや薄い。「こう〳〵だから、こう〳〵だ」という形だから、時を超越した一般的真理に対する推量（そうした明らかな例としては、「世を捨てて山に入る人山にてもなほうき時はいづち行くらむ」——古今、雑下——などがある）に近い用い方と見られる。

なお「らむ」の添う動詞のあらわす事実を推量するのでないもので、しかも疑問の語を伴わぬものを「万葉集」に求めると二、三の例がある。

桜花時は過ぎねど見る人の恋の盛りと今し将落（散ルラム）（万葉、十、一八五五）

「見る人の恋の盛りと」を推量したもの。「恋の盛りとや」とあればわかりやすい。

横雲の空ゆ引越し（以上「遠ミ」ノ序）遠みこそ（遠イカラコソ）目言《めこと》（逢ウコトト話スコト）疎《カ》良米（離ルラメ）絶ゆとへだてや（縁ヲ切ルトテ隔テルノデハナイ。）（万葉、十一、二六四七）

「遠みこそ」を推量したもの。「遠みや……らむ」なら「らむ」の意はわかりやすい。

さて、右に関連して、普通に「どうして」の意を上に補って解くべき「らむ」といわれているものについて改めて考えてみる必要ができてくる。有名な、

桜の花の散るをよめる　紀　友　則

ひさかたの光のどけき春の日に静心《しづごゝろ》なく花の散るらむ（春下）

は、ふつう「花の散るらむ」の上に「どうして」を補い、「日ノ光ノユッタリトシタ春ノ

日ニ、ドウシテ落チ着イタ心持チモナク、ソワ〳〵花ガ散ッテイルノダロウ」と解かれている。すなわち「散る」のは明らかな事実である（詞書に「桜の花の散るをよめる」と書いてある）のに、「らむ」を以て推量されるべきことがあらわれていないから、その理由「どうして」が言外にかくれているのだとするのである。しかしながら、そうした重大な語が特別の理由もないのに省略されると考えるのは、かなり困難なことであり、したがってはやくは三矢《みつや》重松《しげまつ》博士（高等国文法）が簡単に、その後は松尾捨治郎博士（国語法論攷・助動詞の研究）が詳細に、この「らむ」をも、右の例に準じて解くべきであるとの考えを発表された。すなわち「花の散る」は明らかな事実であって、「静心なく」が推量されるべき事柄だとされるのである。つまり「久方の光のどけき春の日に静心なくや花の散るらむ」の意とされるわけである。それにしたがって口訳すれば

日ノ光ノユッタリトシタ春ノ日ニ、コウシテ花ガ散ッテイルノハ、花ニ落チ着イタ気持チガナイカラダロウカ。（あるいは「花ニ落チ着イタ気持チガナイカラカ、コウシテ花ガ散ッテイルノダロウ」）

となるわけであろう。

一方、松尾博士は、現在、右のように「どうして」を補おうとする説が流布している原因は、室町以後の文法学者が「らむ」が疑いの語を伴うことが多いために、「『らむ』は疑問文に限って用いられる。『か・かは・かも・なに・なぞ・など・いつ・いづく・いか

に・いかなる・いかでか・いくたび・たれ・いづれ』などが入らなければ『らむ』は用いられない（姉小路家手似葉伝）」とまで極言したことから、これらの疑問の語を伴わない文をも、できるだけ、疑問の意があるもののように曲げて解釈しようとしたことにあるのだと説いておられる。

右の松尾博士の御説は、貴重すべき御説とは思われるが、なお若干この御説では解釈し切れない例もあるようだから、今はしばらく旧新両説によって、左に、問題となるべきいくつかの「古今集」の歌の解を記しておく。

1 秋萩にうらびれをればあしひきの山下とよみ鹿の鳴くらむ（秋上）

（旧）秋萩ヲナガメテ自分ガ愁ワシイ気持チデイルト、ソレダケデモ堪エガタイノニ、ドウシテコノ山麓ガ鳴リ響イテコウ鹿ガ悲シゲニ鳴イテイルノダロウ。

（新）秋萩ヲナガメテ愁ワシイ気持チデ鹿ガイルカラカ、山麓ガ鳴リ響イテアンナニ鳴イテイルノダロウ。（「秋萩に（鹿ガ）うらびれをれば」ヲ推量スル）

2 時鳥《ほととぎす》我とはなしに卯の花の憂き世の中に鳴き渡るらむ（夏）

（旧）時鳥ハ、私ト同ジ身ノ上デハナイノニ、（「卯の花の」ハ「うき」ノ序詞）ドウシテコノ憂イ世ノ中ニ私同様ニ鳴イテ飛ンデイルノダロウ。

（新）時鳥ハ、非情ナモノダカラ、憂キ世ヲナゲイテ泣クナドトイウコトハナイハズダ、ダカラ、オソラク時鳥自身ノタメトイウコトナシニ、憂イ世ノ中ニツライ〳〵ト鳴

イテ飛ンデイルノダロウ。（「時鳥我とはなしに」ヲ推量スル）

3 わかれてふことは色にもあらなくに心にしみてわびしかるらむ（離別）

（旧）別レトイウコトハ色デモナイノニ、ドウシテコンナニ心ニシミ〴〵トシテツラクアルノデアロウ。

（新）別レトイウコトハ色デモナイノニ、心ニ染ミツイテカ、コンナニツライノダロウ。（「別てふ事は色にもあらなくに心にしみて」ヲ推量スル）

4 心から花のしづくにそぼちつゝうぐひすとのみ鳥の鳴くらむ（物名）

（旧）自分ノ意志デ花ノ雫ニ濡レ〳〵シテソレヲ人カラ無理ニサレタコトノヨウニ、ドウシテ「うくひす（憂ク乾ズ＝ツラク乾カナイ）」トバカリ鳥（鶯）ガ鳴イテイルノダロウ。

（新）自分ノ意志デ花ノ雫ニ濡レ〳〵シテ、シカモツラク乾カナイト多分言ッテバカリ鳥ガ鳴イテイルノダロウ。（「うくひすとのみ」ヲ推量スル。）

5 故里にあらぬものから我が為に人の心の荒れて見ゆらむ（恋四）

（旧）故里（都址ヲ言ウ）ナラ荒レテモ見エヨウガ、アノ人ノ心ハ、故里デハナイコトダノニ、私ノタメニハドウシテ荒レテ疎々シク見エテイルノダロウ。

（新）アノ人ノ心ハ故里デハナイコトダノニ、オソラク私ノタメニ（意味ガヤヤハッキリシナイガ「私ニトッテ」ノ意カ。ホカノ人ニデハナク私ニトッテ。私ダケニハ。）ア

ノ人ノ心ハ荒レテ疎々シク見エテイルノダロウ。(「我が為に」ヲ推量スル)

6 我が身からうき世の中と名づけつゝ人の為さへ悲しかるらむ(雑下)

(旧)自身ノ故デ、ツライ世ノ中ダト名ヅケ〳〵シテイテ、ドウシテ(多分ソウデモナカロウ)他人ノ身ノ上マデ自分ノ身ニツマサレテ悲シイノダロウ。

(新)自分ノ身ノ故デツライ世ノ中ダト名ヅケ〳〵シテイテ、オソラクソノセイカ人ノ身ノ上マデコンナニ悲シイノダロウ。(「我が身からうき世の中と名づけつゝ」ヲ推量スル。ナオコノ歌ハ第三句ガ「嘆きつゝ」トモアル。ソノ方ガ解キヤスイ)

7 我が宿に咲ける藤浪立ちかへり過ぎがてにのみ人の見るらむ(「家に藤の花咲けりけるを人の立ち停りてみけるをよめる」トイウ詞書ガアル)(春下)

(旧)ヨクモナイ自分ノ庭ニ咲イテイル藤ノ花ヲ、ドウシテ立チ戻リ〳〵通リ過ギニククバカリシテ、人ガ見テイルノダロウ。

(新)人ガ外ニ立停ッテイルガ、私ノ庭ニ咲イテイル藤浪ヲ、アノ浪ガ立チ返リ〳〵寄セルヨウニオソラクハ立チ返ッテ通リスギニククバカリ、見テイルノダロウ。(「立ちかへり過ぎがてにのみ」ヲ推量スル。)

8 人の見る事や苦しき女郎花秋霧にのみ立ち隠るらむ(秋上)

(旧)人ノ見ルコトガ迷惑ナノカ。ソレデナケレバドウシテ(コノ種ノ場合ハ「さらずはなど」ノ意ヲ補エト江戸時代ノ学者〔あゆひ抄〕ハ説イテイル)女郎花ガ秋霧ニバカリ隠レテイルノダロウ。〔ナオ「さらずはなど」ハ補ウノニアマリ不自然スギルノデ「それゆえに」ヲ補ッテ解ク考エモヒロガッテイル。金子元臣氏ノ評釈ナドモソウデアル。ソウスルト大体（新）ニ近イ。〕

（新）人ガ見ルコトガ迷惑ナノダロウカ、オソラクソノタメニ女郎花ガ秋霧ニバカリ隠レテイルノダロウ。〔「人の見る事や苦しき」ヲ推量スル。〕

以上、或るものは「旧」の方がよく、或るものは「新」の方がよいと考えられる点がたしかにあるようだけれど、ともかく旧新どちらか一方ででも解釈しとおせる例であるが、つぎの二つの歌は、「新」説では解釈がはなはだ困難である。どうしてもしばらくは「旧」説のような意味に従っておかなければ意味はとれないであろう。

9 春の色の到り到らぬ里はあらじ咲ける咲かざる花の見ゆらむ（春下）

（口訳）天下一帯ノ春ナノダカラ春色ガ行キ渡ッテイル里、行キ渡ラナイ里ノ分ケ隔テハアルマイ。ソレダノニ、ドウシテ咲イテイル花、咲カナイデイル花ガコウシテ見エテイルノダロウ。

10 秋風は身を分けてしも吹かなくに人の心の空になるらむ（恋五）

（口訳）秋風ハ（野ヲ分ケテ吹クコトハアッテモ）人ノ身中ニ分ケ入ッテ吹クワケデハナイノニ、ドウシテ人ノ心ガコンナニウワノ空ニナッテ落チツカナクナッテイルノダロウ。

右のような例をながめるかぎり、たしかに「どうして」をみだりに補って解くことは正しくないと思われるものも少なくはない一方、「どうして」を補わなければ解けないものも若干あることについて、もう一度考えなおさなければなるまい。

確定的なことは言えないけれど、私の知るかぎりにおいて、散文ではこのような「どうして」を補って解くべき「らむ」の用例を見出せないということは注意すべきことのように思われる。つまり三十一音という制約下にある歌においてのみ、「らむ」が原因・理由を推量する場合、その原因・理由が明示されず単に「どうして」に当たることばであるときは、その「どうして」に当たることばを自明のこととみなして省略する、という「表現法」がくふうされたのではなかろうか。だとすると、右にあげた「ひさかたの光のどけき」の歌をはじめとして、のちの1〜8の歌のうちの、3・4・5などはやはり「どうして」を補って解く旧説を再興するほうが穏当ではなかろうか、と私は考える。もとよりこれはたしかな説ではない。今後にのこされた大きな課題と言うべきであろう。

なお「言い方をやわらかくする『む』」（「いはむすべせむすべ知らに」等を佐伯博士は言い方を柔らげる「む」と解く）に比すべき用法」として佐伯梅友博士（奈良時代の国語）は、次の例をあげて

天地のそこひのうらに吾《あ》が如く君に故布良牟（恋フラム）人はさねあらじ（万葉、十五、

三七五〇）

古へに恋良武（恋フラム）鳥はほととぎすけだしや鳴きし吾が恋ふるごと（万葉、二、一一二）

後のは『古へに恋ふる鳥かもゆづる葉の御《み》井の上より鳴き渡りゆく』と弓削《ゆげ》皇子が歌って贈られたのに対して、額田王《ぬかたのおおきみ》がこたえられた言葉で『お言葉の古へに恋ふるとかいう鳥は……』というように言う心持である。

と解いておられる。しかしこれも特に区別しないで、前者は「吾が如く」を「らむ」で推量したもの、後者は「古へに恋ふ」を「らむ」で推量したもので、それぞれ「私ノヨウニアナタヲ恋ウテイルデアロウ人ハ」「オ詞ノヨウニオソラク昔ヲ恋ウテイルデアロウ鳥ハ」の意としてもさしつかえないであろう。

「らむ」の已然形が助詞「や」に添うと反語になるが、用例は歌だけにしか見えない。

刈りこもの（「乱る」ノ枕詞）思ひ乱れてわが恋ふと妹《いも》知るらめや（妻ハ知ッテイルダロウカ、否、知ッテイルハズハナイ）言ふ人なしに（古今、恋一）

「らむ」は一般の動詞の終止形に添うのが原則であるが、「見る」「煮る」「似る」など上一段活用の動詞の場合にはその未然形（あるいは連用形か）に添うことがある。これは古い時代の歌においてだけ見られるから「見るらむ」「煮るらむ」の「る」の省略と考えるのは当たらないであろう。（「べし」「らし」「とも」に添うときも同様の現象が見える。）

天翔《がけ》り在り通ひつゝ見良目（見ラメ）ども人こそ知らね松は知るらむ（万葉、二、一四五）

「らむ」の語源について言えば、松尾博士（助動詞の研究）は、「らむ」は完了の助動詞「り」の未然形「ら」に予想の助動詞「む」の添った「らむ」から出てきたもので、その「らむ」はまた「有らむ」から発生したものであろうとされる。ただ二語の「らむ」は四段の已然形とサ変の未然形だけに添うのに、一語の「らむ」は一般の動詞の終止形とラ変の連体形に添うという差があるのは不審だが、「らし・めり・べし」等同じく推量の意の助動詞が終止形（ラ変は連体形）に添うのに同化されて一語の「らむ」ができたのであろうと解いておられる。右の説の当否は別としても（近ごろ、「らむ」の「ら」は状態を示す接尾語であって、それに助動詞「む」の添ったものだとして、そこから一つの事態の成立を推測する意味が出てくるというふうに、語源および語義を解く説も出ている。〔時代別国語大辞典上代篇〕）二語の「らむ」と一語の「らむ」のあいだには共通した用法がみとめられることは事実であって、むしろ二語の「らむ」の意味は、ほとんどいつも一語の「らむ」と共通するとまで言ってよいであろう。（ただし逆に、一語の「らむ」の意味は二語の「らむ」の意味にいつも合致するとは言えない。二語の「らむ」にはその添う動詞のあらわす事実以外のものを推量するような用法はない）。たとえば「花咲けらむ」と「花咲くらむ」とは共に「花ガ咲イテイルデアロウ」であって、共に、現在目前に見ない事実について言っているのである。ただ語の構成からいって「花咲けらむ」は「花ガ咲イ

テイル デアロウ」であり「花咲くらむ」は「花ガ咲イテイルデアロウ」となる。けっきょく、この二つの意味のひとしい「らむ」が存在するということは、同時代に同勢力で存在したというのではなく、一方が衰えた代わりに一方が興ったという事情にあるのであって、二語の「らむ」ははるかに上代に行われ、上代末の奈良時代にはすでに一語の「らむ」が栄えていたことは、「万葉集」に二語の「らむ」はわずかに一例であるのに、一語の「らむ」は二二七例（松尾博士の調査に拠る）あるのでもわかる。中古でもほぼ同様な状態であったと認められる。（中古には二語の「らむ」は滅亡してもよさそうであるのに滅亡しなかったのは、歌などでとかく古語を用いる風潮が濃いので、保存されたのであろう。したがってやや謹しんだ態度の場合の口語の中などにも稀には用いられた。――前述の「り」の項参照――「好きたわめらむ女には心おかせ給へ」（源氏、帚木）ただし松尾博士（国語法論攷）は、この両者の意味の区別について

「知れらむ」「思へらむ」は「ら」の意即ち完了という意義が相当に重くて、その想像を表す。口語では「居るだろう」の「居る」に重点がある。

「知るらむ」「思ふらむ」は非現実という意義が重点となって居って、「ら」の意は軽い。口語では「居るだらう」の「だらう」に重点がある。

と説明しておられる。果たして当たっているかどうかは、なお研究すべきであろう。

また、「り」に「らむ」の添った「るらむ」という用例がある。

誰見よと花咲けるらむ白雲の立つ野と早くなりにしものを（コノ庭ノ花ハ誰ニ見テクレヨトイッテカ、コウシテ開イテ且ツ開キツヅケテイルノダロウ。コノ家ノ主人ガ死ンダノデ、ハヤモウ白雲ノ立ツホドノ野原トナッテシマッタモノヲ。）（古今、哀傷）

この場合「らむ」は「咲ける」のあらわす事実を推量しているのではなく、「誰見よと」を推量してるのであるが、「咲くらむ」と「咲けるらむ」との差は、後者は前者に比べて「り」が加わっているだけいっそう完了の意が強く表現されているのだ（松尾博士説）、とする説に従うべきであろう。

梅の花散らす春雨いたく降る旅にや君がいほり西《せ》留良武（為ルラム）（万葉、十、一九一八）

これは「旅に君がいほりせり（旅デ君ガイオリシテイル）」ということを「らむ」で推量しているのだが、「いほりすらむ」との差はやはり「いほりす」という現在の事実を推量するのと「いほりせり（イオリシテイル）」という現在存続の事実を推量するのとの差であろう。

幸《さき》くしもあるらむ如く（郷里デハ家人ガ）出で見つゝ待つらむものを、世の中の人の嘆きは、相思はぬ君にあれやも秋萩の散らへる野辺の初尾花仮庵《かりほ》に葺《ふ》きて雲離れ遠き国べの露霜《つゆしも》の寒き山べに（死ンデ）宿《やど》り世流良牟（セルラム）（万葉、十五、三六九一）

これは殊に完了（継続）の意味がはっきり見える。この「せるらむ」の「らむ」は「（郷里ノ家人ノコトヲ）相思はぬ君にあれ（バ）（やも）」を、果たして「（郷里ノ家人ノコトヲ）相思はぬ君にあれ（バ）」かどうか疑って推量しているのであるが、眼の前に死んだ人が寒い山べに横たわって引きつづいてそこにいる（継続）ことが「宿りせる」であらわされている。郷里の家人の現状を推量するには「待つらむ」と言っているのと比べてみると「り」の意味が際立ってわかるであろう。

最後に「らむ」の疑わしい用例をあげておく。

（男宮ノ詞）「古めかしう奥まりたる身なれば、かゝる所にゐならはぬを、いとはしたなき（中途半端ナ）心地するに、その（貴女ノ）おはする所に（私ヲ）据ゑ給へ。よもさき〳〵見給ふらむ人のやうにはあらじ」とのたまへば、（女ノ詞）「あやし、今宵のみこそ聞えさすると思ひ侍れ。さき〳〵は何時《いつ》かは」など、はかなき事に聞えなす程に夜もやう〳〵更けぬ。（和泉式部日記）

「さき〳〵（以前）」が「らむ」に伴うのは不審である。伝本本文に誤りがあるのかもしれない。こうした文を強いて意味を通して解こうとするなら、かりに「見給ひけむ」の意とするよりほかにしかたがないが、ことばというものには、たった一つの異例などというものはあり得ないから、こうした場合はまず本文に誤りがあると考えておくのがよいのである。けっしてむりな解釈をしてはいけない。

（なおこの部分については「さき〳〵」を「将来」の意とみなして、「らむ」を合理化しようとする説がいろ〳〵出ているが、納得するに足るものはまだ見あたらない。）

一〇　らし

「らし」は推定（確実性のある推量）の意をあらわす助動詞である。

	未然形	連用形	終止形	連体形	已然形	命令形	接続
らし	○	○	らし	らし らしき （上代）	らし	○	活用語の終止形（ただしラ変は連体形）

上代においては

古《いにしへ》も然《しか》にあれ許曽（コソ）うつせみも妻を相格良思吉（アラソフラシキ）（万葉、一、一三）

の例で見るように「らしき」という連体形があった（なおこれは「こそ」の結びだから已然形と見られそうだが、上代には「こそ」は形容詞または形容詞的な活用をもつ助動詞では連体形でむすんでいるのである。たとえば「難波人《なにはひと》葦火《あしひ》焚《た》く屋の煤《すす》してあれど己《おの》が妻こそ常《とこ》めづらしき〔己妻許曽常目頰次吉〕―万葉、十一、二六五一―」）が、中古に入ると、活用形はすべて「らし」になった。しかも、その連体形、已然形は「ぞ・なむ・や・か」「こそ」の結びにだけしか用いられない。また「らし」が「あり」「けり」「なり」などの連体形「ある」「ける」「なる」などに添うと、「あらし」「けらし」「ならし」となることが多い。（この「あらし」「けらし」「ならし」については「あり」「けり」「なり」に形容詞をつくる接尾語「し」がついたもので本来的には「らし」とは無関係であるという説もあるが、「あるらし」「けるらし」「なるらし」の約と見るのが通説のようである。）

松尾博士（助動詞の研究）が

> らしの語源について一考すると、らはらむのらと同語であるに相違ないが……（祖ハ）矢張《やはり》有らのらからであらう。此を動詞的に用ゐたのがらむで、形容詞的に用ゐたのがらしである。さうして其《そ》のむが未来（本書デ言ウ予想）のむからである為に、疑惑の意が深いのに対し、しは状態的であるから、疑惑の意が浅い。

と説いておられるのは「らし」の意味を考える上に示唆するところが多い。（ただし「らむ」について、その「ら」を情態を示す接尾語とする説があったように、この「らし」の「ら」も状態を示す接尾語で、それに「し」が添って出来たことばだとする説もある。）

「らし」にも「らむ」と同様に「らし」の添った動詞（「らし」の直上の動詞）のあらわす事実、または「らし」の添った動詞を述語とする文のあらわす事実が不明な場合にこれを推定する用法と、「らし」の添う動詞のあらわす事実、または「らし」の添う動詞を述語とする文のあらわす事実は明らかであるが、その原因・理由などが不明な場合にそれを推定する用法とがある。

ただし後者の用法は例がはなはだ少なく、松尾博士によれば、中古に入るとすでに見られず、宣命、「記」「紀」の歌謡、「万葉」に若干認められるにすぎないとのことである。その「万葉」の例を二、三あげてみれば

吾が背子《せこ》が挿頭《かざし》の萩に置く露を清《さや》かに見よと月は照良思（照ルラシ）（十、二二二五）

右は「月は照る」は明らかな事実であって、その理由を「清かに見よと」と推定しているのである。

み吉野の吉野の宮は山故《から》し（「し」ハ強メ）貴有師（タフトクアラシ＝「アラシ」ハ「アルラシ」ノ約ト見ル）水故《かはから》し清有師（サヤケクアラシ）天地と長く久しく万代に変らずあらむ行幸《いでまし》の宮（三、三一五）

右も「貴くあり」「清けくあり」は明らかな事実であって、その理由を「山故（し）」「水故（し）」と推定している。

雄神《をがみ》河 紅《くれなゐ》匂《にほ》ふ少女《をとめ》らし（「し」ハ強メ）水松《あしつき》取ると瀬に立たす良之（ラシ）（十七、四〇二一）

右も「瀬に立たす」（「す」ハ尊敬）」は明らかな事実。その理由を「水松取ると」と推定したもの。

万代《よろづよ》に語《かた》り告《つ》げとしこの岳《たけ》に領巾《ひれ》布利家良之（振リケラシ）松浦《まつら》さよ姫（五、八七三）

右も「領巾振りけり」は明らかな事実。その理由を「万代に語り告げと（し）」と推定したもの。更に次の例などは、一般には「争ふ」という事実を「らし」で推定したものと考えられているようであるが、松尾博士は、右と同様に「争ふ」は明らかな事実で「古も然にあれ（バ）こそ」を「らし」で推定したものとしておられる。そうすると文の解釈の上で、従来と大変意味が違ってくる（「現世デツマ争イガアルノハ、昔モソウダカララシイ」ノ意トナル）わけである。

香具《かぐ》山は畝火《うねび》雄《を》々《を》し（一説「を愛《を》し」）と耳無と相争ひき神代よりかくにあるらし。古《いにしへ》も然《しか》にあれこそ、うつせみもつまを争ふ良思吉（ラシキ）（一、一三）

つぎの例なども、従来は「鳴く」を推定したものと考えられていたようであるが、やはり松尾博士が「鳴く」は明らかなる事実であり、「雪は降れれし」（「雪は降れれば」＝雪ガ降ッテイルノデ＝ノ意。「し」ハ強メ）」が「らし」で推定されているのだとされるのが正しいであろう。というのは、この歌の詞書に「十二日侍㆓於内裏㆒聞㆓千鳥喧㆒作歌」とあるからである。

河渚《かはす》にも雪は降れれし宮の裏《うち》に千鳥鳴良之（鳴クラシ）居《ゐ》む所無み（居ルトコロガナイノデ）（十九、四二八八）

（口訳）河洲ニモ雪ハ降ッテイルセイラシイ、宮ノ内デ千鳥ガ鳴ク、居ル所ガナイノデ。

つぎに前者の「らし」の用法について述べる。

この「らし」は、多くは或る確実とおぼしき根拠（理由）に立って、「らし」の添う動詞のあらわす事実、または「らし」の添う動詞を述語とする文のあらわす事実を推定するのに用いられるから、その根拠（理由）をあらわす文または句が「らし」を含む文に伴っているのが通例である。したがって短歌では次の例のように、多く二文（または二文以上）構成になっている。

「①春過ぎて夏来良之（来タルラシ）」「②白たへの衣乾したり天《あめ》の香久《かぐ》山」（万葉、一、二八）

「①沖辺《おきへ》より潮満ち久良之（来ラシ）」「②韓《から》の浦にあさりする鶴《たづ》鳴きてさわきぬ（「さわく」ハ当時清音）」（万葉、十五、三六四二）

「①み山にはあられ降るらし」「②外《と》山なるまさきの葛《かづら》色づきにけり」（古今、大歌所御歌）

それぞれ②の文のあらわす事実を理由として、①の文のあらわす事実を推定するのである。また二文構成の体を取らないで、理由を示す句を条件の「ば」（已然形を承ける）を以て「らし」を含む下文（歌の場合は、順序が多く転倒するから上文になるが）につなげるものも僅かながらある。

「打靡《うちなびく》春避来之（サリクラシ）（春ガヤッテクルラシイ）」「山の際《ま》の遠き木末《こぬれ》の咲きゆく見れば」（万葉、十、一八六五）

「家人《いへびと》の使に在之（アラシ）」「春雨《はるさめ》の避《よ》くれど吾《われ》を濡らさく（濡ラスコトヲ）思へば」（万葉、九、一六九七）

「秋の夜は露こそ殊に寒からし」「草むらごとに虫のわぶれば」（古今、秋上）

また、稀にはまったく推定の理由が示されていないこともある。言外に理由がかくされているものと見てよかろう。

縄《なは》の浦ゆ背向《そがひ》に見ゆる沖つ島漕ぎ回《た》む船は釣《つり》し為良下（為《ス》ラシモ）（万葉、三、三五七）

右は沖つ島を漕ぎ回っている船だから目的は釣のほかにあるまいと考えるのが、その理由であろうが、それを含蓄に止めているのである。

験《しるし》なき物を思はずは一杯《つき》の濁れる酒を飲むべくある良師（ラシ）（万葉、三、三三八）

古の七《なな》の賢《さか》しき人たちも欲《ほ》りせし物は酒にしある良師（ラシ）（万葉、三、三四〇）

賢《さかし》みと物言ふよりは酒飲みて酔《ゑ》ひ泣きするし益《ま》さりたる良之（ラシ）（万葉、三、三四一）

これらは「酒はあらゆるものを絶して人をてがるに満足させてくれるものだから」というような作者にとっては自明な理が、理由として隠されているのであろう。

ここ（都ヲサス）にありて筑紫や何処白雲《いづちしらくも》のたなびく山の方にし有良思（在ルラシ）（万葉、四、五七四）

これなどは推定というより婉曲な断定と言うべきものであろう。白雲のたなびく山の方にあることは作者（大伴旅人）は熟知しているのである。ただ「筑紫や何処」と一往、自ら疑問を発したので「白雲のたなびく山の方にしあるなり」と言い切ってもよいはずのものをそう言い切れないで「らし」に弱めて表現したのであろう。したがって推定の根拠も示されていない。なお、これを「白雲のたなびく山の方にしあるべし」または「あるめり」とすると、かなり意味が変わることに注意されたい。

なお、このような推定の理由が示されないで用いられている「らし」の例は、「後撰集」「拾遺集」「後拾遺集」というふうに時代がだんだん新しくなるにつれて、多くなってゆく。

思はむと吾を頼めし（私ヲシテ頼ミニ思ワセタ）言《こと》の葉《は》は忘れ草とぞ今はなるらし（後撰、恋五）

足引の山ほととぎす里馴れてたそがれ時に名のりすらしも（拾遺、雑春）

杉の板をまばらに葺《ふ》ける閨《ねや》の上に驚く（ソノ音デハット眼ガサメル）ばかりあられ降るらし（後拾遺、冬）

右のうち「忘れ草とぞ今はなるらし」は「一向この頃通って来ない」という言外の理由を察することができるとしても、あとの二首は、はっきりしない。かりに「名のりすらしも」は、「名のりす」は明らかな事実で「里馴れて」を「らし」で推量したものとすれば、上代の用法の残存しているものと解くこともできようが、「あられ降るらし」は強くたたく音を聞いて、それを理由としてよんだ歌とでも見るべきであろうか、やはり疑わしい。それで、松尾博士は、「後拾遺集」（中古中期）の時代から「らし」の意が、疑わしい推量の意に変わって来たのではないかというふうにも考えておられる。

「らむ」と「らし」との用法上のいちじるしい差は「らむ」は疑問をあらわす語を伴うことが多い（松尾博士によれば、万葉は五二％、古今は七〇％）のに、「らし」は疑問を伴わないという点にある。すなわち、「らし」はその推量に、根拠を明示するのが原則であるから、その推量において不明の度、疑いの度はきわめて少なくなる。したがって疑問を伴うことは当然ないわけである。ところが、「後拾遺集」以後になると

きゝつるや初音なるらしほととぎす老は寝覚ぞうれしかりける（後拾遺、夏）

五月雨《さみだれ》は水の水嵩《みかさ》や増るらし澪《みを》のしるしも見えずなりゆく（千載、夏）

天の河浮津《うきつ》の浪に彦星《ひこぼし》の妻迎へ船今や漕ぐらし（新勅撰、秋上）

のように疑問を伴う例が見えてくる。これを松尾博士は、やはり当時（中古中期以後）散文では「らし」は「らむ」「めり」に圧倒されてほとんど用いられず、わずかに擬古的歌語として残存していたので、古来の用法を忘れて、誤用したものと断じておられる。従ってよいと思う。なお、疑問を伴う「らむ」と、伴わない「らし」とを比較する好箇の例としては、左の歌があげられる。

み芳野の蜻蛉《あきづ》の宮は神柄香（カムカラカ）貴将有（タフトクアルラム）、国柄鹿（国カラカ）

見欲将有（見ガ欲シカラム）（万葉、六、九〇七）

み吉野の芳野の宮は山可良志（山カラシ）貴有師（タフトクアラシ）水可良思（カハカラ

シ）清有師（清《サヤ》ケクアラシ）（万葉、三、三二五）

ちなみに「源氏物語」には「らし」の用例はわずかに三、しかも歌にかぎられており、ほかに「けらし」が会話に一、歌に一の用例を見せているにすぎない。「らむ」が約六八〇例あるのにくらべてその衰退のはげしさが知られよう。

二　めり

「めり」は「（自分には）……のように見える」「（自分には）……のように思われる」「……の様子だ」と推量する意の助動詞である。推定の「らし」ほど推量の根拠が確実でない点「らむ」に似ているが、「らむ」よりもいっそう主観的な気分が強い。

活用及び接続は次のとおりである。

	未然形	連用形	終止形	連体形	已然形	命令形	接続
めり	○	めり	めり	める	めれ	○	活用後の終止形（ただしラ変は連体形）

「めり」の語源については近世以来「見えあり」であるといわれていた。したがって「……のように見える」の意であり、また「見ゆ」に添うと重複することになるから、「見

ゆめり」の用例は稀だというふうに説かれていたが、実際はいつも視覚による推量にばかり用いられているわけではなく、また「見ゆめり」の用例もけっして稀ではない。

かりそめの隠れ家《が》と、はた（トハイエ）見ゆめれば（源氏、夕顔）

人知れぬ人待ち顔に見ゆめるは、たが頼めなるこよひなるらむ（拾遺、雑恋）

それで、三矢重松博士（高等日本文法）は、「べし」の「べ」がラ変に活用したものであろう（つまり「べり」となったものが「めり」と変わったのだと考えるのである。）と説かれ、また「むあり」であろうかとも説かれた。更に松尾博士（助動詞の研究）は、或る語の語源を考えるのには、その或る語と、もとの語との中間的な用例がほしいのに「見えあり」説は「めり」の前身たるべき「見えあり」はもとより、その根源たる「見えあり」という用例も発見できないから、従いがたく、三矢博士の「可《べ》あり」説、「むあり」説も同じ理由から従えないとされて、新たに「思へり」説を提案されている。「おもへり」「もへり」「めり」と変化したのだといわれるのである。しかし、現在では「見えあり」説を修正した「見あり」説があらたに出されている。miari→meri という約音はいかにも自然であるが、それに従うと、意味は「……のように自分には見える」ではなくて「……のように自分としては見ている」ということになる。つまりかなり自己の主観的な「判断」の気持ちがつよい感じのことばになりすぎるようで、その点に若干の不安があり、なお研究を要しよう。

「めり」は「らむ」や「らし」より発生は後れ、「記」「紀」はもとより、「万葉集」にもつぎのかなり疑わしい例しか見えない。

　をくさ男《を》とをぐさずけ男と潮船《しほふね》の並べて見ればをぐさ可知馬利（勝チメリ）（万葉、十四、三四五〇）

右は、「万葉集」の中でも東歌《あづまうた》といって東国の地方民の歌を集めたもののなかにあり、したがって地方訛《なまり》を含んでいるとも考えられるが、「可知馬利」ははたして中央語の「勝ツメリ」であるかどうか確言はできない（もっとも「万葉集」で同じく地方民たる防人の歌に「我が妻はいたく古比良之（コヒラシ）」とある例がある。これは「恋ふらし」の訛りであろうが、これに準ずれば「勝ちめり」も考えられるわけではある）。また「馬」を「メ」とよませた例は「万葉集」にはとぼしいから「メリ」ではないという説もあり、折《おり》口信夫《くちしのぶ》博士（万葉集総釈）などは「かちむ（傾く意という）」という四段動詞（ただし用例はない）の已然形に完了の「り」が添ったのだと説いておられる。

　中古初期に入ると「竹取」「伊勢」「大和」などの物語や「土佐日記」などにわずかに見えはじめるが、やがて中期の「源氏物語」「枕草子」などに至って、急にたくさん用いられるようになった。ただし、新しい語であるせいか、保守的な和歌の世界には用いられることが少なく、松尾博士の調査によれば「古今集」にいちはやく四例を見出すほかは、「後撰集」以後「新古今集」に至る七代集の中でわずかに二十三例を見出すにすぎない由である。(「古今」以後の八代集の中で「らむ」は一千以上、「らし」は九十五の用例がある。) 更に中世以後は擬古散文にかなり多く用いられるほかは、用例はきわめて稀になったようである。

「めり」には「らむ」「らし」と同様に「めり」の添った動詞のあらわす事実、または「めり」の添った動詞を述語とする文または句のあらわす事実が不明な場合にこれを推量する用法と、「めり」の添う動詞のあらわす事実、または「めり」の添う動詞を述語とする文または句のあらわす事実は明らかであるが、その原因・理由・時・処・方法などが不明な場合にそれを推量する用法とがある。

ただし後者の用法は松尾博士によれば、例がきわめて少ない。

(女ノ部屋ヲ) 明《あ》けぬとならば、只まづ入りねかし。(男ガ) 消息をするに「よかなり」とは誰かはいはむとげにをかしきに、早朝《つとめて》、(皇后ノ) 御前に (清少納言ガ) 参りて啓すれば「さる事も聞えざりつるを (アノ男ハ、ソンナ色好ナ評判ハナイノダカラ) よべの事にめでて、入りにたりけるなめり (三巻本ハ「いきたりけるなり」トアル)。あはれ、あれをはしたなくいひけむこそいとほしけれ」と笑はせ給ふ。(枕草子)

右は「入りにたりけるな(り)」は明らかな事実で、「よべの事にめでて」を「めり」で推量したのである。従って「入ッテシマッテイタノハ、昨夜ノ事ニ感心シテデト私ニハ思ワレル」の意となる。

あすからは若菜摘まむと片岡のあしたの原は今日ぞ焼くめる（拾遺、春）

右も「今日焼く」は明らかな事実で「あすからは若菜摘まむと」を「めり」で推量したもの。現代口語に訳して「アシタカラハ若菜ヲ摘モウトテ……今日焼クヨウダ」と言ってもさしつかえないがその現代口語の意味が「今日焼クノハ、アシタカラ若菜ヲ摘モウタメデアロウ」なのである。

前者の用例はあげるまでもあるまいが、念のため二、三あげておこう。

吾朝夕毎に見る竹の中におはするにて知りぬ。子になり給ふべき人なめり（私ノ子ニオナリニナルハズノ人デアルヨウデス。）（竹取）

木枯に吹き合すめる（吹キ合ワスヨウデアル）笛の音を引きとどむべき言の葉ぞなき（源氏、帚木）

人なくて悪しかめるを（不都合ナヨウデスカラ）、さるべき人々夕つけてこそは迎へさせ給はめ。（源氏、若紫）

これはいと様変りたるかしづき種《ぐさ》なりとおぼいたんめり（オ思イニナッテイルヨウダ）。（源氏、若紫）

右はいずれも傍線の部分を「めり」で推量しているのである。

また、確定的なこと、現実的なことを表現するのに「めり」が用いられていることがある。たとえば、

大原野の祭の上卿にて参りて侍りけるに雪の所々消えけるを見て
詠み侍りける　　治部卿伊房
さかき葉に降る白雪は消えぬめり神の心も今や解くらむ（後拾遺、神祇）

右は詞書にはっきり「消えけるを見て」とありながら、歌では「消えぬめり」と言っているのだから「めり」が自身の目で見てたしかめている現実について用いられていることが明らかである。

これは、確定的なこと、現実的なことを、客観的な事実として述べると、相手には、やや押しつけがましくあまり強く響きすぎるおそれが感ぜられるような場合に、それを自分の主観による認識として述べようとする用法である。すなわち右の歌では、雪の消えたことは作者自身にとっては、客観的な事実として差支えないことなのだから、詞書には「消えけるを見て」と記したのだが、人に示す歌としては「白雪は消えてしまったと私には見える」と一往自分だけの主観的な認識として述べたのである。それはあくまで自分の主観的認識であって、自分でない他人がそれに同調するかしないかは、その他人の意志次第であるが、必ず同調するであろうことをひそかに期待していることは言うまでもない。したがって、これを従来「婉曲な断定」などと言っていたのと究極においては一致するわけである。これは、現代でも「雨が降って来た」ということを自分の目でたしかめながら、他人に向かっては「雨が降って来たと思うが」とか「雨が降って来たようだが」と言ったりするのと同様だと見てよかろう。

また「めり」は主観的な疑問をあらわすので「自分はこうこう見るか」「自分はこうこう思うか」というような表現は意味をなし難く、したがって疑問の語を伴って用いられることがないのが原則である。ただ稀に

なのめにかたほなるをだに（碌デモナイ子供ヲサエ）人の親のいかに思ふめる、ましてことわりなり。（源氏、葵）

のような例があるが、これを松尾博士は「いかに」は「思ふ」にだけかかるのであって「人の親のいかに思ふか（さこそ深く思はめ）と我思ふ」の意（「我思ふ」が「めり」に当たる）であるというふうに解いておられる。口訳では「人ノ親ハドウ思ウカ、深ク思ウヨウデアルガ、ソノコトハ、マシテ道理デアル」とでも言えばよいであろう。

「めり」の連用形は「めりつ」「めりき」の形できわめて稀に用いられるだけである。

人げなき恥をかくしつつまじらひ給ふめりつるを（源氏、桐壺）

すすめ聞ゆる盃などをいとめやすくもてなし給ふめりつるかな。（源氏、宿木）

尼君、そのほどまで長らへ給はなんとの給ふめりき。（源氏、若菜上）

この子どもは人にも似ず親を恋ひかなしみつゝ、一人はいたづらになりぬめりき。（宇津保、国譲、中）

二　べし

「べし」はいかにもそうありそうなこと、または、いかにもそうする方がよさそうなことを推量する（予想の場合と、現在〔または超時的〕推量の場合とがある）意をあらわす助動詞であるが、転じて可能・命令の意をあらわすことがある。なお「べし」は「あり」と結んで「べかり」となる。

活用と接続は次のとおりである。

		未然形	連用形	終止形	連体形	已然形	命令形	接続
べし	上代	（べけ）	べく	べし	べき	○	○	活用語の終止形（ただしラ変は連体形）
	中古	（べく）	べく	べし	べき	べけれ	○	
べかり		べから	べかり	（べかり）	（べかる）	（べかれ）	○	

（イ）予想の例

やう〳〵天の下にもあぢきなう人のもて悩みぐさになりて楊貴妃のためしも引き出でつべう。
なりゆくに（〔将来当然〕引キ出シテシマウデアロウヨウニナッテユクノデ）（源氏、桐壺）

いとゞしく虫の音しげき浅茅生《あさぢふ》に露置き添ふる雲の上人
かごとも聞えつべくなむ（カコツケ言ヲモ〔コレカラ当然〕申シ上ゲテシマイソウニ思イマス。「聞えつべくなむ」ノ下ニ「思ほゆる」ガ省略サレテイル。）（源氏、桐壺）

鎌倉のみごしの埼の岩崩《いはく》えの（以上「悔ユ」ノ序詞）君が久由倍伎（悔ユベキ）心（アナタガ〔今後当然〕悔イルデアロウヨウナ心）は持たじ（万葉、十四、三三六五）

以上は、それぞれ、他称（「人々が……引き出でつべし」）・自称（「吾が……聞えつべし」）・対称（「君が悔ゆべし」）が主語になっている例である。

（ロ）現在〔または超時的〕推量の例

まだ講師ものぼらぬ程に（マダ講師モ高座ニ上ラヌ間デ）（三位中将ハ）懸盤《かけばん》どもして、何にかあらむ、物まゐるべし（何カシラキット召シ上ッテイルノデアロウ。）（枕草子）

「まろは端《はし》に寝《ね》侍らむ。あなくら」とて火かかげなどすべし（キット灯火ヲカキ立テテイルノダロウ。）（源氏、帚木）

やんごとなくせちに隠し給ふべきなどは（大切ニシテ当然一所懸命ニオ隠シニナッテイルデアロウヨウナ手紙ナドハ）かやうにおほざうなる御厨子《づし》などにうちおき散らし給ふべくもあらず（散ラシテオオキニナッテイヨウハズモナイ）、深く取りかくし給ふべかんめれば、これは二の町の心やすきなるべし（コレハ当然第二流ノ誰ニ見セテモカマワヌ手紙デアロウ。）

（源氏、帚木）

これらは文における前後のことばに応じて適宜「（当然）テイルデアロウ」「テイヨウハズ」または「（当然）デアロウ」「デアロウハズ」などと訳せば、ほぼ当たる。なお最後の例文の「せちに隠し給ふべき」「うちおき散らし給ふべき」「心やすきなるべし」などは、現在推量というより、時を意識することがうすく、超時的な推量と見ることもできる。その場合は「大切ニシテ一所懸命ニオ隠シニナロウハズノ手紙」などと訳すのがよい。また、予想か現在推量か明瞭を欠く例がある。

妹が見しあふちの花は知利奴倍斯（散リヌベシ）我が泣く涙いまだ乾《ひ》なくに（乾カナイノニ）（万葉、五、七九八）

右は「（マダ花ハ散ラナイガ）ヤガテ当然散ッテシマウデアロウ」の意か「今花ハ当然散ッテシマッテイルデアロウ」の意であるかはっきりしない。これはおそらくこの歌が作られた時には、その作者にはもちろん、この歌を示された相手の人にもどちらであるかは明らかであったのであろう。その後そのどちらであるかを示す判断の材料が失せて歌だけがのこったのでわからなくなったのである。たとえば、「土佐日記」に

かぢ取り物の哀も知らで、己《おのれ》し（「し」ハ強メ）酒を食《くら》ひつれば、早く往《い》なむとて「潮満ちぬ。風も吹きぬべし（潮ガ満チテシマッテイル。風モ当然ヤガテ吹クダロウ）」と騒げば、船に乗りなむとす。

とある「風も吹きぬべし」も仮りにその語の部分だけが残れば、現在推量の意とも紛れるに相違ない。したがってこのような誤解を避けるために、現在推量に用いる場合には「今」という時を示す語や、存在の意を示す「あり」またはそれから出来た「たり」「なり」等を伴うことが多い。

梅の花折りて挿頭《かざ》せる諸人《もろひと》は今日の間はたのしく阿流倍斯（アルベシ）（万葉、五、八三二）

たゞ時々うち語らふ宮仕人などの、あくまでざればみ好《す》きたるは、さても見る限りはをかしくもありぬべし。（源氏、帚木）

中の品になむ、人の心々おのがじしの立てたる趣も見えて分かるべきことかた〴〵多かるべき。（源氏、帚木）

女君は、たゞこの障子口筋交《すぢか》ひたる程にぞ臥したるべき。（源氏、帚木）

とかく言ひ〳〵て浪の立つなることとうるへ（「ナミダグンデ」ノ意カ）言ひてよめる歌、

行先に立つ白浪の声よりもおくれて泣かむ我やまさらむ

とぞよめる。いと大声なるべし。（土佐日記）

これら現在推量の「べし」に応ずる主語は他称だけであって、自称と対称の場合の例を見ないといわれる。自己の現在を推量することは普通あり得ないし、相手の現在を推量するときには、多くは問いの形となって表現されてしまうからである。

（八）可能の例

水底《みなそこ》の玉さへ清《さや》に可見裳（見ツベクモ）（見ルコトガデキソウニ）照る月夜《つくよ》かも夜の更けゆけば（万葉、七、一〇八二）

吾が宿の花橘のいつしかも珠に貫倍久（貫《ヌ》クベク）（貫クコトガデキソウニ）その実なりなむ（万葉、八、一四七八）

梅の花咲きたる園の青柳《あおやぎ》はかづらに須倍久（スベク）なりにけらずや（万葉、五、八一七）

一の御子は右大臣の女御の御腹にてよせ重く疑なき儲《まうけ》の君と世にもてかしづき聞ゆれど、この（第二皇子ノ）御にほひには並び給ふべくもあらざりければ（オ並ビナサルコトガデキソウニモナカッタノデ）（源氏、桐壺）

右は自称または他称主語に応ずる例であるが、対称主語に応ずる例はないといわれる。相手にその動作をすることができる力のあることを推量する場合は、たいてい命令となるからである。なお右のうち前の三例は形式的には自称主語であるが、それぞれ「玉」「花橘」「青柳」が「べし」に応ずる主語のような重い位置にあって、一見、他称主語の観を呈している。明瞭に自称主語に応ずる例は

ことさらに無言をせざれども、独りをれば、口業《くごう》ををさめつべし（キット……デキヨウ）。（方丈記）

などのように中世に至ってようやく見出されるというが、精査を期したい。

（二）命令の例

相手または他者の動作を「当然こうこうであるであろう」あるいは「当然こうこうするであろう」と推量する場合、その動作の実現を要望する気持ちが強いと、命令の意に転ずる。

まつろはず立ち向ひしも露霜の（「露霜の」ハ「消ゆ」ノ枕詞）消者消倍久（ケナバケヌベク）行く鳥の争ふはしに（万葉、二、一九九）

右の「消なば消ぬべく」は「帰らば帰れ」「散らば散らなむ（散ルナラ散ッテクレ）」等の語法と同様に「消なば消ぬべし（消エルナラ消エテシマエ）と」の意と見てよかろう。「消なば消ぬべしと行く鳥の争ふはしに」と仮りに改めてみればよい。

御前より内侍、宣旨うけたまはり伝へて、おとど参り給ふべき召あれば（大臣ハ帝ノ御前ニ）参り給ふ。（源氏、桐壺）

これも「『（汝）参り給ふべし』との召あれば」の意と見てよいとすれば、命令である。なお自己の動作を命令することは普通あり得ないから、自称主語に応ずる命令の例はない。「消なば消ぬべく」の例は一見「自分ガ消エテシマエ」と自己に命令しているようであるが、これは「吾身ガ消エテシマエ」の意であって、吾身を他称的に扱っているのであり、他称主語に応ずる例と見るべきである。「参り給ふべき」の例は、一見おとどが主語のようだが、これは「汝参り給ふべし」であって、対称主語に応ずる例と見るのが穏当であろう。

ますらをは名をし立倍之（立ツベシ）後《のち》の代に聞きつぐ人も語りつぐがね（万葉、十九、四一六五）

右はもとより推量（当然名ヲ立テヨウハズノモノダ）の意にも解けるが、命令と見ても一往さしつかえはないのであろう。

なお右の「推量・可能・命令」の意のほかに「決意・断定・義務・当然・適当・勧誘」などの意をあげてこまかに分類する学者も多いが、結局すべて「当然性・可能性のつよい推量」に帰着することだから、ここでは一々項を立てない。

「べし」の語源については、なおたしかではないが「いかにも……であろう」という意をもつことから副詞「うべ（宜）」に、形容詞をつくる接尾語「し」がついた「うべし」から「う」が省約されたものかといわれている。

「べし」の命令形はない。

「べけむ」という語がある。

まこと聞えむとしつることはあす御車賜ふべけむ。（宇津保、国譲、下）

これは後に形容詞の条で説くが、上古では、形容詞が「け、く、し、き、け」または「しけ、しく、し、しき、しけ」と活用したことがあったので、形容詞的な活用をする「べし」の未然形も当時は同じく「べけ」であったと推定されている、その痕跡が残り伝えられたのである。後の「べからむ」（べくあらむノ約）の意とほぼ同様に解釈してよい。（「べけ」を已然形として「べけど」と用いた例は残っていないようである。）

未然形の「べく」は上代の用例を見出し得ない。中古には

ゆく螢雲の上までいぬべくは秋風吹くと雁《かり》に告げこせ（伊勢物語）

などと用いられる。たゞしこの「べくは」の「は」は連用形をうけると解く考えも有力であり、したがってこの「べく」も必ずしも未然形とは定めがたいようである。

「べし」の已然形「べけれ」は中古には

まして聞え難かるべければ、人一人参れよかし。（源氏、若紫）

からうこそあるべけれ。（源氏、空蟬）

など自由に用いられたが、上代には、まだ発生せず、「こそ」の結びには連体形の「べき」が用いられていた。

玉くしろ巻き寝《ぬ》る妹《いも》もあらば許曽（コソ）夜の長けく（長イコト）も歓有倍吉（ウレシカルベキ）（万葉、十二、二八六五）

「べし」は上古には上一段活用の動詞に限りその未然形（連用形と見る人もある）に添うことがある。

ひぐらしの鳴きぬるときはをみなへし咲きたる野辺を遊吉追都見倍之（ユキツツ見ベシ）

（万葉、十七、三九五一）
来可視（来テ見べキ）人もあらなくに吾家《わぎへ》なる梅の初花散りぬともよし（万葉、十、二三二八）

中古からは「べし」の連用形「べく」は「べう」、連体形「べき」は「べい」となって用いられることが多い。

楊貴妃の例《ためし》も引出でつべうなりゆくに（源氏、桐壺）
思へばうらめしかべい（「かべい」ハ「かるべい」ガ「かんべい」トナリ、ソレガ「かべい」ト記サレタモノ）ことぞかし。（源氏、胡蝶）

上代に「べみ」という形がある。「べし」の語幹「べ」に接尾語「み」がついたもので「べきによりて」「べき故に」の意である。（形容詞における「山を高み」「国遠み」「すべ無み」などと同類である。後述の形容詞の条の（ヌ）の項参照）

秋萩を落過沼蛇（散リスギヌベミ）（散リ落チテシマイソウダロウカラ）手折《たを》り持ち見れどもさぶし君にしあらねば（万葉、十、二二九〇）
佐保山のははその紅葉散りぬべみ夜さへ見よと照らす月影（古今、秋下）
玉くしげあけば君が名立ちぬべみ夜深くこしを人見けむかも（古今、恋三）

右のように、中古に入っても「べみ」の用例は見えるが、散文にはまったく見えないから、すでに擬古的な用法になっていたと考えられる。

「べかり」は「べし」が「ず」「む」「き」「けり」などに添うことができないのを補うために、「あり」と結んで出来た語である。したがって「べからず」「べからむ」「べかりき」「べかりけり」などと用いられるが、終止形の「べかり」、連体形の「べかる」、已然形の「べかれ」の用例は、上代・中古を通じて見られないといわれる。

のこりの命一二日をも惜しまずはあるべからず。(源氏、手習)

かやうなるやこれには叶ふべからむ。(古今序)

昔はさても侍りぬべかりし。(宇津保、国譲、中)

逢ひ見ずは恋しき事もなからまし音にぞ人を聞くべかりける (古今、恋四)

意味については説明するまでもなかろう。

「べかし」という語が、「あるべかし」という形で用いられている。「べかし」は「べかり」が形容詞的に変わったもので、「べくある状態」を意味するのであろう。

人柄華かに、あるべかしき十余人つどひ給へれば (源氏、行幸)

御果ての事急がせ給ふ。大方のあるべかしき事どもは、中納言殿阿闍梨《あざり》なむ仕うまつり給ひける。(源氏、総角)

今の世のやうとては、皆ほがらかにあるべかしくて、世の中を御心とすぐし給ひつべきもおはしますべかめるを (源氏、若菜上)

いずれも「あるべき状態にある」「かくありたき状態にある」「理想的な」の意と解けよう。

「べかし」は「あるべかし」という形でしか用いられていないので「べかし」を助動詞と見ず「あるべかし」を一つの形容詞として扱うのが穏当であろう。

一三　べらなり

「べらなり」は古今集をはじめとして中古初期の歌に盛んに用いられながらやがて急速に衰えてしまった助動詞で、その意味は大体「のようだ」「するようだ」に当たると考えられている。松尾博士（国語法論攷）は、つぎのように述べておられる。

「べら」は「べし」の語根「べ」に接尾語「ら」のついたものである。「清し」「甘《あま》し」の語根に「ら」が附いて、「清ら」「甘ら」となるのと同様である。「清ら」「甘ら」は状態を現す名詞であるが、常に「に」を伴って副詞的連語となるか、あるいは「なり」を伴って形容詞的連語となる。「べら」は「に」を伴ふことはないが、「なり」を伴って形容詞的連語となる。

右のなかで「べらに」となることはないと言われたが、博士はその後、左の用例をもってこれを補正しておられる（助動詞の研究）。

知らぬ茸《たけ》（「嶽《たけ》」ヲカケテイル）とおぼすべらに。（キットオ思イニナルヨウデアルノニヨッテ）一人迷《まど》ひたまふなりけり。（今昔物語、二十八ノ十九）

したがってこの助動詞の活用は用例によると左のとおりとなる。

	未然形	連用形	終止形	連体形	已然形	命令形	接続
べらなり	○	べらに	べらなり	べらなる	べらなれ	○	「べし」と同じ

ただし連体形、已然形は「ぞ・なむ・や・か」「こそ」の結びの場合にだけ用いられている。

　語源については右に掲げた松尾博士の説が穏当であろうと思うが、宮田和一郎氏（国語国文昭和十年十二月号）は「べらなり」の用例百二十五例をあげて語義語感と声音変化の法則（b音とm音とは音声学上近似音である）の上から、「めるなり」であると主張しておられる。

「べらなり」の用例をあげる。

　遅くいづる月にもあるかなあしひきの山のあなたも惜しむべらなり（古今、雑上）

山高み見つゝ、我がこし桜花風は心に任すべらなり（古今、春下）

難波潟生ふる玉藻をかりそめ（「刈ル」ヲ「仮初」ニカケル）の海士《あま》（尼ニカケル）とぞ我はなりぬべらなる（古今、雑上）

春の着る霞の衣緯《ぬき》を薄《うす》み（ヨコ糸ガウスイノデ）山風にこそ乱るべらなれ（古今、春上）

有ルベラニシテ（西大寺本金光明最勝王経古点）

なおこの「べらなり」は前述のように「古今集」「後撰集」「拾遺集」など中古初期の歌集

に見られるが、特に紀貫之は好んだらしく、「貫之集」「土佐日記」の歌などにもしきりに用いている。「後拾遺集」以後の歌にはほとんど姿を見せず、まして散文の仮名文学作品には中古初期からまったく見られない。中古の経文の訓点にわずかに見えるのをのぞけば、その後ははるかに院政期まで下って前掲の「今昔物語」の一例が見えるにすぎない。これによって推測すると、この「べらなり」は中古初期に発生した流行語(口語)であって、それを新生の歌壇の総師であった紀貫之が、その新しさのゆえをもって敢えて歌に採り入れて、大いに新生和歌の潑剌さを誇示したのではなかろうか。その後、歌壇が安定するに伴い、再び保守的になって雅語を尊び、俗な流行語などを排する気持ちから歌には用いられなくなったが、たまたま中古初期にこの語の流行した当時、経文の訓点に用いられたものが、その後も僧の間には古訓点としてうけつがれて、院政期の僧のことば(前掲の「今昔物語」の例は横川の中堂の導師の祈禱の終りの教化のことばである)に発せられたのであろう。

一四　けむ

「けむ」は過去の推量の意をあらわす助動詞である。大体「……タデアロウ」「……タロウ」と訳せば当たる。

	未然形	連用形	終止形	連体形	已然形	命令形	接続
けむ	○	○	けむ	けむ	けめ	○	活用語の連用形

已然形は「こそ」の結び、及び「ど・ども」につづくときに用いられる。「ば」にはつづかない（このことは「む」「らむ」も同様である）。

「けむ」も「らむ」「らし」「めり」などと同様に、「けむ」の添った動詞のあらわす事実、または「けむ」の添った動詞を述語とする文または句のあらわす事実が過去にあったかどうか疑わしい場合にこれを推量する用法と、「けむ」の添う動詞のあらわす事実、または「けむ」の添う動詞を述語とする文または句のあらわす事実が過去にあったことは明らかであるが、その原因、理由、時、処、方法などが不明な場合にそれを推量する用法とがある。前者の用例をあげれば、

古に有家武（有リケム）人の賤機《しつはた》の帯解きかへて、伏屋《ふせや》立て妻問為家武（妻問ヒシケム）葛《かつ》飾《しか》の真《ま》間手《まのて》児名《こな》の奥つきをこことは聞けど（万葉、三、四三一）

吾が岡のおかみ（水ヲ司ル神）に言ひて降らしめし雪のくだけし（「し」ハ強メ）そこに塵家武（散リケム）（万葉、二、一〇四）

返しは上手なれば、よかりけめど、聞かねば書かず。（大和物語）

変化（ヘングヱ）の者にて侍りけむ身とも知らず、親とこそ思ひ奉れ。（竹取）

その男しのぶ摺りの狩衣《かりぎぬ》をなむ着たりける。「春日野の若紫の摺衣《すりごろも》忍ぶの乱れ限り知られず」となむ（女ニ）おいつきて（老成シタ態度デ、ノ意カ）いひやりける。ついでおもしろき事ともや思ひけむ。（伊勢物語）

右はいずれも傍線の部分の事実が過去にあったかどうかを「けむ」で推量しているのである。後者の例をあげれば、

山の名と言ひ継げとかも佐用《さよ》姫がこの山（領巾振山ヲ言ウ）の上《へ》に領巾《ひれ》を布利家無（振リケム）（万葉、五、八七二）

神風《かむかぜ》の伊勢の国にもあらましを何しか来計武（来ケム）君もあらなくに（万葉、二、一六三）

逢ふまでの形見とてこそ留《とど》めけめ涙に浮ぶもくづ（裳ト藻屑トヲカケテアル）なりけり（「親の護りける人の女に、いと忍びて逢ひて、物ら言ひける間に、親の呼ぶと言ひければ、急ぎて帰るとて、裳をなむ脱ぎ置きて入りにける。その後袴を返すとて詠める」トイウ詞書ガアル）（古今、恋四）

御園生の百木の梅の散る花し天に飛び上り雪と敷里家牟（降リケム）（万葉、十七、三九〇六）

右においては、それぞれ「領巾を振る」「来」「（裳ヲ）留む」「雪と降る」という事実が過去にあったことは明らかなのであって、「けむ」はそれぞれ「山の名と言ひ継げと」「何しか」「逢ふまでの形見とて」「御園生《みそのふ》の百木《ももき》の梅の散る花し天《あめ》に飛び上《あが》り」を疑っているの

である。

次の歌は、従来「どうして」を補ってのみ解かれているものである。

よそにのみ聞かましものを音羽川わたると無しに見馴れ（「水馴れ」ヲカケル）初《そ》めけむ。

（古今、恋五）

〔従来ノ解〕（コンナニツライ思イヲスルノナラ）噂ニダケ聞クノダッタノニ。通ウトイウコトモナイノニ、ドウシテ心デハコンナニナジミ初メタノカ。


「らむ」の場合と同様に、歌にかぎっては「どうして」の意のことばの省略は考えられないわけではないが、一往は、これも前述の後者の一例として解けるであろう。「見馴れ初めた」のは明らかな過去の事実であり、「けむ」は「わたると無しに」を疑ったと見るのである。

〔解〕（コンナニツライ思イヲスルノナラ）噂ニダケ聞クノダッタノニ。心ニナジミハジメタノハ通ワナイトイウ条件ノモトニオイテデアッタロウカ。


どちらの解がよいか、なお検討を要しよう。

なお、松尾博士（国語法論攷）は、この歌を他の一、二の例と共にあげて（ただしいずれも普通の過去の推量と見て差支えない用例のようである）「けむ」がほとんど過去の意をもたずに感嘆の意に用いられている例としておられるが、どう歌意を解くおつもりか、正確には推測しかねるので、しばらく疑問のままでその旨を紹介しておくにとどめる。

また、大津皇子が石川郎女に贈った「足ひきの山の雫《しづく》に妹《いも》待つと吾立ち濡れぬ山の雫に」に答えた石川郎女の、

吾《あ》を待つと君が沾計武（濡レケム）足ひきの山の雫に成らましものを（万葉、二、一〇八）

の「けむ」を、過去の意味はなく、ただ「言い方を柔かにするために用いたもの」として説く学者がおられる。「濡れむ」あるいは「濡るらむ」の意と同じであるとしようとされるのであろうか。しかしながら、この贈答の内容を見れば、大津皇子が「山の雫に濡れた」という事実は、石川郎女が返歌を作るより前の過去のことであり、その過去の事実は大津皇子から知らされたとはいえ、石川郎女は自分の眼でその事実を確かめたわけではないのだから、「けむ」で推量して詠んだまでであって、普通の「けむ」の用例として一向さしつかえはないであろう。

「む」の未然形に当たると思われるものに「ま」があり、それが接尾語「く」と結んで「まく」となるように、「けむ」は「けまく」となる例がある。これもやはり「けむあく」の約と見る説に従えば「けま」という未然形を考える必要は一往なくなるであろう。「夕デアロウコトハ」と訳せばよいようである。

はしきよしその妻《つま》の子と朝夕《よひ》に笑《ゑ》みみ笑《ゑ》まずもうち歎き可多里家末久波（語リケマクハ）、
とこしへにかくしもあらめや（万葉、十八、四一〇六）

形容詞「よし」「しげし」などの未然形の古形「よけ」「しげけ」などが「む」に添った「よけむ」「しげけむ」などの「けむ」を助動詞の「けむ」と見誤ってはいけない。

「けむ」の語源については、「けり」の未然形「けら」に「む」の添った「けらむ」の約とする説もあるが「ら」の省かれる必然性についての説明が不確かであってにわかには従えない。「き」と「む」と結ばれたものと考えるのが穏かであろう。更に「き」に未然形「け」が果たして太古に存在して、それに未然形を承ける「む」が添ったのだと考えることができるなら、「けむ」「き」が共に連用形に添うことと考え合わせても最も好都合であるが、前に「き」の項で述べたように未然形「け」の存在の推定は今日なお十分確かとは言えないから、しばらくそれ以上立ち入っての論断は避けなければならないであろう。

一五　終止形に添う「なり」

（注）終止形に添う「なり」が「伝聞」（…ソウダ。…ト聞ク）または「推定」（…ヨウダ）の意をあらわすとする松尾捨治郎博士の説は現在（昭和四十七年）では、ほぼ定説になっていると言ってよいと思うが、私がこの本を書いたときには、「詠嘆」説がひろく採られていた。先賢の説の正しさを信

ぜざるを得なかった私は、やむなくそれをこまかに証明して、その説を顕彰しまつろうとして以下の一章を書いた。定説になったに近い今日すでにこれほどのくどくどした説明は不用になったと言ってもよいようであるから、簡単な一章に書き改めようとも考えたのであるが、一方なお伝聞推定説をつよく否定なさる遠藤嘉基博士のような有力な学者も現におられることだから、やはり旧来のままとして、若干の補筆を加えるにとどめた。異常に気負った言い方をしているのは当時の旧説打破のいのりのような気持ちのあらわれで、今更気恥ずかしいが、手を入れるときりがないので、そのままとした。お見のがし願いたい。

用言及び助動詞の終止形に添う「なり」は、江戸時代の学者に詠嘆の意と解かれて以来、今日に至るまでまったく盲目的に信ぜられつづけているが、松尾博士が大正八年八月に国学院雑誌において、古来の用例を見るのに、詠嘆の意をあらわすと明らかに考えられる例は皆無であって、いずれも「伝聞」または「推定」の意味をあらわすものばかりであると説かれたのが絶対的に正しい。博士は、この「なり」の正意について世の蒙を啓くために、容易ならぬ苦労をされ、発表後十年にして漸く松下大三郎博士によって是認せられたと嘆いて居られる（国文法論纂）が、その後更に三十年に近い今日（昭和二十六年）において、なお一般の初歩文法書の大多数には平然として詠嘆説が踏襲せられ、稀に「伝聞」説を採る人があっても、「一方詠嘆の意にも用いられることがある」といったような但し書を必ず付け加えて初学者をして迷わしめているのは、概嘆の至りである。

しかしながらさすがに語法専攻の学者や上代、中古の文学専攻の学者のあいだには博士の説の正しさがようやく周知せられてきて、最近佐伯梅友博士（奈良時代の国語）のごときは、「平家物語」に、養和と改元になって大赦が行われ、信濃の国から召還された按察の大納言資方が院参した時「先づ今様一つあれかし」との仰せに、大納言の今様を歌ったことを記して、

大納言拍子取って「信濃にあんなる木曽路川」といふ今様を、これは見給ひたりし間、「信濃にありし木曽路川」と歌はれけるぞ、時に取っての高名なる（巻六、嗄声）

とあるのを、「あんなり」の「なり」が伝聞の意をあらわすことを示す好適の例として紹介されて松尾博士の説を裏書しておられる。

さて松尾博士の説を敷衍し、且つ若干の私見をも加えつつこの「なり」の意味・用法を解説すると、大体次のようになると思う。

（イ）伝聞の意に用いられる場合

「なり」の添う動詞（助動詞がついていればそれを含める。また場合によってはその動詞を含む文または句であることもある）のあらわす事柄を、自分が直接確かめたことがなく

て、他から声音（噂・人づて等）によって伝聞する意をあらわす。「ということだ」「話によれば……だそうだ」「と話に聞く」などと口訳すれば当たる。

汝《な》をと吾《あ》を（「汝ト吾トヲ」ノ意）人曽離奈流（人ソサクナル）（「離《サ》ク」ハ下二段）（噂ニヨレバ人ガ引キ放スソウダ）いで吾《あ》が君人の中言《なかごと》（中傷ノコトバヲ）聞きこすな（ドウカ聞イテ下サルナ）ゆめ（万葉、四、六六〇）

大納言の外腹《ほかはら》の娘を奉らるなるに（噂ニ聞ケバ大納言ガ側室腹ノ娘ヲオ奉リニナルトイウコトダノニ）朝臣のいつき娘出だし立てたらむ、何の恥ぢかあるべき。（源氏、少女）

男もすなる日記（話ニ聞ケバ男モスルトイウ日記）といふものを女もして見むとてするなり。（土佐日記）

又聞けば、侍従の大納言の御女《むすめ》なくなり給ひぬなり（噂ニヨルトオ亡クナリニナッテシマッタソウダ）。（更級日記）

以上はそれぞれ「（人が）離く」「（娘を）奉らる」「（男も）す」「なくなり給ひぬ」を自分では直接確かめないで他からの伝聞としてうけとっているのである。

（ロ）推定の意に用いられる場合

「なり」の添う動詞（助動詞がついていればそれを含める。また場合によってはその動詞を含む文または句であることもある）のあらわす事柄は、その事柄が行われていることを示す音声または音響によってほぼ明らかなのだが、その事柄を行う主体の存在を、自分が直接目で見ていないので、一往疑って、その事柄が多分行われているであろうと推定する意、またはその主体をこれこれであろうと推定する意をあらわす。「(聞える音によって判断すると）どうやら……しているようだ（マタハするようだ）」または「(聞える音によって判断すると）……しているのは、××〔見エナイ主体〕であるようだ」と訳せば当たる。

大和には鳴きてか来らむ（我ガ故里ノ大和ニハ今頃鳴イテ飛ンデイッテイルダロウカシラ）
呼子《よぶこ》鳥《どり》象《きさ》の中山呼曽越奈流（呼ビソ越ユナル）（聞エル声ニヨッテ判断スルト、呼子鳥ガ象ノ中山ヲドウヤラ鳴イテ越エルヨウダ）（万葉、一、七〇）

右は「象の中山を（呼び）越ゆ」という動作は、その動作が行われていることを示す鳴声によって明らかなのだが、その動作の主体たる「呼子鳥」の存在を目で確かめていないから、一往疑って「どうやら呼び越えるようだ」と推定したもの。

已れ夢《いめ》に天照大神高木神二柱の神の命以《みことも》ちて建御雷神《たけみかづちのかみ》を召してのりたまはく「葦原の中つ国は伊多玖佐夜藝帝阿理那理此十一字以音（イタクサヤギテアリナリ）（ソノ音声ガ聞エルノニヨッテ判断スルト、人々ガヒドク騒イデイルヨウダ）吾《あ》が御子たち不平《やくさ》みますらし。かの葦原の中つ国は、もはら汝《いまし》が言向《ことむ》けつる国なれば、汝建御雷神降《くだ》りてよ」とのりたまひき。（古事記、中）

右も「人々がさやぎてあり」という事柄は、聞えてくるがやがやいう音で明らかなのだが、その「さやぐ」主体たる人々の姿を目ではっきり見ていないから一往疑って、「どうやらさわいでいるようだ」と推定したもの。

なお右に当たる部分が、日本書紀（神武紀）では「忽夜夢、天照大神謂ニ武甕雷神一曰、夫葦原中国猶聞ニ喧擾之響一焉」とあり、その原注が「聞喧擾之響焉此云左揶霓利奈離（サヤゲリナリ）」となっていて、終止形に添う「なり」（ここでは助動詞「り」に添う）が「響を聞く」意をもつことがいっそう明らかに示されている。（ただし念のために言うが、「聞喧擾之響焉」がそのまゝ正確に「サヤゲリナリ」の意と一致するとは必ずしも明言できないことはもちろんである。一方は漢文であり、一方は日本文であって、日本文の大意をとって漢訳したと見ることもできるからである。）

秋の野に人待つ虫（松虫ニカケタ）の声すなり我かと行きていざとぶらはむ（古今、秋上）

ますらをの鞆《とも》の音為奈利（音スナリ）もののふの大臣《おほまへつぎみ》楯立つらしも（万葉、一、七六）

右の例も同様に「声す」または「音す」という事柄は、聞えてくる声自体で明らかなのだが、その「声する」または「音する」主体たる「松虫」「ますらをの（手にはめる）鞆」の姿を目で確かめていないから一往疑って「どうやら声がするようだ」または「どうやら音がするようだ」と推定したものと見られよう。ただし「呼び越ゆ」や「さやぎてあり」は音声以外の何らかの動作を伴っていて（「さやぎ」は元来は音だけであろうが、「てあり」は若干行動を想像させる）そこに推定の余地があるのに比べて、「声」や「音」は、はっきり耳にしていて推定の余地のないことだから、それを「声や音がするようだ」と推定的に言うのも妙なように考えられる。したがってこれらはその主体が果たして「松虫」であるか乃至《ないし》は果たして「ますらをの鞆」であるかを一往疑った言い方と見て、「聞える声によって判断すると、鳴いているのはどうやら松虫のようだ」または「聞える音によって判断すると、その音はどうやらますらおの鞆のようだ」と解くのがよいかも知れない。

以上は「なり」の添う動詞がいずれも音声・音響に関係のある語である例であるが、

　例の夜いたう更けぬれば御前なる人々一二人づゝ失せて御屏風几帳のしもへ、こへやなどに皆隠れ臥しぬれば、只一人になりてねぶたきを念じてさぶらふに、丑四つと奏するなり。「明け侍りぬなり」とひとりごつに（枕草子）

右の「明け侍りぬ」は音声に関係のない語である。しかしこれも「明け侍りぬ」という事柄は、その事柄が行われていることを示す「丑四つと奏する宿直人の音声」によってほぼ明らかなのだが、その「明け侍りぬ」という事実の存在を自分が直接目で見ていないので、一往疑って「丑四つと奏する声で判断するとどうやら夜が明けてしまうようだ」と推定したものである。（なお「丑四つと奏するなり」は三巻本によると「奏すなり」である。しからば奏する声を姿の見えぬ所で聞いているのであってやはり「どうやら奏するようだ」の意。）

　殿上の名対面こそなほをかしけれ。……果てぬなりと聞くほどに、滝口の弓鳴らし、沓《くつ》の音

そ、めき出づるに（枕草子）

これは下に「と聞くほど」という語を伴ってはいるが、「果てぬ」は直接音響に関係のない語である。「果てぬ」という事柄は、殿上の間での名対面の名告り声を、はなれた別のへやで聞いているうちにその声が聞えなくなったことによって明らかなのだが、「果てぬ」という事実を目では確かめていないので、一往疑って「（名対面の声が聞えなくなったことで判断すると）どうやら、名対面は終ったようだ」と推定したもの。

この三月晦日《つごもり》、（宮中ノ）細殿の一の口に殿上人あまた立てりしを、やう〳〵すべり失せなどして、唯頭中将、源中将、六位一人残りて、万の事言ひ、経よみ歌うたひなどするに、（ソレラノ人々）「明けはてぬなり。帰りなむ」とて「露は別の涙なるべし」といふ事を頭中将うち出だし給へれば（枕草子）

これこそは、一見、まったく音響に無関係の例であるが、宮中でのことであるから、やはり宿直人の時刻を呼ぶ声（宿直奏《とのいもうし》。名対面とも言う）などをきいて「明けはてぬなり」と言ったのを、省筆したものと見てよいのではなかろうか。状況から判断して読者に自然にそのように推量されると作者は考えたものと見たい。

以上はいずれも終止形に添うことが明瞭なものだけをあげたのであるが、四段活用の動詞では終止・連体の両形が同じなので、少なくとも形の上からは連体に添う「なり」（指定）との区別がつかない。しかし「万葉集」に見える四段動詞に添う四十二例の「なり」

（中、「鳴くなり」が二十五例）はその歌意から判断して一首のこらずこの終止形に添う「なり」と考えてよい。（けだし歌では指定の「なり」を用いることは、ほとんどあり得ないからとも考えられるが、松尾博士は連体形に指定の「なり」がつゞくことは奈良時代にはまだなかったことであると説いておられる。）その例を若干あげる。伝聞の例はなくて、いずれも推定の例である。

闇の夜に鳴奈流鶴之（鳴クナル鶴《タツ》ノ）外《よそ》のみに（聞エル鳴声ニヨッテ判断スルト、ドウヤラ鶴デアルヨウデアル、ソノ声ヲ、姿ハ見ナイデ外ニダケ聞クヨウニ、噂ニダケ）聞きつゝかあらむ逢ふとは無しに（四、五九二）

秋萩の散りの紛《まが》ひに呼び立てて鳴奈流（鳴クナル）鹿の声の遙けさ（何ヤラ声ガ聞エルガ、ソレニヨッテ判断スルト、秋萩ノ散リ乱レテイル中デ声ヲ立テテ相手ヲ呼ビ求メテ鹿ガ鳴イテイルヨウダ、ソノ声ノ遠イコトヨ）（八、一五五〇）

吉野なる夏実《なつみ》の河の川淀に鴨そ鳴成（鳴クナル）山かげにして（何ヤラ鳴ク声ガ聞エルノニヨッテ判断スルト、ドウヤラ鴨ガ鳴イテイルヨウダ、山カゲデ）（三、三七五）

蘆刈りに堀江許具奈流（漕グナル）楫《かぢ》の音は（聞エテクル音ニヨッテ判断スルト、ドウヤラ堀江ヲ船ヲ漕グヨウダ、ソノ船ノカイノ音ハ）大宮人の皆聞くまでに（二十、四四五九）

天の川（彦星ト）相向き立ちて吾《あ》（織女星）が恋ひし君来益奈利（君来マスナリ）紐解き設《ま》けな（八、一五一八）

右の「天の川」の歌は、音響が明示されていないが、彦星が天の川を漕ぎ渡る船のかいの音または波音であるにちがいない。したがって「私（織女星）ガ一年ノ間恋シイ思イデ待ッタ彦星サマガ、アノ船ノ音ガ聞エルノニヨッテ判断スルト、ドウヤラオイデニナルヨウダ」の意である。「彦星サマガオイデニナルトイウ噂ダ」と伝聞の意に解くのは、歌の情を弁えぬものである。

聞きつやと妹《いも》が問はせる雁がねは真《まこと》も遠く雲隠奈利（雲隠ルナリ。「隠ル」ハ当時四段活用）

（八、一五六三）

右も「雲隠る」には音声が示されていないが、「聞エル鳴声ニヨッテ判断スルト、ホントウニドウヤラ雁ハ遠ク雲ニ隠レテイルヨウダ」の意である。

秋田《アキタ》苅苫手《カルトマデ》揺奈利《ウゴクナリ》白露者《シラツユハ》置穂《オクホ》田《ダ》無跡《ナシト》告爾《ツゲニ》来良《キヌラ》思《シ》（十、二一七六）

この歌だけは一往「フリガナ」をしたように訓まれているが、歌意がわからない——誤字があろうといわれている——ので、「なり」の意も判然しない。しかし仮りに「うごくなり」なら、動く音を聞いて「どうやら動くようだ」と推定したものと見られそうである。

四段活用動詞に添う中古の例を二つ、三つあげれば、

（イ）伝聞の例

御使、仰言とて翁にいはく「いと心苦しく物思ふなるは（話ニ聞ケバ、ヒドク心苦シク物思

ニ沈ンデイルソウダガ）まことにか」と仰せ給ふ。（竹取）

いとむげに児《ちご》ならぬ齢《よはひ》の（マルッキリ子供デモナイ年デ）、まだはかぐ〳〵しう人のおもむけをも見知り給はず、中空《なかぞら》なる御程にて（ドッチツカズノオ年頃デ）、数多物し給ふなる中の、（話ニ聞ケバ大勢イラッシャルトイウ姫君タチノ中ノ）あなづらはしき人にてやまじり給はんなど（源氏、若紫）

よき若人童など都のやんごとなき所々より類《るい》に触れて尋ね取りて、（姫ヲ）まばゆくこそもてなすなれ（マブシイマデニ大事ニスルトイウ噂デスヨ）。（源氏、若紫）

「京に疾《と》く上げ給ひて物語の多く候ふなる（物語ガ沢山アルトカ噂ニ聞ク、ソレヲ）ある限り見せ給へ」と身を捨てて額をつき祈り申すほどに（更級日記）

（ロ）推定の例

（帝ハ）風の音、虫の音につけて、物のみ悲しうおぼさるゝに、弘徽殿《こきでん》（女御）には久しう上《うへ》の御局にも参《ま》う上《のぼ》り給はず。月のおもしろきに、夜更くるまで遊をぞし給ふなる（管絃ノ響ガ聞エルノニヨッテ判断スルト、ドウヤラ管絃ノ遊ビヲナサッテイルヨウダ）。（源氏、桐壺）

つぎにラ変活用（「あり」「善かり」「あしかり」「侍り」「り」「たり」「べかり」「ざり」指定の「なり」の類）につくこの種の「なり」について説明しよう。

「記」「紀」では「さやぎてありなり。」「さやげりなり。」というふうに明瞭にその終止形に「なり」がついていることは前掲の例のとおりであるが、中古に入ると後掲の例のように「あるなり」「侍るなり」あるいは「あ（ン）なり」「侍（ン）なり」「な（ン）なり」というふうに、連体形またはその音便とおぼしきものにつくようになるので、時代的にはその中間にある「万葉集」の左の一例（一例しか見えない）が、果たしてどう解かるべきかが問題となっている。

ありそ辺《へ》（海岸）につきて漕がさね（ドウカ漕イデオクレ）杏人浜過者恋布《カラヒトノハマヲスグレバコホシク》在奈利《ナリ》（九、一六八九、名木河作歌）

「万葉集」では体言につく指定の「なり」は沢山の例があるが、明らかに連体形につくと思われる指定の「なり」は「記」「紀」「万葉」を通じて一つも見えない。したがって、当時連体形につく指定の「なり」はまだなかったと推定するのが穏当だとすれば、右の歌の「在奈利」は指定の「なり」ではないことになる。しかし「在」とだけ書かれているのでよみは明らかでない。したがって学者によっては「記」「紀」に倣って「アリナリ」とよみ、また、中古の例にならって「アルナリ」とよんでいる。さて「在」のよみはいずれにしてもよいが、「杏人」が実はよくわからないのである。「カラヒトノ」とよんでいるのは「杏」を「カラモモ」ということによるからであってすこぶるあやしい。誤字として「ミヤコヒト」とよむのも俄かには従えない。ともあれ「コホシクアリ」という音響に無関係な語に「なり」が添っているのだから、一往「話ニ聞ケバ、恋シイソウダ」の意と見ておこう。

中古の例をあげる。

(イ) 伝聞の例

「駿河の国にあるなる山なむ(話ニ聞ケバ駿河国ニアルトイウ山ガ)この都も近く天も近く侍る」と奏す。……(帝)勅使には調《つき》の岩笠《いはかさ》といふ人を召して、駿河の国にあなる山の頂にもてつくべき由仰せ給ふ。(竹取)

宮へ渡らせ給ふべかンなるを(宮ノオ邸ヘオ渡リニナルハズダト噂ニ聞キマスノデ)、その前に物一言聞えさせ置かんとてなん。(源氏、若紫)

上こそ(オバアサマ)。この寺に、ありし源氏の君こそおはしたンなれ。(源氏ノ君ガイラッシャッテイルトイウ話デスヨ)。など見給はぬ。(源氏、若紫)

時ありて一度開くなるは、難かんなるものを(容易ニ、ナイコトダトイウ話デスノニ)(源氏、若紫)

光源氏名のみことぐしう、言ひ消たれ給ふ咎多かンなるに(噂ニヨレバ、多イトイウコトダガ)(源氏、帚木)

「まめやかになほたばかれ」と「世にふとは忘れじ」とのたまへば、帯刀「ふとぞあぢきなき文字ななる(「ふと」トイウノハ面白クナイコトバダト私ハ聞イテイマスガ)」と申せば、

君打笑ひ給ひて「長くといはむとしつるをいひ違ひぬるぞや」などうち笑ひ給ひて（落窪）

（ロ）推定の例

内にも人の寝《ね》ぬけはひ著《しる》くて、いと忍びたれど数珠《ずず》の脇息に引き鳴らさる丶、音ほの聞え、なつかしううちそよめく音なひ、あてはかなりと（源氏ハ）聞き給ひて、程もなく近ければ、外《と》に立て渡したる屏風の中を少し引き開《あ》けて扇を鳴らし給へば、覚えなき心地すべかめれど、聞き知らぬやうにはとて、ゐざり出づる人あなり（衣ズレノ音ナドニヨッテ判断スルト、ドウヤライザリ出ル女房ガアルヨウダ）。（源氏、若紫）

傍なる処（隣家）に先追ふ車とまりて「荻の葉荻の葉」と呼ばすれど、（隣家ノ女ハ）答へざなり（声ガ聞エナイノニヨッテ判断スレバ、ドウヤラ返事ヲシナイデイルヨウデアル）。呼びわづらひて笛をいとをかしく吹きすまして（男ハ）過ぎぬなり（笛ノ音が遠ザカルノデ判断スルト、ドウヤラ去ッテシマウヨウダ）。（更級日記）

沓《くつ》の音の、夜一夜聞ゆるがとまりて、たゞ指《および》一つして叩くが、その人ななりとふと知らる丶こそ（ソノ音ニヨッテ、ドウヤラソノ人ノヨウダト、フト自然ニ判ルノコソ）をかしけれ。いと久しく叩くに音せねば寝入りにけるとや思ふらむ、妬く、（私ガ）少しみじろく音、衣のけはひも、さななり（ソノ音ニヨッテ、起キテイナガラワザトアケナイヨウダト）と（ソノ男ガ）思ふらんかし。（枕草子）

さてこのラ変属の語につく「なり」に限って、右にあげたような意味での「推定」の用例の中に分類できない「推定」の例がある。すなわち上述の「推定」の例文はいずれも「なり」の添う動詞は音声または音響を発する意をあらわすか、または、音声または音響を発しないまでも、それに深い関係をもっているのだが、以下に掲げる例は音声または音響に直接関係をもっていない。

A 俊蔭林のもとに立てり。三人の人問ひて曰く「彼は何ぞの人ぞ」俊蔭答ふ「日本国の王の使清原の俊蔭なり、有りしやうは斯《か》う〳〵」といふ時に、三人の人「あはれ、旅人にこそあなれ。しばし宿さむかし」といひて（宇津保、俊蔭）

B かぐや姫、「石作《いしづくり》の皇子《みこ》には仏の御石《みいし》の鉢《はち》といふ物あり。それを取りてたまへ」といふ。「車持《くらもち》の皇子《みこ》には……今一人には……大伴の大納言には……石上《いそのかみ》の中納言には燕《つばくらめ》の持《も》たる子安の貝取りてたまへ」といふ。翁「難きことにこそあなれ。この国にあるものにもあらず。かく難き事をばいかに申さむ」といふ。（竹取）

C （源氏ハ）昼の面影（昼間見タカワイイ少女ノ面影）心にかかりて恋しければ、「こゝにものし給ふは誰にか。尋ね聞えまほしき夢を見給へしかな（下二段ノ「給ふ」ハ自卑ノ意）。今日なん思ひ合せつる」と（僧都ニ）聞え給へば、（僧都ハ）うち笑ひて「うちつけなる御夢語にぞ侍るなる……」と聞え給ふ。（源氏、若紫）

私は、これらは、相手から聞く話を根拠にして、「なり」の添う動詞（またはその動詞を含む文句）の示す事柄を導き出して、そうであろうと推定して言ったものと見たい。すなわちAは、自分の事情を述べた俊蔭の話を根拠として三人の人が「旅人にこそあれ」ということを導き出して、それを「なり」で推定したもの（口訳すれば「（汝ノ話デ推定スルト）オ前ハドウヤラ旅人ナンダナ」）。Bは、かぐや姫の五人の貴公子に対して出た五つの要求の話を根拠として、竹取翁が「難きことにこそあれ」ということを導き出して、それを「なり」で推定したもの（口訳は「（アナタノ話デ推定スルト）ソレハドウモムズカシイコトノヨウデス」）。Cは、少女の正体を知りたいばっかりに、見もしない夢語を作りあげている源氏の話を根拠として僧都が「うちつけなる御夢語に侍り」ということを導き出して、それを「なり」で推定したもの（口訳は「（アナタノオ話デ推定申シ上ゲマスト）ドウヤラダシヌケノ御夢語デゴザイマスナア」）である。なおこうした例を二、三あげると、

D　翁いはく「思ひの如くものたまふかな。そもそも如何やうなる志あらむ人にか逢はむとおぼす。かばかり志おろかならぬ人々にこそあめれ」かぐや姫のいはく「何ばかりの深きをか見むといはむ。いささかの事なり。人の志ひとしかんなり。いかでかなかに劣りまさりは知らむ……」（竹取）

右は、翁の「五人の人々はいずれも志は並々でない人たちばかりだ」と言うのを根拠とし

て、姫が「(アナタノオ話デ推定スルト)ドウヤラ五人ノ方々ノ私ニ対スル志ハ同ジデアルヨウデス」と言ったもの。

E「たゞこの九十九折《つゞらをり》の下《しも》に、同じ小柴なれど、うるはしくし渡して、清げなる屋廊《やらう》など続けて、木立いとよしあるは、何人《なにびと》の住むにか」と(源氏ガ)問ひ給へば、御《おん》供なる人「これなん某《なにがし》僧都の、この二年籠《ふたとせこも》り侍るかたに侍るなる(話ニ聞ケバ、コレコソ××僧都ガコノ二年籠ッテオリマストコロデゴザイマスソウデス)」(源氏ハ)「心恥づかしき人住むなる所にこそあなれ。(「オ前ノ話ニヨッテ推定スルト」アノコチラデ気恥シクナル程ノ尊イ人ガ住ムト噂ニキク所デ、コノ僧坊ガ、アルヨウダナ)」などのたまふ。(源氏、若紫)

F(頭中将ガ、「受領階級ニハ家ガ豊カナノニヨッテ、眩イマデニカシズキ育テラレタ女ノ捨テ難イノガイル」トイウヨウナコトヲ話スノデ源氏ハ)「すべて賑ははしきによるべきなり」(「(アナタノ話ニヨッテ推定スルト)女ハ総ジテ富裕デアルコトニヨルベキデアルヨウダネ」)とて笑ひ給ふを(源氏、帚木)

G(大進生昌ノ邸ニ皇后ガ行啓サレタ時、清少納言ハオ供ヲシテ生昌ノ邸ニ泊ル。昼間、少納言トノ問答ニヨッテ少納言ノ学問ニ感服シタ生昌ハ、人々ノ寝テシマッタ頃、少納言ノ部屋ヲ訪ネテ来テ、シワガレタ騒ガシイ声デ「オソバニ伺イタイノデスガ、ドウデショウ〳〵」ト何ベンモ言ウ。ソレニツイテノ少納言ノ感想)(ヘヤヲ)開《あ》けむとならば、ただまづ入りねかし。消息《せうそこ》をするに「よかなり」とは誰かは言はむと（男ガ「オ伺イシテヨイデショウカ」ナドト言イ入レルノニ、女ノ方デ「（アナタノオコトバデ推定シマスト）オ入リニナッテモヨサソウデス」トハ一体誰ガ言オウ、ソンナコトヲ言ウ者ハアルモノカト）げにをかしきに（枕草子）

H　二条院は近ければ、まだ明《あか》うならぬ程におはして、西の対に御車寄せて（源氏ハ）下《お》り給ふ。若君（幼イ紫上）をばいと軽らかにかきいだきて下ろし給ふ。少納言（紫上ノ侍女）「なほいと夢の心地し侍るを、いかにし侍るべき事にか」とやすらへば（躊躇スルノデ）、（源氏ハ）「そは心なり（アナタノ話デ推定スルト）アナタガ、コノ邸ニトマルカ、モトノ紫上ノ家ニ帰ルカハアナタノ心次第デアルヨウダ）。御自ら（紫上ノ身ハコノヨウニ）渡し奉りつれば、（アナタガ）帰りなむとあらば、送りせむかし」とのたまふに、わりなくておりぬ。（源氏、若紫）

右のHの例は、少納言の詞の「いかにし侍るべき事にか」とあるのは、作者が省約したのであって、もっといろいろと話したのであろう。それをうけて「そは心なり」と源氏が言ったのである。

また、次のような例もある。

I　（兼雅ガ初メテ、ワビ住マイヲスル俊蔭ノ娘ヲ訪ネテ言ウ話）「『疎きより』としも言ふなれば、（「疎キヨリ」ト歌ニモ言ウソウデスカラ）、おぼつかなきこそ頼もしかなれ（心細

イ有様デアルノコソ、頼モシクアルヨウデスヨ）」（宇津保、俊蔭）

右は第三者から聞く話（「疎きより」とも言ふなり）を根拠にして「なり」の添う動詞（またはその動詞を含む文句）の示す事柄（おぼつかなきこそ頼もしかれ）を導き出して、そうであろう（「なり」）と推定したものである。

こういうふうな分類の仕方で、上に述べてきた「伝聞」および「推定」をも分類しなおして、「なり」の意味・用法の一覧表を示すと次のようになろう。

【第一類】

我《われ》が、第三者から聞いたままに、「なり」の添う動詞（またはその動詞を含む句または文。以下準之）の示す事柄を、そうであろうと推定して言う。

（例）男もすなる日記。

駿河の国にあるなる山。

右はさきに「伝聞」と言ったものである。

【第二類】

我《われ》が、第三者から聞く話を根拠にして、「なり」の添う動詞の示す事柄を導き出して、そうであろうと推定して言う。

右はⅠの例文で説明したもの。

【第三類】

我《われ》が、対者から聞く話を根拠にして、「なり」の添う動詞の示す事柄を導き出して、そうであろうと推定して言う

右はAからHまでの例文で説明したもの。

【第四類】

我《われ》が、音響または音声を聞くことを根拠にして、「なり」の添う動詞の示す事柄を導き出して、そうであろうと推定して言う。これが二種に分かれる。

（第一種）

「なり」の添う動詞の示す事柄が直接音響を発する事柄である場合

（例）1 芦刈りに堀江漕ぐなる楫の音。

2 呼子鳥象の中山呼びぞ越ゆなる。（この場合主として「越ゆ」が推定される。）

3 鴨そ鳴くなる山かげにして。（この場合主として「鴨そ」が推定される。）

（第二種）

「なり」の添う動詞の示す事柄が音響を発するものと別個の事柄である場合。

（例）殿上の名対面こそなほをかしけれ。……果てぬなりと聞くほどに。

右はさきに「推定」と言ったものである。

大体右の分類に、すべての「なり」の用例がおさまると考えているが、なお今後の調査

によって不備を補いたい。

以上、やや詳細にすぎたようでもあるが、中途半端な説明の仕方では、四段またはラ変につくものを指定の「なり」と誤ったり、更に、悪くすると、再び詠嘆説の幽霊が執念深くあらわれてきたりする惧れがないでもないからである。学生諸君自身でも、今後、上古文・中古文などを読むとき、よく気をつけてこの種の「なり」の意味を十分に会得されるよう努力されたい。（なお四段またはラ変につくものがこの種の「なり」であるか指定の「なり」であるかは、文意を考えてみて判断すべきであることは言うまでもない。）

なおここに一つやや疑わしい例をあげておく。

春のものとてながめさせ給ふ昼つ方、台盤所なる人々、「宰相中将こそ参り給ふなれ。例の御匂ひいとしるく（イツモノ御召物ノ匂イガ大層ハッキリト匂ッテキマス）」などいふほどに（堤中納言物語「このついで」）

右はやはり指定の「なり」ではないようであるから、推定とすれば、音声でなく匂いによって推定したことになる。「堤中納言物語」の「このついで」の成立年時は確実ではないが、院政期をいちじるしく下ることはあるまい。そうすると、「なり」の用法が中世（鎌倉期）以前すなわち口語としての推定の「なり」の存在が確実な時代にすでに音から匂いにまで拡がったこととなる。しかし翻って考えてみれば、右の文はやはり音がかくされているのではなかろうか。すなわち、足音、衣ずれなどのけはいで宰相中将の参上を推定したあとで、その重ねての証拠として「御匂ひいとしるく」をつけ加えたものと見ておくのがあるいは穏当かと思う。

「なり」には稀に連用形の用例が見える。

いとどうれふなりつる雪（先刻、泣キ言ヲノベテイルヨウニ聞エタソノ雪ガ）かき垂れいみじう降りけり。（源氏、末摘花）

（定子中宮ノコトバ）「……（侍共ガ）『いと高くて多くなむありつる』と言ふなりしかば（侍共ガ「ソノ雪ハ大層深クテ沢山アリマシタ」ト言ッタソウデアッタカラ）げに二十日までも待ちつけ（オ前ノ二十日マデハ消エナイトイッタ、ソノ二十日マデモ待チオオセテシマッテ）、ようせずは今年の初雪にも降り添ひなまし……」（枕草子）

以上によって活用・接続表を示すと次のとおりになる。

	未然形	連用形	終止形	連体形	已然形	命令形	接続
なり	○	なり	なり	なる	なれ	○	活用語の終止形（ただし中古以後、ラ変は連体形）

この種の「なり」は、中世に入っても口語に用いられたことは、この項の冒頭に引いた「平家物語」の用例によっても明らかである。「徒然草」にも正しく用いられているが、「徒然草」は擬古文だから、当時口語で用いられたかどうかの証拠にはならない。謡曲に

なると誤用されている。この頃はすでに口語としては亡んだのであろう。

なお佐伯博士（奈良時代の国語）は、「万葉集」において指定の「なり」は「爾有」と書いた例が多いが、この種の「なり」にはその例がない。反対にこの種の「なり」に用いられる「成」の字は、指定の「なり」には極めて稀にしか用いられない、したがってこの両者の間には区別がみとめられていたのではないかと言っておられる。

松尾博士（国語法論攷）は、同じ歌が「なり」「めり」「らむ」と異なって伝えられて、そのためにその三語の区別がよくあらわれている興味ある例をあげておられる。
（一）深草の帝の御時に蔵人頭にて夜昼馴れ仕うまつりけるを、諒闇になりにければ、更に世にも交らずして、比叡の山に登りて頭おろしてけり。その次の年皆人御服（天皇ニ対シ奉ッテノ喪服）脱ぎて、或はかうぶり賜はりなど、喜びける（御礼言上ヲシタ）を聞きて詠める　　僧正遍昭
皆人は花の衣になりぬなり（話ニ聞ケバ喪服ナラヌ華ヤカナ衣ニナッテシマッタソウダ）苔の衣（私ノ僧衣）よ乾きだにせよ（古今、哀傷）
（二）御はてになりて、御服ぬぎに万の殿上人河原に出でたるに、童の異様なるなむ柏葉に書きたる文をもて来る。とりて見れば、
皆人は花の衣になりぬめり苔の衣よ乾きだにせよ
とあり。見れば此の良少将（遍昭の俗名、良岑宗貞）の手に見なしつ。「いづら」といひて持

て来し人を世界に求むれどなし。（大和物語一本）

（三）諒闇など果てて世の人皆衣の色替りぬらむと推し量りて物哀に思ひければ、入道独言に

皆人は花の衣になりぬらむ苔の衣よ乾きだにせよ（今昔物語）

（一）の伝聞の意の「なり」をもつものが原歌であったのを、作者が遥かの方で見ていたように趣を変えて（二）の「めり」の歌となり、更に伝聞でも、見たのでもない、現在推量の意に変えて「らむ」をもつ（三）の歌が生まれたと考えられるのである。

なお松尾博士は、助詞・助動詞などの語義の不明瞭なものは感嘆とか詠嘆とか強意とかいう風に説いておけば、あたらずと言えども遠からずで、天地黒白のような差は感じられないから、とかくそのままそれが「説」らしく通用してしまうものであるが、「なり」の詠嘆説もその類だと言っておられる。

最後に、諸君の練習のために文例を少しばかりつけ加えておこう。

（一）慰む事もあらむと、里人の吾《あれ》に告ぐらく「山傍《び》には桜花散り貌鳥《かほとり》の間《ま》なく数《しば》鳴く。春の野に菫《すみれ》を摘むと白たへの袖折り返し、紅の赤裳裾引き少女《をとめ》らは思ひ乱れて君待つと宇良呉悲須奈里（心恋ヒスナリ）（話ニ聞ケバ、恋シテイルソウデス）」心ぐし。いざ見に行かな……（万葉、十七、三九七三）

右の「うら恋ひすなり」の「なり」を松尾博士（助動詞の研究）は、「里人から吾が聞く意」に解こうとしておられるのは誤りであろう。「話によればうら恋いするとのことです」

と人から伝聞の噂を里人が吾に語るのである。

(二) 御前ならぬ方の御格子どもおろすなる(音デ聞ケバ、ドウヤラ格子ヲ下スヨウダ)。……かく人の物し給へばとて通ふ道の障子一間ぞあけたるを、右近とて大輔が女のさぶらふ、来て格子おろして、こゝに寄りくなり(衣ズレノ音ヤカスカナ足音ナドデ判断スルト、ココニ寄ッテクルヨウダ)。(源氏、東屋)

(三)「中将の君はいづくにぞ。人げ遠き心地して物恐ろし」といふなれば(ト、ドウヤラ言ウヨウナ声ガキコエルト)、長押の下に人々臥していらへすなり(ドウヤラ返事ヲスルヨウナ声ガ聞エル)。(源氏、帚木)

(四) 碁打ち果てつるにやあらむ、うちそよめきて人々散《あ》かるゝ、けはひなどもすなり(ドウヤラ人々ガ退散スルヨウナ物音ナドガ聞エル)。「若君はいづくにおはしますならむ。この御格子は鎖《さ》してむ」とて鳴らすなり(ト言ッテドウヤラ格子ヲガタ〳〵鳴ラスヨウナ物音ガ聞エル。アルイハ、「ト言ッテ、ガタ〳〵鳴ラス音ガ聞エルノハ、ドウヤラ格子ヲシメルヨウダ」ト訳シテモヨイ)「しづまりぬなり(物音ガシナイコトカラ判断スルト、ドウヤラ女房タチハ寝静ッタヨウダ)。入りてさらば、たばかれ」と(源氏ハ小君ニ)のたまふ。(源氏、空蟬)

(五) 桜花散り交《か》ひ曇れ老いらく(老イルコトノ意デ「老」ヲ擬人化シタモノ)の来むといふなる道紛ふがに(古今、賀)

右はちょっとややっこしいが、「老いらくの来む道」「老いらくの来むと(世ノ人ガ)いふ道」「老いらくの来むといふなる道（「老」ガソノ道ヲ通ッテヤッテ来ルデアロウト世ノ人ガ言ウトカ噂ニキクソノ道）」というふうに段々に考えてみれば判然しよう。世人の話をまた伝聞するという形で、要するに「老いらくが来む道」というものを内心は信じない作者の気持ちをあらわした言い方である。

（六）その初め（法華八講ノ初メノ日）より、やがて果つる日（八日目）まで立てる車（牛車）のありける（ソノ牛車）が、人寄り来《く》とも見えず、すべて唯あさましう（アキレルホド）、絵などの様にて（ジット動カズニ）過《すご》しければ、ありがたく（類稀デ）めでたく、心憎く（オクユカシク）「如何なる人ならむ、いかで知らむ（ドウカシテ車ノ主ハ誰ダカ知リタイ）」と問ひ尋ねけるを聞き給ひて、藤大納言「何かめでたからむ。いと憎し。ゆゆしき者にこそあなれ（「アナタノ話デ推定スルト」ソノ車ノ主ハ、イマイマシイ者デアルヨウデス）」と宣ひけるこそをかしけれ。（枕草子）

（七）中納言殿（姉ノ中宮ノトコロニ）参り給ひて御扇奉らせ給ふに「隆家こそいみじき骨は得て侍れ。それを張らせて参らせむとするに、おぼろけの紙（イイカゲンナ紙）は得はるまじければ、求め侍るなり」と申し給ふ。（中宮ハ）「いかやうにかある」と問ひ聞えさせ給へば、「すべていみじう侍り。『更にまだ見ぬ骨のさまなり』となむ人々申す。誠にかばかりのは見えざりつ」と言《こと》高くのたまへば、（清少）「さては扇のにはあらで、くらげのなり（「アナタノオ話デ推定スルト」扇ノ骨デハナクテ、クラゲノ骨ノヨウデスネ）」と聞ゆれば（三巻

本枕草子）

（補言）

① 前述のように私はこの「なり」の用法を「第一類（「…ソウダ」）」「第二類」「第三類」「第四類」（以上、「…ヨウダ」）に分けて、すべての用例がそれにおさまるとしたが、次のような用例の「なり」を指定と解かずに、やはり推定（…ヨウダ）の意に解くべきだとすれば、以上の四類からは例外となる。

（A） 我が上に露ぞ置くなる天の川門《と》渡る舟のかいのしづくか（古今、雑上）

ただしこれも強《し》いて言えば、牽牛星・織女星の伝説を他人から聞かされているのを根拠にして「どうやら露が置くようだ」と推定したものとすれば「第二類」に入れられようが、ラ変属の語につくという限定に対してはやはり例外となる。

（B） 廿三日、八木のやすのりといふ人あり。この人国に必ずしも言ひ使ふものにあらざ（ン）なり。これぞたたはしきやうにて（厳メシクキチント）馬のはなむけしける。守がらにやあらん（ソレハ国司ノ人柄ヤ治政ガヨカッタカラデアロウカ）国の人の心の常として「今は」とて見えざ（ン）なるを、心あるものは恥ぢずになん来ける。これは物によりてほむるにしもあらず。（土佐日記）

右の「あらざなり」は自分はよく知らないが、身近の者第三者などから聞く話を根拠にして推定すれば「どうやら…ではないようだ」（これを、もう少し不特定多数の人々から聞く話にまでひろげれば「伝聞」(噂ニヨレバ…ダソウダ)の意とすれば、第二類の用例と見ることができようが、「見えざなるを」は「見えないようであるが」と解くとすると、例外の観が濃い。もっとも「こういう場合にはこの国の人の気風の常として『今はもう無関係になったのだから』とて、見えないのだそうだが」の意と解いてよいとすれば伝聞(第一類)に属せしめることができる。

(C) 水鳥どもの思ふことなげに遊びあへるを見る。

水鳥を水の上とやよそに見むわれも浮きたる世をすぐしつつ

かれも、さこそ心をやりて遊ぶと見ゆれど、身はいと苦しかンなりと思ひよそへらる。(紫式部日記)

ただし「苦しかンなり」に対して「苦しかりなん」を本文とする写本もあるので、本文の吟味をさきにすべきか。

こうした類外の用例については、今後とも一つ一つ慎重に検討してゆかなければならない。

② 春がすみ立つやおそきと山川の岩間をくぐる音聞ゆなり。(和泉式部集)

右のような「なり」は「聞ゆ」に無駄に添っているようにも見えるが、「音聞ゆ」が、はっきりと音を聴覚でとらえているのに対して、「音聞ゆなり」は、「音が聞える」というふうに一往聴覚でとらえながら、なおそれにいくらかの不確かさをおぼえて、「どうやら音が聞えるようだ」と表現したものと見ればよいであろう。氷がとけて勢をました谷川の岩間をくぐる水の音が、作者のいる所に、かすかに聞えてくる。それをはじめは幻聴かと感じたかも知れない作者の心が「なり」であらわされていると見てよいのではなかろうか。

③この「なり」がラ変動詞または、ラ変助動詞に添う場合は中古ではその連体形に添うようになったとされているので、一往私もそれに従っておくが、中古では「あンなり」「ざンなり」「はベンなり」のように撥音便形に添うのがむしろ原則のようであり、「竹取物語」の

　するがの国にあるなる山なむ、この都も近く天も近く侍る。

のような例はむしろ少ない。しかも、「竹取物語」では、右の文のすぐあとに

　するがの国にあ（ン）なる山の頂にもてつくべき由おほせ給ふ。

とある。また世間に刊行されている「源氏物語」などに伝聞推定の「なり」が「侍るなり」などという形で多くみえるのも、実は、その拠った本文の原文は「侍なり」などとあるのに、校訂者が「る」を送り仮名として加えた場合が多く、むしろ「侍（ン）なり」とよむべきものかも知れないのである。しかも右の「竹取物語」の「あるなる」の例にしても、「竹取物語」の伝本は室町末期をさかのぼるものがないので、あるいは「在なる」（在ンなる）などを「あるなる」と写し誤ったものでないとは言えない。つまり、「中古ではラ変は連体形からつづくように変わった」とする通説には、なお若干の疑問があることをことわ

っておきたい。

④この「なり」の語源については「ねあり」または「なあり」が融合したもの（春日和男氏。国語学二十三号、昭三〇・十二）とする説が、かなり説得力があるようである。「ね」は「音《ね》」、「な」は声に出して呼ぶ「名《な》」あるいは「鳴《な》く・鳴《な》る」などの「な」と同じものだと見るのである。

⑤遠藤博士の詠嘆説を再考すべしとされる説は「国語国文昭和三〇・二および七」などに見える。終止形接続の「なり」は断定と詠嘆の綜合的表現だとする御意見である。

⑥「らむ」「らし」「べし」「めり」など推量の助動詞の多くが、活用語の終止形に添うことは、この終止形に添う「なり」が推定の意をもつことを類推させるとする説も注目に値しよう。

一六　ず、ざり、じ、ましじ、まじ

「ず」「ざり」「じ」「ましじ」「まじ」は動作・状態などを否定する意をあらわす助動詞である。否定の助動詞・打ち消しの助動詞などという。「ず」「ざり」は確定の打ち消し、「じ」「ましじ」「まじ」は推量の打ち消しである。活用ならびに接続は次のとおりである。

	未然形	連用形	終止形	連体形	已然形	命令形	接続
ず	（な）	に ず	ず	ぬ	ね	○	活用語の未然形
ざり	ざら	ざり	（ざり）	ざる	ざれ	（ざれ）	同右
じ	○	○	じ	じ	○	○	同右
ましじ	○	○	ましじ	ましじき	○	○	活用語の終止形
まじ	○	まじく	まじ	まじき	まじけれ	○	活用語の終止形（ただしラ変は連体形）

（イ）ず

　未然形の「ず」としては、仮説条件をあらわす助詞の「ば」につづいて「ずば」となる例が従来みとめられていたのであるが、その「ずば」の意（モシ……シナイナラバ。モシ……デナイナラバ）には解けない例を、橋本進吉博士（大正十四年一月「国語と国文学」）が、「連用形の『ず』に『は』を添えたものであって『ずして』の意に解くべきだ」とせられて以来、更に従来「ずば」の意に解こうとすれば解けた例をも、「ずば」のよみが謡曲などでも「ずワ」として伝えられていることや、古い文献に「ずは」の「は」を濁音でよんだらしい形跡が見えないことなどと考え合わせて、やはり「ずは」であって、すべて「ずして（ナイデ）」の意と解くべきだとする説がきわめて有力になってきている。しからば、この「ず」は連用形であることになる。橋本博士の解かれた「ずは」とは、次の例のようなものである。

立ちしなふ君が姿を和須礼受波（忘レズハ）世の限りにや恋ひ渡りなむ（万葉、二十、四四四一）

右は、京に向う役人に餞《はなむ》けする地方の女らの歌であるが、「君ノ姿ヲ忘レナイデオソラク一生ノ間恋シク思イツヅケルデショウ」と解いてはじめて意が明らかになる。左の例も皆「ずして」と解いてこそわかりやすいであろう。

かくばかり恋ひつゝ不有者（アラズハ）高山の磐根《いはね》し枕《ま》きて死なましものを（万葉、二、八六）

験《しるし》なき物を不念者（オモハズハ）一坏《ひとつき》の濁れる酒をのむべくあるらし（万葉、三、三三八）

後《おく》れ居て長恋《ながこひ》世殊波（セズハ）み園生《そのふ》の梅の花にもならましものを（万葉、五、八六四）

従来「ずば」の意に解こうとすれば解けた例で、今は「ナイデ」と解こうとする例とは、

ま楫貫《かぢぬ》き舟し由加受渡（行カズハ）見れど飽かぬ麻里布《まりふ》の浦に宿りせましを（万葉、十五、三六三〇）

音のみに聞きて目に見ぬ布勢《ふせ》の浦を見受波（見ズハ）上《のぼ》らじ年は経ぬとも（万葉、十八、四〇三九）

いつまでか野辺に心のあくがれむ（一体イツマデ野辺ニ執着シテイヨウコトカ）花し散らずは千代も経ぬべし（古今、春下）

などである。ただし、これらもなるほど「舟ガ行カナイデ……碇泊シヨウモノヲ」「見ナイデ（ハ）上ルコトハシマイ」「花ガ散ラナイデ（ハ）私ハ千年モコノママデキット過ゴスダロウ」の意に解けないことはないが、第一の歌は「せましを」の条件として仮説の「……ば」の気持ちがほしいし、第三の歌は「モシ散ラナイナラ」の意に解く方がすなおだからとて、あくまでも順接仮定条件の「ば」をみとめようと強く主張する学者がおられないではない。あるいは少なくとも中古における「ずは」は、「ずは」とよまれながら、順接仮定条件の意（ナイナラバ）をあらわすように次第に意識されていったと見るべきかも知れない。今後なお検討すべきであろう。

　連用形の「ず」は、「ずき」「ずけり」「ずけむ」「ずて」のように用いられるほか、副詞的に用いられる場合、中止法の場合がある。

うつつにもいめにも吾《われ》は不思寸（オモハズキ）古りたる君にここに逢はむとは（万葉、十一、二六〇一）〔ただし「モハザリキ」とよむ説もある〕

衣手を（枕詞）打ちみの里（地名。所在不詳）にある我を知らにそ（知ラナイデ）人は待て

ど不来家留（来ズケル）（来ナカッタ）（万葉、四、五八九）

時々の花は咲けども何すれそ母とふ花の咲き出《で》己受祁牟（来ズケム）（来ナカッタノダロウ）（万葉、二十、四三二三）

人皆の見《み》らむまつらのたま島を美受弖夜（見ズテヤ）われは恋ひつつをらむ（万葉、五、八六二）

秋萩をしがらみふせて鳴く鹿のめには見えずておとのさやけさ（古今、秋上）

なおこの「ずて」は中古に入ると約まって、助詞の「で」となって頻りに用いられる。

起きもせず寝もせで夜をあかしては春の物とてながめくらしつ（長雨ヲ溜息ヲツキツツ見ツメ暮ラシタ）（伊勢物語）

（付言）

この「で」が完了の「ぬ」の未然形に添ったと思われる用例が中古・中世に散見する。ただし「なず」という用例は知られていない。

衣をだに脱ぎ替へなで（脱ギカエテシマワナイデ）なむこちまうで来つる。（竹取）（会話のなかにつかわれている）

みるめ（「海松布」ト「見る目」トヲカケタ）なき我が身を浦（「憂」ニカケタ）と知らねばや（ツレナイモノト知ラナイカラカ）離《か》れなで（離レテシマワナイデ）海人《あま》の脚たゆく（ダルクナルマデ）来る（古今、恋三）

見も果てず空に消えなで限りなくいとふうき身の世に帰るらむ（伊勢集）

なげきわび共に消えなでいたづらに降るもはかなき春の淡雪（亡母の忌にこもる頓阿におくった兼好の歌への返し、頓阿。兼好家集）

中止法とは右の「起きもせず（起キモシナク）」などそれである。副詞的な用法とは、左のようなものを言う。

白雪の処も分かず。（区別シナイデ）降りしけば巌にも咲く花とこそ見れ（古今、冬）

「分かず」は「降りしく」を修飾している。また、

愛《うつく》しければにやあらむ、いと思はずなり。（土佐日記）

たがふべくもあらぬ心のしるべを、思はずにもおぼめいたまふかな。（源氏、帚木）

かかる世を見るよりほかに、思はずなることは、何事にか。（源氏、須磨）

右の「思はずなり」は「意外だ」の意味の形容動詞である。

已然形の「ね」に確定条件をあらわす助詞の「ば」がついた「ねば」が、「ぬに」の意に用いられる例が「日本書紀」「万葉集」などに見える。

臣《おみ》の子の八重の紐解く一重だにいまだ滕柯禰波（解カネバ）御子の紐解く（一重ヲサエマダ解カナイノニ御子ガ紐ヲトクヨ）（紀、童謡）

天の河なづさひ渡り君が手も未枕者（イマダ枕《マ》カネバ）夜の更《ふ》けぬらく（マダ枕ニシナイノニ夜ガフケテシマッテイルコトヨ）（万葉、十、二〇七一）

わが宿の萩の下葉は秋風も未吹者（イマダ吹カネバ）かくそもみてる〔「モミテル」ハ、モミジスル意ノ四段活用動詞「モミツ」ニ助動詞「リ」ノ添ッタモノ〕（万葉、八、一六二八）

右のように「ねば」が「ぬに」の意に用いられる理由について、佐伯博士（万葉集講座）は、

私はこの「ば」も元来は「は」であると思ふ。已然形をうける「ば」のつくる条件の場合、古くは……「ば」のつかぬ例（松尾言ウ「わがせこがかく恋ふれこそぬば玉の夢に見えつゝいねらえずけれ」ナドノヨウニ、「恋ふれば」トナラナイモノヲ言ウ）が多く、むしろそれは古い形であると思はれる点から、例はないが、「ど」「ども」も元来はなくてもよかったのではあるまいかと私は推量する。そして例へば、「秋風未だ吹かず」といふのを条件句にする場合、

秋風の（或は「し」）未だ吹かね

といへば普通の順接的条件となり、

秋風は（或は「こそ」）未だ吹かね

といへば全く逆接的条件となり、

秋風も（或は「だに」）未だ吹かね

といへば、やや逆接的な、いはゆる「ぬに」の意の条件となるといったやうな具合ではなかったかと思ふ。

と言っておられるが、注目すべきであろう。
なお「もみち葉に置く白露の色にはも（「も」ハ感動ノ意）いでじと念者（念へバ）（顔色ニハ出スマイト思ウノニ）言《コト》の繁けく（噂ノウルサイコトヨ）（万葉十、二三〇七）」も同類の語法である。

連体形の「ぬ」は「か」につゞいて「ぬか」となると、「……ナイカナア」の意であつらえ・願望をあらわす。

闇の夜はくるしきものをいつしかとあが待つ月も早毛照奴賀（早モ照ラヌカ）（万葉、七、一三七四）

わが袖に降りつる雪も流れゆきて妹が袂にい行き触粳（フレヌカ）（万葉、十、二三二〇）

かくしつゝあが待つしるし有鴨（アラヌカモ）世の人皆の常ならなくに（万葉、十一、二五八五）

最後の「有鴨」の例のように「ぬ」（不ノ意）を文字にあらわさない例も多いので、打ち消しの「ぬ」とは別に考えるべきかとの説もある。しかし現代の「……ナイカナア」と合致すると見てよいとすれば、同じものと一往考えておけよう。当時すでに打ち消しの意味がうすらいでいるので、「不」の字などを入れると不自然に感じられるので入れなかったのではあるまいか。

次に、未然形に「な」連用形に「に」が、古く用いられていたであろうことが「記」

「紀」「万葉」などに痕跡をとどめているのによって察せられる。

妹《いも》が見しあふちの花は散りぬべし我が泣く涙《なみだ》いまだ飛那久爾（乾《ヒ》ナクニ）（カワカナイノニ）
（万葉、五、七九八）

三笠山野辺行く道はこきだくも（甚シク）繁くあれたるか久に有勿国（アラナクニ）（長イ時ガタッタトイウノデハナイノニ）（万葉、二、二三二）

「忍びたる方に、いざ」とさそふ人もあり。「何かは」とて物したれば、人多う詣《まう》でたり。たれと知るべきにもあらなくに、（知ルハズモナイノニ）我一人苦しうかたはらいたし。（蜻蛉日記）（コノヨウニ中古前期ノ散文ニモ用イラレテイル）

ただし右の用例の「なく」は活用語の未然形に接尾語「く」がついて体言的に用いられる「いはく」「のたまへらく」「散らまく」の類であるから、助動詞「む」の解説のうち「まく」について述べたのと同様に、それぞれ「乾ぬあくに」「あらぬあくに」の約だと解けば、この用例は連体形の「ぬ」に準じてあつかうべきことになる。したがって、純粋に未然形「な」の用例として考えられるべきものは、次にかかげる「なふ」の「な」である。しかしこれも、地方民の歌である東歌（万葉、十四）・防人歌（万葉、二十）に次のような用例が見られるにすぎなくて、「万葉集」の時代にはすでに中央では滅亡に瀕していた語と考えられる。

会津嶺《ね》の国をさ遠み（国ガ遠イノデ）安波奈波婆（逢ハナハバ）（逢ワナイコトガツヅクナ

ラ）しのひにせもと（アナタヲ思イ出ス種ニショウタメニ）紐結ばさね（私ノ着物ノ紐ヲ結ンデオクレ）（十四、三四二六）

武蔵野のをぐき（山ノ洞穴）が雉《きぎし》（以上「立ち」ノ序）立ち別れ往《い》にし宵より夫《せ》ろ（「ろ」ハ接尾語）に安波奈布与（逢ハナフヨ）（逢ハヌコトガツヅクヨ）（十四、三三七五）

昼解けば等家奈敝比毛乃（解ケナヘ紐ノ）わが背《せ》な（愛スル人）に相寄るとかも夜解けやすけ（「ヤスキ」ノ方言）（十四、三四八三）

右の「なは（未然）」「なふ（終止）」「なへ（連体）」のほかに「なへ（已然）」の用例が見えるが、これらは、「な」に継続の意の上代の助動詞「ふ」（後述する。四段活用）が添ったものであって、連体形「なふ」が「なへ」であるのは東国訛であろうと考えられている。

吾が夫《せ》なを筑紫へ遣《や》りてうつくしみ（夫ガカワイイノデ）帯は等可奈奈（解カナナ）（解カナイデイタイ・解キタクナイ）あやに（嘆声ヲ発シテ？）かも寝も（「ネム」ノ方言）（二十、四四二二）

吾が門《かど》の片山椿まこと汝《なれ》、我が手布礼奈奈（触レナナ）（私ノ手モ触レナイデイタイ）土に落ちも（「落チム」ノ方言）かも（二十、四四一八）

右は、未然形を承ける希望の助詞「な」が添ったものと考えられている。

草枕旅にしあれば思ひやるたづきを白土（知ラニ）網《あみ》の浦の海士少女《あまをとめ》らが焼く塩の思ひそ焼くる我が下心（万葉、一、五）

稲日《いなび》野《の》も行き過ぎ勝爾（カテニ）（「カテ」ハ「敢エテスル意」ノ下二段動詞「かつ」ノ未然形）思へれば（敢エテ通リ過ギラレナク感ジテイルト）心恋《こひ》しき加古《かこ》の島見ゆ（万葉、三、二五三）

連用形の「に」も、右の「知らに」「かてに」のほか、「飽かに」「あらに」などの用例がわずかに見えるにすぎない。中古に入って、「伊勢物語」に

言へばえに（「言イ得ナク」ノ意）言はねば胸のさわがれて心ひとつになげく頃かな

と見える（「言へばえに」の句は「古今六帖」や「源氏物語」の須磨巻にも見える）のもこの例であるが、擬古的な用法であろう。

以上によって考えてみると、上代を溯る古代には「な、に、ぬ、ね」と活用する打ち消しの助動詞があったことは確実であろう。それがのち、その連体形「ぬ」と已然形「ね」だけ生きのこって、終止形、連用形にはあらたに「ず」が加わって用いられることになったのだと思われるが、その「ず」も元来は、右の「に」が体言化したものにサ変動詞「す」が添った「にす」がnisu→nzu→zuと変わったものであろうと考えられている。「にす」の用例は左のとおり「万葉集」に一例が見え、しかも「ず」の意にあたるものであることがしめされている。

そこゆゑに皇子《みこ》の宮人行方不知毛（ユクヘシラズモ）、一云（一ニイフ）、刺竹《さすたけ》の皇子の宮人帰辺不知尓為（ユクヘシラニス）（二、一六七。長歌の末句）

（ロ）ざり

「ざり」は「ず」と「あり」とが結んだものであるから、大体「……ナイデイル」などと口訳すれば当たる。終止形・命令形の例は中古中期までには見えないようである。「ざりつ」「ざりき」「ざりけり」「ざりけむ」「ざるべし」「ざるらし」「ざらむ」「ざらまし」などと用い、また「ざるなり」「ざるめり」はそのままでも用いるが「ざんなり」「ざんめり」（撥音の「ん」表記が確立しない中古では「ざなり」「ざめり」と書かれるのが普通である）というふうに音便の用例も多い。

ただ事にも侍らざめり。（竹取）

この「ざり」を「ぞあり」のつづまったものと混同してはいけない。

照る月の流るゝ見れば天の川出づる湊は海にざりける（「ぞありける」ノ約）（土佐日記）

（ハ）じ

「じ」は「ず」「ざり」の断定的なのに比べて、ためらって打ち消す意をもっている。したがって主観的な傾向が強く感じられる。「……ナイデアロウ」と口訳して大体当たる。

あれをおきて人は安良自等（アラジト）（他ニイナイダロウト）誇ろへど寒くしあれば（万葉、五、八九二）

かにかくに欲しきまにまに然《しか》には阿羅慈迦（アラジカ）（ソウデハナイダロウカ）（万葉、五、八〇〇）

自称に伴う「じ」は、自然自己の決意をあらわすことがある。

鎌倉のみごしの崎の岩崩《いはく》えの君が悔ゆべき心は母多自（持タジ）（持タナイツモリデス）（万葉、十四、三三六五）

「じ」の連体形が直接体言につづく例はまれで、「もの」について「じもの」となるもののほかは、わずかしか見られない。

うらなくも思ひけるかなちぎりしを松より波はこえじものぞと（源氏、明石）

いくよしもあらじ我身をなぞもかくあまの刈る藻に思ひ乱るる（古今、雑下）

「こそ」の結びに用いられる已然形「じ」の例というのが、後世の「新続古今集」などにあるが擬古的類推用法であって、中古にはみとめられない。

（二）まじ（上代）

「まじ」は中古の「まじ」に当たるもので、上代をすぎるとまったく亡んだ。

山越えて海渡るともおもしろき今城《いまき》の中《うち》は倭須羅庾麻旨珥（忘ラユマシジ）（紀、斉明天皇四年）

「日本書紀」（仁徳紀三〇年）にはこのほか「寄るましじき」などの用例もあるが、「万葉集」では、大多数が「堪ふ・敢ふ・得」などの意をあらわす下二段動詞「かつ」に伴って用いられている。

かくばかりもとなし恋ひば（「もとな」ハ「根拠ナク」「イワレナク」ノ意。「し」ハ強メ）故里に此月頃も有勝益士（アリカツマシジ）（イルコトハトテモデキナイダロウ）（万葉、四、七二三）

なおこの助動詞は明治時代に橋本進吉博士（国学院雑誌十六巻、九、十、十一月号）が発見されたものである。

(ホ) まじ

「まじ」は「ましじ」から出、「ましじ」に代わって中古から用いられた。「まじ」（したがって「ましじ」も同様）は、「じ」に比べて打ち消しの意が弱く、予想や推量の意が強く含まれているといわれるが、なお確かではない。佐伯博士（奈良時代の国語）は、「ましじ」を解いて、

「じ」は「む」に対する打消、「ましじ」は「べし」に対する打消のように思われる。

と言っておられるが、これも必ずしも確かではない。口訳ではしばらく「じ」と同様に「ナイデアロウ」としておきたい。「まじ」の未然形として従来

この人えまぬかれ給ふまじくはおのれを殺し給へ（宇津保、国譲、上）

の「まじく」が「ば」につづくものとして考えられていたが、これも「まじくワ」とよみならわしていて、連用形と見るべきであろう。「とも」につく例は見つからない。

「まじ」の已然形は、

　この人をえ抱き給ふまじければ（源氏、夕顔）

　あこはらうたけれど、つらきゆかりにこそえ思ひはつまじけれ。（源氏、空蟬）

などと用いられる。なお「まじく」は音便で「まじう」となる。

　かくてはえやむまじう御心にかかり……（源氏、空蟬）

「まじかり」は「まじ」の連用形「まじく」と「あり」の結んだもので「まじ」を「む」「き」「けり」につづけるために出来た助動詞である。したがって未然形「まじからむ」連用形「まじかりしを」「まじかりければ」などの用例しか見られない。

　及ぶまじからむ際をだに、めでたしと思はむを（三巻本枕草子）

　亡きあとまで人の胸あくまじかりける人の御覚えかな。（源氏、桐壺）

後文を、語の順序のまま逐語訳すれば「人ノ胸ガアカナイデアロウヨウデアッタ彼ノ女ノ〔帝カラノ〕御寵愛デアルヨ」となるが、現代の口語としては「ける」の意を下にもってきて「胸あくまじき人の御覚えなりけるかな（胸ガアキソウモナイ彼ノ女ノ〔帝カラノ〕御寵愛ダッタヨ）」と訳す方が自然である。

なお自称に伴う「まじ」に、中古では、自己の決意をあらわす用例がないといわれるが、なお十分たしかではない。

一七　ふ（上代）

上代にあった助動詞（接尾語とする説もある）で、動作の継続をあらわす。四段動詞にのみつき、自らも四段に活用する。

	未然形	連用形	終止形	連体形	已然形	命令形	接続
ふ	は	ひ	ふ	ふ	へ	（へ）	四段動詞の未然形

すめろきの天の日嗣とつぎて来る君の御代御代加久左波奴（隠サハヌ）あかき心を（御歴代ノ天皇ノ御代ニイツモ引キツヅイテ隠スコトノナイ公明ナ心ヲ）（万葉、二十、四四六五）

平らけくいはひて待てと可多良比氏（語ラヒテ）（言イツヅケテ）来《こ》し日の極み（万葉、十七、三九五七）

三輪山をしかも隠すか雲だにも心あらなも（「なも」ハ「なむ」の古形）（心アッテクレ）可苦佐布倍思哉（隠サフベシヤ）（ソンナニ隠シツヅケテヨイモノダロウカ）（万葉、一、一八）

「呼ばふ・祝《ほ》かふ・霧《き》らふ・散らふ・足らふ・著《つ》かふ・継《つ》がふ・祈《ね》がふ（後ニハ一語ノ動詞

「願ふ」トシテ用イラレル）笑《ゑ》まふ・住まふ・語らふ・渡らふ・余《あま》さふ・障《さは》らふ・更《かは》らふ・帰らふ・嘆かふ・交《かは》さふ・靡かふ・まもらふ・隠らふ・隠さふ・紅葉《もみ》たふ（「もみつ」ガ四段動詞）・包まふ・座《いま》さふ・天霧《あまき》らふ・咳《しはぶ》かふ」等いずれもその例である。また、上につく動詞が二音以上の語幹をもち、その二音共に「ウ」「オ」二韻の音であるときは、その動詞の語尾を「オ」韻として「ふ」につづくことが多い。

ほ（オ）こ（オ）る→ほころ（オ）ふ、

う（ウ）つ（ウ）る→うつろ（オ）ふ、

つ（ウ）づ（ウ）し（イ）る→つゞしろ（オ）ふ、

ただし例外もある。また、

や（ア）す（ウ）む→やすも（オ）ふ、

ま（ア）つ（ウ）る→まつろ（オ）ふ、

のような形になるものもあるという。

以上は近世末期の鹿持雅澄《かもちまさずみ》（万葉集古義）によって注意せられ、明治の山田孝雄博士（奈良朝文法史）によって確実にせられた。従来、歌の調子をととのえるための延言だと称せられていたのである。

また、山田博士は、

天のしぐれの流相見者（流ラフ見レバ）（万葉、一、八二）

流経（流ラフル）。妻吹く風の寒き夜に吾が背の君は独りか寝《ぬ》らむ（万葉、一、五九）の用例から、四段活用でない下二段活用などにつづく場合は、この「ふ」は、「へ、ふ、ふる、ふれ」と下二段に活用するのではないかとの疑問を提出しておられる。

一八　こす（上代）、まほし、まほしかり、たし

「こす、まほし、まほしかり、たし」は他への誂《あつら》えまたは自己の希望をあらわす助動詞である。

	未然形	連用形	終止形	連体形	已然形	命令形	接続
こす	こせ	○	こす	○	○	こそ	活用語の連用形
まほし		まほしく	まほし	まほしき	まほしけれ	○	活用語の未然形
まほしかり	まほしから	まほしかり	（まほしかり）	（まほしかる）	（まほしかれ）	○	同右
たし	○	たく	たし	たき	たけれ	○	活用語の連用形

（イ）こす（上代）

「こす」は相手に対する誂えをあらわす。上代に用いられ、中古にはすでに亡んでいた。

朝毎に吾が見る宿のなでしこが花にも君は有許世奴（有リコセヌ）かも（ナデシコノ花デ君ハアッテクレナイカナア）（万葉、八、一六一六）

紀の国に止まず通はむ妻の森、妻依来西尼（ヨシコセネ）（私ニ妻ヲ寄セテクレ。「ネ」ハ未然形ヲ承ケル誂エノ助詞）妻といひながら（万葉、九、一六七九）

うれたくも鳴くなる鳥か、この鳥も宇知夜米許世泥（打チ止メコセネ）（鳴クノヲヤメテクレ――タダシ「ウチタタイテ鳴クノヲヤメサセテクレ」トモ解カレテイル）（古事記、上）

霞立つ春日の里の梅の花山のあらしに落許須莫（散リコスナ）（散ラナイデクレ――「ナ」ハ終止形ヲ承ケル）ゆめ（万葉、八、一四三七）

梅の花夢《いめ》に語らくみやびたる花と吾思《あれも》ふ酒に于可倍許曽（浮カベコソ）（浮カベテクレ）（万葉、五、八五二）

右のように一往、未然、終止、命令の形が考えられるが、その活用は「せ、す、そ」という異例な形であり、また、「こせね」は「こせ」「ね」が共に誂えの意味を持ち、重複するというような点から、この三形を一助動詞の活用形態と見ることに若干の疑いはのこる。

山田孝雄博士（奈良朝文法史）は「こせ」「こす」を下二段動詞として「おこす」の意と解かれた。したがってその場合「こそ」は助詞となる。

語源はやはり「来す《コ》」（「来《ク》」に使役の「す」の添ったものか。こさせる意）であろうから、「こせね」（「妻よしこせね」ハ「妻ヲヨリ来サセテクレ。」「打ちやめこせね」ハ「鳴クノヲ人ヲシテ止メテ来サセテクレ」ノ意トシテ）のように「ね」を添えて用いられるときは、多く原義に近い意をもち、「こすな」「こそ」のように用いられるときは、多く原義から離れて誂えの意となると解くこともできようか。なお今後の研究課題の一つである。

なお中古の歌に見える

飛ぶ螢雲の上まで往《い》ぬべくは秋風吹くと雁に告げこせ（伊勢物語）

を、この命令形と見るなら、「こせよ」というふうに「よ」が添ってないから、四段活用の命令形と見るべきであろうか。ただし、おそらくは、擬古的な使用による誤りで、本来は次の「万葉」の例のように「こそ」であるべきであろう。

明闇《あけくれ》の朝霧隠《ごも》り鳴きて行く雁《かり》は吾が恋妹《いも》に告社（告ゲコソ）（十、二一二九）

鶴《たづ》が音《ね》の聞ゆる田井《たゐ》に庵《いほり》してわれ旅なりと妹に告社（告ゲコソ）（十、二二四九）

（ロ）まほし

「まほし」は自己の希望の意をあらわす助動詞である。

「む」の未然形「ま」に接尾語「く」が添って体言のようになった「まく」（「あく」説を採れば「む」に体言「あく」の添ったもの）に、形容詞の「ほし」が添って出来た「まくほし（「……むこと欲し」ノ意）」が、略されて「まほし」となったと考えるのが普通であるが、「ま」に直接「ほし」がついたのだと説く学者もある。

劣らずもてかしづきたるはあらまほしき（ソウアッテホシイ・ソウアルコトガノゾマシイ↓理想的ナ）御あはひどもになむ。（源氏、桐壺）

かの御放書なんなほ見給へまほしき。（源氏、若紫）

（付言）「まほし」と同様な形で「まうし」（「まく憂し」ノ意）という語がある。理屈から言えば助動詞であるはずであるが、用例がせまいので、普通「変へまうし」「まぜまうし」などをそれぞれ一語の形容詞とみなしている。

この君の御童姿《わらはすがた》いと変へまうく（変エヨウコトガツラク）おぼせど（源氏、桐壺）

言交《ま》ぜまうけれど（詞ヲ交ゼヨウコトガイヤダガ）（源氏、梅枝）

（ハ）まほしかり

「まほしかり」は「まほしく」に「あり」が結んだもの。

いはまほしからむことをも、一つ二つのふしは過ぐすべくなんあンべかりける。（源氏、帚木）

「まほしかり」は「まほし」を「ず」「む」「き」「けり」などにつづかせて用いさせるためにできた語であるから、未然形、連用形の他はほとんど用いられない。

(二) たし

「たし」は自己の希望をあらわす。「万葉集」(巻六) にただ一つ、

おほならばかもかもせむを (アナタガ官位ノ低イ普通ノ方ナラ、勝手ニアアモコウモ致シマショウモノヲ) 畏《かしこ》みと振痛袖 (振リタキ袖) を忍びてあるかも (大伴旅人ノ帰京ヲ見送ル筑紫国ノ児島トイウ遊女ノ歌) (九六五)

の用例があるほかには、上代・中古を通じてたしかなものは見えないので、右の「万葉集」の例は「たし」と解かずに、「振りたし」は「振りいたし」で、中古語の「うもれいたし」「屈しいたし」「あきたし」(以上、「源氏物語」に見える) がそれぞれ「うもるることいたし→いたくうもれたる様なり」「屈《く》することいたし→いたく屈する様なり」「飽きいたし→飽くことといたし→いたく飽きたる様なり」の意であるように「いたく振る様なり」の意であるとする説が普通であるが、筑紫の庶民階級の人のことばである点を考えると、方言としての「たし」の存在を推測する可能性もないことはないであろう。方言がのちに中央語としてひろがることはあり得ないことではない。なお中世のごくはじめの千五百番歌合 (建仁元年〔一二〇一〕に行われた) に藤原季能《すえよし》は、

いざいかにみ山の奥にしをれても心知りたき秋の夜の月

と詠み、判者の藤原定家から「これを俗人の語に聞くといへどもいまだ和歌によまぬ詞な

り」と難ぜられているところを見ると、おそくとも中古末には助動詞「たし」の意の語として口語で用いられていたことは明らかである。

「和泉式部集」に見える次の歌の中の「たき」「たし」も、解きようによっては、助動詞「たし」の意がかけられていると見られるという説なども、今後十分検討すべきであろう。

夢ばかりあはせたきものなかりけり煙となりてのぼりにしかば（小田の中務の内侍の君「侍りけむたきものすこし」と乞ひたるに）

大方はねたさもねたしその人にあふぎてふ名を言ひや立てまし（常に我が上言ふと聞く人の、扇のいとわろきを持ちたるを取りて書きつく）

一九　体言または活用語の連体形に添う「なり」

この「なり」は、事物を「……である」と指し定める意をあらわす。言いかえれば、上にある体言はそれ自身叙述・陳述性を持たないから、それに付いて上の語に叙述・陳述の意を付与する役目をする語である。指定の助動詞、あるいは断定の助動詞と呼ばれている。一般の助動詞が動詞に添うのに比べて、この「なり」および次に述べる「たり」が体言に添うのはすこぶる異例であって、したがって、これらを助動詞と認めず、古くからあるいは「説明存在詞」とし、あるいは「不完全動詞」とし、あるいは「従動詞」とする説などがあり、それぞれ正当な理由があるのであるが、本書では「なり」「たり」という語の意味を取り扱うだけが目的であるから一切ふれないでおく。活用及び接続は次のとおりである。

	未然形	連用形	終止形	連体形	已然形	命令形	接続
なり	なら	なり	なり	なる	なれ	なれ	体言、または活用語の連体形

「なり」は「に」と「あり」が結んでできたものが、つづまったものである。しかしながら一旦「なり」となったからには、もとの「あり」のもつ存在の意味はうすくなって、単に指定の意味をもつと見られる。つまり「にあり」が「にてあり」の意に変わるのである。

一、二用例をあげる。

体言につくもの。

天《あめ》へ行かば汝《な》がまにまに都智奈良婆（地《ツチ》ナラバ）（地上デアルナラバノ意。タダシコレハ「地上ニアルナラバ」ノ意ト解ク説モアル）大君います（万葉、五、八〇〇）

梅の花いつは折らじと厭《いと》はねど咲きの盛は惜しき物奈利（モノナリ）（物デアル。コレハ「物ニアル」トハ解ケナイ）（万葉、十七、三九〇四）

連体形につくもの。

男もすなる日記といふものを女もして見むとてするなり。（スルノデアル）。（土佐日記）

揖取《かぢ》の言ふやう「黒鳥のもとに白き浪を寄す」とぞいふ。この言葉何とはなけれども、物いふやうにぞ聞えたる。人の程にあはねば咎むるなり。（咎メルノデアル）。（土佐日記）

連体形につくものは、終止形・連体形が同形の動詞の場合は、前述のいわゆる伝聞・推定の「なり」と混同しないようにしなければいけない。

くれなゐに染めし心もたのまれず人を飽く（灰汁《あく》ヲカケル）にはうつるてふなり（色ガサメルトイウコトデス）（古今、雑体）

音羽山けさこえくればほととぎすこずゑはるかに今ぞ鳴くなる（ドウヤラ鳴クヨウダ）（古今、夏）

「なり」が原義の「に在り」の意味に用いられることがあるが、連体形にほぼ限られるようである。

春日在（春日ナル）三笠の山に月の船出づ（万葉、七、一二九五）

在京師（京《ミヤコ》ナル）荒れたる家に一人寝ば旅に増りて苦しかるべし（万葉、三、四四〇）

ゑぶくろなる（ニアル）物とりいでて（蜻蛉日記）

承香殿なるみこ（承香殿ニイル皇女）我より外にまたしるべき人もなき心地して（浜松中納言、三）

これらの「なる」を終止形の「なり」に変えて「三笠の山は春日にあり」「荒れたる家は京にあり」「物はゑぶくろにあり」「みこは承香殿にあり」を「三笠の山は春日なり」「荒

れたる家は京なり」「物はゐぶくろなり」「みこは承香殿なり」とは言わない。

殿上にさぶらひける在原なりける男のまだいと若かりけるを（伊勢物語）

これを近世中期以後「吉田なる者あり」といって「吉田トイウ者ガイル」の意に用いたのと同様に解するのは誤りである。右は「姓ハ在原デアッタ男」の意にすぎない。

ふなぎみなる（デアル）人（土佐日記）

あねなる（デアル）人（源氏、帚木）

などとまったく同じである。

二〇　体言に添う「たり」

「たり」は「と」と「あり」とが結んで出来た語で、指定の意をあらわす。「なり」よりその指定の意味が強いといわれる。口語の「トシテイル」「トナッテイル」などに当たる。

上代には用例は見えず、中古にも漢文訓読語としての用例以外には稀有である。

住みとげむいほたる（「庵タル」ニ「螢」ヲヨミコンデアル）べくも見えなくになど程もなき身を焦がすらむ（古今六帖、物名、滋春）

五日のあかつきにせうとたる人外より来て（蜻蛉日記――タダシ日記中他ノ二例ハ「せうとなる人」デアル）

二一　ごとし

「ごとし」は比況の助動詞という。比況とは、動作状態などを比較してその類似を他のものに譬えて言うことである。これも「なり」「たり」と同様に接続などの形から見て、助動詞ではないとする考も有力であるが、今ここには触れない。

	未然形	連用形	終止形	連体形	已然形	命令形	接続
ごとし	○	ごとく	ごとし	ごとき	○	○	体言に「の」または「が」を伴ったもの。活用語の連体形または連体形に「が」の添ったもの。

「ごとくは」「ごとくとも」「ごとけれ」などの用例は中古までには見えない。

絵にかける女を見ていたづらに心を動かすがごとし（譬エテ言エバ……〔ノ〕ヨウナモノダ）。（古今、序）

わがごとく（譬エテミレバ私ノヨウニ）ものや悲しきほとゝぎす時ぞともなく夜たゞ（夜ドオシ）鳴くらむ（古今、恋二）

後世、不確実な推定（「雨降るものの如し」など）の意にも用いられるが、中古までにはそういう例はない。
語幹の「ごと」もしきりに用いられた。
「今の其等（ゴト）恋しく君が思ほえば（万葉、十七、三九二八）」「昨日しも見けむが其登（ゴト）も思ほゆるかも（万葉、九、一八〇七）」「けだしや鳴きし吾が恋ふる其騰（ゴト）（万葉、二、一一二）」「思ひのごと栄え給はばこそは（源氏、明石）」「この御方東宮の御親のごとして（蜻蛉日記）」

また「万葉集」「古今集」などに見える「ことさけば（殊放者）沖ゆさけなむ（万葉、七、一四〇二）」「ことならば咲かずやはあらぬ（古今、春下）」「ことならば君留るべく匂はなむ（古今、離別）」の「こと」を「同じ事」（「ことさけば」は「同ジコト放レルナラ」、「ことならば」は「同ジコトナラ」の意）と解くことができることから、橋本博士（国語と国文学一九八号）は「こと」は、元来或る事物を他の事物に比べて、それと「同様に」または「同様だ」ということをあらわすことばであるとされた。したがって「ごとし」という語は「こと」がもとであって、「ごと」は「ごとし」の省略ではないわけである。

院政期（中古末期）に入ると、「かくの如く」の意であるものを、

如此キ日々ニ打チ追ヒ奉ルト云ヘドモ（今昔物語、一）

汝ヂ如此キ思ヒテ（今昔、三）

と言い、「かくの如き」の意であるものを、

如此ク徳行ヲ年来隠シテ（今昔、四）

と言い、「如し」に「なり」をつけて

外道ノ如シ也。（今昔、四）

と言うといったような不可思議な現象が一時起こる。一説には、これは「ごとく」が一時四段活用になって連用形「ごとき」連体形「ごとく」と用いられたのではないかというが、たしかではない。

なお中古の女流の散文では「ごとし」は四角ばった男のことばとして稀に用いられるだけで、普通は「やうなり」を用いた。

第二章　助　詞

紙面の都合上、助詞以下の品詞については、解釈に関して特に注意すべき語の、注意すべき用法だけを拾い出して述べる。

一　格助詞の「が」「の」

（イ）梅が花。梅の花。梅が下枝《しづえ》。梅の下枝。（以上「万葉集」に見える）

右の「が」「の」は体言（または体言的な語句）について、その体言（または体言的な語句）を下の体言に対して連体修飾語にするもの。いわゆる「所有」の「が」「の」である。

我《わ》が故《から》。己が身の故《から》。見けむが如《ごと》。夢《いめ》の如《ごと》。君が共《むた》。天地の共《むた》（以上「万葉集」に見える）

これらの「が」「の」は副詞と考えられているものなどにつづいているが、「から」「ごと」「むた」（その他「まにまに」「もころ」などもある）は、古代は体言（名詞）であったと思われるから、成り立ちから言えば、右の例と同様である。

（ロ）今までとまり侍る（コト）がいと憂きを（源氏、桐壺）

いかでなほ在りと知らせじ高砂の松の思はむことも恥かし（古今六帖、五）

右の「が」「の」は体言（または体言的な語句）について、その体言（または体言的な語句）が下の用言に対して主語であることを特示する。ただしこれらはいずれも「が」「の」が付いて初めて主語となったのではなく――「花咲く」、「水流る」のように主格は格助詞を用いないのが普通である――その体言的な語がすでに主語であるのを、更に特に明らかにして下の語に接続したものである。この「が」「の」の用法は、（イ）の用法の変わったもので、元来は、

今までとまり侍る（コト）がいと憂き（コト）を。　松の思はむこと。

のように上の体言が下の体言的な語に対してやはり連体修飾語になっていると見ることができる。したがって「の」が主語をあらわしている場合は、原則としていつもその述語は体言的な語句である。

飽かざりし袖の中にや入りにけむ吾が魂の無き心地する（コトヨ）（古今、雑）

ようせずは此の御子の坊にも居給ふべき（コト）なンめり。（源氏、桐壺）

次の歌の「の……らむ」の「らむ」も、これに準じて、連体形とみとむべきである。（助動詞「らむ」の節にあげたこの歌の解参照）

ひさかたの光のどけき春の日にしづ心なく花の散るらむ（古今、春下）

「が」も大体同様である。

いとよう似奉れるがまもらるゝなりけり。（源氏、若紫）

妹何（ガ）見しあふちの花はちりぬべし（万葉、五、七九八）

こうした用法が更に一転すると

青山に比賀（日ガ）隠らば（「隠る」ハ四段動詞）（古事記、上）

玉づさの使乃（使ノ）言へば（万葉、二、二〇七）

のように副詞句（条件句）の中に用いられるが、やはり「日が隠る」「使の言ふ」は普通の主語述語の関係以上に密接不可分な感じがのこっているといわれる。

生駒の山を越えてそあ我（ガ）来る（万葉、十五、三五九〇）

時鳥声聞く小野の秋風に萩咲きぬれや声之（ノ）乏しき（万葉、八、一四六八）

歎きつゝますらをのこの恋ふれこそ我が髪結《ゆふかみ》乃（ノ）漬《ひ》ちて濡れけれ（万葉、二、一一八）

我が園に梅の花散るひさかたの天《あめ》より雪《ゆき》能（ノ）流れ来るかも（万葉、五、八二二）

また、右のように「そ、や、か、こそ」などの係助詞があって結びが連体止、已然止になっている場合、あるいは疑問の「かも」で文が終っている場合などにも用いられることもある。これらも「が」「の」のかかる下の用言に体言的な匂いが濃いためだと見てよいであろう。

なお次の諸例は、いちおう稀有な「例外」と見るべきものであるが、元来こうした例外の本文の中には、本文自体に誤写などのあることもあるし、また、別様の解の検討せらるべき場合もある。今後の研究に待ちたい。

A　百鳥《ももとり》の来ゐて鳴く声、春されば伎吉乃可奈之母（聞キノ愛《カナ》シモ）（万葉、十八、四〇八九）

B　いますかりつる志どもを思ひも知らで、まかりなむずる事のくちをしう侍りけり。（竹取）

C　春風のいたく吹くらし灘《なだ》の海士《あま》の釣《つり》する小舟さしかへる見ゆ（古今六帖、一）

D　いとよくはらはれたる遣水《やりみづ》の、心地ゆきたるけしきして池の、水波立ち騒ぎ、そぞろ寒きに、うへの御袙《あこめ》ただ二つ奉り給へりけり（主上ガ御袙ヲタダ二枚ダケオ召シニナッテイラッシャルノダッタ）。（紫式部日記）

E　門出したる処は、めぐりなどもなくて、かりそめの萱屋《かやや》の、しとみなどもなし。すだれかけ、幕などひきたり。（更級日記）

右のうちAは「着《き》の宜《よろ》しもよ」（神楽歌）「巻向《まきむく》山は継之宜霜（ツギノヨロシモ）（ナラビグアイガフサワシクテヨイナア）」（万葉、七、一〇九三）などの用例もあり、「『体言』プラス『の』プラス形容詞終止形」という形には、例外があるのかも知れない。しかし、それにしてもいずれも下に「も」を伴っていることは注目すべく、あるいはこの「かなし」「よろし」は語幹（体言に準ずる）かも知れない。なお「在杲石（アリガ欲《ホ》シ）住みよき里の荒るらくをしも」（万葉、六、一〇五九）の「ありがほし（住ミツヅケテイタイ）」の

「ほし」は歌意から判断すれば連体形と見るよりほかはあるまいから問題外であろうが「橘は花にも実にも見つれどもいや時じくになほし見我保之（見ガ欲シ）」（万葉、一八、四一一二）の「ほし」は終止形と見るよりほかはない。「がほし」がすでに一つの助動詞として意識されてしまったとみなしてよいであろうか。Bの「侍りけり」はあるいは「侍りける」の誤写であろうか。Cの「らし」は、あるいは連体形と見るべきか。あるいは形容詞的語尾をもつことから「がほし」と同様に終止形で終る特例をみとめるべきなのであろうか。Dの「オ召シニナル」意の「奉る」は「給ふ」を伴って用いられる例がない（例＝「御袴着のこと、一の宮の奉りしにおとらず（一ノ宮ノオ召シニナッタノニ劣ラズ）」―源氏、桐壺。「みかどの御衣《ぞ》奉りて（オ召シニナッテ）うるはしう動きなき御かたはら目に」―源氏、行幸）らしいことから推測すると、Dの本文は「奉り」の次に脱字が若干あるのかも知れない。Eは、「萱屋の」の「の」を後述（八）の並立助詞式に「萱屋デアッテ」と解ければ問題はないが、それらの用例から見れば、そうであるためには、下文が「しとみなどもなきに」などとないと合わない。あるいは「なし」は「なく」の誤伝（誤写）か。「なく」ならば「萱のしとみなどもなく」は副詞句になるから、「玉づさの使の言へば」に準ずるものとみなせよう。それともこれも「なし」は形容詞だから、終止形で終り得たのであろうか。――以上は、もとよりそれぞれ一つの推測にすぎないが、「例外」というものは、すべて疑っていろいろと考えてみなければいけないということを知ってもらいたいための一つの「見本」と思って読んでもらえたら幸である。

(ハ) いとやむごとなききはにはあらぬ(ヒト)がすぐれて時めき給ふありけり。(源氏、桐壺)

右の「が」は往々にして接続助詞の「が」(「ケレドモ」の意)と見あやまられるが、中古中期にはまだ接続助詞の「が」は発生していない。理屈の上からは(ロ)とまったく同じ用法である。(院政期以後に「ケレドモ」の意の接続助詞ができるのは、もちろんこういう用法から変わったのである。)なお「すぐれて時めき給ふ」の下に「ヒト」を補うべきか「コト」を補うべきか両説があり、「コト」を補う説の主たる根拠は、「ヒト」だとすると、「ありけり」では敬語が添っていないから、ふさわしくないというのであるが、敬意は「時めき給ふ」にすでにあらわされており、その上さらに「ありけり」を「おはしけり」にでもすると、更衣階級の人に対し、敬意過重となってかえって不自然であろう。やはり次にあげる例と同じに「ヒト」を補って然るべきだと考える。その例とは、

風まじり雨布流欲乃(降ル夜ノ)雨まじり雪布流欲波(降ル夜ハ)すべもなく寒くしあれば
(万葉、五、八九二)

丹《に》つゝじの薫《にほ》はむ時能(時ノ)桜花咲きなむ時に山たづの迎へまゐ(「まゐ」ハ上一段活用)でむ(万葉、六、九七一)

などである。これらは、それぞれ「いとやむごとなききはにはあらぬヒト」が「すぐれて時めき給ふヒト」に、「風まじり雨降る夜」が「雨まじり雪降る夜」に、「丹つゝじの薫は

む時」が「桜花咲きなむ時」に対して、それぞれ「が」「の」をともなって連体修飾語になっているものであるが、その場合口語訳としては、同一の格にある「ヒト」「夜」「時」がそれぞれ二つ並べて述べられた形に言いかえて、「いとやんごとなき際にはあらぬ人であって、（同時に）すぐれて時めき給ふ人があった」「風がまじって雨が降る夜であって、（同時に）雨がまじって雪が降る夜は」「丹つつじが薫ふ時であって、（同時に）桜花がきっと咲こう時に」というふうにでも「が」「の」を訳さないと、口語としての不自然感はまぬかれないであろう。

また、これらは「ヒトが……ヒトありけり」「夜の……夜は」「時の……時に」というふうに、「が」「の」の上にある体言と同じ体言が下にあるのであるが、佐伯梅友博士（源氏物語講座）は、この用法が転じて、次の例のように、「の」の上の体言と下に出る体言とが同じでないもの、または下に出る体言が省略されるものができてくる、これらも「であって」と訳せばよいと言っておられる。

この院の預りの子の（子デアッテ）、睦じく使ひ給ふ若き男（源氏、夕顔）

近くて見む人の（人デアッテ）、聞き分き思ひ知るべからむ（ヒト）に語りも合はせばや。（源氏、帚木）

通ひける女の（女デアッテ）、絶えて久しくなりにける（女）に……といひやり給へりけり。（大和物語）

臨時の弄び物の（物デアッテ）、その物と跡も定まらぬ（モノ）は（源氏、帚木）

（二）佐伯博士はまた、右に準ずる「の」が「であって」の意ではなくて、前後の関係から、「であるが」「だけれど」というような意になることもあるとしておられる。

なほあたら重りかにおはする人の（人デアリナガラ）、物に情おくれて、すく〳〵しき所つき給へるあまりに（源氏、葵）

国の親となりて帝王の上なき位にのぼるべき相おはします人の（人デアリナガラ）、そなたにて見れば、乱れうれふることやあらむ。（源氏、桐壺）

こうした例は「源氏物語」に、ほかにも見える。

このたびはうれしき方の御いでたちの（御出立デアリナガラ）、又やは顧みるべきとおぼすに、あはれなり。（明石）

片言の（片言デアリナガラ）、声はいとうつくしうて（母明石女君ノ）袖をとらへて「乗り給へ」と引くも、いみじうおぼえて（薄雲）（コレハ「片言の声は、いとうつくしうて」ト解ク説モアル）

なお松尾博士（国語法論攷）は、右の「国の親となりて云々」の例における「の」は、「が」が反戻《はんれい》の意の接続助詞（「ケレドモ」の意）に転ずるのと同じ事情で、体言につく「の」が、反戻の意をもったのだとされている。

うつせみの世の人言の繁ければ忘れぬものの（モノデアリナガラ）離《か》れぬべらなり（古今、

恋四）

つれなくねたきものの、忘れがたきにおぼす。（源氏、夕顔）

など用例の多い「ものの」もこの類である。（この「ものの」は逆接助詞として扱われるようになる。）

（ホ）「が」と「の」との意味の差については、「が」は上接の語を主とし、「の」は下接の語を主とする、したがって「梅が枝」と言えば「梅」を主とした言い方、「梅の枝」と言えば、「枝」を主とした言い方だとする説があるが、十分たしかではない。

ただ上接の語が「人」である場合、中古では「式部がやうにや」「右近が局は」「かの惟光があづかりのかいま見は」（以上「源氏物語」）などの「が」は、後掲の「宇治拾遺物語」の例などからさかのぼって考え合わせれば、「の」に比べて親近または卑しめの意をあらわすものと考えられそうである。特に中世前期（鎌倉時代）になると、「宇治拾遺物語」に、「さた」という男が女に縫い物をたのんだところ、「さたが衣をぬぎかくるかな」という歌をよんで女が投げ返したので、さたは大いに怒って

「さたのとこそ云ふべきに、かけまくも畏き守殿だにもまたこそこゝらの年月頃まだしか召さね、などわ女が（ドウシテオマエガ私ノコトヲ）さたがといふべきことか」（巻七ノ二）

と言ったと記されていることから、「が」には「の」に比べて卑しめの意が意識されたことはたしかである。上代でもほぼ同じであったろうと想像されるが、その用例が乏しくて

十分はっきりはしない。なお「が」は上接の語を主とするとする説を採る学者は、従って「が」は上にある「人」を直接つよく指すことになるので、その「人」を軽んずる気持ちをともなうのだと説いておられるのであるが、さらに、逆に「の」には心理的距離感があって、自然、尊敬の気持ちが生まれたとまで論をすすめられる。ただし果たして、「の」に、ことに中古において敬意を読み取るべきかどうかについては、なお慎重な検討が必要であろう。

(ヘ)「の」「が」の下の名詞を省くことがある。

万葉集に入らぬ古き歌、自らの(歌)をもたてまつらしめ給ひてなむ。(古今、序)

いかでいひいでむと思ふ程に、帯刀の(手紙)も、君の(手紙)もあり。(落窪)

まだ見ぬ骨の様なりとなむ人々申す。……さては扇の(骨)にはあらで海月《くらげ》の(骨)ななり。(三巻本枕草子)

さがなさは誰《た》が(サガナサ)を習ひたるにか。(落窪)

(ト)「の」と「が」とを重ねて言うことがある。

否《いな》といへど強ふる志斐《しひ》能我(ノガ)強ひ語りこの頃聞かずて吾恋ひにけり(万葉、三、二三六、天皇志斐の嫗に賜ふ御歌)

右の「志斐の」の下に「嫗」などの省略があると見られている。橋本進吉博士はこの「の」を接尾語的用法と言っておられる。

（チ）左の例は、古く「と」または「に」の意に通う「の」と解かれていたが、松尾博士は普通の「の」の用法であるとして、左のように解いておられる。

女の（我ニ）心あはせて（伊勢物語）

秋霧の（我ト）共に立ち出でて別れなばはれぬ思ひに恋ひや渡らむ（古今、離別）

志賀の山越に女の（我ニ）多く逢へりけるに詠みてつかはしける（古今、春下、詞書）

浅茅生《あさぢふ》の秋の夕暮（「浅茅生の夕暮」トツヾク）鳴く虫はわが如下《ごとした》に物やかなしき（後拾遺、秋上）

なお第三例は「女の（我ガ）多く逢へりける（女）に」のようにも解けよう。

（リ）「を」の用法に近いといわれる「の」がある。こうした用例は、そうむやみとあるものではなく、省いて記さなくてもよいようでもあるが、「源氏物語」の桐壺の巻にも見えていて、高校生諸君の目にも触れることが多く、不審に思われるだろうから、やはり一往問題視されている例（以下のA〜Nは北山谿太《けいた》氏が「源氏物語の語法」で「を」の意の「の」の例としてあげておられる例のすべてである）をあげておきたい。

A　朝がれひのけしきばかりふれさせ給ひて、大床子の御膳《おもの》などは、いとはるかにおぼしめしたれば（源氏、桐壺）

B　いみじき武士《もののふ》、あだかたきなりとも、見てはうちゑまれぬべきさまのし給へれば、えさし放ち給はず。（源氏、桐壺）

C　いとつつましげにおほどかにて、ささやかにあえかなるけはひのし給へれば（源氏、絵合）

D　らうたげに心苦しき様のし給へれば（源氏、宿木）

E　いとすかせ奉らまほしき（色ッポイ態度ヲオトラセ申シ上ゲタイ）様のし給へれば（源氏、竹河）

F　去年《こぞ》より今年はまさり、昨日《きのふ》より今日はめづらしく、常に目馴れぬ様のし給へるを（源氏、若菜上）

G　一くだりの御返しだになきを、しばしの心惑ひのし給へるなどおぼしけるに（源氏、夕霧）

H　すずろなるなげきのうち忘れてしつる（コト）も、あやしと思ひ寄る人もこそと（源氏、蜻蛉）

I　かの母君のあはれに言ひ置きし事の忘れざりしかば（源氏、藤袴）

J　さすがにこの文の、気色なくをこづり取らむの心にて（源氏、夕霧）

K　かかる御簾の前にて、人づての御消息などの、ほのかに聞え伝ふることよ。（源氏、夕霧）

L　この殿の、かく見ならひ奉りて、今はとよそに思ひ聞えむ（コト）こそ、あたらしうくちをしけれ。（源氏、総角）

M　宮の上の並びておはせし御様どもの、思ひ出づれば、くちをしのさまどもやと見ゆ。（源氏、東屋）

N　いとほのかに見えしさまの、目とまりしばかりに、つれづれなる心慰めに、思ひ出でつるを（源氏、手習）

これらの「の」が「を」になっていないことの理由・意味については、まだよく解明されていなくて、今後の研究に待たなければならないが、こころみに言うならば、Aの「の」は体言「けしき」につづく連体語と見てよいかも知れない。その場合「朝がれひの」は体言「けしき」の連体修飾語でありながら「けしきばかり」は「ふれ」の連用修飾語になっていると見るわけである。B〜GおよびIの「の」は正しくは上接の語を客語として述べるべき文において、つい上接の語を主として表示したい気持ちから自然に主語風に述べたものであろうか。ただし、強《し》いて言えば、それなりに、主語としても曲りなりには筋がたつだけの文脈は保持していると言えないことはない。というのは、B〜Gは、いずれも「……のし給へれば（マタハし給へる）」であるが、これは、「……のし給ひあれば（マタハある）」と言い改められ、「……の…あれば（ある）」（ガ……アル）という関係でつかまえれば、つかまえられないでもない。Iも「……事の忘れずありしかば」と言い改められ、「……の…ありしかば」の関係でつかまえられる（この場合は「かの母君のあはれに言ひ置きし事の、忘れず（私ガソレヲ忘レナイヨウナ状態デ。「忘れず」は、存在の意の「あり」にかかる連用修飾語）ありしかば」という文脈と見る）。Hの「の」は「すずろなるなげき」を「（ワレガ）うち忘れてしつる（コト）」という体言の連体修飾語にするためのもの。Jの「の」も「心」または「（をこづり取らむ）タメ（の）」という体言につづけるための連体語。KLもそれぞれ「……の……こと」「……の……（コト）」とある。「の」は連体語。Mはやや解きにくいが、「思ひ出づ」は「思ひ」に重きを置けば「を思ひ出づ」であるが、「出づ」に重きを置けば「ガ思ひ出づ」つまり「の……思ひ出づれば」であり得べく、「の」は主格助詞。NもMとまったく同じで「の……思ひ出でつるを」と解けよう。ただしNは「目とまる」（目ガトマル意）」を「目にとまる」（帚木巻に用例がある）と混用したものとみなせるなら「の……とまる」と解けて、主格助詞と見ることができる。

以上は、かなり無理な解き方もあって、もとより十分説得的だとは言えないが、ともかく「を」でありそうなものが「の」になっていることには、何かわけがあるにちがいないのだ、ただ「の」では都合が悪いから「を」によみかえておく、というだけで事をすましてはいけないのだ、ということだけは、よく頭に入れておいてほしい。なお

　夏の夜の、ふすかとすれば、ほととぎす鳴く一声に明くるしののめ（古今、夏）

の「の」は「明くる」の主格助詞と見る説に従ってよいであろう。「ふすかとすれば」は挿入句である。

（ヌ）例の狩しにおはします。（伊勢）

中将例のうなづく。（源氏、帚木）

老のけのいみじき事は皆忘れ侍りにけり。（大鏡）

これらについては松尾博士は、所有の意でもなく、主語特示の意でもなく「例の如く」または「老のけのために」というように、連体的従属分を連用的従属分に転用したものだと言っておられる。

吾が大君みこの命《みこと》の天の下知らしめしせば春花之（ノ）たふとからむと、望月乃（ノ）満《たた》はしけむと天の下四方《よも》の人の大船之（ノ）思ひたのみて（万葉、二、一六七）

紫草《むらさき》能（ノ）にほへる妹をにくくあらば人づま故にあれ恋ひめやも（万葉、一、二一）

などもそれぞれ「の如く」の意味である。ただし「紫草のにほへる妹」（「春花のたふとからむ」「望月の満はしけむ」も同様）について佐伯博士（奈良時代の国語）が、「紫草の」と「にほへる」とは主述関係で連なり、その「にほへる」が「妹」を修飾しているのであって「紫草のにほふ如くにほへる妹」の意だとしておられるのが正しいであろう。その点「例のうなづく」などの用例とは区別される。

（ル） 前述したように接続助詞の「が」は中古中期には未だ発生していないと言われる。したがって次のような例を解き誤らないように注意されたい。

つく〴〵と暇のあるまゝに、物縫ふことを習ひけるが（「習ひける姫が」ノ意）いとをかしげにひねり縫ひ給うければ（落窪）

幼き心地に少し恥ぢらひたりしが。（「者ガ」ノ意）やう〳〵うちとけて（源氏、松風）

その北の方なむなにがしが妹に侍る。かの按察《あぜち》かくれてのち世をそむきて侍るが。（アノ按察大納言ガ亡クナッテノチ出家ヲシテオリマス者（妹）ガ）この頃わづらふこと侍るにより、かく京にもまかでねば、たのもし所に（ソレヲ頼リ所トシテ）こもりてものし侍るなり。（源氏、若紫）

二月のついたちごろに直《なほ》し物とかいふことに（薫ガ）権大納言になり給ひて、右大将かけ給ひつ。右の大い殿（紅梅）、左にておはしけるが。（兼任ノ左大将デイラッシャッタ、ソレガ）辞し給へるところなりけり。（源氏、宿木）

中世に入ると、次の例のようにはっきりと接続助詞になる。この場合、事実の共存の意味をあらわすと山田博士は説いておられる。

木曽殿は越後の国府にありけるがこれを聞いて五百騎にてはせ向ふ。（平家物語）

ただしまだ接続助詞としての用例はないといわれる「源氏物語」において、次のような例がわずか二例ながら見えるのは注意しなければならない。

雪は所々消えのこりたるがいと白き庭の、ふとけぢめ見え分かぬ程なるに（若菜上）

むすめの尼君は上達部の北の方にてありけるが、その人（右衛門督）亡くなり給ひてのち、むすめただ一人をいみじくかしづきて（手習）

右の二例が、もし「雪の、所々消えのこりたるが」「むすめの尼君の、上達部の北の方にてありけるが」とあるのなら、「が」は主格助詞とみとめられるが、青木伶子氏（「助詞の歴史的研究」〔石垣謙二著〕書評、国語と国文学、昭31・6）も説かれるように、「は」が、主格に立つ準体句の主語を承ける例は中古中期までは見られないので、この「は」の用例から推測するかぎり、この「が」は接続助詞に変わってきているとみとめざるを得ないであろうか。幾百の「が」の用例のうち、ただ二つの例外というのには、書写の誤伝などの疑いもないではないが、「源氏物語」の青表紙本、河内本の両主要伝本にも異文は見えないから、やはり一往このころわずかに接続助詞風の用法が行なわれかけてきていたと考えておくべきなのかも知れない。

(ヲ) 体言について、その体言を下の語に対して連体修飾語にする助詞は「が」「の」のほかに、はるかな古代には「つ」「な」などがあったが、上代にはすでに用法がいちじるしく限られているのでむしろそれを含めた全体を一の熟語と見る方が穏当である。

国都美神（国ツミ神）（万葉、一、三三）
爾波都登理（庭ツ鳥）かけは鳴く（古事記、上）
麻奈迦比（目《マ》ナ交《カヒ》）にもとなかゝりて（万葉、五、八〇二）
けだもの（毛ダ物）、くだもの（木《ク》ダ物）（共ニ「日本書紀」ノ訓ナドニ見エル）

右のうち「だ」は「つ」と同源のものと言われているようである。

二　格助詞（?）の「い」

枚方《ひらかた》ゆ笛吹きのぼる近江のや毛野の倭倶吾伊（若子《ワクゴ》イ）笛吹きのぼる（紀、継体紀）

吾が背子《せこ》が跡踏み求め追ひ行かば紀《き》の関守伊（イ）とゞめなむかも（万葉、四、五四五）

否《いな》といへど語れ語れと詔《の》らせこそ志斐《しひ》伊波（イハ）奏《まを》せ強語《しひがたり》と詔る（万葉、三、二三七）

言《こと》清く甚《いた》もな言ひそ、一日だに君《きみ》伊之（イシ）無くはいたき傷《きず》そも（万葉、四、五三七）

ありち潟《がた》あり慰めて行かめども家有妹伊（家ナル妹イ）鬱悒《いふかし》みせむ（万葉、十二、三一六一）

右の「い」は上代語（およびそれに準ずる中古の漢文の訓読語）に見えるものであるが、右の例および興福寺蔵の因明書の訓点に存する多数の例などによって、主格をあらわす助詞であることが、山田博士（奈良朝文法史）によって詳説された。現存する用例で見るかぎり、このように主格助詞とみなされるものが圧倒的に多いから、一往それに従って大過はないようであるが、なお次のような間投助詞と見るべき用例もある（それらについては山田博士は、別に「間投助詞『い』」を立てておられる。）ので、果たして、主格をあらわす意が本来あるのかどうかについては、今後の十分な検討が必要であろう。

玉の緒の不絶射妹（絶エジイ妹《いも》）と結びてし言《こと》は果さず（万葉、三、四八一）

青柳の糸の細《くは》しさ春風に不乱伊間尓（乱レヌイ間ニ）見せむ子もがも（万葉、十、一八五二）

また、さきの格助詞としての例の「志斐いは」「君いし」などのように「い」の下に「は」あるいは「し」を伴うものは「いは」「いし」を一つの副助詞と見ようとする説もある。

三　格助詞及び接続助詞の「に」

（イ）人を尊敬する時に直接その人を言わないで、その人の居る方向・場所をもってこれに代えることがある。その場合、格助詞の「に」が用いられる。

ようなきすさびなりや。内に（宮中デ。「帝ガ」ノ意）いかに宣はむとすらむ。（源氏、末摘花）

そこに（アナタガ）知りたらむとは思はず。（落窪）

（ロ）格助詞の「に」はそれならぬものをそれに擬して言うのに用いられることがある。

扇を笛に吹き給へる夕映の（狭衣）

（ハ）同じ動詞を重ねて意を強めるときに、上の動詞を連用形（名詞に準ずる形）にしてその下に格助詞「に」を付ける。

あさましくて涙のたゞいできにいでくれば（源氏、若菜下）

夜はただあけにあく。（源氏、浮舟）

（ニ）用言の連用形の下に格助詞の「に」をつけて、その連用形を副詞のように修飾語にさせることがある。

（女宮附ノ女房ハ）かく心ごはけれど、（夕霧ハ）今はせかれ給ふべきならねば、やがてこの人（ソノ女房）を引き立てて、推し量りに（ココラガ女宮ノ居ルトコロト当テ推量デ）入り給ふ。（源氏、夕霧）

（ホ）用言の連体形につく格助詞の「に」は、元来、連体形の下に「時」「所」「人」などの語のあるべきものが省略されたのであるが、やがてそれは接続助詞に転じて用いられるようになる。

由ある女なりければ、（扇ヲ）よくておこせてむ（ヨク作ッテキットヨコスダロウ）と思う給ひける（トキ）に、色などもいと清らなる扇の、香などもいとかうばしうておこせたり。（大和）

かくてこの女出でて物聞えなどすれど、逢はでのみありければ、親王《みこ》おはしましたりける（トキ）に、月のいとあかかりければ、（親王ハ）詠み給ひける（大和）

なつかしうらうたげなりしをおぼし出づる（トキ）に、花鳥の色にも音にもよそふべき方ぞなき。（源氏、桐壺）

辺《あたり》さへすごき（トコロマタハトキ）に、板屋の傍に堂たてて行へる尼の住まひいとあはれな

り。（源氏、夕顔）

御膳宿《おものやどり》の刀自《とじ》を呼びいでたる（ソノ刀自）に、「殿上に兵部の丞《じょう》と蔵人《くらうど》よべよべ」と恥も忘れて口づからいひたれば（紫式部日記）

（へ）接続助詞に用いられた「に」は、順接の意を示す場合と逆接の意を示す場合とがある。

順接の例

1 月かげの入るを惜しむも苦しきに。（苦シイノデ）西には山のなからましかば（サゾヨイコトダロウニ）（後拾遺、雑一）

2 北方のいみじく心のあしくて、我（北方）が許さざらむ事露ばかりも（継子姫ガ）し出でば、いみじからむと明暮おぼいたるに。（オ思イナノデ）、（継子姫ハ）恐《お》ぢ慎みたまへる。（落窪）

これらはたいてい「ノデ」と口訳できるものだから、一往順接とは言うものの、前項の（ホ）の場合と大差はない。1などももともと「苦しき（トキ）に西には山のなからましかばうれしからましと思ふ」の意である。

逆接の例

1 女（空蟬）も並々ならず（源氏ノ君ヲ）かたはらいたしと思ふに。（ヨソナガライタタマレナイホドオ気ノ毒ダト思ウノダケレド）（源氏ノ君カラハ）御消息も絶えて無し。（源

氏、空蟬）

2　さるべき人もことにま心なるけしきも見えぬに（見エナイノニ）、うれしくも思う給うけるかな。（落窪）

これらも一往逆接とはいうものの、「思ふ（トキ）に」「見えぬ（トキ）に」と解くことも可能である。したがって山田博士（平安朝文法史）は、これら（ホ）（ヘ）の「に」を共存事実を示すものと説明しておられる。

（ト）宇津の山に至りて我が入らむとする道はいと暗う細き（トキ）に、つた楓は茂り、物心細く、すゞろなる目を見る事と思ふ（トキ）に、修行者あひたり。（伊勢物語）

右の「修行者あひたり」は「修行者にあひたり」の「に」が省略されたものだと解くのは誤りである。格助詞がそうむやみに省略されることはない。（「を」が省略されるように見えるのは事情がちがう。後述。）これは「修行者（ガ吾ニ）あひたり」の意である。昔の旅路では、行き逢う人につよい関心をもたざるを得ない。それはおのれに危害を加える悪人であるかも知れない。それならばいそいで身を守る用意をしなければならない。また、それが善人の旅人であれば、声をかけ合って、なつかしげに過ぎ来し道の事情やなにやかやの消息などかわしたことであろう。いずれにせよ、心細い旅路での「他人」の出現は、それ自体が「主語」としてあらわれる必然性がある重みをもっていたものと思われる。現代人の感覚とはちがうことに注意したい。

野辺ちかく家居しせれば鶯のなくなる声はあさなあさな聞く（古今、春上）

右も「野辺に近く」の「に」が省略されたのではなく「野辺」と「近く」は主語述語の関係にあると見るべきであろう。「野辺が近いという位置で私は家居しているから」の意である。

「雲隠る」「島隠る」（以上、「万葉集」ニ見エル）

などは「雲に隠る」「島に隠る」などとあるべきはずであるのに「に」を伴わないのは不審であるが「隠る」などの動詞の意味に然るべき特殊性があるのかも知れない。こうした例は多くはない。なお考えたい。

（チ）格助詞の「に」は「は」「も」「こそ」「を」などと重なって「には」「にも」「にこそ」「にを」などとなるべき場合は、「に」が省かれて「は」「も」「こそ」「を」などだけでその意に用いられることがある。

「人の心こそうたてあるものは（にはノ略）あれ、今は一夜《ひとよ》もへだてむことのわりなかるべきこと」とおぼさる。（源氏、葵）

み熊野の浦の浜木綿《はまゆふ》百重《ももへ》なす心者雖念（心ハ（ニハノ略）思《モ》ヘド）直《ただ》に逢はぬかも（万葉、四、四九六）

わらは病《やみ》にわづらひ給ひ、人知れぬ物思ひのまぎれも（にもノ略）御心のいとまなきやうにて春夏過ぎぬ。（源氏、末摘花）

箏の御琴まゐりたれば、（源氏ガ）すこし弾き給ふも。（にもノ略）さまざまいみじうのみ（明石入道ハ）思ひ聞えたり。（「弾き給ふ（ヲ）も」トミテ「思ひ聞え」ノ客語トスルノハ無理デアロウ）（源氏、明石）

音《ね》もいとになう出づる琴どもをいとなつかしう（入道ガ）弾き鳴らしたるも。（にもノ略）御心とまりて、「これは、女のなつかしきさまにてしどけなう弾きたるこそをかしけれ」と大方にのたまふを（「弾き鳴らしたる（ヲ）も」トミテ「のたまふ」ノ客語トスルノハ無理デアロウ）（源氏、明石）

御服（服喪）、「母方は三月《みつき》こそ。（にこそノ略ト見ルノガ穏当デアロウ）は」とて、つごもりには脱がせ奉り給ふを（源氏、紅葉賀）

あやしくつぶれがちなるものは、胸こそ。（にこそノ略）あれ。（三巻本枕草子）

君が行き日《け》長くなりぬやまたづの（枕詞）迎乎将往（迎へヲ。（ニヲノ略）行カム）待つには待たじ（万葉、二、九〇）

（リ）滝の上の三船の山にゐる雲の常にあらむとわが不念久尓（オモハナクニ。）（万葉、三、二四二）

右の「おもはなくに」は「思わぬことよ。」の意で「に」は詠嘆の意の間投助詞だと考えられている。佐伯博士（日本古典文学大系、古今和歌集解説）は、

限りなき思ひのままに夜も来む夢ぢをさへ。に人はとがめじ（古今、恋三）

の「に」も右と同類だとされて、格助詞なら次のように「にさへ」となるといわれる。

恋ふれどもあふ夜のなきに忘れ草夢ぢにさへや生ひ茂るらむ（古今、恋五）

四　格助詞の「へ」

「へ」と「に」との差は、「へ」は動作の進行して行く目標を示し、「に」は動作の帰着する地点を示す。

唯一所深き山へ入り給ひぬ。（竹取）

世を捨てて山に入る人山にてもなほ憂き時はいづち行くらむ（古今、雑下）

中世からは「へ」は「に」と混用されるようになった。

鎧の袖にさして六波羅へぞ着きにける。（平治物語）

五　格助詞・間投助詞・接続助詞の「を」

（イ）「を」が目的を示すと普通言われているのは、必ずしも誤りではないが、もともと「を」がなければ目的を示されないかというに、けっしてそうではない。

東《あづま》の方に行きて住む所（△）求むとて、友とする人一人二人して行きけり。（伊勢物語）

右の例のように「を」がなくても目的は明らかに示される。こうした例は、「記」「紀」の歌謡などでは殊にいちじるしく、舎弟松尾拾（橋本博士還暦記念国語学論集、客語表示の助詞「を」に就いて）の調査に拠れば、「目的の下にをを用いたもの六十二、用いないもの七十四」だとのことである。

八雲立つ出雲八重垣妻籠《ご》みに八重垣（△）作るその八重垣を（コノ末尾ノ「を」ハ感動ノ意）（古事記、上）

すなわち「を」は元来「ウォ」という感嘆の声であって、それを或る語に添えれば、その語が特に強く示されるので、或ることばを話すとき、目的とする語を強く示したい自然の要求から、目的語の下にしきりに添って用いられるようになり、そうした「を」はいつのまにか（おそらく中古に入る早々）目的をあらわす格助詞のような感じで固定してしまったのではないかと考えられる。したがって、一方、元来の間投（感動）助詞としての「を」は上代・中古を通じてさかんに用いられていた。

A　現《うつつ》には逢ふよしも無しぬばたまの（枕詞）夜の伊味仁越（夢《イメ》ニヲ）継ぎて見えこそ（毎夜毎夜アラワレテ下サイ）（万葉、五、八〇七）

B　足ひきの山より出づる月待つと人には言ひて君待つ吾乎（ヲ）（万葉、十三、三二七六）

C　生ける者遂《つひ》にも死ぬるものにあればこの世なる間は楽《たのしく》乎（ヲ）あらな（万葉、三、三四九）

D　（客ノ御座所ニ）いとけ近ければかたはらいたし。なやましければ、忍びて（肩ナド）打ちたたかせなどもせむに、程離れてを。（空蝉ノコトバ。泊リ客ノ源氏ヲ避ケテ離レテイヨウトスル場面）（源氏、帚木）

E　許されありてをまかでさせ給へ。（源氏、真木柱）

F　「うるはしき法服だちては、うたて見る目もけ疎かるべし。さすがにその心ばへ見せてを」など聞え給ふ。（源氏が、出家シタ朧月夜ノ君ニ贈ル法服ヲ紫ノ上ニ依頼スルコトバ）（源氏、若菜下）

G　今は限りありて絶えむと思はむ時にをさる事は言へ。（枕草子）

H　二三にては死ぬともあらじ。一にてをあらむ。（枕草子）

Bは文末に用いられ、それで切れるもので、「君待つ吾よ」ぐらいの意。ACEGHはそれぞれ文中にあるが、いずれも連用の文節「夢に」「楽しく」「ありて」「時に」「一にて」についている。このように連用の文節につく場合は、上代・中古を通じて、その文の結びは、願望（AC）・命令（EG）・決意（H）などの表現となるのが普通である。DFは文末に用いられてはいるが、下に省略が考えられるもので、Dは「程離れてをアラム」Fは「心ばへ見せてを裁チ縫ハセタマヘ」の意であり、それぞれ「離れて」「見せて」という連用の文節に添っていて、Dは決意、Fは命令の意で結ばれている。（なお「源氏物語」でも「枕草子」でも、こうした間投助詞の「を」が会話のことばの中に圧倒的に用例が多いことは、「を」における詠嘆の気持ちが中古でもつよく意識されていたことをあらわしているようで、一方「を」が格助詞となり果てたとしても、中古ではなお、格意識のほかに、若干の詠嘆強調のきもちもそれに伴なって感じられていたことを推測させそうである。）

次のように普通「（モノ）ダカラ」または「（モノ）ダノニ」というふうに順接または逆接の意と解かれているものも、本来間投助詞である。したがって少なくとも上代では「（モノ）ヨ」ととくべきだとする説が有力なようである。ただ詠嘆としても、歌意全体から言外に自然に順接・逆接の意が導かれることはみとめてよいであろうか。

今更に何をか思はむ打ちなびき心は君によりにし物乎（モノヲ）（「ヨッテシマッタノデスカラ」ト普通解カレテイルガ、「ヨッテシマッタコトデスヨ。（ダカラ……）」ノ意トスル）（万葉、四、五〇五）

今よりは城《き》の山道はさぶしけむ吾が通はむと思ひし物乎（モノヲ）（「思ッタノニ」ト普通解カレテイルガ、「思ッタコトデスヨ。（ダノニ……）」ノ意トスル）（万葉、四、五七六）

さて目的語の下につけた「を」は、舎弟松尾拾（前記論文）によれば、「記」「紀」「万葉」時代にはまったく格意識はないらしいとのことである。（ただし舎弟はその場合の間投助詞としての「を」については、何か主観的な意味があるようだが、何であるかはまだわからないと言っている）これに従えば、「を」を格助詞として解釈することは、少なくとも上代のものについては誤りだというわけである。

（ロ）上代のものについては「を」を格助詞として解釈することは、かりに誤りであるとしても、格助詞「を」が目的語の下に添っている場合、現代語としては現代語の格助詞「を」をつけて口訳することは一向さしつかえない。それは上代の格助詞「を」を「を」と口訳したのではなく、現代語としての「を」を添えて口訳したのにすぎないからである。

つまり、

A　梅乎（ヲ）折りつつ楽《たの》しき終《を》へめ（万葉、五、八一五）

B　梅の花（△）折りかざしつつ（万葉、五、八四三）

このいずれをも口語では一往「梅（ノ花）ヲ折リ」と訳しておくよりしかたがない。ただAの方には右の口語訳には言いあらわされていないX（「を」ノ意味）が加わっていただろうというわけなのである。（舎弟は、慎重な態度をとって、その「を」の意味はまだわからないと言っているが、（イ）で触れたように、おそらくは詠嘆強調であろう。）

（ハ）足ひきの山も知可吉乎（近キヲ）ほととぎす月立つまでに何か来鳴かぬ（万葉、十七、三九八三）

君に因り言《こと》の繁乎（繁キヲ）故里の飛鳥の河にみそぎしに行く（万葉、四、六二六）

これらも普通「近イノニ」または「繁《シゲ》イノデ」の意と解され、「を」は逆態または順態の接続助詞といわれるが、上代においての接続助詞の「を」の発生も当然また疑わしいとすれば、やはり間投助詞で、詠嘆の意（山モ近イ事ヨ。言ガ繁イ事ヨ。）であったことになろう。ただし詠嘆としても、（イ）にあげた「よりにしものを」「思ひしものを」と同じように、歌全体の意から言外に順態あるいは逆態接続的な余情を感じとるのが自然なようでもある。つまり「近イ事ヨ。（ダノニ……）」「繁イ事ヨ。（ダカラ……）」の意と見るのである。

いくばくも生けらじ命乎（イノチヲ）恋ひつつそわれは息づく人に知らえず（万葉、十二、二九〇五）

白露の色は一つをいかにして秋の木の葉を千ぢに染むらむ（古今、秋下）

いとさばかりには見奉らぬ心ばへをいとこよなくも憎み給ふべかめるかな。（源氏、胡蝶）

右の「いのちを」「一つを」「心ばへを」も普通「いのちなるを（イノチダノニ）」「一つなるを（一ツダノニ）」「心ばへなるを（心バエダノニ）」の意と解され「を」を接続助詞のように見なしているが、名詞に直接添う接続助詞というのは疑わしいし、意味も、少なくとも上代では（すなわち前者の歌では）「命よ。」に近いのであろう。中古では、接続助詞の「を」が発生するのにつれて、自然「一つを」「心ばへを」も「一つなるを」「心ばへなるを」の意のように意識せられ、下文につづく勢を生じて来たのであろうか。あるいは、この「古今集」の歌などでは、まだ「一つだのになあ。」ぐらいの意で、そこで切れるもの、つまり「を」は詠嘆の終助詞風のものと考えられていたのかも知れない。（「源氏物語」の例についても、もちろん、同様に考えることは可能である。)

(二) 中古になると、格助詞に(または格助詞のように)用いられたと思われる「を」が、用言の連体形につく接続助詞風の意味にも解けることがある。

おのづから軽き方にも見えしを、この御子生まれ給ひてのちは、いと心殊に思ほしおきてたれば(源氏、桐壺)

右は本来は「見えし(コノ女)を(いと心殊に)思ほしおきて」の意であろうかと思うが、「見エタノダガ」あるいは「見エタノダカラ」の意と解くことも可能である。

限りあらむ道にも後れ先だたじと契らせ給ひけるを(「契ラセ給ヒケル吾ヲ(打捨テテ)」の意とも、「オ約束ナサッタノニカカワラズ」あるいは「オ約束ナサッタノダカラ」の意とも解ける。なおこの文については「を」で文を切って、「オ約束ナサッタノダッタヨ。」「オ約束ナサッタデハナイカ。」というふうに間投助詞に解く説もある。)さりとも打捨てではえ行きやらじ。(源氏、桐壺)

も同様である。これらはいったい本文の作者がどちらのつもりで書いているのかわからないが、

見奉りて有様も奏し侍らまほしきを、待ちおはしますらむに(肖柏本・三条西本を)夜更け侍りぬべし。(源氏、桐壺)

など明らかに接続助詞と認むべき用法も見えるのだから、やはり接続助詞のつもりで作者

が用いていたと見る方がよいのかも知れない。こうした例から見て、けっきょく「を」は、もと間投助詞であったものが格助詞または格助詞風に用いられ、それが更に接続助詞にも転じたと考えることには、まず異論はなかろうと思われる。

(ホ)「を」が接続助詞に用いられる場合は、順接と逆接とがある。これについて松尾博士は、

「を」の附いた句を目的語たる名詞句と見得る(即ち下が他動詞である)場合は、多く順接であって、然らざる(即ち下が自動詞である)場合は、多く逆接である。

と言っておられる。それに従うとすれば(ニ)で一往二様に解いておいた「おのづから軽き方にも見えしを」「契らせ給ひけるを」はそれぞれ下に「思ほしおきつ」「打捨つ」という他動詞を伴うから「自然軽イ風ニ見エタノデ」「オ約束ナサッタノダカラ」と順接に訳す方がよいこととなろう。

そうした例をなお一、二あげれば、

近江介平中興、娘をいといたうかしづきけるを(カシヅイタケレド)、親なくなりて後、とかくはふれて(零落シテ)、他《ひと》の国にはかなき所に住みけるを(住ンダノデ)あはれがりて兼盛が詠みておこせたりける(大和物語)

「住みけるを」は他動詞「あはれがり」を伴っているから順接である。「かしづきけるを」はそうでないから逆接である。

太政大臣は、大臣になり給ひて年頃おはするに、枇杷《びは》大臣は、えなり給はでありわたりけるを。（イッヅケタケレド）、つひに大臣になり給ひける御悦びに太政大臣梅を折りかざし給ひて（大和物語）

「あり渡りけるを」は、自動詞「（大臣に）なる」につづくので逆接である。以上は都合のよい例をあげたのであるが、実は必ずしもそうは言い切れない例もあるようである。たとえば先の

限りあらむ道にも後れ先だたじと契らせ給ひけるを。

にしても、もし下文を「打捨てき」としたら、「打捨て」は他動詞であっても、「オ約束ナサッタノダケレド打捨テタ」というふうに逆接に訳さなければ、文意はとれない。すなわちこの文が「オ約束ナサッタノダカラ」と順接に訳し得るのは「打捨ててはえ行きやらじ」の「行きやらじ」の力によるのである。

扇もたるべかりけるを。（デアッタノダケレド）、騒がしうてなむ忘れにける。一つたまへ。（大和物語）

右も他動詞「忘る」につづいているが、順接には解けない。

この忠岑《みね》が娘ありと聞きて或人なむ得むといひけるを。（言ッタノデ）、いと善きことなりといひけり。（大和物語）

右も他動詞を伴わないが、逆接に解くわけにはいかない。したがってこの連体形につく接

続助詞「を」は、「に」と同様やはり共存事実を示すのだと山田博士は説いておられる。

(ヘ)桂の皇女《みこ》の御許に喜種《よしたね》が来たりけるを母御息所聞きつけ給ひて門を鎖《さ》させ給ひければ(大和物語)

四月の朔日の日鶯の啼かぬをよませ給ひける(大和物語)

これらは「来テイタノデ」「啼カナイノデ」の意と見るべきではなく、「来たりける(コト)を」「啼かぬ(コト)を」の意と解くのがよいであろう。

(ト)下に他動詞が来る「を」は、目的格をあらわす場合、それとははっきり理解できようが、時に下に自動詞が来る「を」がやはり動作の対象にかかわっているとおぼしき用例があることに注意されたい。

A　たらちねの波々乎和加例弖(母ヲ別レテ)まことわれ旅のかりほに安く寝むかも(万葉、二〇、四三四八)

B　乳母《めのと》をも引き別れなむこと(源氏、薄雲)

C　たたみけめ(枕詞)牟良自が磯の離磯《はなりそ》の(以上、序詞)波々乎波奈例弖(母ヲ離レテ)行くが悲しさ(万葉、二〇、四三三八)

D　秋さりて山辺尾往者(山辺ヲ行ケバ)なつかしとわれを思へか天雲も行きたなびける還《かへ》り立ち路尾所来者(路ヲクレバ)……(万葉、十六、三七九一)

E　年を経ていのる心のたがひなば鏡の神をつらしとや見む(源氏、玉鬘)

Ｆ　あまたの御方々を過ぎさせ給ひつつ、ひまなき御前わたりに、人の御心をつくし給ふも（源氏、桐壺）

Ｇ　年ごろを住みし所の名にし負へば来寄る波をもあはれとぞ見る（土佐日記）

Ｈ　昔、いと若き男、女を逢ひいへりけり。（伊勢物語）

Ｉ　かぐや姫を必ず逢はむまうけしてひとり明かし暮らし給ふ。（竹取物語）

右のうちＡＢＣの「を別れ」「を離れ」は「に別れ」「に離れ」より、上に来る対象から別れがたい、または離れがたい気持のつよさをあらわしているといわれる。こうした「を」はあるいは、さきに述べた「には」「にも」「にこそ」「にを」とあるべきものの「に」が省かれて「は」「も」「こそ」「を」だけであらわされる語法（「に」の項の（チ）参照）の「を」の例に組み入れて「母にを別れて」「母にを離れて」の意と解いてよいかも知れない。

ＤＦの「を行けば」「をくれば」「を過ぎ」などは、「行く・く・過ぐ」のもっている継続的に或る距離を経過移動する意味を、対象（山辺・路・御方々（のへや））に対して間投助詞または格助詞の「を」で表現したものと考えられている。他に、こうした意味の動詞で、「を」からつづくものには「渡る・飛ぶ・越ゆ」などがある。（なおＡ〜Ｃの「別る」「離る」も継続的とは言い切れないが一地点から移動する意味をもっていることは明らかであるから、その点では同類に準ずべきであろうか。）Ｅの「を経て」Ｇの「を住み」は「経《ふ》」「住む」のもっている時間的に持続する意味を同じく対象（年・年ごろ）に対して格助詞の「を」で表現したものと見られている。HIの「を逢ふ」も「に逢ふ」の場合に比べて、「逢ふ」ことが時間的に持続する意味を、対象（女）に対して格助詞の「を」で表わしたものと見てよいのではなかろうか。

同じく自動詞が「を」に添うものであるが、その動詞のあらわす意味とひとしい観念をもつ名詞を、その動詞のあらわす動作の対象として示すものとして、「寝《い》（ネルコトノ意ノ名詞）を寝《ぬ》（下二段動詞終止形）」「音《ね》を泣く」「香《か》をにほふ」というふうに用いる言い方がある。強めた言い方だと解せられている。

家思ふと伊平而受乎礼婆（イヲネズヲレバ）たづが鳴く芦辺も見えず春の霞に（万葉、二十、四四〇〇）

剣太刀（枕詞）身に添ふ妹《いも》を取り見がね（介抱シカネテ）哭乎曽奈伎都流（ネヲソ泣キツル）手児《てご》（赤ン坊）にあらなくに（万葉、十四、三四八五）

花の色は雪にまじりて見えずとも香をだににほへ人の知るべく（古今、冬）

（チ）この御事に触れたる事をば、道理をも失はせ給ひ、今はた、かく世の中の事をも思ほし捨てたるやうになりゆくは（源氏、桐壺）

さらぬはかなき事をだに、疵を求むる世に（源氏、紅葉賀）

ただそこはかとなくて過しつる年月は何事をか、心をも悩ましけむ。（源氏、明石）

右のような「を」について、佐伯博士（更級日記の新しい解釈）は「に対して」の意だとされる。その場合なぜ「を」が用いられるのか、あるいは「母を別る」「母を離る」の「を」と同様に「に」よりも、上に来る対象に対するつよい気持ちをあらわすためなのか、などそうした事情などについては、今後の研究が必要である。

おほ坂に逢ふや烏等謎烏（少女《ヲトメ》ヲ）道（「ヲ」ガアッテモヨイ格）問へば直《ただ》には告《の》らず当麻《たぎま》路《ち》を告《の》る（紀、仁徳）

も同様に解けよう。ついでに二、三、そのほかの「源氏物語」の例をあげておく。

わが父おとどを、人知れず目をつけ奉り給へれど、げにきらきらしう物清げに盛りには物し給へれど、限りありかし。（行幸）

まさにかくあやしき山がつを心（ヲ）とどめ給ひてむや。（須磨）

とぢめの事（葬送）をしも、山がつのそしりをさへ負ふなむ、ここ（薫自身）のためもからき。（蜻蛉）

右のように「を……を」と重なった例のほかに、先にあげた（ト）のA〜Iの例（それらは移動あるいは持続の意味をもつ自動詞）とはちがって一般の自動詞（従ふ・宣ふ・聞ゆ・たはぶる、ナド）を取って「に対して」と解されるべき「を」の用例が、なお「源氏物語」には若干見える。次にあげておくが、その「を」を取る事情についても、なお今後の研究が待たれよう。

げにかやうの筋（好色ノ方面）にてこそ、人のいさめをも、自らの心にも従はぬやうに侍り

けれ。(夕霧)
事どもあるべきさまに宣《のたま》ひおきて、むつまじうおぼす修理《すり》の宰相を、くはしくつかうまつるべく宣ひて(絵合)
この御腰結には、太政大臣を、かねてより聞えさせ給へりければ(若菜上)
をかしく人の心を見給ふあまりにかかる古人《ふるびと》をさへぞたはぶれ給ふ。(玉鬘)

(リ)A 夜並べて君を来ませとちはやふる神の社乎(ヲ)のまぬ(祈ラナイ)日はなし(万葉、十一、二六六〇)

B あながちに心ざしを見えありく。(竹取)

右のAは「社に(神ヲ)祈《の》まぬ」の意であるべきものを「社を祈まぬ」と言ったのだとすると「を」は「に」あるいは「にを」とあるべきようであるが、おそらく「社」を「社におはす神」の意味で用いたのであろう。Bの「見え(見ゆ)」は自動詞ではあるが、元来上一段他動詞「見る」の未然形「見《み》」に古代の受身の助動詞「ゆ」が直接付いたことばで、「見ラレル」意であるから、「心ざしを」は他動詞「見」についたものと考えればよい。また「わびぬれば身をうき草の根を絶えて」(古今、雑下)なども、仮りに、本来「絶ゆ」は「絶つ」の受身形、「絶タレル」意でもあったと考えることが許されるなら、「を見え」と同様に「を絶え」を解くことができそうであるが「絶ゆ」を「絶つ」の受身形と見ることには文法上の説明が十分つきかねようから、ひかえなければなるまい。

（ヌ）A 紫草能爾保敝類妹乎（紫ノニホヘル妹ヲ）憎くあらば人妻ゆゑにわれ恋ひめやも（万葉、一、二一）

B 伊能知乎之（命ヲシ）全《また》くしあらばあり衣《ぎぬ》の（枕詞）ありて後《のち》にも逢はざらめやも（万葉、十五、三七四一）

C 命乎志（命ヲシ）まさきくもが名欲《なほり》山石《いは》ふみならしまたまたも来む（万葉、九、一七七九）

右のABCの歌の「を」は（イ）の項に例示した「文中にある間投助詞」の「を」と同類と見れば一往無難のようであるが、主語の下に添う例の確かなものが、他に見当たらないので、なお疑念がのころう。したがってAの歌ではたとえば、「日本古典文学大系」の頭注では「妹を—妹が。ヲは間投助詞。目的格の助詞ではない。」と言い切っているが、「日本古典文学全集」の訳文では「紫草のようににおうあなたを憎いと思ったら」と、どうやら格助詞風に解いている（頭注では触れていない）、といった工合に揺れている。あるいは、「風乎太爾恋流波乏之（風ヲダニ恋フルハ羨《トモ》シ）風をだに来むとし待たば何かなげかむ」（万葉、四、四八九）では、普通「に恋ふ」であるものが「を恋ふ」（「を別る」「を離る」または「を行く」「を来」の類）になっているのにならって、右の歌の第二句「にほへる妹を」は第五句「われ恋ひめやも」にかけて解く試みも許されようか。その場合は「憎くあらば」は挿入句となる。それとも、むしろ二句切（「妹を。」で切る）と見て「妹ヨ。」と解くべきか。BCの歌では「を」は、指示強調の助詞「し」と重なって「をし」という形で用いられているから、単独の「を」とは、あるいは別様な意味（もとよりそれが何であるかはわからない）をもつのかも知れないが、さもないかぎりは、BCとも「命」はそれぞれ主語と見るべきことになろう。それに対する疑念からであろう、Bについては「全くし」の「し」をサ変動詞と解いて「命」を「し」の目的語とする説があり、Cについては「命を」の「を」を「連用の文節についたもの」と説明する説（つまり「命をまさきくあらしめてしがも」の意と見る）が出ている。ことにCの「まさきくもがも」は原文「麻勢久可願」とあってその訓《よみ》自体がはなはだ確実性を欠いているので、むしろ例からは省かるべきものであろう。こうして見ると、間投助詞「を」が主語に添うという説は、なお十分に吟味されなければならない。

（ル）「山を高み」「野をなつかしみ」など「を―み」の形の場合の「を」については形容詞の章で述べる。

六　と

（イ）とあらむ折も、かからむきざみをも（源氏、帚木）

格助詞の「と」は右の例文に見えるような副詞の「と」から出来たものと見られる。したがって、それと指示する意をあらわす。

（ロ）情態副詞の構成語尾の「と」（例—「すくすくと」〈記〉、「とどと」〈馬ノ足音〉」「ひしと」〈床ノ鳴ル音〉」〈万葉〉）も同源のものであろう。したがって、引用句を受ける助詞の「と」も、その引用句を「と」で受けてそれを副詞的なものとして、下の述語にかけるはたらきをするものと見てよいであろう。

秋来ぬと（秋ガ来テシマッテイルトイウフウニ。「見え」ニカカル）目にはさやかに見えねども風の音にぞおどろかれぬる（古今、秋上）

（ハ）同じ動詞を重ねて意を強めるときに上の動詞を連用形（名詞に準ずる形）にしてその下に「と」をつけることがある。次の例では「すべての」のような意をあらわす。

生きとし生けるもの何れか歌をよまざりける。（古今、序）

（ニ）列挙の意味の「と」の語順や省略が特殊な形を示している例がある。

汝乎与吾乎（汝《ナ》ヲト吾《ア》ヲ）人そ離《さ》くなるいで吾《わ》が君人の中言《なかごと》聞きこすなゆめ（万葉、四、六六〇）

青柳《あをやなぎ》梅《うめ》等能（トノ）花（「青柳ト梅ノ花ト」ノ意デアロウ）を折りかざし飲みてののちは散りぬともよし（万葉、五、八二一）

（ホ）なげきつつ吾が泣く涙有間山雲居たなびき雨爾（雨ニ）降りきや（万葉、三、四六〇）

み苑生《そのふ》の百木《ももき》の梅の散る花し天《あめ》に飛びあがり雪等（雪ト）降りけむ（万葉、一七、三九〇

六）

右のような「に」と「と」のちがいについては、松尾博士は「『に』は自然的変移・永久的化成、『と』は作為的変化・一時的化成」と説かれる。かならずしもそう言い切れないふしもあろうが、右の例では、前者は自然的変移、後者は作為的変化と見なしてほぼ当たるであろう。

七 より

(イ) 体言（または体言に準ずるもの）の下について、時・所・事などの出発点をあらわすが、比較の基準や、「より外に」（範囲の限定）の意を示すことがある。

老い給へる程より（比較ノ基準）は、爪弾《つまはじ》きをいと力々《ちからぐ》しくし給ひて（落窪）

その人かたちより（比較ノ基準）は心なむまさりたりける。（伊勢物語）

思ふより（ヨリ外ニ）いかにせよとか秋風になびくあさぢの色異《こと》になる（自分ハアノ人ヲ思ッテイルガ、ソノ思ウヨリ外ニドウシロトイウ事デカ、秋風ニナビク浅茅ノ色ノ変ワルヨウニアノ人ノ気ガ変ワッテ来ルヨ）（古今、恋四）

(ロ) おいらかにあたりよりだにな歩《あり》きそとやはのたまはぬ。（竹取）

前より行く水をば初瀬川といふなりけり。（源氏、玉鬘）

水底の月の上より漕ぐ舟の棹にさはるは桂なるべし（土佐日記）

右は動作の行われる地点をあらわす。「を」との差は、「を」はその地点を主としているが、「より」はその地点を通って更に動作が他へ移る（経由）ことを示す。したがって「ヲ通ッテ」と訳すとほぼ当たる。

（ハ）つぎねふ（枕詞）山城路《やましろぢ》を人夫《ひとつま》の馬従（馬ヨリ）行くに己夫《おのつま》し従歩（カチヨリ）行けば見る毎《ごと》にねのみし泣かゆ（万葉、十三、三三一四）

右は『手段・方法をあらわす「より」で、「デ」と訳すべきもの』といわれている。やはり動作の基準すなわち出発点をあらわすものであることには変わりはないであろう。

八　よ、ゆ、ゆり

（イ）「記」「紀」の歌謡、「万葉集」などでは「より」の意で、「よ」「ゆ」「ゆり」が用いられている。ただし「ゆり」の用例はきわめて少ない。

ほととぎす許欲（此《コ》ヨ）（ココヲ通ッテ）鳴き渡れともし火を月夜《つくよ》になそへそのかげも見む（万葉、十八、四〇五四）

年月もいまだあらねば（「アラヌニ」ノ意）許々呂由母（心ユモ）思はぬあひだにうちなびき臥《こや》しぬれ（万葉、五、七九四）

畏《かしこ》きや御《み》言《こと》かゞふり阿須由利也（明日ユリヤ）草《かえ》が共寝《むたね》む妹《いむ》なしにして（万葉二十、防人歌、四三二一）

この「ゆり」は「後《のち》」という意の古言（例―さ百合花《ゆりばな》由里毛（ユリモ）あはむと思へこそ今のまさかもうるはしみすれ（万葉、一八、四〇八八））と同源の語で、その「ゆり」から「より」が出、「ゆり」「より」の歌語としての略体が「ゆ」「よ」であろうと考えられている。ただし発生については、逆に「後」の意であった「ゆ」「よ」という語が古くあって、それから「ゆり」「より」が生まれたとする説もないではない。

（ロ）田児之浦従（田子ノ浦ユ）打ち出でて見ればま白にそ富士の高嶺《たかね》に雪は降りける（万葉、三、三一八）

右の歌は後世、「田子の浦に」とよみかえられて行なわれたので、解に論議をかもしたが、原文のままで「田子の浦の視界のせまい所を通って」の意で経由の「ゆ」と判断される。

九　から

（イ）「から」は「うから（族）」「はらから（同朋）」の「から（自然の血のつながりの意）」から出て、経由地の意をあらわし、原因・理由という用法にも発展する一方、別に、

「自然ノ成リユキデ・ヒトリデニ・オノズト」の意となり、また「オノズト」から「ソレダケデ・……ダケデ・……ニスギナイノニ・……バッカリデ」の意ともなった助詞だといわれる。（日本古典文学大系、万葉集一、補注）

朝霧の八重山越えてほととぎす卯の花辺柄（カラ）鳴きて越え来《き》ぬ〔経由点〕（万葉、十、一九四五）

常世辺《とこよへ》に住むべきものを剣刀《つるぎたち》（枕詞）汝《な》が心柄（カラ）鈍《おそ》やこの君〔原因〕（万葉、九、一七四一）

何心もなき空のけしきもただ見る人から（見ル人ガ原因デ・見ル人次第デ）艶にもすごくも見ゆるなりけり。（源氏、帚木）

食《を》す（統治スル）国は栄えむものと可牟奈我良（神《カム》ナガラ）（「ナ」ハ「ノ」ノ古語。神ノ自然ノ本性ノママニ）思ほしめして（万葉、十八、四〇九四）

手に取るが柄二（カラニ）（手ニトルダケデ）忘ると磯人《あま》のいひし恋忘れ貝言《こと》にしありけり（万葉、七、一一九七）

明日《あす》よりは継ぎて聞えむほととぎす一夜《ひとよ》能可良爾（ノカラニ）（タッタ一夜ノコトナノニ）恋ひ渡るかも（万葉、十八、四〇六九）

「からに」の場合は、上代では、右の二つの例のように些細な原因から、重大な結果になる意をもつことが多いようであるが、中古に入ると、必ずしもそうではないようである。

吹くからに秋の草木のしをるればむべ山風をあらしといふらむ（古今、秋下）

右の「吹くからに」は「吹クノガ原因トナッテスグニ」「吹クヤイナヤ」の意と見られており、

などみかどの御子ならむからに見む人さへかたほならずものほめがちなると……（源氏、夕顔）

右の「御子ならむからに」は「御子デアロウカラトイッテ」の意と解かれている。もう一例あげておこう。

あはれながらも、そなた（匂宮）になびくべきにはあらずかし、と（浮舟ハ）思ふからに（思ウカラトイッテ、一方）、ありし（匂宮ノ）御さまのおもかげにおぼゆれば（源氏、浮舟）

（ロ）中古に入ると「から」は出発点をあらわすのにも用いられたが、用例は、もっぱら「時」に関するものに限られるようである。

心もとなさに明けぬ（明ケナイウチ）から船を引きつつのぼれど（土佐日記）

たゞ今からけ高く清らなる御さまを（源氏、玉鬘）

（ハ）右の「から」が「もの」に接して「ものから」となると上代でも逆接的な意味（モノダノニ）を持ったものと見られている。

見渡せば近き物可良（モノカラ）石隠《いはがく》り耀《かが》よふ珠を取らずはやまじ（万葉、六、九五一）

相見ては面《おも》隠さる丶物柄爾（モノカラニ）継ぎて見まくの欲《ほ》しき君かも（万葉、十一、二五五四）

この「ものから」は中古でも同様な意味で用いられている。

来《こ》めやとは思ふものから 蜩《ひぐらし》の鳴く夕暮は立ち待たれつつ（古今、恋五）

一〇　だに

（イ）「だに」は軽いもの（最小限のもの）を指示して、指示していない他の重いものがあることを言外にさとらせようとする意味をもつ。

上代では「だに」が用いられている句の述語は、意志・命令・願望・仮定か、否定・反語の表現であるのが通例である。前者の場合は「セメテ……ダケナリト（ダケデモ）」と訳せばよく、後者の場合は「……サエ」「……ダッテ」と訳せばよい。

1　前者の例

池の辺《へ》の小槻《をつき》が下《もと》の細竹《しの》な刈りそね（ドウカ刈ラナイデオクレ）其谷（ソレヲダニ）（セメテソレヲダケナリト）君が形見に見つつしのはむ（万葉、七、一二七六）〔意志〕

言繁《ことしげ》み君は来まさずほととぎす汝《なれ》太爾（汝ダニ）（セメテオ前ダケナリト）来鳴け朝戸《あさと》開かむ（万葉、八、一四九九）〔命令〕

三輪山をしかも隠すか雲谷裳（雲ダニモ）（セメテ雲ダケナリト）心あらなも（心ガアッテオクレ）隠さふべしや（万葉、一、一八）〔願望〕

命あらば逢ふこともあらむわが故にはだな思ひそ（ヒドク思イナヤマナイデクダサイ）伊能知多爾敝波（命ダニ経《へ》バ）（セメテ命ダケナリトツヅキマスナラ）（万葉、一五、三七四五）〔仮定〕

2　後者の例

鳴く声を聞かまくほりと朝《あした》には門《かど》に立ち夕《ゆふべ》には谷を見渡し恋ふれども比等己恵太爾母（一声ダニモ）（一声サエモ）いまだ聞えず（万葉、十九、四二〇九）〔否定〕

恋しくはけ長きものを今谷（今ダニモ）（今サエモ）ともしむべしや（飽キ足ラナイ思イヲサセルベキデアロウカ、ソウデハアルマイ）逢ふべき夜谷（夜ダニ）（夜デサエ）（万葉、十、二〇一七）〔反語〕

ただしいつも「セメテ……ダケナリト」と「……サエ」とが劃然と訳し分けられるわけではなく、たとえば、それぞれ12の最後の例の「命だに経ば」を「命サエツヅクナラ」、「今だにも」を「セメテ今ダケナリトモ」と訳してもさしつかえはない。ということは「……サエ」とはもともと「セメテ……ダケナリト思ウノニ、ソレサエ」の意だからであろう。

(ロ)中古になると、「だに」は上代におけるような意志・命令・願望・仮定・否定・反語と呼応する場合にだけ用いられるとはかぎらず、既定の事実をあらわす語につづくような場合にも用いられるようになり、その用法は上代の「すら」の範囲（次節参照）をも、ほぼ覆《おお》うにいたった。

夢にだに（サエ）逢ふことかたくなりゆくはわれやいを寝《ね》ぬ人や忘るる（古今、恋五）

見るほどだに（サエ）かかり。ましていかに荒れゆかむとおぼす。（源氏、須磨）

池の水影見えて（池ノ水ニソノ影ガ映ッテ）月だに（サエ）宿る（「マシテ人間ガ宿ラヌトイウ法ハナイ」トイウ意ガ言外ニアル。ナオ「月さへ宿る」ダッタラ、人間ガ宿ル上ニ月マデガ宿ル意トナル。ソノチガイニ注意セヨ）すみかを過ぎむもさすがにて降り侍りぬかし。（源氏、帚木）

（ハ）中古に「だにあり」という言い方があり、北山谿太氏（源氏物語の語法）は「だにしかじかなり・だにしかじかす」の意だとして、「源氏物語」から次の五例をあげておられる。

物をとかう思ひめぐらし、世にしほじみぬる齢の人だにあり、まして（紫上ハ源氏ノ君ニ）馴れ睦び聞え、（源氏ノ君ハ紫上ノ）父母にもなりつつ扱ひ聞え、おほし立てならはし給へれば、俄に引き別れて、（紫上ガ源氏ノ君ヲ）恋しう思ひ聞え給へる、ことわりなり。（須磨）

右は北山氏は「だに悲（松尾言ウ、アルイハ「恋」ノ誤植カ）しくあり」の意とされる。ほぼそれで当たろうが、元来、こうした「あり」は、下文に同じ意の述語が用いられているために、省いてその述語の代わりに用いられたものであろうから、正しくは「だに恋しう思ひ聞えてあり」の意とすべきであろう。ただしそうはっきり補うと表現として重くなりすぎて、訳としてはふさわしくない。「でさえそうなのだ（から）」ぐらいが適当であろう。

姫君は、年頃聞え渡り給ふ（源氏ノ君ノ）御心ばへの世の人に似ぬを、なのめならむにてだにあり、ましてかうしもいかでと、御心とまりけり。（葵）

右は北山氏が「心とまる意をあらわす」といわれるとおりで「だに心とまるべくあり」の意。

わが身（明石入道）のかく徒《いたづ》らに沈めるだにあるを、この人（娘）一人にこそあれ。思ふさま異《こと》なり。もし我に後れてその志遂げず、この思ひおきつる宿世違《たが》はば、海に入りねと、常に遺言し置きて侍る。（若紫）

右は北山氏は「沈めるだに心外なるをの意」とされる。ただし「あるを」で句点を打って、「沈めるだにくちをしくあるを、この人沈まばいとくちをしからむ。」などの省略と見るほうがわかりやすかろう。

思ひよらざりし独りごとを（独リデヒイテイタ琴ヲ薫ガ）聞き給ひけむだにあるものを、（改マッテ弾クノハ）いとかたはならむ。（橋姫）

（末摘花ノ）御手は、昔だにありしを、いとわりなうしじかみ、ゑり深う強く固く書き給へ

り。（行幸）

右の二例については北山氏は説明を省いておられる。それぞれ「だにかたはなるものを」、「だにしじかみ、ゑり深う、強く固く書き給ひてありしを」（ただし後者は「……デサエソウダッタノニ」ぐらいに訳すのがよい）の意と見てよいであろう。

雪とのみ降るだにあるを桜花いかに散れとか風の吹くらむ（古今、春下）

右は「桜の花が無風のもとで、なおひたすら雪のように降るのさえ惜しいのに、こんなに風が吹いているが、いったいこの上どういうふうに散れというつもりなのだろうか、ひどく惜しいことだ」の意で、「だに惜しくあるを」と解いてよかろうか。

(ニ)「だに」の語源は「直《ただ》に」であろうといわれる。そうだとすると、「だに」は本来は、ひたすらに、挙げ示した点を強調して、他は顧みない意をもって下の用言にかかってゆく意味のことばであったわけであろう。

(ホ)「だに」に「も」が添って「だにも」となったものが、省略されて「だも」として使われることがある。中古中期以後のことらしい。

夢にだも逢ふとみるこそ嬉しけれ残りの頼み少なけれども（和泉式部正集）

二　すら

（イ）「すら」は「サエ・デサエ」などと訳せば、ほぼ当たるが、極端な一事物を提示し強調して、他の事物を類推させる意をもつ助詞である。「万葉集」では一字一音の表記でないものはすべて「尚」でしめされている。「尚」は漢語としては「上ニスル・高クスル」というような意であろうから、極端なもの（高いもの）と意は通じるのであろうか。

言《こと》問はぬ木尚（木スラ）妹《いも》と兄《せ》と（女キョウダイト男キョウダイトガ）ありといふをただ独り子にあるが苦しさ（万葉、六、一〇〇七）

「妹と兄がある」という点では、極端に現実とかけ離れているはずの「物いわぬ木」それでサエの意。

夢《いめ》のみに見尚幾許（見テスラココダ）恋ふる吾《あ》はうつつに見てばましていかにあらむ（万葉、十一、二五五三）

（それによって）「恋しく思う」という点では、極端にその必然性が少ないはずの「夢にだけ見る」場合、その場合でサエの意。

春日尚（春日スラ）田に立ち疲《つか》る君はかなしも若草の妻なき君し田に立ち疲る（万葉、七、一二八五）

「田に立ち疲る」という点では、極端に必然性が少ないはずの「春の日」それでサエの意。

息《いき》の緒《を》に吾《あ》が息づきし妹尚乎（イモスラヲ）人妻なりと聞けば悲しも（万葉、十二、三一一五）

「人妻である」という点では、自分の想像から極端に離れている（まったく想像もしなかった）「私の命の綱として切《せつ》なくあえいで心よせた女《ひと》」その女をサエの意。

人の寝《ぬ》るうま寝《い》は寝《ね》ずて（安眠ハシナイデ）はしきやし公目尚（君ガ目スラヲ）欲《ほ》りし嘆かふ（万葉、十一、二三六九）

いつでも逢えるのだから「君に逢いたがる」というようなことからは極端に隔絶しているはずの、その「君に逢うこと」をサエの意。

石尚（イハホスラ）行き通るべきますらをも恋《こひ》といふことは後《のち》の悔《くい》あり（万葉、十一、二三八六）

人間が「それをつらぬいて通りぬける」という点では、極端に必然性の少ないはずの「石」、それをサエの意。

布肩衣《ぬのかたぎぬ》ありのことごと（アリッタケ）着襲《きそ》へども寒夜須良乎（寒キ夜スラヲ）我よりも貧しき人の父母は飢《う》ゑ寒《こ》ゆらむ妻子《めこ》どもは乞ひて泣くらむ（万葉、五、八九二）

これはこのままでは解きにくい。「父母は」の次に「着襲はずて」などが省略されたものと見てよいのではなかろうか。「着襲はない」という点では、極端に必然性の少ないはずの「寒き夜」、それをサエの意。

なお「すら」を、「日本古典文学大系、万葉集」の注では「その承ける語から当然のこととして推測される事態に反する事態（意外な事態）が以下に起こることを示す助詞」と説明している。

(ロ)「すら」は「すらに」の形で用いられることもある。意味的にも機能的にも「すら」と同じと見てよい。

軽《かる》の池の浦廻《うらみ》行き廻《み》る鴨尚爾（スラニ）玉藻の上に独り寝なくに（万葉、三、三九〇）

(ハ)「すら」は中古に入ると衰えて、歌にわずかに用いられ、散文ではきわめて稀にしか用いられない。たとえば、「源氏物語」や「枕草子」には一例も見えない。

ひじりなどすら前《さき》の世のこと夢に見るは、いと難かなるを（更級日記）

これはその稀有の一例である。「前世のことを夢に見るのはひどくむずかしい」という点では、一番かけはなれているはず（つまり、前世のことを夢に見るのは一番容易なはず）の「ひじりなど」、それでサエの意。

(ニ)「すら」は中古後期には「そら」に変わって用いられたことがある。「よはの寝覚物語」に若干見えるが、「今昔物語」に用例が多い。

云フ甲斐无《カヒナ》キ女ソラ如此《カクノゴト》シ。況《イハム》ヤ朝綱ノ文華思ヒ可遣《ヤルベ》シトナム語リ伝ヘタルトヤ。（今昔、二十四ノ二十七話）

なお、「竹取物語」に

旅の空に助け給ふべき人もなき所に、いろいろの病をして行く方そらも覚えず。

の「そら」を助詞とみとめるなら、中古前期の稀有の用例となるが、「竹取物語」は伝本が室町末期をさかのぼるものはなく誤写の疑いもあるし、「空」の意とみなす説もあって、なお検討を要する。

（ホ）物いはぬ四方《よも》のけだものすらだにも哀れなるかなや親の子を思ふ（金槐集）

右は源実朝の高名な歌であるが、この「すらだに」はすでに死語に近かった「すら」を「だに」に重ねて強めに用いた、一つの歌の技巧にすぎなかったのであろうが、「すら」によって、「親が子を思う」点では「人間」とは極端に隔絶して低いはずの「よものけだもの」を指示し、「だに」によって、そうした「よものけだもの」を最低限のものとする認識にたって、よりはるかに高い「人間」は当然親が子を思うこと切なることを言外に示したわけである。

二二　さへ

（イ）「さへ」はすでにあるものの上に更に他の事物を添加する意をあらわす助詞である。語源は「添へ」であろうといわれている。口語では「マデモ」と訳せばよい。

次の「そへ」は、稀有の用例であるが、この「さへ」と同じものと解されている。

けふそへに暮れざらめやはと思へども堪へぬは人の心なりけり（大和物語）

（ロ）「さへに」となって用いられることがある。口語としては「さえ」と変わりなく訳してよい。

限りなき思ひのままに夜も来む夢路をさへに人は咎めじ（古今、恋三）

（ハ）口語の「さえ」（「だに」「すら」の訳語にあたる）と意味が違うことをよく注意せられたい。

一三 のみ

（イ）ある事物がそれだけと限られていることを示す副助詞である。口語では「ダケ」と訳せばよい。「バカリ」と訳して当たることもあるが、「バカリ」は制限よりも近似を意味することばであるから、当たらないことも多い。注意を要する。（たとえば、「二三人のみ」は「二三人ダケ」であって「二三人バカリ（コレデハ四人デアルコトモアリ得ル）」ではない。）

尼君の行ひの具のみ（ダケガ）あり。（源氏、宿木）

この山の尽きばのみこそ（コノ山ガ尽キテナクナルナラソノ時ニダケコソ）この川の絶えば

のみこそ（コノ川ガ絶エテナクナルナラソノ時ニダケコソ）ももしきの大宮所止《や》む時もあらめ（万葉、六、一〇〇五）

泣きにのみ泣き給へば（タダヒドクオ泣キニナルダケナノデ）（源氏、桐壺）

（ロ）胸のみふたがれど、御消息もなし。（源氏、空蟬）

右は、胸だけがふさがって他のものはふさがらない意ではなく、「ひたすら胸がふさがるけれど」「ただもう胸がふさがる一方だけれど」というような意であろう。つまり「胸ふたがるのみなれど」の意と解けばよいであろう。こうした例は、「心のみおかれて」（源氏、紅葉賀）「音《ね》をのみ泣き給ふ」（源氏、夕顔）、「目のみさめて」（更級日記）など、たくさん見られる。

（ハ）「のみ」の語源は「の身」であろうという。本来は、「それ自身」の意から「その者だけ」の意となったのであろうか。

一四　ばかり

（イ）「ばかり」は、或る事物をあげて、それに近似する「範囲」を示す助詞。語源はおそらく「計《ばか》り」であって、大体を推量する意から出ていると思う。口語では「ホド」「グライ」「ゴロ」などが大体当たる。「範囲」からやや転じて「限定」の意に近い用いられ方をしているものについては「ダケ」と訳して当たることもあるが、「のみ」の意と誤られる恐れがあるから注意したい。つまりその場合の「ダケ」は「セイゼイ……グライ」の意をあらわし、ひろく「ダケ」のあらわす意味一般まではひろがったものではない。

さ侍りぬべくはその日ばかり（ゴロニ・グライニ）御迎へに参りこむ。（宇津保、蔵開、中）

大蔵卿ばかり（ホド・グライ）耳とき人はなし。（枕草子）

こよひばかり（ゴロ・グライ）やと待ちけるさまなり。（源氏、帚木）

左の例は普通「ダケ」と口訳しているものであるが、かりに「のみ」と置き換えてみるとその差が明白になろう。

たゞ頂《いただき》ばかり（ダケ）をそぎ五戒ばかり（ダケ）をうけさせ奉る。（源氏、浮舟）

「頂のみ」だと「頂」と範囲を限定する意、「頂ばかり」は「頂とそこらのあたり」の範囲を言う。「五戒ばかり」も「五戒といったような範囲のこと」を言う。したがって「外見カラ言エバ、タダセイゼイ頂グライヲソグ程度デ、マタ、教エカラ言エバ、セイゼイ五戒グライヲウケサセ申シ上ゲル」と口訳するほうが正確度が高いと言うべきであろう。

深草の野辺の桜し心あらば今年ばかり（ダケ）は墨染に咲け（古今、哀傷）

「今年のみは」というと来年はまったく論外で、今年一年と限定する意であるが、「今年ばかりは」だと、「せめて今年ぐらいは」の感じで、来年はかまわないというのではなく、余情が深いのである。

月影ばかり（ダケ）ぞ八重葎《むぐら》にもさはらずさし入りたる。（源氏、桐壺）

右も八重葎にもさわらず入り込んでいるものは月の光ぐらいなものだの意。

今来むといひしばかりに（言ッタダケノタメニ）長月の在明の月を待ち出でつるかな（古今、恋四）

右も「今、汝の所へ行こうよと、あなたが言った、せいぜいそれぐらいのことのために」の意。

（ロ）「ばかり」と「のみ」を重ねて用いた例がある。

山の井の浅き心も思はぬに影ばかりのみ（カロウジテ形グライダケ）人の見ゆらむ（古今、恋五）

この歌の解は「らむ」の節を参照されたい。（「何故に……見ゆらむ」の意、あるいは「影ばかりのみ」を「らむ」で推量した意）

いやしき東声《あづま》したる者共ばかりのみ（賤シイ東国ナマリノ声ヲシテイル者タチグライダケガ）出で入り、慰めに見るべき前栽の花も無し。（源氏、東屋）

（ハ）中古では「ばかり」が動詞（ラ変を除く）または動詞型（ラ変を除く）の活用をする助動詞に添うのに、終止形を受ける場合と連体形を受ける場合とがある。それらを用例から判断して前者は「ホド・クライ」（範囲）の意をもち、後者は「ダケ（セイゼイ……グライ）」（限定）の意をあらわすのが通則だといわれている。（湯沢幸吉郎博士「『ばかり』

の、活用語への付き方」、解釈一ノ二、松村明氏「副助詞」解釈と鑑賞、昭34年4月など）しかし後者の用例は少なくて、たとえば「源氏物語」では（終止形・連体形が同じでどちらか見分けがたいものをかりに除いても）大多数が前者である。

取る方なくくちをしき際と、優なりとおぼゆばかり（感ジラレルホド）すぐれたるとは（帚木）

いかで懲るばかり（コリルホド）のわざして（帚木）

つやも色もこぼるばかり（コボレルホド）なる御衣《ぞ》に（螢）

右のほかの「源氏」の「活用語の終止形を受ける」用例を、簡単に列挙すれば「死ぬばかりわりなきに（帚木）」「死ぬばかり思ひて（竹河）」「死ぬばかり思へるが（東屋）」「寄るべとすばかりに……えりそめつる（帚木）」「あまも釣りすばかりになるも（宿木）」「物の用にすばかりの法師（橋姫）」「ねびまさり給ひにけりと御覧ずばかり用意加へて（若菜下）」「后腹と聞ゆばかりのへだてこそあれ（蜻蛉）」「故由つきて人目に見ゆばかりなるは（葵）」「顔はいと赤くにほひてこぼるばかりの御愛敬にて（澪標）」「おろかに人の見咎むばかりはあらじ（若菜下）」「人見咎むばかり大きなるわざはえし給はず（蜻蛉）」「心のうちもあきらむばかり、かつは慰めまたあはれをもさまし、様々に語らひ給ふ（早蕨）」「あきらむばかり物きこえさすべき心地もし侍らず（蜻蛉）」「心苦しき御悩みを身にかふばかりなげききこえさせ侍るも（夕霧）」「きぬを引き脱がせむとすればうつ臥して声立つばかり泣く（手習）」「いかで亡きかげにてもかのうらみ忘るばかりと思ひ給ふるを（澪標）」「その人とは聞えもなくて、かう思しなげかすばかりなりけむ宿世の高さよ（夕顔）」「心の闇も堪へ難き片端をだにはるくばかりに聞えまほしう侍るを（桐壺）」「かく思し出づばかりのなごりとどめたる身も（澪標）」「世のためしにしつばかりもてかしづき（若菜上）」「引き動かしつばかり聞え合へるも（総角）」「泣きぬばかりいへば（帚木）」「泣きぬばかり思へり（末摘花）」「泣きぬばかり聞ゆれど（夕霧）」「泣きぬばかり恐ろしう煩はしきことをさへ思ふ（浮舟）」「枕浮きぬばかり人やりならず流し添へつつ（柏木）」「いとど消え入りぬばかりおぼえ給ふ（総角）」「涙も落ちぬばかり思ひつづけられて（東屋）」「あはれとしのばるばかりつくい給へるは（須磨）」「ゆかしく思さるばかりきこえなし給ふ（若菜下）」「人にももて騒がるばかりやわが心もさまあしからむ（末摘花）」「行ひなどに目とどめらるばかりはつとめず（橋姫）」などであって、これらはすべて「ホド・クライ」の意である。ただ次の一例だけは、「ダケ」の意と普通解かれている。つまり例外になるわけである。

年を経て待つしるしなきわが宿を花のたよりに過ぎぬばかりか（花ヲ御覧ニナルツイデニオ立チ寄リニナッタダケ〔セイゼイソレグライノコト〕ナノデスカ）（蓬生）

しかしこれも「過ぎぬ」の「ぬ」を完了の意と見ないで否定の「ず」の連体形として「すどおりしないダケのことですか」と解く説（北山谿太氏、源氏物語辞典）に従えば、「連体形を受けて、ダケの意をもつ」例の中に入れられることになる。

次に「源氏」の「活用語の連体形を受ける」用例（形容詞の連体形の用例は省く）は次のとおりである。

1 咎めあるばかり（ホド）の心は（総角）
2 これはとがあるばかり（ホド）のことかは（宿木）
3 いかならむ世にありしばかり（グライ・ホド）も見奉らん。（御法）
4 御沓《くつ》をとらぬばかり（グライ・ホド）にし給ふ。（紅葉賀）
5 思ひ分かぬばかり（グライ・ホド）の心にては（帚木）
6 あはれを得しのび給はぬばかり（ホドノサマ）のをかしう覚ゆるもはかなしや。（少女）
7 折すぐし給はぬばかり（ホドノサマ）をいかが思ひけん。（藤裏葉）
8 をば捨にて人目にとがめらるまじきばかり（ホド）にもてなし聞え給へり。（若菜下）
9 涙におぼほれたるばかり（コトダケ）をかごとにて（蜻蛉）
10 身の程のものはかなきさまを見え置き奉りたるばかり（ダケ）こそあらめ。（若菜上）
11 すぐし給へるばかりに（ダケノタメニ）罪は隠れて（若菜下）
12 いとほのかに見えし（浮舟ノ）さまの、目とまりしばかり（目ニトマッタダケノコトデ）つれづれなる心慰めに思ひ出でつるに（手習）
13 省き隠し給へとこそ思へと、うち思ひしばかりに（ダケノタメニ）かくいみじき身のけ

はひなれば（若菜下）

14 つかふまつる（奉公人）といひしばかりに（ダケノタメニ）数まへられ奉らず（東屋）

15 かけてもこの方には言ひ出づることなくて止みぬるばかりの人の（スンデシマッタホドノ、慎重ナ源氏ノ君ノ）御おもむけも（須磨）〔河内本ハスベテ「止みぬるは、かの人の」、別本二本ノウチ陽明本ハ「やみぬるも、おほくはかの人の」御物本ハ「やみぬれは、かの」デアッテ「ばかり」ハナイ〕

16 守（無教養ナ常陸守ハ）よくしも見知らず、そこはかとない物どもの、人の調度といふ限りは（娘ノタメニ）ただ取り集めて並べすゑつつ、目をはつかにさし出づるばかりにて（ソノ並ベスエタ調度ノカゲカラ目ヲワズカニセイゼイノゾカセルグライノ〔目ヲワズカニノゾカセルダケノ〕状態ニ調度ヲ山ト積ンデ）琴、琵琶の師とて、内教坊のわたりより迎へとりつつ習はす。（東屋）〔大成本文ハ「さし出る」トアリ、「る」ハ「つ」ノ誤伝ノ可能性モ皆無デハナイ。河内本ノスベテト別本ノ多クハ「さしいづばかり」デアル。〕

右のうち1〜8は連体形を受けながら「ホド・グライ」の意をもつものであるが、その連体形は1・2はラ変動詞、3は助動詞「き」、4・5・6・7は助動詞「ず」、8は助動詞「まじ」で、3〜8はすべて非動詞型活用であって、これらは、上記の通則のそとにあるものと見られる。つまり「あり」などのラ変活用語、「き」「ず」「まじ」などの非動詞型活用語はホド・グライの意の「ばかり」へつづくときは、連体形からというわけである。また9～14は連体形を受けて「ダケ（セイゼイ……グライ）」の意をもつものであるが、その連体形は9・10・11はラ変活用語、12～14は助動詞「き」で、これらも上記の通則外にある。つまりラ変活用語や助動詞「き」などからつづく「ばかり」は、「ホド・クライ」の意の場合も、「ダケ」の意の場合も、その連体形を受けるということになる。

15・16の例だけは、ナ変動詞型活用の助動詞「ぬ」および下二段動詞「さし出づ」の連体形を受けたものだから通則の適用範囲にあるのだが、それにもかかわらず、15は「ダケ」とは解きがたくて例外になる。となると、河内本の本文に従うのがよさそうだということになろうか。「止みぬるはかの人の」を読みあやまった後人が「り」をみだりに補ったものが、底本の青表紙本本文であると考えられそうだ。つまり15の例は消えることになる。16はまず通則適用可能の唯一例と言えよう。もっともこれも「ホド・グライ」の意に解けないとは言い切れないが、いちおうこの場合は「限定」の意が濃いと判断してもよいであろう。河内本のほうが、稀少の例に迷っての改竄《かいざん》と見るべきであろうか。

結局、こんなわけで、「源氏物語」では、一般の動詞および動詞型活用の助動詞（いずれにおいてもラ変をのぞく）の連体形を受けて「ダケ（セイゼイ……グライ）」の意をあらわす「ばかり」は唯一つの若干疑いの存する例（16）しか見つからないということでおわったが、それにしても気になるのは、中古の他の文献でも、この種の連体形接続の例は

「ダケ」の意でも、「ホド・グライ」の意でも次にかかげる「古今集」の一例などのほかは、あまりたしかな例が報告されていないようであることである。

うちつけに濃しとや花の色を見ん置く白露のそむるばかり（ソメルダケ）を（物名、けにごし）

右のほかで中古の例として従来あげられているものは、

A　年老いぬるばかり（ホド）の宝はなかりけり。昔なりせば、この人たちいかに見まほしからまし。（宇津保、蔵開下。日本古典文学大系本、二ノ四四六ページ）

B　（夕顔ノ死後、右近ガ源氏ニコタエタコトバ）みづから忍びすぐし給ひし事を、亡き御うしろに口さがなくやはと思ひ給ふるばかり（ダケ）になむ。（源氏、夕顔。湖月抄本文）

などであるが、Bは、「源氏物語大成」所収の「源氏」の本文では、青表紙系本のうち三条西本が「思給るはかり」とあるだけで、河内本系諸本ともすべて「……たまふばかり」であって、本文に何らかの誤伝を考えるべきであるようである。Aは校異の上でもちがいがない由であり、みとめなければならないようでもあるが、もしも同じ「宇津保物語」で、多くの終止形接続の「ばかり」の用例の中にわずかにこの一例が混在するのだとすれば、かなり疑わしいし、また「宇津保物語」の写本自体が、すべて近世期のもので、その伝写に疑いがある（中世以後連体形接続が一般になったとすると、書写者がふと誤写する可能性はつよい）点を考えなければならない。つまり「古今集」の「そむるばかり」ほどの確実性が、資料として考えにくいのである。ただ中古末あるいは中世に入ると、

ゆき方も忘るるばかり（ホド）朝ぼらけひきとどむめる琴の声かな（堤中納言、貝合せ。成立は中古末から中世初あたりまでと推測されている。）

只ワガ身ヒトツニトリテムカシ今トヲナゾラフル（「なすらふる」「たくらぶる」トスル本モアル）バカリ（ダケ）なり。（方丈記、大福光寺本）

そも又ほどなく失せて聞きつたふるばかり（ダケ）の末々はあはれとやは思ふ。（徒然草）

などのように、かなり用例が目についてくる。こんな程度の調査で（ことに、調べ落としもあるにちがいないのに）通説に疑いを挟むなどということはさしひかえるべきであろうが、ひょっとしたら、前掲の「古今集」、物名の歌の「そむるばかり」は歌の音数から無理をした破格で、中古では「動詞（ラ変を除く）および動詞型助動詞（ラ変を除く）」を受ける「ばかり」は、「ホド・グライ」の意の場合も、「ダケ」の意の場合もすべて終止形からではなかったか、などという臆測も生じて来そうな気がしないではない。

だとすると、終止形を受ける「ばかり」が「ホド・グライ」の意でなく、「ダケ」の意の例も（源氏では前記のように一例しかなかったが）中古にもっとあってよさそうだということになるが、それはかなり見えるのである。

みつかさかうぶり仕りて死ぬばかりなり。（死ヌダケデス）（竹取）

雪居にも通ふ心のおくれねば別ると人に見ゆばかりなり（見エルダケデス）（古今、離別）

よそながらわが身にいとのよるといへばたゞいつはりにすぐばかり（過ギルダケ）なり（古今、雑体）

消え果てて止みぬばかりか（オワッテシマウダケノコトカ）年を経て君を思ひのしるしなければ（後撰、恋一）

山階の宮の草木と君成らば我は雫に濡るばかり（ダケ）なり（後撰、哀傷）

うぐひすのあだに出行《でゆ》かん山辺にも鳴く声聞かばたづぬばかりぞ（サガスダケダ）（蜻蛉日記）

われさらば進みてゆかん君はただ法《のり》の筵《むしろ》にひろむばかりぞ（仏法弘布ニ専念サレルダケデヨイノデス）（和泉式部日記）

かくては本意《ほい》のままにもなりぬばかりぞかし（ナッテシマウダケダ）と思ふにかなしくて（和泉式部日記）

ありわびなん時は出家すばかり（スルダケ）なり。（大鏡、道隆）

など、例は多い。こんなわけで、いささかくどくどと述べすぎたようだが――中古では、「ばかり」は、①（ラ変を除く）動詞、および（ラ変を除く）動詞型の活用をする助動詞を受けるときは、その終止形から、②ラ変動詞、およびラ変活用をする助動詞を受けるときはその連体形から、③助動詞の「き」「ず」「まじ」を受けるときは、その連体形からが通例であり、その意味は①②③を通じて「ホド・グライ」が本義であるが、「セイゼイ……グライ」の意に転じて「ダケ」に近い意に用いられることもある。ただ、後者は、転義のせいもあってか、用例は多くなく、「源氏物語」では殊に少ない。というようなことになるのではないかという仮説を一往考えてみようとするのだが、前掲の「古今集」の「そむるばかり」のような用例が、案外、今後続々見つかるようなことがあったら、もちろんこの仮説は撤回しなければならない。ともかく、私の今知るかぎりの用例の様子は右のとおりである。

一五　まで

(イ)「まで」は程度の極限を示す助詞であるが、「万葉集」などではその下に格助詞の「に」を添えて用いる例が多い。

わかれなばうら悲しけむ吾《あ》が衣下にを着ませたゞに逢ふ麻弖爾（マデニ）(万葉、十五、三五八四)

道の隈《くま》い積る万代爾（マデニ）つばらにも見つつ行かむを（万葉、一、十七）

(ロ)「まで」は「万葉集」で「二手・左右手・諸手」などをあてて義訓せられているのから推測すれば、語源は「両手いっぱい→極限」ではなかろうか。「ま」は「まほ・片ほ」

の「ま」で完全にそろい整っている意である。

一六　など

(イ) 一、二の事物を挙げて例として、自然にこれに類似する事物が他にも存在することを示す意をあらわす助詞である。中古に入ってはじめてあらわれた。

(ロ)「など」の語源は、「なに」に「と」の添った「なにと」の熟合したものといわれる。「なに」は不定称代名詞として、いろいろなものを合わせて指せることばであるから、一、二の例をあげて他を略して言うときに「何と」と言ったのである。そうした例をあげてみると、

　これかれ酒何ともて追ひきて、磯におりゐて、別れがたきことをいふ。（土佐日記）

　わりごや何やとこなたにも入れたるを（源氏、宿木）

　難波津も何もふと覚えむをとせめさせ給ふに（枕草子）

(ハ)「なんど」という形がある。「なにと」の音便によって変わった形を、そのまま表記したものである。この音便の「ン」を表記しないのが、「など」であるわけである。

　さもけしからぬ御さまかななんどいひつゝ、諸共に見る。（蜻蛉日記）

(ニ)「など」は下に、助詞の「と」を伴うことは、中古ではまだない。「など」が「何

と」の意であって、すでに「と」の意味が「など」に含まれているからである。したがって後世「などとて」と言うべきものは、「などて」と言う。(中古の仮名文学に「などと」「などとて」とあるものが稀に見えないでもないが、それらは本文の誤写によるものだと考えられている。)

から歌に「日を臨めば京遠し」など(△)いふなることのさまをききて(土佐日記)

「あたら御身を」など(△)いふに(源氏、帚木)

「をかしきさまを見え奉りても何にかはなるべき」など(△)思ひかへすなりけり。(源氏、帚木)

「いとかしこしと思う給へるを」などてかへりぬ。(宇津保、吹上、上)

「などかう久しうはありつる」などて手をとりて(蜻蛉日記)

(ホ)「など」を複数の意と誤解してはいけない。「など」が、一、二の事物を例示して、他にそれに類似する事物の存在することをあらわす意をもつことから、複数の意に誤られることが往々あるのである。複数でないことは、次のように「どもなど」と重ねて用いることによっても明らかであろう。

箱の蓋に草子どもなど(何冊カノ草子ソノ他ソレニ類スルモノ)入れてもていくこそいみじう呼びよせて見まほしけれ。(枕草子)

一七　づつ

(イ)「づつ」は接尾語として扱う学者が多いが、ここにはしばらく助詞として扱う。「づつ」は分量を示す語の下についてその割当をあらわすことばである。中古から用例が見える。

けさ衣などすべて一領《くだり》のほどづつ、ある限りの大徳《だいとこ》たちに賜ふ。(源氏、橋姫)

御娘多かりしと聞きしはいかゞとて、大君よりはじめて委しく問ひ聞えしかば、片端づつ(ソノ娘君タチノコトヲ、一人一人ニツイテ少シズツ)聞え侍りしに(落窪)

近き御厨子《みづし》なる色々の紙なる文(手紙)どもを引きいでて中将わりなくゆかしがれば……片端づつみるに(ソノ手紙ヲソレゾレ片端ダケ一ツ一ツ見ルノニ。全部ハ開イテ見ナイ意)(源氏、帚木)

(ロ)語源は、「一つ」「二つ」などの接尾語の「つ」が重なって出来たものかという。

一八　は

(イ)係助詞「は」は、他の事物を排斥して、ある事物を判然と指定する意をもつ。

秋は来《き》ぬもみぢは宿にふりしきぬ道踏み分けて訪ふ人はなし（古今、秋下）

右で「秋は」「もみぢは」「訪ふ人は」はそれぞれ「秋」「もみぢ」「訪ふ人」を特に他から区別していったものであって、自然「秋」「もみぢ」「訪ふ人」以外の語を排斥する勢が感じられる。「他ノモノハ別《ベツ》トシテ何々ハ」というような意味である。

（ロ）「は」を主格助詞と誤ってはいけない。ある事物を叙述の主題として提示するはたらきはするが、それは主格をあらわすわけではない。

（ハ）従来接続助詞の「ば」と考えられてきた左の例文に見える「は」は、もともと係助詞の「は」であり、したがって「ずは」は近世に至るまで「ずワ」と発音されたものといわれる。「ねば」「思へば」も「ねは」「思へは」であったろうという学者もある。（助動詞「ず」及び動詞の項参照）

かくばかり恋ひつゝ不有者（アラズハ）（従来「アラズバ」トヨマレテイタガ「ズ」ハ連用形、ソレニ「ハ」ガ添ッタモノデ「アラズシテ」ノ意）高山の磐根し枕《ま》きて死なましものを（万葉、二、八六）

卯の花も未開者（未ダ咲カネバ）（「咲カヌニ」ノ意）ほととぎす佐保の山辺に来鳴きとよもす（万葉、八、一四七七）

もみち葉に置く白露の色にはも出でじと念者（オモヘバ）（「思ウノニ」ノ意）事の繁けく（万葉、十、二三〇七）

（二）体言または連体形に連ねて文の終止に用いることがある。

1　単独に「は」だけで終止する場合

さるさがなきえびす心を見てはいかゞはせむは。（伊勢物語）

「さてその文は殿上人皆見てしは」とのたまへば（枕草子）

2　「は」に間投助詞の「も」「や」を添えて終止とする場合

春日野の雪間を分けて生ひ出でくる草のはつかに見えし君はも（古今、恋一）

こゝにいとめづらしき人に対面たまはるはや。（宇津保、国譲、上）

これらはやはり「は」の上にある語を他と区別して特に強調する意味をあらわしたのであろう。

一九　も

（イ）「も」は、元来、感動または詠嘆の声が助詞になったものであろう。しかも、その感動や詠嘆が、そとにはげしくあらわれるものでなく、うちにしずかに沈潜するものであるように感じられるのは、その音の重さによるのであろう。

（ロ）文末に用いられるときは、終止表現（活用語の終止形。稀には係結による連体形、コトの意といわれる接尾語「く」などにもつく）を受け、または「はも」「やも」「かも」

「ぞも」などの形をとって、感動・詠嘆の意をあらわす。

奥山の岩もと菅《すげ》を根深めて結びし心忘不得裳（忘レカネツモ）（万葉、三、三九七）

家にゆきていかに吾《あ》がせむ枕づく（枕詞）妻屋さぶしく於母保由倍斯（オモホユベシモ）（万葉、五、七九五）

わが家《いは》ろ（「イハ」ハ「イヘ」ノ東国方言）に行かも（「行カム」ノ東国方言）人もが草枕旅は苦しと都気夜良麻久母（告ゲヤラマクモ）（万葉、二十、四四〇六）

さねさし相模《さがむ》の小野に燃ゆる火の火中《ほなか》に立ちて斗比斯岐美波母（問ヒシ君ハモ）（古事記）

紫草《むらさき》のにほへる妹《いも》を憎くあらば人妻故に吾恋目八方（恋ヒメヤモ）（万葉、一、二一）

色よりも香こそあはれとおもほゆれたが袖ふれし宿の梅ぞも（古今、春上）

このような文末の用法は上代に栄え、中古に入ると稀になった。

（八）文中に用いられるときは、次のような意味をもつ。

1 一つの事を（そこばくの感動の気持ちをもって）あげて、それと同じ趣の事を言外に類推させる。

世の中はかくこそありけれ吹く風の目に見ぬ人も（目ニ見ル人ト同ジク）恋しかりけり（古今、恋一）

かかる（スグレタ）人も（一般ノ人ト同ジク）世にいでおはするものなりけり。（源氏、桐壺）

ほととぎす鳴くや五月《さつき》のあやめ草あやめも知らぬ恋もするかな（分別ノアル恋ヲスルノガ普通ダノニ、分別モ失イ忘レタ無茶苦茶ナ恋モスルヨ）（古今、恋一）

今はたれもたれもえ憎み給はじ。（源氏、桐壺）（「たれもたれも」ハ重語。「も」ノ意味ハ「たれも」ノ場合ト同ジニ考エテヨイ。「某トイウ人モ、他ノ某トイウ人ト同ジク」ノ意）

暮れぬれば、雷《かみ》すこし鳴りやみて、風ぞ夜も（昼ト同ジク）吹く。（源氏、須磨）

右の「見ぬ人も」「かかる人も」「あやめも」「恋も」「たれも」「夜も」の「も」は上の語をあげ述べるときに感動の気持ちをもって用いられていたものと思われるが、後世の文では、そうした感動の意は意識されなくなったようである。なおこの種の「も」はその文意次第で「サエモ」または「マデモ」と訳すとわかりやすいことが多い。

2　一つの事を（そこばくの感動の気持ちをもって）あげるのにともなって、それと何らかの意味で同じ趣の事を（そこばくの感動の気持ちをもって）列挙する意をあらわす。

銀母金母玉母（シロカネモクガネモ玉モ）何せむにまされる宝子にしかめやも（万葉、五、八〇三）

やまとうた、あるじもまらうどもことひとも、言ひ合へりけり。（土佐日記）

もろともに見てあはれがりも笑ひもす。（蜻蛉日記）

右の「も」もやはり感動の気持ちをともなって用いられていたものと思われるが、後世の文では、その意識はなくなったようである。

3　その受ける語句を感動的に強調する。

苦毛（苦シクモ）降り来る雨か神《みわ》の埼狭野《さの》のわたりに家もあらなくに（万葉、三、二六五）

君に恋ひ痛毛（イタモ）すべ無み奈良山の小松がもとに立ちなげくかも（万葉、四、五九三）

吾《わ》（牽牛星ヲサス）が恋ふる丹《に》の秀《ほ》の面わ（織女星ノ紅顔）今夕母可（コヨヒモカ）天の河原に石枕《いそまくら》まく（万葉、十、二〇〇三）（コノ歌ヲ七夕ナラヌ日ニオケル男星ノ作トスレバ、「コレマデノ毎日ト同ジク今夕モ」ノ意トナルガ、七夕ノ日ノ作（題ハ「七夕」トアル）トスレバ、「今夕、マア、天ノ河原デ、私ヲ待ッテ石枕ヲ枕ニシテイルコトカ」ノ意トナロウ。ソノ方ガ穏当カト思ウ）

かへすがへすつれなき命にも侍るかな。（源氏、桐壺）

（ニ）「も」に次のような用例がある。

此の世にしたぬしくあらば来《こ》む世には虫爾鳥爾毛（虫ニ鳥ニモ）吾は成りなむ（万葉、三、三四八）

右は歌として、音数の関係で「虫ニモ」の「モ」が略されたものといわれている。

（ホ）「も」が動詞または動詞的な活用をもつ助動詞の連体形について、逆態接続の助詞のように用いられることが、「源氏物語」あたりから見えるといわれるが、その例はきわめて稀であるから、本文の誤写と見るか、「にも」などの省略（「に」の節（チ）の項参照）

と見るのが穏当ではなかろうか。

かかる人は（源氏ノ外ニ）又もおはしましけりと（玉鬘ハ主上ヲ）見奉り給ふ。かの（源氏ノ）御心ばへは、浅からぬも、うたて物思ひ加はりしを、これはなどかはさしも覚えさせ給はむ。（真木柱）

「……あなかしこ。物のついでに、いはけなくうち出で聞えさせ給ふな」などいふも、それをば何ともおぼしたらぬぞあさましきや。（若紫）

「かかる事世にまたあらむや」と、心一つにいとど物思はしさ添ひて、うちへまゐらむとおぼしつるも、出で立たれず。（橋姫）

中古末から中世に入ると、逆接助詞と見るべき用例は多く見える。

矢は当らざりしも、痛手は負ひぬ。（平治物語）

なお左の例は係助詞であるから誤解してはならない。

将来云毛（来ムトイフモ）（「来ムトイフ人モ」ノ意。タダシコレヲ「来ムトイフ〔トキ〕ニモ」ノ略トスル説モアル）来ぬときあるを来じと言ふを来むとは待たじ来じといふものを（万葉、四、五二七）

（へ）「も」に「ぞ」「こそ」が添って「もぞ」「もこそ」となると、特別な意味をもつことがあるが、「ぞ」「こそ」の節において述べる。

二〇　ぞ

（イ）「ぞ」はある一つの事物を取り出して強く指示する意をあらわす助詞である。「記」「紀」「万葉」で「ぞ」は清音仮名（曽・衣など）で記されているものが圧倒的に多く、濁音仮名（序・叙など）は少ない。元来清音で上代後期から中古にかけて濁音化したものと考えられている。「そ（ぞ）」の語源は指示代名詞の「そ（其）」であるといわれる。なおこの「そ」を「である」の意の上古の指定の助動詞の終止形で、連用形は「此処にして家やもいづく（万葉、三、二八七）」の「し」がその化石的残痕であるとする説もあるが、「此処に」の「に」と指定助動詞との接続についての説明がはっきりしないし、なお検討を要しよう。

1　係となるときは文末の活用語は連体形で結ぶ。

いづらと問ふぞ悲しかりける。（土佐日記）

このような言い方は、本来は「悲しかりける（コトハ）いづらと問ふ（コト）ぞ」の倒置であったのであろうといわれる。

2　文の終止に用いられる場合は「体言」または「活用語の連体形」につく。

怜何国曽（ウマシ国ソ）あきづ島大和の国は（万葉、一、二）

万代に照るべき月も雲隠り苦物叙《がく》（苦シキモノソ）逢はむと思へど（万葉、十、二〇二五）
つねに御仲はあしきぞ。（宇津保、国譲、上）
出でて見よ、例ならずいふはたれぞ。（枕草子）

（ロ）「やぞ」「そも」「ぞは」「ぞかし」などの用例もある。
年にありて一夜妹に逢ふ彦星も吾に増りて思ふらむやぞ（拾遺、秋）
我がやどの葛葉《くずは》日に異《け》に色づきぬ来まさぬ君は何情曽毛（何心ソモ）（万葉、十、二二九五）
「おのがじし家路と急ぐも何ばかりの里人ぞは」と思ひおくらる。（紫式部日記）
長泣きをして笑はるるぞかし。（枕草子）

（ハ）「ぞ」は中古でも「た（誰）」の下では「そ」と言われたらしい。
この女にかくの給ふはたそといふ。（竹取）

（ニ）つれなき人よりはなか〳〵あはれにおぼさるとぞ。（言ヒケル）。（源氏、帚木）
右のように「ぞ」が格助詞「と」の下に来て文が終止している場合は、この「ぞ」は係語であって、結語は省略されたものと見られている。（「となむ」「とや」などについても同様なことが言える。）

（ホ）係の「ぞ」を受ける活用語が副詞句などに含まれて、文が下につづくような場合は、連体結びの形は自然に消滅する。（これは「なむ・や・か・こそ」の係についても同様である。）

又供にひとりばかりぞあれば（蜻蛉日記）

逢ひ見ては慰むやとぞ思ひしに名残しもこそ恋しかりけれ（後撰、恋三）

（ヘ）また係の「ぞ」を受けるべき活用語が省略された言い方もある。

あしひきの山行きしかば山人のわれに得しめし夜麻都刀曽許礼（山ツトソコレ）（ナル省略ガアル）（万葉、二十、四二九三）

宮の内侍ぞ又いと清げなる人（ナル省略ガアル）。（紫式部日記）

また中古後期になると係の「ぞ」に対して「よ」で止める言い方があらわれる。右の「省略」の言い方から派生したものであろう。

これぞかの御文に侍りけむしるしよ。（浜松中納言物語、四）

これぞ母よ。（浜松中納言物語、四）

（ト）琴笛の音にも雲居をひゞかしすべて云ひつゞけば、事々しううたてぞなりぬべき人の御さまなりける。（源氏、桐壺）

右を（ホ）に類した例として「うたてぞ」の結びであるべき「なりぬべき」が、そのまま「人」に連体形で接したものと見る（その場合は「御さまなりける」の下に「コトヨ」の省略がある）こともできないことはないが、おそらくは「御さまなりける」で連体結びにしたものであろう。こうした不用意の誤用は、「ぞ、なむ、や、か、こそ」の係のすべてについて時々見られることである。

（チ）木の間より風に紛ひて降る雪も春来《く》と言へば花かとぞ見ゆ（躬恒集）

右はもし本文の伝来に誤りがないとすれば、「ぞ」の係が終止形で結ばれた稀有の例となる。

（リ）「もぞ」という連語は、その上に強めの助詞の「し」がついて「しもぞ」となるとき、および「もぞ」の「も」が列挙（並列）の意であるとき以外は、悪い（都合の悪い）事態が将来起こることを予測し、そうなっては困るという気持ちをあらわすのが通例である。その文末は、予想や推量の助動詞をともなわず、動詞の原形（現在形）またはそれに準ずるものでおわる。ということは、その予測の実現の確実性が強い気持ちをあらわしているものと思われる。「困ったことに、きっと……するぞ」「……するといけない」「……すると困る」などと訳すと、ほぼ当たろう。

1　恋爾毛曽（恋ニモゾ）人は死にする（困ッタコトニ、恋ニヨッテキット人ハ死ヌノデス）水無瀬《みなせ》川下ゆわれ痩《や》す月に日に異《け》に（万葉、四、五九八）

2　さかしらする親ありて思ひもぞつく（困ッタコトニキット思イガツクゾ・思イガツクトイケナイ）とて、この女をほかへ追ひやらむとす。（伊勢物語）

3　恥づかしと思はば、これより深くもぞ入る（コレヨリモット山深ク入ルトコマル）とおぼせば（宇津保、俊蔭）

4　天の川流れて恋ひば憂くもぞある（行末ズット恋イ慕ウナラバ、イヤナコトニ、キットツライ目ニアウ。ダカラ）あはれと思ふ瀬に早く見む（今、アノ人ガ私ヲシミジミカワイイト思ッテクレル時ニ早ク逢イタイ）（後撰、秋上）

5 また仰せられかくべき事もぞ侍る（マタ難題ヲオ言イカケニナルヨウナ事ガアルトイケマセン）。まかり立ちなむ。（枕草子）

6 おぼつかなきもの……知らぬ所に闇なるにゆきあひたるに、あらはにもぞある（ハッキリ顔ガ見エルト困ル）とて火もともさで、さすがに並《な》みゐたる。（枕草子）

7 さらば（ソレデハ退出セヨ）。物ごりして又いだし立てぬ人もぞある（コリテ二度ト参内サセナイ人ガアルト困ルカラ）。いとこそからけれ。（源氏、真木柱）

8 御文はあまり人もぞ目だつる（人ガ目ヲ立テルトイケナイ）などおぼして（源氏、真木柱）

9 「内蔵寮《くらづかさ》・穀倉院など、公事につかうまつれる、おろそかなる事もぞ（下ニ「ある」ガ省略サレテイル）（疎略ナコトガアルト困ル）ととりわき仰せ言ありて（源氏、桐壺）

10 春雨に濡れて尋ねむ山桜雲の返しのあらしもぞ吹く（雨気ノ雲ヲ吹キ返スアラシノ風ガ吹キ散ラストイケナイカラ）（金葉、春）

11 都人今日もぞ来ます（都人ガ、都合ワルクオモテナシスルタネノナイ今日オイデニナルトイケナイ）片岡の雪かき分けて菜つめわがせこ（藤原定頼集）

12 玉の緒よ絶えなば絶えねながらへばしのぶる事のよわりもぞする（命ヨ、絶エテシマウノナラ、絶エテシマエ。生キナガラエルナラ、コノ恋ノ気持チヲ抑エテ我慢スルコトガ弱ル（我慢シ切レナクナル）トイケナイカラ）（新古今、恋一。式子内親王）

右の3・4・12では上に未然の条件句「思はば」「恋ひば」「ながらへば」がありながら、下が「深くもぞ入らむ」「憂くもぞあらむ」「よわりもぞせむ」とならないことに注意せよ。9は「もぞ」の下が省略されているが、こうした用例は稀である。

「もぞ」につごうの悪い事態の起こるのを予測する意があるとわれわれが判断するのは、もっぱらあらゆる用例に徴してのことであるが、見様《みよう》によっては、稀に、好ましい事態の起こるのを予測する意があると思われる用例もあり、たとえば、「新選古語辞典」（中田祝夫博士編）は正治二年（一二〇〇年）百首の

柴の戸の跡見ゆばかりしをり（道シルベ）せよ忘れぬ人のかりにもぞ訪《と》ふ

をその例としてあげている。それに従えば、右の11の用例も「ウレシイコトニ、都人ガ今日キットオイデニナル」と解くほうがよいということになろう。しかし、こうした例はきわめて稀少であるということに立ちもどって考えなおしてみると、一つの「言い方」が、反語というようなことでなしに、自然にそのままで、きわめて稀には反対の意味をあらわすのに用いられるということは、まずあり得そうもないと考えるのが自然であろう。だから私は、この「良い事態を予測し、それを期待する気持を表わす」（新選古語辞典）という用法の存在については、もう少し多くの用例をたずねて確かめるまでしばらく保留したい。

正治二年百首の用例も私は「(道しるべもないのに) 忘れない人が、訪問するといけないから」と解くべきだと考える。また、もう一つの有力な「好ましいことへの期待」の用例といわれる、道貞が離縁したあとで、帥宮の愛人となった和泉式部に対して赤染衛門が贈った歌

うつろはでしばし信太《しのだ》の森を見よかへりもぞする葛《くず》の裏風(和泉式部集・新古今、雑下)

も、「そんなにあっさり気を変えて宮さまの愛人などにならないで、しばらく辛抱《しんぼう》して道貞さんの様子を見ていらっしゃいな。現在、宮に心変わりしているあなたにとっては工合が悪いことに、道貞さんはおそらくあなたのところにもどってくるわよ」の意と解いてよかろうと思う。

「もぞ」のこうした都合の悪いことの予測の用法は中世に入っても生きている。

山崩れなば、うちおほはれて死にもぞすると思へば(宇治拾遺、二)

法皇大きに御感あッて「神妙也。義仲が余党なンどまゐッて、狼藉もぞ仕る。なんぢら此御所よく〳〵守護せよ」と仰せければ(平家、九、河原合戦)

門よくさしてよ。雨もぞ降る。御車は門の下に、御供はそこそこに。(徒然草)

中世もなかばを過ぎると、こうした「もぞ」は用いられなくなったようであるが、たしかな調査はまだ出来ていない。

なお「しもぞ」や列挙の「も」に「ぞ」の加わった「もぞ」が右のような意味はもたな

い単なる強調である例を、念のためにあげておこう。

さるはこの君しもぞらうらうしくかどある方のにほひはまさり給へる。（源氏、総角）

立ちて念《おも》ひ居毛曽念（居テモソ念フ）紅の赤裳裾引き去《い》にし姿を（万葉、十一、二五五〇）

〔「立ちて」ニ「居て」ガ並列シテイル〕

二　係助詞の「なも」（上代）

「なも」も「ぞ」に類する強意の係助詞（係となって文を連体形で結ぶ）であるが、上代の宣命で、聞き手に対する文の中にのみ用例が見え、「万葉集」には一例、引用のなかに用いられているだけである。

傍《かたへ》の上をばのり給はむとして奈母（ナモ）抑へてあり都流（ツル）（続日本紀、第二十五詔）

清き心をもちて仕へまつれとのりたまはむと奈毛召都流（ナモ召シツル）（続日本紀、第四十五詔）

三　係助詞の「なむ」

（イ）上代の係助詞「なも」は中古に入ると係助詞「なむ」となった。

ありける女童《めのわらは》なむこの歌をよめる。（土佐日記）

雲の上も海の底も同じ如くになむありける。（土佐日記）

目も見え侍らぬに、かくかしこき仰せ言を光にてなむ。（「拝見サセテ頂キマス」トイウヨウナ意味ノコトバニヨル結ビガ省略サレテイル）（源氏、桐壺）

（ロ）「なむ」は散文にだけ用いられ、歌においては用いられない。中古の勅撰集、私家集を通じて十首に足らぬ歌の中で「なむ」が用いられているが、それらはすべて「と」によって散文を引用した語の中にだけある。

袂より離れて（袂ヨリホカノモノデ）珠を包まめや「これなむそれ」と移せ見むかし（古今、物名、うつせみ）

歌に用いられなかった理由は明らかでないが、中古の初め、散文に流行した当時、俗語として退けられて（反対に俗語の目新しさから、歌に採られたらしい「べらなり」などもあるが）、ついに保守的な歌の世界には入り得なかったのかも知れない。同じ意に近い「ぞ」があるのに、二音の「なむ」をわざわざ代用させて短い詩形をいっそう窮屈にする必要もなかったというようなことも、あるいは理由の一つには数えられるであろうか。

（ハ）係の「なむ」の結びが直接意味のかかわりがある活用語の上に来ないで、文末に来ている例

この本どもなむゆかしと心動き給ふ若人世に多かりける。（源氏、梅枝）

文も候はざりき。この鏡をなむ奉れと侍りし。（更級日記）

（ニ）係の「なむ」の連体結びが流れてしまう例

年頃よく具しつる人々なむ別れ難く思ひて、日頻りにとかくしつゝ、のゝしるうちに夜更けぬ。（土佐日記）

（ホ）「ぞ」は地の文で用いられることが多く、「なむ」は会話の中に用いられることが多い。

二三　終助詞の「なも」（上代）と「なむ」

（イ）終助詞の「なも」「なむ」は、活用語の未然形に添うて、他に対する誂《あつら》え（願望）をあらわす。この「なも」「なむ」は係助詞の「なも」「なむ」の終止的用法だといわれているが、便宜、終助詞として別個にこれを扱っておく。

（ロ）「なも」は上代にだけ用いられた。

上《かみ》つ毛野《けの》をどのたどり（地名）が川路《かはぢ》にも児らは安波奈毛（逢ハナモ）（私ニ逢ッテオクレ）

一人のみして（万葉、十四、三四〇五）

三輪山を然《しか》も隠すか雲だにも情《こころ》有南畝（アラナモ）（心アッテオクレ）隠さふべしや（万葉、一、一八）

(ハ) 上代にも「なむ」の用例がある。

うちなびく（枕詞）春ともしるく（春ダトハッキリワカルヨウニ）鶯は植木の樹間《こま》を奈枳和多良奈牟（鳴キワタラナム）（万葉、二十、四四九五）

(ニ) 中古の「なむ」の用例。この「なむ」は和歌にも頻りに用いた。

今年より春知り初むる桜花散るといふことは習はざらなむ（習ワナイデオクレ）（古今、春上）

人知れぬ吾が通ひ路の関守は宵々毎にうちも寝ななむ（寝テシマッテオクレ）（古今、恋三）

(ホ) この「なむ」が一、二段動詞の未然形に添う場合は、連用形と同形であるために、完了の助動詞に予想の助動詞のついた「なむ」と見誤る惧《おそ》れがある。よく文意を考えて判断することが肝要である。

春立てば消ゆる氷の残りなく君が心はわれに解けなむ（「解ケテクレ」ノ意。「解ケテシマウダロウ」デハナイ。）（古今、恋一）

二四　係助詞の「や」

(イ) 係助詞の「や」は疑問または反語の意をあらわす。感動の意をあらわすという間投助詞の「や」に本来問いかけの気持ちがあり、それがことばとして発音されるときの音調

(アクセント)によって、疑問の意をあらわすようになったものであろうかという。

1　係となるときは活用語は連体形で結ぶ。

かまどに豆やくべたる。(枕草子)

2　係結の結びが省かれることがある。

「こ、やいづく(ナル)」と問ひければ(土佐日記)

ひさしくおはしますまじかりければにや(アラム)、出家してうせ給ひにき。(大鏡、兼通)

3　文の終止に用いられる。その場合は活用語の終止形につく。反語に限っては、多くの場合、活用語の已然形につく。

名にし負はばいざ言《こと》問はむ都鳥「我が思ふ人はありやなしや」と(古今、羇旅)

植ゑし植ゑば秋無き時や咲かざらむ花こそ散らめ根さへ枯れめや(枯レヨウカ、枯レハシマイ)(古今、秋下)

已然形について反語となる例を、なお二つ三つあげておく。

妹《いも》が袖別れて久《ひさ》になりぬれど一日《ひとひ》も妹を忘れて於毛倍也(思ヘヤ)(思イ忘レルカ、思イ忘レハシナイ)(万葉、十五、三六〇四)

かくしても相見るものを少くも年月経《ふ》れば古非之家礼夜母(恋シケレヤモ)(コウシテ、マア逢ウコトガデキルノダナア。君ト別レテ年月ガ経ッタノデ、自分ハ少シバカリアナタガ恋シイカ、イヤ大イニ恋シイノデス。「少くも」ハ第五句ニカカル。)(万葉、十八、四一一八)

安騎《あき》の野に宿る旅人うちなびき寝《い》も宿良目八毛（寝《ヌ》ラメヤモ）（今頃ハ……寝テイルダロウカ、イヤ寝テハイナイダロウ）古へ思ふに（万葉、一、四六）

思ふとも恋ふとも逢はむものなれや結《ゆ》ふ手もたゆく解くる下紐（ドンナニ思オウガ、恋イヨウガアノ人ニハ逢エヨウモノデハナイノダ。ソレダノニ、今夜ハ（逢エル前兆ヲ示スヨウニ）結ブ手ガダルクナルホド、結ンデモ結ンデモ下紐ガトケルヨ）（古今、恋一）

（ロ）終止形につく場合や係に用いられている場合でも反語の意となることがあることは言うまでもない。

三輪山を然《しか》も隠すか雲だにも心あらなも隠さふ倍之也（ベシヤ）（カクシツヅケテヨイモノカ、イヤ、ヨクハアルマイ）（万葉、一、一八）

植ゑし時花待ち遠にありし菊移ろふ（衰エシボム意）秋に逢はむとや見し（逢ウダロウト思ッテ見タカ、イヤ、見ナカッタ）（古今、秋下）

（ハ）「や」は係助詞「は」「も」を伴って「やは」「やも」となると、多くは反語の意となる。

春の夜の闇はあやなし梅の花色こそ見えね香やは隠るゝ（古今、春上）

散る花の鳴くにしとまるものならば我鶯に劣らましやは（古今、春下）

「やも」の例は（イ）にあげてある。

手を折りて逢ひ見し事を数ふればこれ一つやは君が憂き節《ふし》（ナル）（源氏、帚木）

右の「やは」については反語・疑問の両説があってなお定まらない。諸君自ら「源氏物語」のこの歌の前後の文をよく読んで研究せられたい。

（二）上代においては活用語の已然形はそれ自身で句を終えて、多くは「ば」を伴わずに下文に順接の意をもって連なった。たとえば、

心ゆも思はぬあひだに打靡き臥《こや》し努礼（ヌレ）言はむすべ為《せ》むすべ知らに（万葉、五、七九四）

家離《さか》りいます吾妹《わぎも》を停《とど》めかね山隠し都礼（ツレ）精神《こころど》もなし（万葉、三、四七一）

は、それぞれ「臥しぬれば」「山隠しつれば」の意である。これは、上代の古いころには、已然形は、それだけで、下に何も添えることなしに、既定の順接・逆接の条件句をつくるはたらきがあったからだと考えられている。つまり「ば」は、あとで添えて用いられるようになったと見るのである。したがってこの種の已然形の下に「や」が添うたものは、形の上では反語の「や」と見誤る惧れがあるから注意せられたい。

雪こそは春日《はるひ》消ゆらめ心さへ消え失せ多列夜（タレヤ）（消エ失セテイルカラカ）言《こと》も通はぬ（万葉、九、一七八二）

ももしきの大宮人は暇《いとま》有也（アレヤ）（ヒマガアルカラカ）梅をかざしてこゝに集有（ツドヘル）（万葉、十、一八八三）

右の「たれや」「あれや」は、後代の「たればや」「あればや」の意に解けばよいのである。

ところで、こうした「已然形プラスや」が「已然形プラスばや」の意である用法は、中古に入っても、歌ではひきつづいて行なわれていたと、一往判断されていたことは、「古今集」に次のような例が見えるからである。

1　伊勢の海に釣する海人《あま》のうけ（ウキ）なれや心一つを定めかねつる（恋一）

2　秋の野に置く白露は玉なれやつらぬきかくる蜘蛛の糸すぢ（秋上）

しかしこれについて佐伯梅友博士（日本古典文学大系、古今集）は、同じ「古今集」に、次のように結が連体形でなく、終止形であるものがあることに注目して疑問を投ぜられた。

3　風吹けば波うつ岸の松なれやね（根ニ音《ネ》ヲカケル）にあらはれて泣きぬべらなり（恋三）

写本では「る」と「り」は字形がよく似ているので、いちおう誤写の疑いもないではないが、古写の諸本のすべてが「べらなり」とあるから、信ずるのが穏当である。だとすると、上の「なれや」は係となるものでなくて、そこで言い切ったと見るほかはない。そう見た上で、佐伯博士はこれを一往反語と見て「松であるか、松なんかではない。だのに……」とも解けるとされる一方、「（私ハ、松）なのかしら。」（疑問）または「（私ハ、松）であるよ。」（詠嘆）とも解けるとしておられる。さらに、佐伯博士は、次のような用例があることについて重大な指摘をされる。

4　荒れにけりあはれ幾代の宿なれや住みけむ人のおとづれもせぬ（雑下）

5　たがために引きてさらせる布なれや世を経て見れど取る人もなき（雑上、吉野の滝を見てよめる）

右の二首では上に「幾代」「た（が）」という疑問詞があるのだから、もし「や」が係の助詞で「せぬ」「なき」がその結びなら、「宿なれか」「布なれか」であるべきだ、従ってこれらの「なれや」もそこで言い切ったものと見なければならぬとされるのである（次項（ホ）参照）。そのほか、こうした一往条件法とも見られる「已然形プラスや」の用例が、「古今集」ではもっぱら「なれや」に固定していて、他には「あれや」二例、「ぬれや」一例が見えるのみであるということも疑わしいといわれる。

以上、佐伯博士の御説はごもっともと言うべきであろう。もっとも上代の語法をわきまえている作者も当然いたろうから、すべてが「……ばや」の意味ではないと言い切ることは、もちろんできないが、少なくとも1の歌も「うきなのかしら」（疑問）または「うきなのだなあ」（詠嘆）で言い切って、「定めかねつる」は下に「コトヨ」が略された気持ちと読みとることも可能であり、2の歌も「玉なのかしら」（疑問）または「玉なのだなあ」（詠嘆）で言い切って、「つらぬきかくる」を「蜘蛛の糸すぢ」への連体修飾語と解くことも可能であろう。要するに、こうした破格の文法は、それが語としては死んで、形だけ残っているものが、歌において形だけ襲用されて語の意味を誤ったために生じたもので、一種の「歌語」と称すべきものであろう。

なお、前掲の「万葉集」の「ももしきの大宮人は暇あれや梅をかざしてこゝに集へる」は、中世初めの「新古今集」で、

ももしきの大宮人は暇あれや桜かざしてけふも暮しつ（春下）

と改めて採られている。この場合「暇あれや」はそこで言い切りになっているわけだが、Ⓐ「暇があるのか、いやあるはずはない。それだのに」（反語）、Ⓑ「暇があるのかしら。それで」（疑問）、Ⓒ「暇があるなあ。それで」（詠嘆）の三通りの解が、一往考えられようが、原歌を考慮に入れて考えるまでもなくⒶではあり得まい。ⒷⒸのいずれかを採るべきであろう。（なお尾上八郎博士の「評釈新古今和歌集」はじめ、この「あれや」を「あればにやあらむ」または「あればにや」と言い改めて注しているものが多い。注意を要する）

（ホ）上に疑問の意味をもつ語（たとえば「なに・いかに・いづれ・いく・たれ・たが」など）があるときには、文の間にでも末にでも疑問・反語の「や」は用いないで「か」を用いる。中世に入ると「や」が用いられはじめる。

是はいづちへとて渡らせ給ふや。（延慶本平家）

感動の意の「や」はこの限りではない。

おとゞ、などさるけしき見給ひしや。（宇津保、蔵開、上）

かの君何のざえかおはするや。（宇津保、菊宴）

なお「万葉集」で上に「なに」がありながら文末に反語の「や」を用いた集中唯一の除外例がある。

おしてるや（枕詞）難波の小江《をえ》になまりて（カクレテ）をる葦蟹《あしがに》を大君召すと。何為牟爾吾乎召良米夜（何セムニ吾《ワ》ヲ召スラメヤ）明らけくわが知る事を歌人《うたびと》と吾を召すらめや笛吹きと吾を召すらめや琴引きと吾を召すらめやかもかくも命《みこと》受けむと……（万葉、十六、三八八六）

右は「何セムニ吾ヲ召スラム」で然るべきものを、後の三つの「吾ヲ召スラメヤ」と並べるために無理をしたのではなかろうか。

また、中古に少数ながら「疑問語＋ぞ＋や」という、いわば破格の形の

1　宮仕に出し立てむと漏らし奏せし、いかになりにけむと、いつぞや宣はせし。（源氏、帚木）

2　またけ近くて見奉らむには、いかにぞやうたておぼゆべきを（源氏、葵）

のような用例があるが、1は「いつだったかおっしゃった」の意味であって、「や」は「宣はせし」を疑う意味をもっているのではなく「いつだったか」と、その「時」が存在したことは確かだが、ただその時点が自分の記憶の上で不確かであることを意味しているにすぎない。そうした事情から、本来の疑問の助詞である「か」を避けて、やわらかに呼びかける気持ちの強い「や」が用いられたのであろうか。2の「いかにぞや」は「源氏物

語」における若干の用例を見ると、「どうだろうかしら」または「どうだろうかしらと」のような意と思われるが、「いかにか（アラム）」という程の強い疑問ではなく、やはり相手への柔かな呼掛が「ぞや（アラム）」になったのか。或いは「や」は感動の終助詞か。

二五　間投助詞の「や」

（イ）感動の自然の声から出来たという「感動の意を示す」助詞である。文末または文中に用いられる。文中の場合は感動に添えて語調を整えるための用とおぼしきものもある。口語では「よ」と訳すが、それで当たらぬときは、むしろ省いて訳さない方が無難である。

「あなや」といひけれど（伊勢物語）

やすらかに身をもてなしふるまひたる、いとかはらかなりや。（源氏、帚木）

思しやるかたぞなきや。（源氏、夕顔）

此也是能（コレヤコノ）大和にしてはあが恋ふる紀路《きぢ》にありといふ名に負ふ背《せ》の山（万葉、一、三五）

石見の也（ヤ）高角山《たかつのやま》（「石見ノ高角山」ノ意）の木《こ》の間より我が振る袖を妹見つらむか（万葉、二、一三二）

（ロ）花や蝶やとかけてこそあらめ。（源氏、夕霧）

何やかやとよづける筋ならで（源氏、末摘花）

右は並列の意だといわれているが、やはり感動の意で、「花よ、蝶よと」「何だ、かだと」などと口訳して当たるはずである。

二六　係助詞の「か」

（イ）係助詞の「か」は、「や」と同様に疑問または反語の意をあらわす。係助詞「も」に添って「かも」として頻りに用いられる。文の終りに用いられるものは詠嘆（感動）の意をあらわすことがある。

1　係となるときは活用語は連体形で結ぶ。

「かゝる路にはいかでかいまする」といふを見れば、見し人なりけり。（伊勢物語）（疑問）

2　文の終止に用いられる場合は「体言」、または「活用語の連体形」につく。

誠にその人か。（源氏、若菜下）（疑問）

それはとゞめ給ふかたみはなきか。（源氏、若紫）（疑問）

君が家《いへ》の池の白波磯に寄せ（以上「シバシバ」ノ序）しばしば見《み》とも飽かむ君加毛（カモ）（万葉、二十、四五〇三）（反語）

秋の野を朝行く鹿の跡もなく思ひし君に逢へる今夜香（コヨヒカ）（万葉、八、一六一三）

（詠嘆）

次の用例は、形容詞のおそらく語幹とおぼしきものについているが、歌の音調の都合で無理をしたものであろうか。

久夜斯可毛（クヤシカモ）かく知らませばあをによし国内《くぬち》ことごと見せましものを（万葉、五、七九七）

許其志可毛（コゴシカモ）巌《いは》の神さびたまきはる幾代へにけむ（万葉、十七、四〇〇三）

（ロ）「か」に「は」が添うと多く反語の意となる。

声絶えず鳴けや鶯一年に再びとだに来《く》べき春かは（来ベキ春デアルカ、ソウデハナイ）（古今、春下）

しかし次のように反語でない場合もあるから、文意をよく見定めて解くように注意したい。

蓮葉《はちすは》の濁に染《し》まぬ心もて何かは露を珠とあざむく（ドウシテ……アザムクノダロウ）（古今、夏）

次の文では「かは」と「やは」が重なって用いられている。諸注はとりたてて不審としていないが、疑わしい。「何かは」で文を切って、「ことひとのやうにやは」とは別の文だとするのも、不自然であろう。

つひに宿世のがれずは、こなたざまにならむも（妹君ノ方ト結婚シヨウノモ）何かはことひとのやうにやは（他人ノヨウニ思オウカ、思ウコトハナイ）と、思ひさまして（気ヲシズメ

テ）（源氏、総角）

右の本文は、青表紙本のうち御物本では「何かはことひとのやうにはと」となっている。それに従いたい。

（ハ）「か」に「も」が添った「かも」が、「む」の已然形「め」につくと反語の意になる。ただし用例は稀である。

古を仰ぎて今を恋ひざらめかも。（古今、序）

（ニ）「もの」に「か」の添う「ものか」は、多くは反語の意になる。

人ばなれたる所に心とけていぬるものか（気ヲユルシテ寝テイイモノカ、ソウデハアルマイ）。（源氏、夕顔）

かゝる夜の月に心やすく夢みる人はあるものか。（源氏、横笛）

ただし次の例は反語ではない。

「この住吉の明神は例の神ぞかし。欲しきものぞおはすらむ」とは今めくものか。（感動ノ意）（土佐日記）

（ホ）文中の係助詞「も」と呼応する文末の「か」は詠嘆の意であることが多い。

見れど飽かずいましし君がもみち葉の移りい去《ゆ》けば悲喪有香（悲シクモアルカ）（万葉、三、四五九）

心無き雨爾毛有鹿（雨ニモアルカ）人目守《も》りともしき（アウコトガ稀デ心ヒカレル）妹に今《け》

《ふ》日だに逢はむを（万葉、十二、三一二二）

（ヘ）係助詞「や」の（ニ）で述べたと同じ用法が「か」にもある。

我妹《わぎも》子《こ》がいかに於毛倍可（思ヘカ）（「思ヘバカ」ノ意。思ウカラカ）ぬば玉の一夜《ひとよ》も落ちず
夢《いめ》にしみゆる（万葉、十五、三六四七）

吾《あ》が君はわけ（ワタクシ）をば死ねと念可毛（思ヘカモ）（「思ヘバカモ」ノ意、思ウカラカ）逢ふ夜逢はぬ夜二走《ふたはし》るらむ（万葉、四、五五二）

（ト）「万葉集」における「も……ぬか」「も……ぬかも」（「ぬ」は助動詞「ず」の連体形）は「……ナイノカ」の意から「……ナイノカナア。……アッテクレ」の意に変わって、願望（希求）、とりわけて、願っても実現の可能性がないような望みをあらわすのが普通である。ただし上に「も」のない「ぬかも」はかならずしもこのかぎりでないから、注意を要する。

人もなき国母有粳（国モアラヌカ）（国ガナイカナア、アッテクレレバヨイ）わぎもことたづさひ行きてたぐひてをらむ（万葉、四、七二八）

春日なる三笠の山に月母出奴可母（月モ出デヌカモ）（出ナイカナア、出テクレレバヨイ）
佐紀山に咲ける桜の花の見ゆべく（万葉、十、一八八七）

百伝《ももづた》ふ（ヤソノ枕詞）八十《やそ》の島廻《しまみ》を漕ぎ来れどあはの小島は見れど不足可聞（飽カヌカモ）
（アキナイナア――感動ノ意）（万葉、九、一七一一）

（チ）なほ物はかなきを思へばあるかなきかの心地ぞする。かげろふの日記といふべし。（蜻蛉日記）

右の「か」は並列の意だともいわれているが、やはり疑問の意と見てさしつかえない。

（リ）感動の意をあらわす例を二、三あげる。多くの場合、上に「も」がある。

浅緑糸よりかけて白露を珠にも貫ける春の柳か（古今、春上）

静けくも岸には波は寄せ家留香（ケルカ）この屋《いへ》通し聞きつゝをれば（万葉、七、一二三七）

八百《やほ》日行く浜の沙《まなご》も吾が恋に豈《あに》不益歟（マサラジカ）（オソラクハマサルマイヨ。コノ「豈」ハ反語デハナイ）沖つ島守（万葉、四、五九六）

風吹けば峰にわかるる白雲のたえてつれなき君が心か（古今、恋二）（「も」ヲ伴ッテイナイ稀ナ例）

（ヌ）「か」に「な」が添った「かな」は感動をあらわす。上代の「かも」に代わって中古に盛んに用いられた。

春や疾《と》き花や遅きと聞き分かむ鶯だにも鳴かずもあるかな（古今、春上）

（ル）「誰《だれ》」の下に「か」をともなわないで、結びを活用語の終止形とする用例が稀に見える。

帯日売《たらしひめ》神のみことの魚釣《な》らすと御立《みた》たしせりし伊志遠多礼美吉（石ヲタレ見キ）（万葉、五、

八六九）

誰聞都（タレ聞キツ）此間《こ》ゆ鳴きわたる雁《かり》がねのつま呼ぶ声の羨《とも》しくもあるか（万葉、八、一五六二）

次の文の「いかになり給ひにき」はやはり「いかに」の下に「か」がない（そうした例は多い）が、さらに結びが終止形であるのは「ドンナフウニオナリニナッテシマッタ」の意ではなく「ドンナフウニカオナリニナッテシマッタカ」の意、つまり「なり給ひにき」は疑うべき事でなく、明確な事実であり、疑いはただ「なりかた」について「いかに（ドンナフウニ）」であるだけだからであろうか。

いかになり給ひにきとか人にも言ひ侍らむ。（源氏、夕顔）

（ヲ）疑問（反語）の「や」「か」の意味の差については古来いろいろ言われているが、なお十分明らかとは言えない。松尾博士は、「や」は柔かく優しい音であるから、相手に静かに問いかけるのに用い、「か」は強く堅い音で迫るような感じを伴うから、普通、自己の胸中の疑問をあらわし、相手に問いかけるのには用いない、問いかける場合に用いるとすれば、急迫したときである、疑問の語が上にあるときは、疑問の意が強いから「か」を用いる、「や」では弱すぎて竜頭蛇尾となる。大体以上のようなことを説いておられる。

二七　係助詞の「こそ」

（イ）「こそ」は「ぞ」より強意が一段と強いといわれる係助詞である。ある事物を特に指示して言うのに用いる。「こそ」は、指示代名詞の「こ」及び「そ」と同源の語であろうという。

（ロ）文中で係となって、活用語を已然形で結ぶ。

なほこそ国の方は見やらるれ。我が父はありとし思へば。かへらや。（土佐日記）

立田姫手向くる神のあればこそ秋の木の葉のぬさと散るらめ（古今、秋下）

（ハ）上代では「こそ」の結びが、形容詞または形容詞的な活用をする助動詞では連体形となる。形容詞の已然形は、のちに発達したのである。

一日社《ひとひ》（コソ）人母待吉（人モマチヨキ）長き日《け》をかくのみ待たばありかつましじ（万葉、四、四八四）

ゆきかへり見れども飽かず諾《うべ》し社（コソ）見る人毎に語りつぎしのひ家良思吉（ケラシキ）（万葉、六、一〇六五）

（ニ）「や」の（二）の項で、上代においては活用語の已然形はそれ自身で句を終えて、下文に順接の意を以て連なったと述べたが、逆接の意を以て連ることもあり得たろうこと

は、助動詞「ず」の条で、

秋風も未だ吹かねば

の「ば」は係助詞の「は」であり、「秋風も未だ吹かね」だけで逆接の意を持っていたと推定されると述べたことで明らかであろう。

その名残りであろうか、「こそ」の結びになる活用語の已然形は、上代中古を通じて逆接の意を以て下文にそのまま連なって行く用例が多い。ことに上代では、ほとんどがそれであるといわれる。

中垣こそあれ（アルケレド）一つ家の様なれば望みて預れるなり。（土佐日記）

植ゑし植ゑば秋無き時や咲かざらむ花こそ散らめ（散ルダロウケレド）根さへ枯れめや（古今、秋下）

また、「こそ」の結びの已然形が、順接の意を以て下文につらなると思われる用例も稀に見える。

二人の聟の装束、いさゝかなるひまなくかきあひ縫はせ給へば、しばしこそ物いそがしかりしか（暫シノ間イソガシカッタノデ）、夜も寝《い》もねずぬはす。（落窪）

ただし右はまったく稀有の例だから、本文の誤伝かも知れない。

次の例の「こそ」の結びは、逆接の意をもっているとは解きがたい。中古ではこのように言い切りになる例も、かなり多い。

花は限りこそあれ。そそけたるしべなどもまじるかし。（源氏、野分）

あらしこそ吹きこざりけれ宮路山まだもみぢ葉のちらで残れる（更級日記）

「こそ……已然形」の下に「ど」「ども」を伴う用法は上代にはなく、中古にあらわれた。

かやうの事こそはかたはらいたきことのうちに入れつべけれど、「一つな落しそ」と言へば、いかがはせむ。（三巻本枕草子）

（ホ）未然形をうけた「ばこそ」はその係った文を反語の意にする。

並々の人ならばこそあららかにもひきかなぐらめ（並々ノ人デハナイカラ、アラッポク引キカナグルワケニハユカナイ）（源氏、帚木）

（ヘ）「や」の（ニ）の後半で述べたと同じ用法が「こそ」にもある。

後瀬山後《のち》も逢はむと念社（思へコソ）（「思ヘバコソ」ノ意）死ぬべきものを今日までも生けれ（「生ク」ハ四段）（万葉、四、七三九）

（ト）「こそ」が活用語の連用形に添うて文の終止に用いられたものは誂えの意の助動詞としてすでに述べた。他の係助詞「ぞ」「なむ」「や」「か」が文の終止にも用いられることから推測して、この「こそ」も係助詞の終止的用法だと見る説も理由なしとはしない。ただこの「こそ」を「こせ」「こす」と連関させて考えるのがよいとすれば、別個の助動詞と見るべきであろう。なお今後の研究にまちたい。なお次の用例の「こそ」は結びが省かれたもので、係の「こそ」である。

時つ風吹飯《ふけひ》の浜に出でゐつゝ贖《あが》ふ命は妹《いも》がため社（コソ）（「ナレ」ナドノ省略ガアル）（万葉、十二、三二〇一）

（チ）中古では、係助詞の「こそ」を呼格の体言の下につけて、親愛の情をこめた呼びかけにも用いた。

北殿こそ。聞き給ふや。（源氏、夕顔）

右近の君こそ。まづ物見給へ。（源氏、夕顔）

これは、間投助詞に分類すべきものといわれる。なお、「九の君。あて宮と聞ゆる、十二」と「宇津保物語」の「藤原君巻」に見える姫を、「あて宮巻」で、

あてこそを宮のいと切に召せば

と言っているのは、呼びかけの「こそ」が人名の下につく愛称の接尾語になったものであろう。「名をば忠こそという（忠こそ巻）」では完全に名のなかにとり入れられてしまっている。あるいはこの「こそ」は、中古に見える「おもしろきことのたまふくそたちかな」（宇津保、藤原の君）、「いづら、くそたち、琴とりてまゐれといふに」（源氏、手習）の「くそ」という「人」をさす尊称の名詞と同源かといわれている。

（リ）「ぞ」の（チ）で、係の「ぞ」の結びが終止形である例をあげたが、なお、そうした終止結びの例は「なむ」「や」「こそ」などについても稀に見える。また「ぞ」「なむ」「や」を已然形で結んだ例、「こそ」を動詞型活用をする助動詞の連体形で結んだ例、また、

「こそ」「ぞ」「なむ」「や」「か」がないのに已然形や連体形で結んだ例なども稀に見える。これらの例の大多数は伝本の誤写（ことに「る」を「り」と写しあやまるのなど）を推測してよかろうと思うが、或るものについては、係結の発生・発達の過程における混乱の生んだ現象を想定すべきであろう。

　和泉式部といふ人こそおもしろう書きかはしける。（紫式部日記）

右は写本によっては文末が「けれ」になっているが、諸本は「ける」であるから、一往それをみとめるべきであろう。そうすると、これは一見「こそ」の結びが連体形である用例のように思えるが、同じく紫式部日記に、「宮の内侍ぞまたいと清げなる人。」「宮木の侍従こそいとこまやかにをかしげなりし人。」とあるのなどを考え合わせれば、やはり「書きかはしける人」の略と見るべく、さらにこの「こそ―人」の下には、「なれ」の省略を考えるのが普通であるが、あるいは「よ」が略されているものと見ることもできよう。「ぞ―よ。」の例が中古後期に見えることは、「ぞ」の（へ）の項に述べたが、右は「紫式部日記」の中でいわゆる「消息文」の中のことばで、くつろいだ口語文と見られるから「こそ―（よ。）」がすでにくつろいだ口語としては中古中期にあった、そのあらわれと見ることもできそうである。（そうだとすると、「ぞ」の「へ」の項では右の「宮の内侍ぞ又いと清げなる人」に「ナル」の省略を想定しておいたが、「ヨ」の省略を想定することも可能となる。）「こそ―よ」の明らかな例は今昔物語（二例という）に見え、「大鏡」にも

「これらこそあるべきことよ」(隆家の抵抗の話の章) などと見えてくる。

(ヌ) 係の「ぞ」「なむ」の結びが、直接意味のかかわりがある活用語において行なわれないで、文末において行なわれる例を、前に挙げたが、「こそ」の結びにも同様の例が見える。

真玉《またま》つく (「を」ニカカル枕詞) をちこち兼ねて言《こと》はいへど (未来現在ヲ兼ネテオマエヲ大切ニスルト口デハオッシャルケレド) 逢ひてのち社 (コソ) 悔二破有跡五十戸 (悔イニハアリトイヘ) (逢ッタソノ後コソ悔シイモノダト世間デハイイマス。) (万葉、四、六七四)

右は普通なら「逢ひてのちこそ悔いにはあれという」であるべきであり、

秋萩を妻問ふ鹿《か》許曽 (コソ) 一子二子持有跡五十戸 (独リ子ニ子持テリトイヘ) 鹿児《かこ》じもの吾が独り子の草枕旅にし行けば (万葉、九、一七九〇)

右は普通なら、「鹿こそ独り子に子持てれといふ」(ただし、文末もそのまま「持てれといへ」として「いへ」は「いへど」の意と見ることも可能か) であるべきであろう。ただしこれについて「日本古典文学大系、万葉集一」の補注は、

古くは已然形は、そこで断止せず、順接でも逆接でも、とにかく既定の前提句を形成するのが役割だった。そこへ、上にコソが投入されることによって、逆接の前提句を形成する語法が固定的に形成され、そこではじめて、万葉時代のコソ已然形の係り結びが形成され、……コソ……デアルガという基本的な形成が成立した。(中略) まず已然形があって、それがコ

ソと呼応するのであり、大切なのは已然形の機能である。単純な断止をしないで下につづいて行くという已然形の機能を無視して、奈良時代のコソの係り結びを理解することは出来るものでない。

という新説を提出して右の二例は破格ではないということを強調している。この説はこうした用例をさらに多数集めることによっては有力となり得そうであるが、今はしばらく一説として紹介しておく。知られているこの種の中古の用例を一、二あげておく。

是亦此之嶋根乃人尓許曾有岐度云那礼（是モマタコノ嶋根ノ人ニコソ有リキト云フナレ）（続日本後紀、仁明天皇、嘉祥二年三月、宝算四十を賀して奉った長歌）

右は興福寺の僧の作だから古めかしいことばと言えよう。ただし（長文なので下略したが）ここの「コソーナレ」の「ナレ」はここで断止しているようである。

院のみかどは雄々しくすくよかなるかたの御ざえなどこそ心もとなくおはしますと、世の人思ひためれ（思ッテイルヨウダガ）、をかしきすぢ、なまめき故々しき方は人にまさり給へるを（源氏、若菜上）

（ル）係の「こそ」の已然結びが流れてしまう例。

とある事もかかる事も、前《さき》の世の報いにこそ侍ンなれば、いひもてゆけば、ただみづからの怠りになむ侍る。（源氏、須磨）

（ヲ）「もこそ」という連語に、「ぞ」の（リ）の項に記した「もぞ」とまったく同様な用法がある。すなわち、その上に強めの助詞の「し」がついて「しもこそ」となるとき、および「もこそ」の「も」が列挙（並列）の意であるとき以外は、悪い（都合の悪い）事態が将来起こることを予測し、そうなっては困るという気持ちをあらわすのが通例である。その文末は、予想や推量の助動詞をともなわず、動詞の已然形またはそれに準ずるものでおわる。すなわち、その予測の実現の確実性がつよい気持ちをあらわしていると見られる。「困ったことに、きっと……するぞ」「……するといけない」「……すると困る」などと訳す。

1 花みれば心さへにぞうつりける色には出でじ人もこそ知れ（人ガソノ心ヲ知ルトイケナイ）（古今、春下）

2 こよひ来む人にはあはじ七夕の久しき程に待ちもこそすれ（待ツコトニナルト困ル）（古今、秋上）

3 「そこにむすめありといふことはなべて知る人もあらじ。人異様《ことやう》にもこそ聞け（他人ガ変ダト聞クト困ル）」となむのたまふ。（蜻蛉日記）

4 心恥づかしき人住むなる所にこそあなれ。あやしうもあまりやつしけるかな。聞きもこそすれ（ココヘ来タコトヲ僧都ガ聞クト困ルナ）。（源氏、若紫）

5 女御殿に参れと（父君ガ）宣へるを、渋々なるさまならば、（父君ガ）物しうもこそおぼせ（困ッタコトニキット不快ニオ思イニナル）。よさりまうでむ。（源氏、常夏）

6　さりぬべき少しは見せむ。かたはなるべきもこそ（デモ不体裁ナヨウナモノガアルト困ルナ）。（源氏、帚木）

7　「かかる折にはあるまじき恥もこそ（トンデモナイ恥ヲウケルトイケナイ）」と心づかひして（源氏、桐壺）

8　庭鳥はかけろと鳴きぬなり。起きよ、起きよ。わが一夜妻、人もこそ見れ（他人ガ見ルトイケナイ）、人もこそ見れ。（神楽歌、酒殿）

9　見咎むる人もあらば、あやしともこそ思へ（変ダト思ウトイケナイ）。（とりかへばや物語）

右の5・9のように上に未然の条件句「渋々なるさまならば」「人もあらば」がありながら、下が「物しうもこそおぼさむ」「あやしともこそ思はむ」とならないことも「もぞ」の場合と同じである。6・7は「もこそ」の下が省略されているが、こうした用例は「もぞ」に比べれば稀ではない。

「もこそ」にも、一方では、好ましい事態の起こるのを予測して、それを期待する意があるとする考えもあって、「新選古語辞典」では、「平家物語」、六、祇園女御の章の

夜泣きすとただもり（忠盛・ただ守りヲカケテイル）たてよ末の世は清く盛《さか》ふる（清盛ヲ詠ミコンデアル。「さかふる」ハ「さかゆる」ノ訛）事もこそあれ

をその例としてあげている。これは幼い清盛（忠盛の子だが、実は後白河院の子）がひど

く夜泣きをするのを後白河院が聞かれて忠盛に賜うた歌ということになっているのであるが、やはり、一首の意は「夜泣きをするからといって、あこぎな扱いをしないで、いちずに守り立てよ。あこぎな扱いをした場合、将来その子が盛《さか》えると、おまえはぐあいがわるいことになるぞ」と、戯れたものと解してさしつかえなかろうと思う。

いかにしてしばし忘れむ命だにあらばあふ世のありもこそすれ（拾遺、恋一）

これも逢う世があるという、好ましい未来を期待する意ではなくて、一首は「何とかしてしばらくこの恋の苦しさを忘れ（て、身をさいなみ苦しめることをやめ）よう。このまま（死なれもせず）命だけでも生きながらえているなら（みじめな衰え切った身で）いつかまたあの人と逢うときがあるといけないから」と解くこともできなくはなさそうである。ともかく、右の二つの用例をふくめても「好ましい事態を予測し期待する意」と見なされる用例が、他の用例に比べてきわめて稀少であるということは、「もぞ」の場合についても述べたように、ことばとしてどうも不自然すぎると思われるので、そうした用法の存在は、今後、より有力な用例の探求発見を待って確かめられるまで保留しておきたい。

「もこそ」の、悪い事態の予測の用法は中世に入っても多く見える。

又推《すい》し出《いだ》して、あはれさるめりと思ひながら、なほ誤りもこそあれ（誤リガアルトイケナイ）とあやしむ人あり。（徒然草）

「もこそ」がありながら、悪い事態の予測の意はもたないと考えられている用例が若干

（以下にあげる四例は、本居宣長が「詞の玉緒」で「行末をおしはかりてあやぶむ意なき」例として示したもの）あるが、それらは、やはり、括弧の中に記したような意に解いて、通例に属せしめてよかろうと思われる。

人のうへの事とし言へば知らぬかな君も恋する折もこそあれ（他人ノ身ノ上ノコトト言ウトワカラナイノデスネ。ダケレド、アナタニトッテ工合ガ悪イコトニ、将来アナタモ人ヲ恋スル時ガキットアリマスヨ）（後撰、恋一、女につかはしける、よみ人しらず）

身にかへてあやなく花を惜しむかな生けらば後の春もこそあれ（命ニ代エテマデ自分ハムヤミニ花ノ散ルノヲ惜シムコトダ。シカシ〔自分ガ命ヲ捨テタアト、ソレッ切リモウ花ノサク春ガナイトイウノナラ、命ヲ捨テルノモヨカロウガ、ソウシタ自分ノ考エヤ行為ニトッテ〕マコトニ具合ガ悪イコトニ、モシモ自分ガ命ヲ捨テズニ生キテイルナラ、今後再ビ花ガ咲クノニ自分ガメグリ逢エル春ガオソラク確実ニアルノダ。）（拾遺、春、権中納言義懐の家の桜の花惜しむ歌よみ侍りけるに、藤原長能）

山里の庭よりほかの道もがな花散りぬやと人もこそ問へ（〔山里ハ庭ガスナワチ道ダカラ、人ガ庭ヲ通ッテヤッテ来テ、コノ美シク散リ敷イタ花ヲ踏ムノハイカニモ惜シイ。ダカラ、コノ〕山里ノ庭以外ノ道ガアッテホシイナア。花ガ散ッテシマッテイルカト誰カ訪ネテ来ルト困ル。）（新古今、春下、題しらず、越前）

思ひ知る人もこそあれあぢきなくつれなき恋に身をや代へてむ（将来私ノ死ンダアトデ、私ニトッテハ〔死後デ役ニ立タヌコトダカラ〕都合ノ悪イコトニ、私ノ死ヌホドノ恋ノツラサヲ、ハジメテ諒解スル人ガキットアルノダ。ソレダノニ、今ハ、ドウシヨウモナク、無情ナ恋ニ私ハ命ヲ捨テテシマウノダロウカ。）（後拾遺、恋一、題しらず、小弁）

こうした用例は、次にあげる一、二のほかにも、なおいくつか見られるが、省略する。ともかく「しもこそ」や列挙の「も」に「こそ」の加わった「もこそ」のほかの「もこそ――用言已然形止め」は一往すべて、いわゆる「あやぶむ意」（都合の悪い事態の予測）を持っていると見て、その意を考えて然るべきように、私は思う。

玉ほこのとほ道もこそ人は行けなど時のまも見ねば恋しき（〔毎日毎日道デアナタニ行キ会ッテイタノニ、今日コウシテ行キ会エナイトコロカラ察スルト〕私ニトッテハノゾマシクナイコトニ、今日カラ以後、キット遠道ヲアナタハ行クノデスネ。〔ソンナニアナタハ無情ナノニ〕ドウシテ時ノ間モアナタニ会ワナイト私ハ恋シイノカシラ。）（拾遺、恋二、源公忠朝臣日々にまかり逢ひ侍りけるを、いかなる日にかありけむ、逢ひ侍らざりける日つかはしける、紀貫之）

まだ宵に寝たる萩かな同じ枝《え》にやがておきぬる露もこそあれ（マダ宵ノウチニ寝テイル萩ダコト。〔寝テイル萩ニトッテハ〕工合ガ悪イコトニ、同ジ枝ニ於イテソノママ起キテイル〔「置く」ニカケル〕露モキットアルダロウニ。）（後拾遺、秋上、萩の寝たるに、露のおきたるを、人々よみ侍りけるによめる、新左衛門）

「しもこそ」や列挙の「も」に「こそ」の加わった「もこそ――用言已然形止め」が右のような意味は持たない、単なる強調である例を、念のために次にあげておく。

人しもこそあれ（他ニ人モアルノニ）、この内記が知る人の親大蔵の大夫なる、物むつまじく心やすきままにのたまひつけたり。（源氏、浮舟）

まなこもこそ二つあれ（〔人間ニトッテ大切ナ色々ナモノモ、大抵ノモノハモウ一ツカケガエガアル。〕一番大切ナ眼デサエモ二ツアル。ソレダノニ）ただ一つある鏡をたいまつるとて海にうちはめつれば（土佐日記）

かく咲ける花もこそあれ（私ノヨウニ咲カナイ花モアルガ、コノヨウニ咲イテイル花モアル）わが為に同じ春とやいふべかりける（大和物語）

月夜にはこぬだにもこそ待つと聞け（来ルノヲ待ツダケデナク、来ナイノヲサエモ待ツト聞クノニ）くるをも返すものにざりける（古今六帖、五）

二八　禁止の「な」

（イ）禁止の意をあらわす自立語の「な」は副詞であるが、便宜上、同じく禁止の意をあらわす終助詞の「な」と合わせてその用法を説明する。

A　副詞の「な」が修飾する動詞（カ変動詞・サ変動詞をのぞく）は連用形で言いとめ

る場合と、さらにその下に「そ」または「そね」が添う場合とがある。カ変動詞・サ変動詞の場合は未然形にかならず「そ」を添える。

雨晴れて清く照りたる此《こ》の月夜《つくよ》又更にして雲勿田菜引（雲ナタナビキ）（万葉、八、一五六九）

このしぐれ伊多久奈布里曽（イタクナフリソ）わぎもこに見せむがために紅葉《もみち》取りてむ（万葉、十九、四二二二）

つゆにてもうしろめたくな今よりのちは思ひ聞えさせ給ひそ（浜松中納言物語、三）

ありつつも見《め》したまはむそ大殿の此の廻《もとほり》の雪奈布美曽禰（雪ナ踏ミソネ）（万葉、十九、四二二八）

いざ子どもたはわざ（バカゲタフルマイ）奈世曽（ナセソ）天地《あめつち》のかためし国そやまと島根は（万葉、二十、四四八七）

吹く風をなこそ（勿来）の関と思へども道も狭《せ》に散る山桜かな（千載、春下）

右のうち「な―連用形止め」の言い方、「な―そね」の言い方は、中古では用いられなくなった。

B「な―そ」のあいだに入る動詞が複合動詞である場合は、「な」をその中間にはさむことが多い。ただし最後の例のようにいつもはさむとはかぎらない。

島の宮上《かみ》の池なる放ち鳥荒備勿行（荒ビナ行キソ）君いまさずとも（万葉、二、一七二）

国遠み念勿和備曽（思ヒナワビソ）風の共雲《むた》の行くごと言《こと》は通はむ（万葉、十二、三一七八）

わが故に於毛比奈夜勢曽（思ヒナヤセソ）秋風の吹かむその月逢はむもの故（万葉、十五、三五八六）

秋山に落つる黄葉《もみちは》しましくは勿散乱曽（ナ散リマガヒソ）妹《いも》があたり見む　一に云ふ知里勿乱曽（散リナマガヒソ）（万葉、二、一三七）

中古ではこの「な」の下に来ることばを省くことがある。

大人《おとな》々々しき御前の人々は「かくな」（「カクナセソ」ノ略）などいへどえ止め敢へず。（源氏、葵）

C　終助詞の「な」は動詞・助動詞の終止形（ただしラ変は連体形）につく。

庭に立つ麻手《あさで》刈り干し布《ぬの》さらす東女《あづまをみな》を忘賜名（忘レタマフナ）（万葉、四、五二一）

われ人に見すなよ。（源氏、浮舟）

青山を横切る雲の（「イチシロク」ノ序）いちしろく吾共《われと》笑《ゑ》まして人二所知名（人ニ知ラユナ）（万葉、四、六八八）

（ロ）「な―そ」の「そ」は係助詞の「そ」と同源の語で指示の意であろうといわれる。ただしサ変動詞「す」の古い命令形かとする説もある。

（ハ）「な――そ」と「――な」との意味の差については、なお十分明らかではないが、

「な——そ」は「——な」より弱く、懇願的な禁止をあらわすといわれる。したがって「ドウカ……シテクレルナ」と訳すと当たるようである。

(ニ) 中古末・中世に入ると「そ」だけで禁止の意をあらわす用例が見える。擬古的な誤用である。

散りぬとも外へはやりそ色々の木の葉めぐらす谷の辻風(夫木和歌抄)

なお次の例は誤写であろう。(右の例も「外へなやりそ」の誤写かも知れない。)

知らぬけしきをだに見給はずやある。腹立ち怨み給ひそ。(落窪)

二九 ば

(イ)「ば」は上句に付いて、上句を条件として下句の意が順当に成立するようにする接続助詞である。略して順接の助詞とも呼ぶ。動詞および動詞的活用をする助動詞に添う。

1 動詞および動詞的活用語の未然形に添うときは、未だ成立しない条件を仮定的にあらわす。

A 君が行く海辺のやどに奇里多と婆(霧立タバ)あが立ちなげく息《いき》と知りませ(万葉、十五、三五八〇)

B 立ち別れ君が伊麻左婆(イマサバ)しき島の人はわれじく(私ト同ジヨウニ)斎《いは》ひて麻

多牟（待タム）（万葉、十九、四二八〇）

C　花の香にさそはれぬべき身なりせば風のたよりをすぐさましやは（源氏、紅梅）

D　出でて行く道知末世波（道知ラマセバ）あらかじめ妹《いも》をとどめむ関も置かましを（万葉、三、四六八）

右のうちCDは未成立の条件ではあるが、現実には成立不可能な仮定条件である。

なお

恋之久者（恋シクハ）形見にせよとわが背子《せこ》が植ゑし秋萩花咲きにけり（万葉、十、二二一九）

鶯の谷より出づる声なくは春くることを誰か知らまし（古今、春上）

わが袖は手本《たもと》とほりて濡れぬとも恋忘れ貝等良受波由可自（取ラズハ行カジ）（万葉、十五、三七一二）

いつまでか野辺に心のあくがれむ花し散らずは千代も経ぬべし（古今、春下）

右の「恋しくは」「声なくは」「取らずは」「散らずは」などは、三十年ぐらい前まで、「恋しくば」「声なくば」「取らずば」「散らずば」と読まれて「恋しく」「なく」「ず」をそれぞれ未然形、「ば」を順接助詞と見ていたのであるが、上代から中世末に至るまで、「ば」とは読まれず、清《す》んで「は」（中世では「わ」）と読まれていたことが明らかにされたことなどもあって、その「は」は係助詞、したがってその上に来る「恋しく」「なく」「ず」などは、いずれも連用形と見られるようになった。そして右の「恋しくは」「声なくは」「取らずは」「散らずは」は、それぞれ「恋しくては」（恋シイ状態ニオイテハ）「声なくては」（声ガナイ状態デハ）「取らずては」（取ラナイデハ）「散らずては」（散ラナイデハ）の意と解いてよいであろうといわれている。ただ動詞に添う順接助詞の「ば」も、元来係助詞の「は」と語源は同じと考える説（たとえば「霧立たば」「霧立てば」において、未然形「立た」自身に本来仮定条件の意味が、また已然形「立て」自身に本来確定条件の意味があるのであって、「ば」はそれらに添った係助詞「は」が接続助詞に転じたものとする説など）もあるので、あるいは中古では「形容詞連用形＋は」「ず＋は」は、「動詞（および動詞型活用をする助動詞）未然形＋ば」と交錯して、前者はその形のままで、順接の仮定条件と同じの意を持つようにもなっていたのかも知れない。ことに「花し散らずは」の例などを見ると、中古では強めの「し」が単独で用いられるのは、右のほかには、「ば」で導かれた条件文（「……し……ば」）だけであることなどと考え合わせて、その感がかなり深いようでもある。

2　活用語の已然形に添うときは、すでに成立した条件を確定的にあらわす。

Ⓐ　二つの事柄が原因と結果の必然的な関係にあることを示す（「ノデ」「カラ」「モノダカラ」などと訳す）

早く去《い》なむとて「潮満ちぬ。風も吹きぬべし」と騒げば（サワグノデ）、舟に乗りなむとす。

（土佐日記）

「あはれ、さも寒き年かな。命長ければ（長生スルノデ。長生スルモノダカラ）、かゝる世にもあふものなりけり」とてうち泣くもあり。（源氏、末摘花）

ただしあとの例は次のⒷの意とも解けないではない。

Ⓑ 一つの事柄に従って偶然にもう一つの事柄が起こる関係をしめす（「トコロガ」などと訳す）

東《ひむがし》の《の》野に炎《かぎろひ》の立つ見えて反見為者月西渡（顧ミスレバ月カタブキヌ）（万葉、一、四八）

隠れなむと思ひける（ソノ人）をひきとどめたれば、この常に立ちわづらふ少将なりけり。（源氏、竹河）

Ⓒ 時間を越えて必ず相伴なう二つの事柄の条件となるものをしめす（「…ノトキニハ」などと訳す。）

家有者笥爾盛飯乎（家ニアレバ笥《ケ》ニ盛《モ》ル飯《イヒ》ヲ）草枕旅にしあれば椎の葉に盛る（万葉、二、一四二）

父母を美礼婆多布斗斯（見レバ尊シ）妻子《めこ》美礼婆米具斯宇都久志（見レバメグシウツクシ）（万葉、五、八〇〇）

Ⓓ 打ち消しの助動詞「ず」の已然形「ね」に添った「ば」が、上に「も」があって「も――ねば」となった場合、「も――ぬに」の意に用いられることがある。（「ず」

の節（二二三ページ）参照）

秋立ちて幾日毛不有者（イクカモアラネバ）この寝《ね》ぬる朝明《あさけ》の風はたもと寒しも（万葉、八、一五五五）

（ロ）「ば」（および「とも」「ども」）の確定仮定の呼応についての木下正俊氏（国語国文二一ノ三）の御説の大要をかかげておく。

○普通、上に未来時に関する仮定条件があると、下の句はそれに呼応して未然態をとる。ただし下の句の述語が形容詞またはそれに類するもの（「あり・見ゆ・似る」などのような状態を述べる動詞など）であるときは、未然態でないことがある。

吾が背子は珠にもがもな手にまきて見つつ行かむを於吉氏伊加婆乎思《オキテイカバヲシ》（「惜しからむ」となっていない）（万葉、十七、三九九〇）

月夜よし夜よしと人に告げやらば来《こ》てふに似たり（「似たらむ」となっていない）待たずしもあらず（古今、恋四）

このことは未来時の仮定の逆接の「とも」についても同様である。したがって、下の句の述語が形容詞であるときは、未然態をとらないことがある。

我が宿の梅咲きたりと告げやらば来《こ》といふに似たり散去十方吉《チリヌトモヨシ》（「よからむ」となっていない）（万葉、六、一〇一一）

○過去・現在・不定時の事柄に関係する仮定の条件については、下の句はその仮定に必ずしも呼応して推量形とはならない。たとえば現在の仮定には、あるいは過去の推量を（如是有者《カクシアラバ》何如《ナニカ》殖兼《ウエケム》山ぶきの止む時もなく恋ふらく思へば〔万葉、一〇、一九〇七〕）、あるいは現在の推量を（忍び音や君も泣くらむかひもなき死出の田長《たをさ》に心かよはば〔源氏、蜻蛉〕）、超時の仮定には、超時的な断定を（狂人のまねとて大路を走らば則ち狂人なり〔徒然草〕——中古の用例は見当たらぬがあるべきだといわれる）、それぞれ下の句に表わすというようにまちまちである。

過去・現在・不定時の事柄に関する仮定の場合の逆接の「とも」についても同様であって、かならずしも下の句に呼応は見られず、下の句の述語は推量になる場合も、断定になる場合もある。

散りそむる花を見捨てて帰らめやおぼつかなしと妹《いも》は待つとも（拾遺、春下）

まことに海士の子なりともさばかりに思ふを知らで隔てたまひしかばなむつらかりし（源氏、夕顔）

○確定条件においては、口語の「から」「ので」に相当する条件に対しては、下の句は確定態となるとは限らない（松尾言う——たとえば「今日雨降れば吾門を出でず」とも「今日雨降れば吾門を出でじ」とも言える）が、その他の場合には呼応して下の句の述語は確定態となる。（松尾言う——たとえば「顧みすれば〔スルト〕月傾きぬ」）「ど（も）」においては断定・推量の呼応はみとめられない。すなわち上の句が断定であるのに下の句が推量であったり、またその逆であったりすることは自由である。
大方のうきにつけては厭へどもいつかこの世を背き果つべき（源氏、賢木）
思はずはありもすらめど言の葉の折節毎に頼まるゝかな（伊勢物語）
○なお氏は「二人行けど行き過ぎ難き秋山を」の歌（本書三七三ページを見よ）は「二人行くとも云々」とすべきものを、歌のために音数に制約されて、止むなくそうしたのであろうとして、詩の世界には超理論性があることを付言しておられる。
（以上の要約に当たっては若干のよみひがめがあるかもしれない。非礼があったら、木下氏におわびしたい。）

三〇　と

「と」は未だ成立しない条件を逆説的に仮定する接続助詞である。動詞（または動詞型の活用をする助動詞）の終止形、形容詞（または形容詞型の活用をする助動詞）の連用形に添う。略して逆接の助詞とも呼ぶ。
あらしのみ吹くめる宿に花すすき穂に出でたりとかひやなからむ（蜻蛉日記、上）
立ちながら来たりと逢はじ藤衣（喪服。「脱ギ捨テ」ノ序トシテ用イラレテイル）脱ぎ捨てられむ身ぞと思へば（金葉、恋上）

「と」の用例はきわめて乏しい。あるいは格助詞の「と」と紛れやすいからでもあろうか。

なお上代ではこの種の逆接仮定の「と」の確例はないといわれる。ただし

思家登（家思《モ》フト）心すすむな風守《かざまも》り好《よ》くしていませ荒しその路《みち》（万葉、三、三八一）

の類の「と」は「家ヲ思ウトイウコトデアセリハヤルヨウナコトヲスルナ」の意と見るかぎりは、引用の意の「と」であるが、「家ヲ思ウトシテモアセリハヤルナ」の意と見れば逆接仮定の「と」とみなすことができる。つまり前者は「家思ふと」を「心すすむ」にかけ、後者は「家思ふと」を「心すすむな」にかけて解することから生ずる差である。どちらを正しいと言い切るわけにはいかないが、少なくとも「と」について前者の用法から、後者の用法が生まれたということはおそらく言えるのであろう。

三一　とも

（イ）「とも」は右の「と」に係助詞の「も」が添ったものである。右の「と」と同じ意味で用いられる。

夏引の手引の糸を（以上、「繰り返し」ノ序）繰り返し言繁《しげ》くとも絶えむと思ふな（古今、恋四）

かく鎖《さ》し込めてありとも、かの国の人来《こ》ば皆明きなむとす。（竹取）

（ロ）上代では、上一段動詞「見る」は連用形と思われる形「見」から「とも」へつづいた。なお上一段動詞は、助動詞「べし」「らし」「らむ」へも、同様に連用形と思われる形からつづき、「見る」のほかに「煮る」（「煮らし」の用例がある）「似る」（中古に「似べし」の用例がある）の例もあるから、本来は「着る」「射る」「煮る」「似る」なども「きとも」「いとも」「煮とも」「似とも」というふうにつづき得たのであろう。なおこの「見」が未然形であるか連用形であるかについては、なお確かでない。ただ古くは連用形が終止形に相当していた（言いかえれば、連用形が動詞の原形で、終止形と未分であった）という説があるようであって、それに従えば、連用形とみなすのが無難であろう。

　万世に見友将飽八（ミトモアカメヤ）み吉野のたぎつ河内《かふち》の大宮処（万葉、六、九二一）

（ハ）院政期頃からは動詞（または動詞型活用をする助動詞）の連体形に添う例が見えはじめるようである。「源氏物語」（東屋）にすでに「そしらるるとも」の用例があると、かつては言われていたが、その拠る本である湖月抄本が不善本だからであって、「源氏物語大成」所収の青表紙本・河内本を通じて「そしらるとも」である。このように、稀有の用例は本文の吟味が大切である。

（ニ）「とも」が「ども」と同様既成の条件を逆説的に示すことがある。ただしその場合は既成の事実を仮設して述べた心持ちをあらわしたものである。

　ささなみの滋賀の大わだ与杼六友（淀ムトモ）（現在淀ンデイルガ、タトイ淀ンデイテモ）

昔の人に又も逢はめやも（万葉、一、三一）

島の宮上《かみ》の池なる放ち鳥荒びな行きそ君不座十方（マサズトモ）（君ハ既ニイラッシャラナイガ、タトイイラッシャラナイトシテモ）（万葉、二、一七二）

三　ど

（イ）「ど」は活用語の已然形に添うて、すでに成立した条件を逆説的に示す接続助詞である。

秋来《く》れど色も変らぬときは山よそのもみぢを風ぞ貸しける（古今、賀）

玉きはる命《いのち》遠志家騰（惜《ヲ》シケド）せむすべもなし（万葉、五、八〇四）

右の「惜しけど」は上代の形容詞「惜し」の已然形「惜しけ」に「ど」が添ったのである。

（ロ）「ど（も）」が「と（も）」と同様に未成の条件を逆説的に仮定するのに用いられることがある。未成の事実を既成の事実のように仮想して、強くその事実をのべる心持ちをあらわすのであろう。

二人行杼（行ケド）（タトイ二人デ行クトシテモ）行き過ぎ難き秋山をいかにか君が独り越ゆらむ（万葉、二、一〇六）

三三　ども

「ども」は右の「ど」に係助詞の「も」が添ったもの。

思ひやる心は海を渡れども文（「踏み」ヲカケル）し（「し」ハ強メ）なければ知らずやあるらむ（土佐日記）

三四　て

（イ）「て」は活用語の連用形、および副詞「かく」、助詞「に」「と」などに添って、他の用言につづけてゆく接続助詞である。「て」はもと完了の助動詞「つ」の連用形から転じたものであるから、活用語の連用語に添う場合、それ自身、動作・作用・状態の完了の意を持っているはずであるが、本来の助動詞「つ」の連用形「て」とはちがって、いわゆる他動詞の連用形のみならず、いわゆる自動詞の連用形にも自由に添い、さらに形容詞の連用形などにも添う（たとえば、「木高くて」「顧みなくて」（万葉）など）ことから考えれば、その意に変化の生じていることは確かである。したがって、

藤波は佐岐弖知里爾伎（咲キテ散リニキ）（万葉、十七、三九九三）

の「咲きて散りにき」はその例だけで見るかぎりは「咲イテシマイ（ソレカラ）散ッテシマッタ」の意と解けないことはないように見えるが、以下にあげるいろいろな「て」の用例から考えて、やはり完了の意はほとんど失なわれて、上に示された動作・作用・状態が終って、他の動作・作用・状態に移ることをあらわす意であるのが普通であり、他に幾分の転義もあるが、それらをふくめて口語の「テ」「ソシテ」に該当するものが多いと見ておいてよいようである。

1　春過而（春過ギテ）夏来たるらし白たへの衣乾したり天《あめ》の香久《かぐ》山（万葉、一、二八）

2　眼《ま》な交《かひ》にもとな可〻利提（カカリテ）安寝《やすい》し寝《な》さぬ（万葉、五、八〇二）

3　まして思ほしめぐらす事多くて、まどろまれ給はず。（源氏、若紫）

4　目二破見而（目ニハ見テ）手には取らえぬ月の内のかつらの如き妹《いも》をいかにせむ（万葉、四、六三二）

5　抱きおろされて泣きなどはし給はず。（源氏、薄雲）

6　木の暗《くれ》の繁き尾の上をほととぎす奈伎弓故由奈利（鳴キテ越ユナリ）今し来《く》らしも（万葉、二十、四三〇五）

7　六月《みなつき》の地副割而（ツチサヘサケテ）照る日にもわが袖乾《ひ》めや君に逢はずして（万葉、十、一九九五）

右の1は「春ガ過ギ、ソレニツヅイテ夏ガ到来シテイル」意で、時間的な前後関係をあらわし、2は「眼前ニムヤミニチラックノデ、安眠サセナイコトヨ」3は「多イノデ、マドロメナイ」の意で、原因結果の関係をあらわし、4は「目ニハ見エルケレド、手ニハ取レナイ」5は「抱キオロサレルケレド、泣キナドハナサラヌ」意で、逆接の関係をあらわし、6は「鳴キナガラ越エル」意で、動作または状態の共存関係をあらわし、7は「地マデ裂ケルヨウニ（またはクライ）照ル」（または「照ルノデ地マデ裂ケル」）意で、まず結果をのべて、あとにしめす原因理由に接続する関係をあらわす、というふうに、「て」によって接続される前件後件の内容に従って、それぞれいくらか具体的な意味に違いができるが、これを口語に言いかえれば、以上はすべてそのまま「過ギテ」「カカッテ」「見テ」「鳴イテ」「サケテ」などで通用するたぐいである。

（ロ）この扇のたづぬべき故ありて見ゆるを（源氏、夕顔）

右は（イ）の7の例と同類ではあるが、口語では「ワケガアッテ見エル」と訳したのでは、やはりいささか通用しにくいであろう。「ワケガアルヨウニ見エル」と、はっきり訳すべきである。二、三同様の例をあげておく。いずれも「見ゆ」「聞く」「思ふ」「す」などにつづいている。

我にはよくて見えしかど（以前自分ニハソノ女ガ美人ノヨウニ（美人トイウ状態デ）見エタケレド）（大和物語）

継母《ままはは》のにくむは例の事に人も語るたぐひありて。（類ガアルヨウニ）聞く。（落窪、一）

おはしますまじき御けしきを、人々胸つぶれて思へど（胸ガツブレルヨウニ思ウケレド）（源氏、末摘花）

ここかしこの立石《たていし》も皆まろび失せたるを、なさけありてしなさば（風情アルヨウニ繕ウナラ）をかしかりぬべき所かな。（源氏、松風）

更に御心をば隔てありても思ひ聞えさせ侍らず。（アナタガ分ケ隔テヲシテイラッシャルヨウニハ更々オ思イ申シ上ゲテハオリマセン。）（源氏、東屋）

この世の人にはたがひて（違ッテイルヨウニ）おぼすに（源氏、夕顔）

（八）谿《たに》近く家は居《を》れども許太加久氐（木高クテ）里はあれどもほととぎすいまだ来鳴かず（万葉、十九、四二〇九）

今日よりは可敝里見奈久弖（顧ミナクテ）大君の醜《しこ》の御楯《みたて》と出で立つわれは（万葉、二十、四三七三）

右の「木高くて里はあれども」「顧みなくて出で立つ」と「木高く里はあれども」「顧みなく出で立つ」とのちがいは、後者は「木高く」「顧みなく」はそれぞれ「（里は）あれ」「出で立つ」の連用修飾語と見なして、まずは疑いなかろうのに対して、前者は「あたりは木高い状態であって、そこに里はあるけれど」「顧みない態度を持して、そして出で立つ」というふうに、一往並べた意と解くことも可能であることにあろう。ただし少なくともこの二例などは、実際の意味には「て」の有無は、大して関係がないのではあるまいか。

五音七音の整調の都合で「て」が軽く添削される（ココノハ添えられた例ニナル）という
ような事情もあるかも知れない。

(二)「て」がサ変動詞「す」の連用形に添い「して」となったもののうち、「し」が動作をあらわす意を含まない（含むものは「足《ア》占為《ウラシ》而《テ》往時禁八《ユクトキサヘヤ》」（万葉、十二、三〇〇六）など）ものは、「ありて」のような意に用いられることが多い。

卯の花の咲くとはなしにある人（恋ヲ受ケ入レテクレルホドニナッテイナイ人）に恋ひや渡らむ独念爾指天（片思《モ》ヒニシテ）（片思イトイウ状態ニアッテ）（万葉、十、一九八九）

世の中の常なき事は知るらむを心尽すな（ガッカリスルナ）大夫爾之氐（マスラヲニシテ）（マスラオデアッテ）（万葉、十九、四二一六）

夕されば物思《ものもひ》まさる見し人の言問《ことと》ふ姿面景為而（面影《オモカゲ》ニシテ）（面影トシテアッテ）（万葉、四、六〇二）

吉野なる夏実《なつみ》の川の川淀《よど》に鴨そ鳴くなる山影爾之弖（山蔭ニシテ）（山蔭ニアッテ）（万葉、三、三七五）

六月《みなつき》の地《つち》さへさけて照る日にもわが袖乾めや於君不相四手（君ニ逢ハズシテ）（君ニ逢ハナイデイテ）（万葉、十、一九九五）

玉くしげみもろと山を行きしかば面白四手（オモシロクシテ）（晴レ晴レト明ルイケシキデアッテ）古へ思ほゆ（万葉、七、一二四〇）

次のような「して」は口語の「デ」に近い。
二為而（二人シテ）結びし紐を一人してわれは解き見じ直《ただ》に逢ふまでは（万葉、十二、二九一九）
中古に入ると、右のような用法を更におしすすめて、手段・方法（「ヲ使ッテ・ヲ以テ・デ」などと訳されるもの）をあらわす格助詞とみなしてさしつかえない用例が見えてくる。
ありつる随身して（サッキノ随身ヲ使ッテ）つかはす（女ノモトニオヤリニナル）。（源氏、夕顔）
白檀して（デ・ヲ材料トシテ）つくりたてまつりたる（源氏、鈴虫）
いひぼして（デ）もつつる。（土佐日記）
なお、次のような例は「し」が動作をあらわすものである。
家思《も》ふと心進むな風守り好為而伊麻世（ヨクシテイマセ）荒しその路（万葉、三、三八一）
夕立して、なごり涼しき宵のまぎれに（源氏、紅葉賀）
（ホ）「て」は副詞「かく」のほかに副詞「など」「さ」などにも添うが「かくて」（コウシテ）「などて」（ドウシテ）「さて」（ソウシテ）という形のままで、それぞれ一つの副詞とみなすべきであろう。
（ヘ）格助詞「に」に「て」が添って「にて」となったものは「において」「にありて」「によりて」「に為《な》して」「に成りて」などの意に用いられる。

帰るべく時は成りけり京師爾而（都ニテ）（都デ・都ニオイテ）誰《た》が手《た》もと（手首）をかわが枕《まくら》かむ（「枕く」ハ四段動詞）（万葉、三、四三九）

鶯のさへづる春は昔にて（昔デアッテ）むつれし花のかげぞ変れる（源氏、少女）

はや御馬にて（御馬デ・御馬ニヨッテ）二条の院へおはしまさなむ。（源氏、夕顔）

紐などもうち捨てて、添ひ臥し給へる（源氏ノ君ノ）御火影、いとどめでたく、女にて（源氏ノ君ヲ女ニシテ）見奉らまほし。（源氏、帚木）（タダシ、コレヲ「源氏ノ君ニ向カッテイル自分ガ、女ニナッテ」ノ意ト解ク説モアル。マダ説ハ定マッテイナイ。）

兵部卿宮ぞいといみじうおはするや。女にて（自分ガ女ニ成ッテ・自分ガ女トシテ）馴れ仕うまつらばやとなむ覚え侍る。（源氏、手習）（紀伊守ノコトバ）

次の「にて」は「にありて」の意が、前後の文意によって「にありながら」の意となったもの。

なごりなくなりになる御ありさまにて、なほ心の中の隔て残し給へるなむつらき。（源氏、夕顔）

「を―体言―にて」の形のものは「ヲ―体言―ニシテ」「ガ―体言―デアッテ」のような意と解されている。

かたじけなき御心ばへのたぐひなきを頼みにて交らひ給ふ。（源氏、桐壺）

ほのかなる御声を慰めにて、内裏《うち》住みのみ好ましう覚え給ふ。（源氏、桐壺）

（ト）格助詞「と」が活用語の終止形や体言を受けたものに、「て」が添って「とて」となったものは、「トイッテ」「ト思ッテ」などの意に用いられる。（ただしここに言う「トイッテ」という口語は、「と」の受けることば（引用句など）どおりにはっきり口に出して「言う」ことをのみ意味するとは限らず、「トイウヨウナコト（情勢・事情・理由ナド）ニヨッテ」などの意味であることが多い。そういう意味での「トイッテ」である。

限りとて（ト思ッテ・トイウコトデ）別るる道の悲しきにいかまほしきは命なりけり（源氏、桐壺）

われ亡くなりぬとて（トイッテ・トイウヨウナコトニヨッテ）くちをしう思ひくづほるな。（源氏、桐壺）

三五　ても

接続助詞の「て」に係助詞の「も」の添った「ても」は、現代の口語では逆接の「とも」と同じ意味に用いられて一語の接続助詞になっているが、上代・中古にはそうした用法はなかった。したがって次のような用例も、「て」に感動の意または同趣の事柄の添加・列挙の意の「も」が添ったものと解すべきことになろう。

1　仏の御しるべは暗きに入りても更に違《たが》ふまじかンなるものを（源氏、若紫）

「入ッテ、ナントマア」というような意に解けば「も」は感動、「明ルイ所ト同ジク、暗闇ニ入ッテデモ」の意と解けば添加・列挙。

2 うちつけなる御物語にぞ侍ンなる。(ソンナ小サイ少女ヲ)たづねさせ給ひても心劣りせさせ給ひぬべし。(源氏、若紫)

「オサガシアソバシテ、ソレデマア、(オ会イニナッタラ)キット心劣リヲアソバスニチガイアリマセン」の意に解けば「も」は感動、「オサガシアソバサナイ場合ハモトヨリノコト、ワザワザ気ヲ入レテオサガシアソバス場合デモ、(ドッチミチオ会イニナッタラ)キット……」の意と解けば添加・列挙。

3 いとうれしかるべき仰せ言なるを、(ソノ少女ハ)まだむげにいはけなき程に侍るめれば、たはぶれにても御覧じがたくや。(源氏、若紫)

これは感動の意に解きにくいとすれば、「(冗談デナク)マジメニハモトヨリノコト、冗談ニデモ」の意で添加・列挙と解くべきことになる。

ただ右の2などは「オサガシアソバシタトコロデ」とでも口語訳すると、むしろ適当な感じがする。そうしたところに、「たづねさせ給ふとも」の意に接近したものが感じられ、後世「ても」が逆接仮定条件をあらわすことばに変わってゆく萌芽が見えると言えよう。

念のため中古の「ても」の用例を、もういくつか挙げておく。

君の使といはむ者は、命を捨てても(「命ヲ捨テテ、マア」マタハ「命ヲ捨テナクテモ、命

ヲ捨テテモ」）おのが君の仰せごとをば叶へむとこそ思ふべけれ。（竹取）

（兼官ノ）大納言はなくても（「ナクテ、マア」マタハ「アッテモナクテモ」）あしくもあらじ。（落窪、四）

あしきことにても（ヨイコトハモトヨリ、ワルイコトデモ）殿のしかのたまはせむは、いなび聞えさすべき事にもあらず。（落窪、四）

伊勢島や潮干の潟にあさりても（「アサッテ、マア」マタハ「アサラナイトキハモトヨリ、アサッテモ」）いふかひなき（「貝ナキ」ヲカケル）はわが身なりけり（源氏、須磨）

（藤壺ハ）わが身をなきになしても（「亡キモノトシテマア」マタハ「亡キモノトシナイデスメバソレデヨイガ、亡キモノトシテモ」）春宮の御代を平らかにおはしまさばとのみおぼしつつ、御行ひたゆみなく勤めさせ給ふ。（源氏、賢木）

そのをのこを罪しても（「罪シテ、マア」マタハ「罪ニ問ワナイデモ、罪シテモ」）今はこの宮をとり返し都に返し奉るべきにもあらず。（更級）

このあらまし事とても（「空想的ナ予測トシテ、マア」マタハ「絶望的ニ実現不可能ナコトハモトヨリ、空想的ニ予測シタコトデモ」）思ひし事どもは、この世にあんべかりける事どもなりや。（更級）

三六　ながら

（イ）語源的には「な」（連体格の助詞「の」の古形。「眼《マ》ナ交《カヒ》」「手《タ》ナ心《ゴコロ》」「水《ミ》ナ門《ト》」などの「な」）と体言「から」（血縁。「ウガラ」「ハラガラ」「ヤカラ」などの「から」。その物に具備している本性の意にもなる）から出来た語であるという。

（ロ）上代では体言、または動詞連用形（名詞形）に添い、「……の本性にしたがって・……の本性そのままに」「……であるままに」の意に用いられる。

やすみしし（枕詞）わが大君神《カム》長柄（神ナガラ）神《かむ》さびせすと（神デアルママニ、神ラシクオフルマイニナルトテ）（万葉、一、三八）

高山と海こそは山随（山ナガラ）（山トシテノ本性ノママニ。「随」ノ文字ヲ当テテイルコトハ当時「ノママニ・ニ従ッテ」ノ意ニ「ナガラ」ガ意識サレテイタコトヲ推測サセル）かくも現《うつ》しく海随（海ナガラ）然真《しかまこと》ならめ人は（ソレニ比ベテ人ハ）花物《はなもの》そ（散リヤスイ花ノヨウナ物ダ）うつせみの世人《よひと》（万葉、十三、三三三二）

紀の国に止《や》まず通はむ妻《つま》の社《もり》（「社」ヲ「モリ」トヨムノハ、樹林ニ神ガ来臨スルトイウ考エニヨル。「ツマ」ハ地名）妻寄しこせね（妻ヲ私ニヨコシテホシイ）妻常言長柄（妻ト言ヒナガラ）（妻トイウ名ヲ持ツ事、ソノ事ノ本性ノママニ・妻トイウ名ヲ持ツノダカラ、ソ

ノトオリニ）（万葉、九、一六七九）

伊夜彦《いやひこ》神の麓に今日《けふ》らもか鹿の伏すらむ皮服《かはごろも》着て角附奈我良（角付《ツノ》キナガラ）（角ガ付イテイル本然ノ状態ノママデ）（万葉、十六、三八八四）

右の用例のような「ながら」のうち、ことに体言に添うものは助詞とみとめるより接尾語として扱い、それをふくむ一語を副詞と見なすべきかも知れない。また助詞として扱うなら、副助詞に属せしむべきだとする説が正当であろう。

（八）上代末からは、動詞連用形に添う「ながら」（中古では体言またはそれに準ずるものに添う「ながら」も）が、前件の状態が時間的に持続して後件の状態につづく意、または前件の状態と同時に後件の状態が存在しあるいは動作する意をあらわす用法を生む。口語ではそのまま「ナガラ」と訳してほぼ当たろう。こうした「ながら」は、動詞連用形に添う場合は普通、接続助詞と見なされている。

1 いきどほる心の中《うち》を思ひ伸《の》べ宇礼之備奈我良（ウレシビナガラ）枕づく（枕詞）妻屋のうちに鳥座《とくら》結《ゆ》ひ据ゑてそわが飼ふ真白斑《ましらふ》の鷹（万葉、十九、四一五四。天平勝宝二年〔七五〇〕三月八日、大伴家持）

2 日は照りながら雪の頭《かしら》に降りかかりけるを（古今、春上、詞書）

3 かしこき仰言をたびたび承りながら、みづからはえなむ思う給へ立つまじき。（源氏、桐壺）

右の2・3の例のように、中古では、前項の状態と後項の状態と、相矛盾する状態が同時に存在する場合に用いられることが多く、したがってその場合は「ノニ」「ニモカカワラズ」などと訳しても当たる。

(二)「ながら」が形容詞の語幹に添って用いられることがある。その場合、形容詞の語幹は体言と同資格の語と見なすべきであろう。(例—「はかなの契りや」(源氏、紅葉賀)の「はかな」なども「の」に添うことから見て体言と同資格と言えよう。)

物うながらすこしゐざり出でて対面し給へり。(源氏、宿木)

つれなながらさるべき折々のあはれを過ぐし給はぬ、これこそかたみになさけも見えつべきわざなれ。(源氏、葵)

シク活用形容詞の場合は終止形と語幹とが形の上では見分けられないが、ク活用形容詞と見合わせて語幹と見るべきであろう。

身はいやしながら母なむ宮なりける。(伊勢物語)

このある人々も、かかる御志の疎《おろ》かならぬを見知れば、おぼめかしながら(「おぼめかし」ハシク活用形容詞語幹。「おぼめかす」トイフ動詞デハナイ)頼みをかけ聞えたり。(源氏、夕顔)

右のように形容詞の語幹に添う「ながら」は「ノニ」「ニモカカワラズ」と訳されるのが通例である。

（ホ）中古には助動詞「き」の連体形、「ず」の連用形などに添う例も見える。

敷きかへずありしながらに（モトアッタママニ）草枕塵のみぞゐる払ふ人なみ（大和物語）

心には忘れずながら（忘レナイノニ）消息などもせで久しく侍りしに（源氏、帚木）

（ヘ）中古では、「ソノママ」から「全部」の意に転じて用いられる例も見える。

すべて折につけつつ一年《ひととせ》ながら（一年ソノママ全部）をかし。（枕草子）

三七　つつ

（イ）「つつ」の語源は、サ変動詞「す」の連用形「し」の重複形「しし」の音転で、原義は「し」の反復「しいしい」かといわれるが、確かではない。ほかに完了の助動詞「つ」の重複形で「行きつつ」は「行きつ行きつ」の意だとする説などもある。

（ロ）語源はどうであろうと、「つつ」は動詞または動詞型の活用をする助動詞の連用形に添い、動作の反復の意をあらわすのが本義のように思われる。

わが行く河の河くまの八十隈《やそくま》落ちずよろづたび顧為乍（カヘリミシツツ）（振リカエリ振リカエリシテ）玉桙《たまほこ》の（枕詞）道行き暮らし（万葉、一、七九）

御夢にもただ同じさまなる物のみ来つつ（前ノトキト同ジ様子ノ物ダケガ、イツモイツモヤッテ来テ）まつはし聞ゆと見給ふ。（源氏、明石）

例の雨のをやみなく降りて、風は時々吹きいでつつ（吹キ出シ吹キ出シシテ）日ごろになり侍るを（源氏、明石）

（八）「つつ」はまた動作の継続の意をあらわすといわれる。

思はぬに妹《いも》が笑《ゑ》まひを夢《いめ》に見て心の内に燎管曽呼留（燃エツツソヲル）（燃エツヅケテオリマス。「ヲリ」ハ坐居ノ姿勢デイルコト）（万葉、四、七一八）

あはれなる物語をしつつ（シツヅケテ）ひと宮のうち忍び泣き合へり。（源氏、須磨）

天《あま》ざかる鄙《ひな》に五年《いつとせ》周麻比都ゝ（住マヒツツ）（住ミツヅケ）都の手ぶり忘らえにけり（万葉、五、八八〇）

ただしこれらも少なくとも前の二例は、反復と見て「幾度モクリカエシ燃エテ」「物語ヲ幾度モクリカエシシテ」と解くことができよう。つまり反復と継続とは、同じ動作のくりかえしとくりかえしとの間に、若干の時間の合い間をおくか、時間の合い間を全くおかないか、の差であり、本質的の差はないと言うべきであり、実際、どちらに解くべきか判断しかねることも多い。

（二）「つつ」はまた、前件と後件の二つの動作が同時におこなわれる意をあらわすといわれる。

まきむく（地名）の痛足《あなし》の山に雲居乍（雲居《ゐ》ツツ）（コノ「ツツ」ハ継続）雨は降れども所沾乍焉来（濡レツツソコシ）（濡レナガラアナタニ逢イニ来マシタ）（万葉、十二、三一二二

六）
思ひつつ（思イナガラ）寝《ね》ればや人の見えつらむ夢と知りせばさめざらましを（古今、恋二）

しかしこれらは「濡レ濡レ」（反復）または「濡レツヅケ」（継続）、および「思イ思イ」（反復）または「思イツヅケテ」（継続）と解くことも可能であって、その区別はきわめてわきまえにくい。

（ホ） 逆接の関係をあらわすといわれる「つつ」は右の（二）の前件後件にある動作が内容的に矛盾する場合であるにすぎない。

ありありて後《のち》も逢はむと言《こと》のみを堅要管（カタメ言ヒツツ）（堅ク約束シナガラ）逢ふとはなしに（万葉、十二、三一一三）

（へ）「つつ」は普通は単一体の動作の反復に用いられるが、複数のものの動作に用いて、そのそれぞれが同時にその動作をする意をあらわすことがある。

なかりしもありつつ帰る（モトハ子ノ無カッタ人々モ、ソレゾレ子ガアッテ帰京スル）人の子をありしもなくて来るが悲しさ（土佐日記）

上達部《かんだちめ》上人《うへびと》などもあいなく目をそばめつつ（「ダレモソレゾレ目ヲソバメテ」ト解ケバ、コノ例ニナル。タダシ普通ハ「目ヲソバメソバメシテ」ト解ク）いとまばゆき人の御おぼえなり。（源氏、桐壺）

（ト）歌では「つつ」が文末にあって言い切っていることがあるが、下に「あり」が省かれたものと解いてよい。

　春霞立てるやいづこみ吉野の吉野の山に雪は降りつつ。（古今、春上）

（チ）「つつ」に「万葉集」では「乍」を当てていることが多い（「万葉集」では「ナガラ」に「乍」を当てた例はない。「万葉集」では「乍」は「ツツ」としか読んでいないのである。）が、「乍」は「乍存乍亡」（タチマチソンシタチマチウシナフ）（史記、日者伝）などと用いられて「タチマチ・ニハカニ・シバラク」などの意のようであり、日本の古辞書類では「タチマチ・ナガラ・アルイハ・シハシハ・シバラク・マタ・タダニ・オノヅカラ・ヲコル・トドマル・タダス・ヨロシ」などと訓《よ》まれている。「つつ」に「乍」をなぜ当てたかについての今後の解明が「つつ」の上代の語意の理解のかぎであろうか。（もっともすでに専門学者によって解明されているのかも知れない。しろうとの私は知らないので、御教示を仰いで他日補正したい。）

三八　ものゆゑ

（イ）名詞「もの」に名詞「ゆゑ」が添って出来た「ものゆゑ」を助詞とみなすことには異論もあろうが、便宜、接続助詞として同列にあげておく。「ものゆゑ」は活用語の連体形に添って、逆接の意をあらわすが、順接の意をあらわす用例もあるといわれる。「ものゆゑ」の上には打ち消しの語があることが多い。

（ロ）逆接の場合は「…（スル）ノニ」「…（スル）クセニ」などと訳して当たろう。

年《とし》の毎《は》に来喧毛能由恵（来鳴クモノユヱ）（来テナクノダノニ）ほととぎす聞けば偲《しの》はく（賞美スルコトデアルヨ）逢はぬ日を多み（万葉、十九、四一六八）

波の間の雲居に見ゆる粟島《あはしま》の（以上、序詞）不相物故（逢ハヌモノユヱ）吾《わ》に寄する児ら（逢イモシナイノニ、世間ノ人ガ私ト親シイヨウニ噂ヲタテルアノ娘ヨ）（万葉、十二、三一六七）

天雲《あまくも》の去《ゆ》き還《かへ》りなむ毛能由恵爾（モノユヱニ）（行ッテマタ帰ッテクルト思ワレルアナタダノニ）思ひそわがする別れ悲しみ（万葉、十九、四二四二）

待つ人もこぬものゆゑに（来モシナイノニ）鶯のなきつる花（惜シンデ折ルナト泣イタ花）を折りてけるかな（古今、春下）

秋ならで逢ふこと難《かた》き女郎花《をみなへし》天の河原に生《お》ひぬものゆゑ（天ノ河原ニ生エナイクセニ）（古今、秋上）

恋すればわが身は影となりにけりさりとて人に添はぬものゆゑ（ソウカトイッテ恋シイ人ニヨリ添ウノデモナイノニ）（古今、恋一）

理由・原因をあらわす「ゆゑ」という語が右のような反戻《はんれい》的な意味に用いられたのには

紫のにほへる妹《いも》を憎くあらば人嬬故爾（人妻ユヱニ）われ恋ひめやも（万葉、一、二一）
小竹《しの》の上に来居《きゐ》て鳴く鳥（以上、序詞）目を安み（人目ヲ心配シナイデ逢エルノデ）人妻姤爾（人妻ユヱニ）われ恋ひにけり（万葉、十二、三〇九三）

などの例がある。右の「人妻ゆゑに」は元来は「（恋ウテハナラナイハズノ）人妻ガ原因トナッテ」の意であるが、それぞれ一首全体の意から推して「人妻ダノニ」の意を生んできたものと解かれている。右の「ものゆゑ」もそうした用い方から発生したものであろう。しかし、もともと「ものゆゑ」自身には反戻の意はないのだから、順接の意にも用いられてもよいわけであるが、上代では、右の三例のほかには、次の一例が見えるだけのようであり、次の一例も、もし逆接と解いてよいのなら、順接の例は見えないことになる。

わが故に思ひな痩《や》せそ秋風の吹かむその月安波牟母能由恵（逢ハムモノユヱ）（万葉、十五、三五八六）

右は「秋風ノ吹コウソノ月ニ（帰ッテ来テ）逢ウノダカラ」と解けば順接だが、「秋風ノ吹コウソノ月ニ（帰ッテ来テ）逢ウノダノニ」と解くなら逆接となり、「万葉集」註釈諸家の意見は分かれている。

（ハ）順接と解かれている用例は、あまり多くないようである。

親・君と申すとも、かくつきなき事を仰せ給ふ事と、事行かぬものゆゑ（事ガ満足ニ運バナイモノダカラ）大納言をそしり合ひたり。（竹取）

雲にただ今宵《こよひ》の月をまかせてむ厭ふとてしも晴れぬものゆゑ（晴レナイノダカラ）（山家集、中）

（薫ノ）心のうちには、かく（大君ヲ失ナッタ悲シサノ）慰めがたき形見にも、げにさてこそかやうにも扱ひ聞ゆべかりけれ（匂宮ノヨウニ中君ヲ妻トシテ自分ガオ世話申シ上ゲルベキダッタ）と、くやしき事やうやうまさりゆけど、今はかひなきものゆゑ（今ハカイノナイコトダカラ）、常にかうのみ（中君ノコトヲ）思はば、あるまじき心もこそ出でくれ（困ッタコトニトンデモナイヨコシマ心ガオコルコトニナルゾ）、たが為にもあぢきなくをこがましからむと、（中君ノコトヲ）思ひ離る。（源氏、早蕨）

右の第一例は、順接と見るほかはないようであるが、本文に疑いがないではない。第二例は「イヤダト思ウカラトイッテ晴レナイノダノニ（ムダニヤキモキシテモツマラナイ）」、第三例は「今ハカイノナイコトダノニ（「かうのみ思ふ」ニカケテ解ク）」と解けば、逆接となる。

「源氏物語」には右の一例のほかに「ものゆゑ」は、次の二例がある。諸注など、一往順接と解いているようであるが、疑問がないとは言えない。

父の入道（明石入道）ぞ、「聞ゆべき事なむ。あからさまに（チョットノ時間）対面もがな」と（良清ニ対シテ）いひけれど、承《う》け引かざらむものゆゑ（「先方ノ娘ガ不承知ナノダロウカラ」ト解クノガ通説。「先方ノ娘ガ不承知ナノダロウノニ」ト解イテ「行きかかりて」ニ

カケルコトガ可能デアル)、行きかかりて、空しく帰らむうしろ手もをこなるべし、と屈《く》しいたうて行かず。(源氏、須磨)

いとくちをしき際の田舎人こそ、かりに(イナカニ)くだりたる人のうちとけごとにつきて、さやうにかろらかに語らふわざもすなれ、人数《ひとかず》にもおぼされざらむものゆゑ(「私ナド源氏カラ人数ニモ思ッテイタダケナイノダロウカラ」ト解クノガ通説。「……人数ニモ思ッテイタダケナカロウノニ(迂闊ニ軽口ニ乗セラレテハ)」ト解イテ「いみじき物思ひをや添へむ」ニカケルコトガ可能デアル)、我はいみじき物思ひをや添へむ。(源氏、明石)

右のように順接にも逆接にも解けると思うのだが、上代では逆接の用例だけしかないと考えてよいのなら、これらも逆接と解くのが、穏当ではあるまいか。今後の研究に待ちたい。中世に入っては順接の用例がしばしば見られるという。ただそうした順接の例といわれるものも、あるいは一往検討を要するかと思うが、私は中世の用例にくらいので、ただ疑問を呈しておくにとどめる。

参らんと思ふ道ならばこそ、やがて参るとも申さめ、参らざらむものゆゑに(「参ラナイツモリデスカラ」ト解クノガ通説。「参ラナイツモリナノニ」ト解クコトモ可能デアロウ)何と御返事を申すべしともおぼえず。(平家物語、一、祇王)

福原の御使、やがて今夜《こよひ》鳥羽まで出でさせ給ふべき由申しければ「幾程も延びざらむものゆゑに(「タトエグズグズシタトコロデ、ドレホドモ延ビハシナイノダロウカラ」ト解クノガ通説。「……ドレホドモ延ビハシナイダロウノニ（イソイデユクノハ理由ガナイ）」ト解クコトモ可能デアロウ）こよひばかりは都のうちにて明かさばや」との給へども（平家物語、二、阿古屋乃松）

三九　終助詞の「が」「がも」「がもや」「がもよ」「がもな」「がな」

（イ）「が」（上代では「てし」「し」に添うときは清音の「か」となる。中古では清濁いずれか確かでないが、濁ってよむのが慣例である。）は自己の希望をあらわす。希望の対象となることが動詞を以てあらわされているときは、動詞との間に「し」または「てし」を挿んで「しが」「てしが」（稀には「にしが」）という形で用いられ、希望の対象となることが形容詞（「カリ活」を除く）・副詞・体言などで示されているときは、形容詞・副詞・体言などとの間に「も」「にも」を挿んで「もが」「にもが」として用いられる。「が」は下に「も」「もや」「もよ」「もな」「な」など感動をあらわす語を添えて用いられる場合も多い。

（ロ）「しか」「てしか」「にしが」の例

まそ鏡見之賀（見シカ）（見タイ）と思ふ妹も逢はぬかも玉の緒の（枕詞）絶えたる恋の繁きこの頃（万葉、十一、二三六六）

甲斐が嶺《ね》をさやにも見しが（見タイ）けけれなく（「心なく」ノ方言）横ほり（「横タワル」ノ方言）臥せるさやの中山（古今、東歌）

見えずとも誰恋ひざらめ山の端にいさよふ月（女ヲ月ニタトエル）を外《よそ》に（遠目ニデモ）見而思香（見テシカ）（見果タシタイ）（万葉、三、三九三）

「しか」「てしか」は動詞の連用形につく。右の「て」は完了の助動詞「つ」の連用形であることに疑いはなかろうが、「し」は明らかでない。回想の助動詞「き」の連体形ともいわれているが、「しか」「てしか」に回想の意味は感じられない。森本治吉《じきち》博士（万葉集講座）は「なかりせば」の「せ」と連絡のあることばで、サ変動詞と同活用の助動詞の連用形「し」であって、語勢を強め、または意味を確実にするのに用いたものではなかろうかと言っておられる。ほかに、種々の説があるが、なお確かではなく、今後の研究問題の一つであろう。「しか」は「……シタイ」、「てしか」は「……シテシマイタイ・シ果タシタイ」と口訳すればよいであろう。

なお中古では完了の「ぬ」の連用形「に」に「しが」の添った例も見える。

親なかめれば、いかでよろしう思はれにしがな（思ワレテシマイタイ）とこそ思はめ。（落窪）

いかでこの人に思ひ知りけりとも見えにしがなと常にこそおぼゆれ。（三巻本枕草子）

（八）「しか」「てしか」の「か」は、清音であって、「もが」「にもが」の「が」とは別個の助詞であるという説が武田祐吉博士（国語と国文学、八ノ七）によって提出されている。「しか」「てしか」を清音によむことは認められるが、「もが」と別語とする説はなお疑わしい。むしろ「もが」の「が」はもと清音であったのが、「も」の影響で「が」となったのであろうとする佐伯博士（奈良時代の国語）の説に従うべきであろう。

（ニ）「もが」「にもが」の例

天橋も長雲鴨（長クモガモ）（長クアッテホシイ）高山も高雲鴨（高クモガモ）（高クアッテホシイ）（万葉、十三、三二四五）

我が身唯今、人に等しくてもがな（人ニ等シイ状態デアッテホシイ）。（落窪）

吾が宿のなでしこの花盛りなり手《た》折りて一目見せむ児《こ》毛我母（モガモ）（児ガホシイ）（万葉、八、一四九六）

しづたまき数にもあらぬ身にはあれど千年《ちとせ》爾母何（ニモガ）（吾ガ命ガ千年デアッテホシイ）と思ほゆるかも（万葉、五、九〇三）

甲斐が嶺を嶺《ね》越し山越し吹く風を人にもがもや（人デアッテホシイナア）言《こと》づてやらむ（古今、東歌）

「もが」「にもが」などは、「……デアッテホシイ」と口訳すると当たる。状態の実現を願望する意である。

（ホ）中古になると「体言・を・がな」という形があらわれるが、そこで切れて「がな」

は終助詞であるようにも、またそのまま下につづいて「がな」は願望の意の係助詞のように用いられているようにも見えて、なお研究を要する。

いかで大納言をがな一人なし奉りて、あかぬ事なしと思はせ奉らん。（「ドウカシテ大納言ノ官ガホシイモノデスネ」ノ意トシテ切ッテ解クカ「ドウカシテ大納言ヲ一人定員外ニ任ジ申シ上ゲテ」ト解クベキカ、キメカネル）（落窪、四）

「かの君だちをがなつれづれなる御あそびがたきに」などうちおぼしけり。（「君だちをがな」デ切レルカ、「君だちをがな御あそびがたきにせむ」ノ意ト見テ「がな」ヲ「せむ」ニカケルベキカ、定メガタイ）（源氏、橋姫）

わびては、すきずきしき下衆などの、人などに語りつべからむ（モノ）をがなと思ふも、いとけしからず。（コレハ終助詞ト見ラレルガ「……をがな」ノ下ニ「見ツケヨウ」トイウヨウナ意ノ語ガ省カレタモノト見ラレヌデモナイ）（三巻本枕草子）

さらん者がな（能因本「さらん人をがな」）つかはんとこそおぼゆれ。（コレモ「がな」デ切ルベキカドウカ定メニクイ）（三巻本枕草子）

四〇　希望の「な」（上代）

活用語の未然形に添う終助詞「な」は希望をあらわす。上代にのみ用いられ、中古には亡んで用いられなかった。自己の行動の実現を希望する意に用いられることが多いが、時には他の行動の実現を希望する、いわゆる「勧誘」または「誂《あつら》え」の意にも用いられる。

生ける者遂《ひとつひ》にも死ぬるものにあればこの世なる間《ま》は楽乎有名（タノシクヲアラナ）（楽シクアリタイ）（万葉、三、三四九）

帰るさに妹に見せむにわたつみの沖つ白珠ひりひて（「拾ヒテ」ノ意）由賀奈（行カナ）（行キタイ。タダシ、ココデハ希望トイウヨリハ自分ヲフクメテ仲間ニ対スル勧誘ノ意ヲアラワスモノト見テ「行コウ」ト訳ス説モアル）（万葉、十五、三六一四）

梅の花今盛りなり思ふ共挿《どちかざ》しに斯弖奈（シテナ）（シテシマイタイ。コレモ「（一同デ）シテシマオウ」ノ意デ勧誘ト解ク考モアル）今盛りなり（万葉、五、八二〇）

秋の田の穂向《ほむき》のよれる片寄りに君に因奈名（寄リナナ）（寄ッテシマイタイ）言痛《こちた》かりとも（ウワサハヒドクテモ）（万葉、二、一一四）

にぎた津に船乗りせむと月待てば潮もかなひぬ今は許芸乞菜（コギ出デナ）（コギ出ヨウ。自分ヲフクメテ仲間タチニ勧誘シウナガス気持チヲアラワスト解カレテイル）（万葉、一、八）

道の中国《なか》つみ神は旅行きも為知《し》らぬ君を米具美多麻波奈（メグミタマハナ）（恩恵ヲオ与エニナッテクダサイ）（アツラエ）（万葉、十七、三九三〇）

四一　誂えの「ね」

(イ)活用語の未然形に添う終助詞「ね」は、他への誂え(他者の行動の実現に対する希望)の意をあらわす。

家聞かな名告沙根(ノラサネ)(名ノッテオクレ)(万葉、一、一)

我が背子が古き垣内《かきつ》の桜花いまだふふめり一目見爾許禰(見ニコネ)(見ニ来テクレ)(万葉、十八、四〇七七)

(ロ)禁止の「な」の条で述べた「な――そね」の「ね」は右の「ね」であろうという。

住吉《すみのえ》の浜松が根の下延《したは》へて吾《わ》が見る小野《をの》の久佐奈加利曽禰(草ナカリソネ)(万葉、二十、四四五七)

係助詞「そ」で終止となった「な――そ」の下について、「ドウカ……シナイデクレ」と否定することを相手に誂える意をもつ。

(ハ)この「ね」は中古に入るとあまり用いられない。

(ニ)この「ね」を完了の助動詞「ぬ」の命令形と誤らないように注意されたい。「ぬ」の命令形「ね」は連用形につくから、未然形につく誂えの「ね」と、たいてい区別できる。もっとも未然・連用の両形が同じ動詞でははなはだ紛らわしいはずであるが、実際には、そういう動詞に添って用いられた例は乏しいようである。

我をばいかにせよとて棄てて昇り給ふぞ。具して率《ゐ》ておはせね。（竹取）

右の「ね」は「おはす」をサ変動詞とすれば誂えの「ね」と解けるし、「おはす」を下二段動詞とすると誂えの「ね」とも助動詞「ぬ」の命令形とも解けることになる。「おはす」の活用についてサ変・下二段両説があって断定はしがたいが、サ変説がきわめて有力と思われるから、やはり誂えの「ね」と見るのがよいと思う。

四二　がね（上代）

「がね」は「記」「紀」の歌謡に見えず、「万葉集」にもわずか十四例ある程度の語なので、その語源も語義も、十分確かとは言えない。

いまだ見ぬ人にも告げむ音《おと》のみも名のみも聞きて登母之夫流我禰（羨《トモ》シブルガネ）（万葉、十七、四〇〇〇）

右の例にあげる「ともしぶる」はうらやましがる意の上二段動詞連体形であるから、「がね」は動詞の連体形に添うものと判断される。

ますらをの弓末《ゆずゑ》ふり起こし射つる矢を後《のち》見む人は語継金（カタリツグガネ）（万葉、三、三六四）

梅の花われは散らさじあをによし（枕詞）奈良なる人の来管見之根（来ツツ見ルガネ。。）（万葉、十、一九〇六）

真珠《またま》なす二つの石を世の人に示し給ひて万代《よろづよ》に伊比都具可禰等（言ヒ継グガネト。。）海《わた》の底沖つ深江の海上《うなかみ》の子負《こふ》の原にみ手づから置かし給ひて（万葉、五、八一三）

ほととぎす聞けども飽かず網《あみ》取りに獲《と》りてなつけな（ナツケヨウ）離《か》れず鳴金（鳴クガネ。。）（万葉、十九、四一八二）

右の用例などから「がね」の語意を推測すると「……（し）てほしい」とも「……（する）ように」「……（する）ために」とも解けそうであって、前者をとる説は、その語源を格助詞の「が」に誂えの終助詞「ね」が添ったものとした上で、「が」によって上の文全体を一括して指示し、それを「ね」で誂える意をあらわすのだとする。興味のある説ではあるが、連体格の助詞「が」に終助詞が直接添うということをただちに納得するには困難を感じよう。後者をとる説は、その語源を「予《かね》て」の「かね」や「坊がね・后がね・博士がね・聟がね」などの「がね」と同じく、「前もって用意するもの・材料」と見なして「料として」などの意を原義とする。いずれにせよ、なお今後の研究を必要とするであろう。

ことに、前にかかげた用例は「……してほしい」でも「……するように」「……するために」でも一往支障なく文意を通ずるものとして解き得たが、次の用例では、必ずしもそうは言い切れないようである点など、将来の解明に待つものが多い。

佐保川の岸のつかさ（小高イ所）の柴な刈りそねありつつも（コノママニシテオイテ）春しきたらば立隠金（立チ隠ルガネ）（万葉、四、五二九）

「立隠金」は諸家いずれも「立チ隠ルガネ」とよんでいる。「（その中で私が）立ち隠れるように」「（その中で私が）立ち隠れるために」なら（「きたらば」という仮定法との対応に疑いがのこることを別として）一往通じるが、「立ち隠れてほしい」では通じかねよう。ただ「立チ隠スガネ」と改訓すれば、「立って（私を）隠してほしい」で通じないでもないけれど、「立チ隠ス」という語の一首における語意にまた疑義が生まれよう。

秋つ葉ににほへる衣《ころも》われは着じ君に奉《まつ》らば夜毛着金（夜《ヨル》モ着ルガネ）（万葉、十、二三〇四）

「お召しになってほしい」で通じないこともないが「君に奉らば」との対応が疑わしい。「お召しになるように」「お召しになるために」のほうが通じやすいが、これも「奉らば」という仮定法との対応は、やはりすっきりしまい。それでこうした場合「……するだろう（から）」（ここでなら「お召しになるだろうから」）の意とする説もあるが、そうなる事情についての説得力は十分とは言えないようである。このほかにも解きにくい例がいくつか残っているが、今は省略する。要するに、まだわからない語であることを知っていてほしい。

「がね」は中古では、ほとんど用いられなくなった。

四三　誂えの「に」（上代）

誂えの「ね」とまったく同じ用法・同じ意味と思われている終助詞であるが、用例は稀少である。

ひさかたの天路《あまぢ》は遠しなほなほに（オトナシク）家に帰りて奈利《ナリ》乎斯麻佐爾（業ヲシマサニ）（家業ヲシテオクレ?）（万葉、五、八〇一）

四四　がに（上代）

（イ）「がに」も上代では「万葉集」に十例ばかり見えるぐらいのもの（他に中古の歌に少数の例があるが、いわば擬古的用例だから証となしがたい）で、語源・語義とも、十分確かとは言えない。

とぼしい用例を並べて考えてみると、「がね」とのちがいは、活用語の終止形に添う点と、語義はどうやら「……（する）ほどに」「……（し）そうに」というようなことであるらしい点とにある。

語源はいろいろな説があるが、いずれも説得力にとぼしい。しいてあげれば、連体格の助詞「が」が活用語を受けて形式名詞に結びついた場合に、それを副詞的にする「に」が添うことがある（例―見せむがために。梅の花咲かぬがしろに）が、その形式名詞が形としてあらわれず「がに」となったもので、その「がに」は一語として特立したので、つい承接もかわって活用語の終止形を承けるようになったのであろうとする説などが、採るべきものであろうか。しからば「が（ホド）に」「が（相《サマ》）に」ほどの意と見なし得ようか。

秋田刈る仮庵《かりほ》もいまだ壊《こぼ》たねば（コワサナイノニ）雁《かり》が音《ね》寒し霜毛置奴我二（霜モ置キヌガニ）（置イテシマウホドニ）（万葉、八、一五五六）

我が宿の夕影草の白露の（以上、序詞）消蟹（消《ケ》ヌガニ）もとな（消エテシマウホドニ、ムヤミニアナタノコトガ恋シク）思ほゆるかも（万葉、四、五九四）

慨《うれた》きや醜《しこ》ほととぎす（癪ニサワルバカ者ノホトトギスメ。「や」ハ間投助詞）今こそは音之干蟹（声ノ乾《カ》ルガニ）来鳴き響《とよ》まめ（声ガカレルホド来テ鳴イテクレレバヨイノニ。「こそ――め」ノ係結ノ文ノ中ニ「がに」ガアルノダカラ、「がに」が終助詞デハナイコトハ確カデアル）（万葉、十、一九五一）

次の例は活用語の連体形に添っているが、東歌《あずまうた》（東国地方民の歌）であるから「がね」の訛《なま》ったものと考えられる。

おもしろき（晴レ晴レトシタ）野をばな焼きそ古草に新草《にひくさ》まじり於非波於布流我爾（生《オ》ヒバ生フルガニ）（青青ト芽ガ生エルナラ、生エルヨウニ。〔または生エテホシイ〕）（万葉、十四、

三四五二）

（ロ）中古の歌で用いられている場合は、連体形にも添っていて、上代の「がに」と同じ意のようにも「がね」の意のようにも見える例があり、当時の人々にどう受けとられていたのか、十分わからないが、佐伯梅友博士（「日本古典文学大系、古今和歌集」注）は、上代の「がね」と同じ意と解くのがよいと見ておられる。

桜花散りかひくもれ老いらく（「老ゆらく」ノ転デ「老イルコト」ノ意。「老イ」ヲ擬人化シテイル）の来《こ》むといふなる道まがふがに（「道ヲ見チガエサセルホドニ」トモ解ケヨウガ、佐伯博士ハ「がね」ノ意ヲ推量ヲアラワスモノトシテ「道ガワカラナクナルダロウカラ」ト解カレル）（古今、賀）

泣く涙雨と降らなむ渡り川（三途ノ川）水まさりなば帰りくるがに（「帰ッテクルヨウニ」トモ、佐伯博士ノヨウニ「帰ッテクルダロウカラ」トモ解ケル）（古今、哀傷）

まきもくの穴師《あなし》の山の山人と人も見るがに（「人モ目ヲトメルホドニ」。佐伯博士ハココデハ「人モ見ルバカリニ」ト解カレル）山かづらせよ（古今、神遊の歌）

四五　かし

（イ）「かし」は文の一旦終止したものについて、強く念を押す意をあらわすといわれる終助詞であるが、話し手が自身の道理と考える発言内容を相手に同意を求める気持ちで訴えたり、あるいは、話し手自身に対して自分でその発言内容の正当性を再確認しようとしたりする気持ちがあるといわれる。つまり言い終ったあとに「ねえ、そうでしょう」「ねえ、それがあたりまえでしょう」とか「たしかにそうなんだ」とかいうような気持ちが加わった言い方だというわけである。口語では訳しようがないので「……よ」などで間に合わせるよりほかはない。

翁の（生キテ）あらむ限りは、かうてもいますかりなむかし。（竹取）

「さは思ひつかし」と人々もて煩ひ聞ゆ。（源氏、桐壺）

かれは人も許し聞えざりしに、御志あやにくなりしぞかし。（源氏、桐壺）

「かの中の品に取り出でていひし、この並《なみ》ならむかし」とおぼし出づ。（源氏、帚木）

ねたう、心とゞめても問ひ聞けかし、とあぢきなくおぼす。（源氏、帚木）

すき給はざらむも（浮気ヲナサラナカロウノモ）なさけなく（風情ガナク）さうざうしかるべしかし。（源氏、夕顔）

六条わたりにも、とけがたかりし御気色をおもむけ聞え給ひてのち、引き返しなのめならむは、いとほしかし。（源氏、夕顔）

夜中も過ぎにけむかし。風やや荒々しう吹きたるは。（源氏、夕顔）

次の例は、副詞「さ」に添った特異な例である。

さかし。（イカニモソウダ）。例も忌《い》み給ふかたなりけり（イツモオ避ケニナル方角ダッタノダ）。（源氏、帚木）

（ロ）「かし」は中古に発生した。

四六　ばや

（イ）「ばや」は動詞または動詞型の助動詞の未然形に添って自己（話し手）の希望をあらわす終助詞である。中古に入ってあらわれた。

　五月《さつき》来《こ》ば鳴きも古りなむほととぎすまだしき程の声を聞かばや（聞キタイ）。（古今、夏）

　そこにこそ多くつどへ給ふらめ。すこし見ばや（見タイ）。（源氏、帚木）

　いとむくつけきまで人のおどろく匂ひを失ひてばや（無クシテシマイタイ）。（源氏、橋姫）

（ロ）この「ばや」は活用語の未然形に添う接続助詞「ば」の下に係助詞の「や」がついた文が、その下に来る部分を省略されたかたちから生じたものと見られる。たとえば、

　心あてに折らばや折らむ初霜の置きまどはせる白菊の花（古今、秋下）

右の歌で、「折らばや折らむ」は「モシ折ルノナラ、当テ推量デ折ロウカシラ」の意であるが、裏に「折りたい」気持ちがくみとれるであろう。その「心あてに折らばや」をそれだけで言い止めてあとを言わなければ「当テ推量デ折ルナラナア」という気持ちをあらわ

すことになると思われるが、それが自然希望の意（折リタイナア）をあらわすことにつながることになろう。山田孝雄博士（平安朝文法史）は、助詞「ばや」の用例をあげられたあとで、

こは「ば」にて下を略する形なる一種の慣例よりかくの如くなるに至りしなり。この意に似たるは、

ほい（本意）をもとげばと契りきこえしこと思ひいでて（源、椎本）

なり。これより一転すれば上例の如くなるに至るべきは推測するに難からず。

と言っておられる。

四七　間投助詞の「い」

主格助詞と思われる「い」について前に述べたとき、すでに、間投助詞と見られる「い」の用例を二つ（「絶えじい妹」「乱れぬい間」）挙げておいたが、なお他にも次のような用例がある。

向つ岡《を》の若楓《わかかつら》の木下枝《しづえ》取り花待伊間爾（花待ツイ間ニ）なげきつるかも（万葉、七、一三五九）

右の三つの用例は、いずれも活用語の連体形を受けて体言につづいているが、とぼしい用

例なので、それを間投助詞「い」の特性として法則化してよいのかどうかわからない。

次の用例は格助詞と見た場合、主格助詞ではあり得ず、目的格助詞と見なさなければならない。したがって格助詞としても特異例ということになる。これを間投助詞と見ようとすると、前述の間投助詞の用い方とはまた異例ということになろう。要するに助詞「い」の研究はまだ十分確かではないということである。

みつみつし久米の子が頭椎伊石椎伊（クブツツイイシツツイ）持ち（「クブツツ」「イシツツ」ハ刀剣ノ類）撃《う》ちてし止《や》まむ（古事記、神武）

四八　し

（イ）「し」は文中で種々の語に添ってその語句を指示し強調する助詞である。文の終止には用いられない。

玉くしげ覆《おほ》ふをやすみ明けていなば君が名はあれど吾名之惜裳（ワガ名シ惜シモ）（万葉、二、九三）〔体言に添う〕

秋されば雁飛び越ゆる立田山立ちても居《ゐ》ても君乎思曽念（君ヲシソ思フ）（万葉、十、二二九四）〔ヲに添う〕

菅《すが》の根の（枕詞）ねもころ妹《いも》に恋西（恋フルニシ）ますらを心思ほえぬかも（万葉、十一、

二七五八)〔ニに添う〕
風をだに恋ふるは羨《とも》し風をだに将来常思待者(来ムトシ待タバ)何かなげかむ(万葉、八、一六〇七)〔トに添う〕
玉ほこの路波之騰保久(道ハシ遠ク)関さへに隔《へ》なりてあれこそ(万葉、十七、三九七八)〔ハに添う〕
何しかももとなとぶらふ(ドウシテワケモナクタズネルノカ)聞けば泣耳師所哭(ネノミシ泣カユ)(万葉、二、二三〇)〔ノミに添う〕
玉藻如《な》す寄り寝し妹《いも》を露霜の(枕詞)置而之来者(置キテシ来レバ)(万葉、二、一三一)〔テに添う〕
泡沫《みつほ》なす仮《か》れる身そとは知れれども奈保之禰我比都(ナホシ願ヒツ)千歳《ちとせ》の命を(万葉、二十、四四七〇)〔副詞に添う〕
奈良山の峯なほ霧《き》らふ宇倍志社(ウベシコソ)前垣《まがき》の下《もと》の雪は消《け》ずけれ(万葉、十、二三一六)〔副詞に添う〕
琴の音はなぞやかひなきたなばたの飽かぬ別れをひきしとめねば(拾遺、雑秋)〔複合動詞の中間に入る〕
人言《ひとごと》の繁思有者(繁クシアラバ)君も吾《あれ》も絶えむといひて逢ひしものかも(万葉、十二、三一一〇)〔形容詞連用形に添う〕

（ロ）中古においては、「しも」の形では多く用いられたが、「し」単独では従属節の中で順接条件の場合に用いられることが多く、その他の用例は稀になっていった。たとえば、「源氏物語」における「し」の四四用例のうち、四一例は「……し・已然形・ば」または「……し・未然形・ば」の形のものであり、残りの三例は次のとおりである。

一人して撫づるは袖の程なきに覆ふばかりの蔭をしぞ待つ（澪標）

立ちまさる方の事し心にかかりて、程経るままに、わりなく恋しき面影に又あひ見でやと思ふより外の事なし。（少女）

なほし残りをなむ京の御料とて送り奉り給へる。（若菜上）

（ハ）山田孝雄博士（平安朝文法史）が助詞「し」の例の中で、「『が』にて主語となれるものの『が』とその体言との中間に入るもの」として挙げられた次の例は、体言（三人称代名詞）と見るべきものとするのが今日の定説であるようである。

一文字をだにしらぬものしが足は（知ラナイ者、ソレノ足ハ）十文字を踏みてぞ遊ぶ。（土佐日記）

代名詞「し」の用例は「三枝《さきくさ》の中にを寝むとうつくしく志（シ）が語らへば」（万葉、五、九〇四）など上代にいくつか見られる。

（ニ）「し」は、もと間投助詞に分類されていたが、前項に引いた「しらぬものしが」の「し」は助詞ではないと判断される今日では、係助詞あるいは副助詞として分類されている。

（ホ）「し」は「しも」「しぞ」「しこそ」「しか」「しかも」など他の係助詞を従えて用いられることがあるが、特に中古では「しも」の形のものが多く用いられる。

夜や暗き道やまどへるほととぎすわが宿をしも（他ニ場所ハイクラモアルノニ、ワザワザワガ家ノ所ヲ）過ぎがてに鳴く（古今、夏）

唐衣着つつなれにし妻しあればはるばる来ぬる旅をしぞ思ふ（トリワケテシミジミ思ウ）（古今、羇旅）

新しき年の始にかくしこそ（ヒタスラコンナフウニ）千年《ちとせ》をかねてたのしき（「木」ヲカケテイル）を積め（古今、大歌所御歌）

玉くしげ伊都之可安気牟（イツシカアケム）（イッタイイツ明ケルノダロウ）布勢《ふせ》の海の浦を行きつつ玉藻拾《ひり》はむ（万葉、十八、四〇三八）

たれしかも（イッタイ誰ガマア）尋《と》めて折りつる春霞立ち隠すらむ山の桜を（古今、春上）

「しも」が「ソノ結果トシテカエッテ」というような意になることがある。

しばしば夢かとのみたどられしを、やうやう思ひしづまるにしも（気ガオチツクノニヨッテカエッテ）、さむべき方なく堪《た》へがたきは、いかなるべきわざにか（源氏、桐壺）

などかく疎ましきものにしもおぼすべき。覚えなきさまなるしもこそ契りある（思イガケズ不意ニ逢ウノガカエッテ縁ガアルノダ）とは思ひ給はめ。（源氏、帚木）

導くままに、母屋《もや》の几帳の帷子《かたびら》引きあげて、いとやをら（ソット）入り給ふとすれど、皆しづまれる夜の（源氏ノ）御衣《ぞ》のけはひ、やはらかなるしもいと著《しる》かりけり。（柔ラカナノガカエッテヒドクハッキリ聞エタノダッタ。）（源氏、空蟬）

かく執念《しふね》き人（強情ナ女）はありがたきもの（メッタニイナイモノ）を、とおぼすにしも（オ思イニナサルニツケカエッテ）あやにくに紛《まぎ》れがたく思ひ出でられ給ふ。（源氏、空蟬）

「しも」の下に打ち消しの語がある場合は、「しも」をふくむ文節は、現代語の「必ズシモ……デハナイ」（部分否定）という意味で、打ち消しの語のある文節にかかると解すべきものが多い。

いと忍びて見そめたりし人の、さても見つべかりしけはひなりしかば、ながらふべきものとしも思ひ給へざりしかど（必ズシモ長続キスルハズノモノトモ考エマセンデシタガ）（源氏、帚木）

今やうやう忘れゆくきはに、かれ（女ノ方デモ）はた、えしも思ひ離れず（必ズシモ思イ切ルコトガデキナイデ）折々人やりならぬ胸こがるる夕べもあらむと覚え侍り。（源氏、帚木）

つつむ事なきにしもあらねば（世間に憚ルコトガ必ズシモナイデモナイカラ）、身ながら心にもえまかすまじくなむありける。（源氏、空蟬）

「しかじかの返り事は見給ふや。浅みにかすめたりしこそはしたなくて（返事ガナク間ガワルイ目ニアッテ）やみにしか」と（頭中将ガ）憂ふれば、（源氏ハ）さればよ、言ひよりにけるをやとほほゑまれて、「いさ。見むとしも思はねばにや。見るとしもなし。（必ズシモ返事ヲ見ヨウトモ思ワナイカラカシラ。私ハ必ズシモ見ルトイウワケデモナイネ）」といらへ給ふを（源氏、末摘花）

ただし次の例のように「しも」の下に打ち消しの語があっても「必ズシモ……デハナイ」

の意味でないものもあるから注意を要する。

今宵しもさぶらはで（日モアロウニ、ヨリニヨッテ大切ナ今宵オソバニ侍サナイデ）、召しにさへ怠りつるを憎しとおもほすものから（源氏、夕顔）

（へ）中古の歌に「しもあれ」という形が見える。

時しもあれ秋やは人の別《わ》かるべき在《あ》るを見るだに恋しきものを（古今、哀傷）

折しもあれいかに契りて雁がねの花の盛りに帰りそめけむ（後拾遺、春上）

折しまれ（「まれ」ハ「もあれ」ノ約）きのふ垣根の花を見てけふ聞くものか山ほととぎす（和泉式部集）

右は「時しもあれ」「折しもあれ」など少数の用例しか見出せない。「他に時もあるのに」というような意であろう。「こそ・已然形結び」に似た「しも・已然形結び」かと思われる用例が上代にも万葉集の大伴家持の長歌（十八、四一二五）に一例だけ見えるが、それをもふくめてこの形は、一種の擬古的、非口語的なこしらえものの用法と見るべきか。

なお「源氏物語」に「ことしもあれ」の一例が見えるが、諸本に異同があり（青表紙本でも「こともこそあれ」「ことしもこそあれ」とする本があり、河内本はすべて「ことしもこそあれ」である）、なお検討を要しよう。

「森の下草老いぬれば」など書きすさびたるを、ことしもあれ（書クコトモアルノニ）、うての心ばへやと、ゑまれながら……（紅葉賀）

四九　感動の「な」

文末にあって体言や、活用語の終止した形や、自己の希望をあらわす終助詞「（も）が（も）」「（てし）か」、感動の助詞「か」などに添って、感動（詠嘆）の意をあらわす。

かれぞこの常陸の守の婿の少将な。（少将ダネ）。（源氏、東屋）

浅小《あさし》竹《の》原《はら》腰泥《なつ》む空は行かず阿斯用由久那（足ヨ行クナ）（足ニヨッテ行クヨ）（古事記、景行）

衣手《ころもで》の別《わか》るる今夜《こよひ》ゆ妹《いも》も吾《あれ》も甚恋名（イタク恋ヒムナ）（ヒドク恋シクナルダロウナ）逢ふよしをなみ（万葉、四、五〇八）

伊予介はかしづくや。君と思ふらむな。（思ッテイルダロウネ）。（源氏、帚木）

憎しとこそ思ひたれな。（思ッテイルネ）。（源氏、夕顔）

さやうならむ変化《へんぐゑ》の人もがな。（源氏、宿木）

河上《かはのへ》のゆつ（「ゆつ」ハ神聖サヲアラワス接頭語）岩群《いはむら》に草生《む》さず常丹毛冀名（常ニモガモナ）常処女《とこをとめ》にて（万葉、一、二二）

例のおどろおどろしき聖《ひじり》ことば見果ててしがな。（源氏、橋姫）

久しく参らぬかな。（久シクオ伺イシナイナア）。（源氏、橋姫）

五〇 ろ（上代）

「ろ」は体言、活用語などの下に適宜挿んで用いられたり、文末において終止した活用語に添って用いられたりするが、語調を整え、あるいは感動の意を添えることばであるらしい。「記」「紀」に見え、「万葉集」ではすでに衰え、中古では絶えた。

1 女鳥《めどり》のわが王《おほきみ》の織《お》ろす（オ織リナサル）服《はた》他賀多泥呂迦母（誰《タ》ガ料《タネ》ロカモ）（古事記、仁徳）〔体言に添う〕

2 藤原の大宮仕へ生《あ》れつくや（「や」ハ間投助詞）処女《をとめ》がともは乏吉呂賀聞（羨《トモ》シキロカモ）（ウラヤマシイナア）（万葉、一、五三）〔形容詞連体形に添う〕

3 荒雄《あらを》らは妻子《めこ》の産業《なり》をば不念呂（オモハズロ）年の八歳《やとせ》を待てど来まさぬ（万葉、十六、三八六五）〔助動詞「ず」に添う。「思ワナイデ」の意で「来まさぬ」につづくとも、「思ワナイヨ」の意で終止するとも解かれている。〕

4　白雲の（枕詞）絶えにし妹《いも》を阿是西呂等（何為《アゼセ》ロト）（ドウセヨトテ）心に乗りて許多《ここば》かなしけ（心ニカカッテコンナニヒドクカワイイノカ。「ここば」ハ「ここだ」ノ、「かなしけ」ハ「かなしき」ノ訛）（万葉、十四、三五一七）〔動詞に添う〕

1・2の例のように体言、形容詞の連体形に添えて助詞「かも」へつづけて用いられている「ろ」の例は、このほかにも「記」「紀」にはいくつか見える。従ってこの「ろ」は間投助詞とみとめられるが、次のような体言の下に添う「ろ」は接尾語に分類するほうが穏当のようである。この接尾語の「ろ」もやはり語調を整える用をなすものであろう。

安乎禰呂爾（青嶺《アヲネ》ロニ）たなびく雲の（以上、序詞）いさよひに（タメラッテ）物をそ思ふ年のこのころ（万葉、十四、三五一一）

伊波呂禰波（家《イハ》ロニハ）葦火《あしぶ》焚《た》けども住み好《よ》けを（「住み好け」ハ「住み好き」ノ訛）筑紫《つくし》にいたりて恋《こふ》しけもはも（「けも」ハ「けむ」ノ訛）（万葉、二十、四四一九）

奈流世呂爾（鳴ル瀬ロニ）木屑《こつ》の寄す如《な》すいとのきて可奈思家世呂禰（愛《カナ》シケ背《セ》ロニ）人さへ寄すも（音ヲ立テテ流レル川瀬ニ木屑ガギッシリスキマモナク寄セルヨウニトリワケテ密接シテカワイクテタマラナイ私ノ男ニ他人《ヒト》マデガ心ヲ寄セルヨ）（万葉、十四、三五四八）

3・4の例および右の接尾語「ろ」の例でも見られるように、「万葉集」では防人《さきもり》歌や東《あずま》歌に用例が集中していて、大和の人たちの歌では稀である。なお4の「セロ」は大和では「セヨ」にあたることばであり、他にも「安我弖等都気呂（吾《ア》ガ手ト付ケロ）」（万葉、二

十、四四二〇）など用例が見える。

五一　ゑ（上代）

間投助詞の「ゑ」は、文末にあって形容詞の終止形、助動詞「む」の終止形に添うほか、「よしゑ」「よしゑやし」（この「よし」は「ママヨ・タトイ」などの意であるが、本来は形容詞「よし」の終止形で「マアソレデヨイ」の意から認容の意の副詞に転じたものと考えられている）「しゑや」などの形で、他の語と熟合した用例が見られるだけである。語調を整え、あるいは感動の意を添えることばであるようである。ただし用例が少ないので、その意については、発言内容を確認するとか、不満な感情をあらわすとか、いろいろな異説もある。

山の端にあぢ群《むら》（アジ鴨ノ群）さわき（サワギ）行くなれど吾者左夫思恵（ワレハサブシヱ。）君にしあらねば（万葉、四、四八六）

上毛野《かみつけの》佐野の茎立《くくたち》（青菜ノ類カトイウ）折り栄《は》やし安礼波麻多牟恵（アレハ待タムヱ。）今年来《こ》ずとも（万葉、十四、三四〇六）

たらちねの（枕詞）母に知らえずわが持てる心者吉恵（心ハヨシヱ。）君がまにまに（母ニ知ラレナイデ私ガ持ッテイル心ハ、ママヨ、ドウナロウトヨロシイ、アナタノオ思イノママ

二）（万葉、十一、二五三七）

馬買はば妹《いも》歩行《かち》ならむ縦恵八子（ヨシヱヤシ）（ママヨ、カマワナイ）石は履《ふ》むとも吾《あ》は二人行かむ（万葉、十三、三三一七）

あらかじめ（マエマエカラモウ）人言《ひとごと》繁しかくしあらば四恵也吾背子（シヱヤワガセコ）奥もいかにあらめ（ママヨ、カマウモノカ。アナタヨ、コレカラサキドウナルダロウカ、ドウナルハズノモノデモナイ。「いかに」「誰」ナド疑問語ヲ受ケテ結ビヲ已然形デ終止シタ場合「か」ヤ「や」ヲ添エナイノガ普通ダガ、ソレハ反語デアルノガ通例デアル。コノ第五句ヲ、通説デハ「将来ドウナルダロウカ」トイウフウニ疑問ニ解イテイルガ、シバラク反語ト見ナシテ解ク）（万葉、四、六五九）

奥山の真木《まき》の板戸を押し開き思恵也出来根（シヱヤイデコネ）後《のち》は何せむ（ママヨ、カマウモノカ、デテ来テオクレ。アトデハ何ニナロウ）（万葉、十一、二五一九）

最後の二例の「しゑや」は、物事を思い切る時に、すてばち的に発する語だと解されているが、十分確かではない。

五二　よ

「よ」は詠嘆（感動）をあらわす間投助詞である。文末に添えたり、呼びかけの語に添えたり、文中で連用の文節に添えたりして用いられる。
今は吾《あ》は将死与吾背（死ナムヨ我ガ背《せ》）生けりとも吾《われ》に寄るべし（アナタガ、私ニ心ヲキットヨセルダロウ）と言ふといはなくに（万葉、四、六八四）
下毛野《しもつけの》阿《あ》蘇《そ》の河原よ（河原ヲ通ッテ）石踏まず蘇良由登伎奴与（空ユト来《キ》ヌヨ）汝《な》が心告《の》れ（万葉、十四、三四二五）
わが門《かど》に千鳥数《しば》鳴く起余〻〻（起キヨ起キヨ）わが一夜《ひとよ》夫《づま》人に知らゆな（万葉、十六、三八七三）（一般ニ動詞命令形ノ語尾ノ「よ」ハ本来コノ助詞ノ「よ」デアル。上代デハ四段活用以外ノ動詞命令形ノ語尾ノ「よ」ハ語尾トシテ見ナイデ、切リ離シテ助詞ト見ルベキダトスル考エニ従エバ、ココノ「よ」モ助詞トイウコトニナル。）
あこはわが子にてをあれよ。（源氏、帚木）
さればよ、と心おごりするに、正身《さうじみ》はなし。（源氏、帚木）
そよ。などかうは。（源氏、夕顔）
前《さき》の世の契《ちぎり》知らるる身の憂さに行末かねて頼みがたさよ。（源氏、夕顔）
かうおぼしなげかすばかりなりけむ宿世《すくせ》の高さよ。（源氏、夕顔）
少納言よ。香炉峯の雪いかならむ。（枕草子）
夏麻《なつそ》引《ひ》く（枕詞）宇《う》奈《な》比《ひ》（地名）を指《さ》して飛ぶ鳥の（以上、序詞）伊多良武等曽与（到ラムトソヨ）吾《あ》が下延《したは》へし（私ハ、アナタノトコロニ行キツコウト、ヒソカニ思イヲヨセタノ

ダ）（万葉、十四、三三八一）
あらたまの年の経《へ》ぬれば今し（「し」ハ強メ）はと勤与吾背子（ユメヨワガセコ）（ケッシテ、ワガ愛スル人ヨ）わが名告《の》らすな（「す」ハ尊敬）（万葉、四、五九〇）。

第三章　形　容　詞

（イ）ク活用形容詞の「く（連用）、し（終止）、き（連体）、けれ（已然）」、シク活用形容詞の「しく（連用）、し（終止）、しき（連体）、しけれ（已然）」の活用形は上代末までに一往揃ったが、上代はまだ過渡期なので、その已然形は、用例がきわめてとぼしく、ことに「こそ」の結びには用いられていない。

和可家礼婆（若ケレバ）道行き知らじ幣《まひ》はせむ黄泉《したへ》の使負《お》ひて通らせ（万葉、五、九〇五）

おのが身し伊多波斯計礼婆（イタハシケレバ）（イタワリタイ気持チ〔病気〕ナノデ）玉ほこの道の隈廻《くまみ》に草手折《たを》り柴《しば》取り敷きて（万葉、五、八八六）

右のような「けれ」「しけれ」について表記の明確な上代の用例はこのほかに五例ほどしか見えないという。

海《わた》の底沖《おき》を深めて生《お》ふる藻の（以上、序詞）最今社恋者為便無寸（モトモ今コソ恋ハスベナキ）（万葉、十一、二七八一）

山高み川とほしろし（「とほしろし」〔登保之呂思〕ハ雄大ノ意トイウ。「ろ」ノ表記「呂」ハ「白《しろ》し」ノ「ろ」ト音ガチガウ〔特殊仮名遣〕ノデ「遠白シ」トハ解キニクイノデアル）

野を広み久佐許曽之既吉（草コソ茂キ）（万葉、十七、四〇一一）

上代の「こそ」の結びは右のように連体形である。

（ロ）上代ではク活用に「け」、シク活用に「しけ」という形があって、それぞれ未然形と已然形とに用いられた。

〔未然形の用例〕

1 「む」につく

なかなかに（イッソノコト）之奈婆夜須家牟（死ナバ安ケム）君が目を見ず久《ひさ》ならばすべなかるべし（万葉、十七、三九三四）

わが背子《せこ》が国へましなばほととぎす鳴かむ五月《さつき》は佐夫之家牟可母（サブシケムカモ）（万葉、十七、三九九六）

右はそれぞれカリ活用の未然形を用いての「安からむ」「さぶしからむ」と同じ意である。

2 「ば」につく

恋之家婆（恋シケバ）（恋シイナラバ）形見にせむと吾《わ》が屋戸《やど》（私ノ家ノ庭先）に植ゑし藤波今咲きにけり（万葉、八、一四七一）

3 接尾語「く」につく

いつしかも人と成り出でて安志家口毛与家久母見武登（アシケクモヨケクモ）（ワルイコトモヨイコトモ）（見むと）大船の（枕詞）思ひたのむに（万葉、五、九〇四）

あしひきの山路《やまぢ》越えむとする君を心に持ちて夜須家久母奈之（ヤスケクモナシ）（不安ナ気持チデス）（万葉、十五、三七二三）

右は形の上では未然形の「あしけ」「よけ」「やすけ」に接尾語「く」が添ったように見えるが、さきに助動詞「む」の節の「まく」の項で説いたように、本来はこれらも「あしきアク」「よきアク」「やすきアク」が、kiaku→keku というふうに音が転じて「あしけく」「よけく」「やすけく」となったものと見なしてよいであろう。したがって「あしけく」「よけく」「やすけく」は「あしきコト」「よきコト」「やすきコト」の意となる。

この「あしけく」「やすけく」を形容詞の連用形と誤って、「あしけし」「やすけし」などという形容詞が存在すると考え誤らないように注意されたい。これについては、橋本進吉博士（国語と国文学、八十九号等）が、いわゆる「上代特殊仮名遣」（助動詞「り」の節参照）の研究に基づいてきわめて興味ある結果を発表された。すなわち上代には、後世同じ「け」の仮名で記されている音に二通りあって、それがはっきり使用漢字によって書き分けられていた（ちょうど今日同じ「い」の仮名で記されている音に昔は「い」と「ゐ」の二通りがあって、それぞれ別個の文字であったように）。その一方の「け」を仮りに「甲類ノけ」とし、一方の「け」を「乙類ノけ」と名づけるとすれば、形容詞の古形の未然・已然形の語尾の「け」（たとえば「あしけく」「行きよけど」などの「け」）は「甲類ノけ」に属し、形容詞「さやけし」「かそけし」「ゆたけし」「はるけし」などの語幹の中の「け」

は「乙類ノけ」に属する。つまり「あしけく」の「け」と「さやけく」（例―河見れば佐夜《サヤ》気《ケ》久《ク》清之《キヨシ》（万葉、十三、三二三四））の「け」とは、はじめから違う音をもっていて、はっきり区別されたのであると説かれ、したがって

大海の磯もとゆすり立つ浪の寄らむと思《も》へる浜の浄奚久（万葉、七、一二三九）

の「浄奚久」は従来「さやけく」と訓まれていたが「奚」は「甲類ノけ」をあらわす字に属するから「きよけく」と訓み改めて（したがって「きよきことよ」の意味となる）解かなければならぬと論断された。このように、不断の研究は、古人の思いもよらぬ新しい結果を生むものである。

なおついでに、「やすけく」と「さやけく」の「けく」の見分けに初学の学生諸君は迷われることもあろうから、簡便な見分け方を付記しておくなら、「さやけし」「かそけし」「ゆたけし」「はるけし」（そのほか「あきらけし」「すむやけし」「たひらけし」「のどけし」「しづけし」などいろいろある）など語尾が「けし」である形容詞は、それぞれ「さやか」「かそか」「ゆたか」「はるか」（そのほか「あきらか」「すむやか」「たひらか」「のどか」「しづか」など）などから派生したものであるから、「さやけく」ならそれを「さやか」にもどしてたしかめてみればよい。これに対して「やすけく」や「よけく」「あしけく」などは「やすか」「よか」「あしか」とはならない。

ただ「やすけく」と「さやけく」との形の上での類似から、後世「やすけく」を形容詞

「やすけし」の連用形と誤認して、いわば「擬古語」として（実際口語では用いられないが）歌などで「やすけし」「やすけき」「やすけれ」など自由に用いられたりするようにもなっている。これは、上代語・中古語と峻別しなければならない。もっとも、こうした誤解誤用は、すでに、ことばによっては、はやく中古中期には兆《きざ》していて、次のような例が見える。

　紫のゆゑに心をしめたれば淵に身投げむ名やは惜しけき（源氏、胡蝶）

歌語として、はやく作られていたのであろう。

　あしひきの山下風も寒けきにこよひもまたやわがひとりねむ（拾遺、恋三、題しらず、よみ人しらず）

という例もあるが、「万葉集」（一、七四）の「み吉野の山の嵐の寒けくに（寒キコトナルニ）はたやこよひもわが独り寝む」の類歌とおぼしく、「寒けく」を形容詞とうけとった読者が、ある時点に「寒けき」と改めたものであろう。しかしそれが「拾遺集」成立以前のことであるとすれば、当時すでに「寒けく」を形容詞と読み取るのが一般であったことを証していることになるというわけである。

4「なく」（「ず」の連体形「ぬ」に「アク」が添った「ぬアク」がnuaku→nakuとなったと考えられるもの）につく

　旅といへば言《こと》にそ易《やす》き少《すくな》くも妹《いも》に恋ひつつ須敝奈家奈久爾（スベナケナクニ）（「スベナカラ

ヌコトナルニ」ノ意。妹ニ恋イ恋イシテ、少ナカラズスベナイコトデアルヨ。「少くも」ハ下ノ否定ト呼応シテ、「少ナカラズ・大イニ」ノ意トナル）（万葉、十五、三七四三）

〔已然形の用例〕

1 「ば」につく

春霞立ちにし日より今日《けふ》までにわが恋やまず本之繁家波（本《モト》ノシゲケバ）（モトガ繁ッテイルノデ）（万葉、十、一九一〇、霞に寄す）

2 「ど」「ども」につく

あをによし奈良の大路《おほち》は由吉余家杼（行キヨケド）（歩キヨイケレド）この山道《やまみち》は行きあしかりけり（万葉、十五、三七二八）

伊香保嶺《ね》に雷《かみ》な鳴りそねわが上《へ》には由恵波奈家杼母（故ハ無ケドモ）児《こ》らに寄りてそ（私ニハ何ノワケモ無イケレドモ、私ノイトシイヒトガキラウカラデス）（万葉、十四、三四二一）

（ハ）右の「――け」「――しけ」は「万葉集」の東歌《あずまうた》では「――か」「――しか」と訛《なま》ることがある。

馬来田《うまぐだ》（上総国）の嶺《ね》ろに隠《かく》り居《ゐ》（以上、序詞カ）かくだにも久爾乃登保可婆（国ノ遠カバ）（コンナ程度ニダケデモオ前ノイル国ガ遠イノナラ「マシテモット遠カッタラヨケイ……ダロウ、ノ意ノフクミガアル」）汝《な》が目欲《ほ》りせむ（万葉、十四、三三八三）

佐野山に打つや斧音《おのと》の（以上、序詞）等抱可騰母（遠カドモ）（遠イケレドモ）寝も（「寝

ム」ノ訛）とか子ろが面《おも》に見えつる（共ニ寝ヨウトイウノカ、イトシイヒトガ面影ニアラワレタヨ）（万葉、十四、三四七三）

東歌や防人《さきもり》歌の訛りは、その他の品詞でもいろいろ見える（例＝降れる↓降らる。乾せる↓乾さる。おもへど↓おめほど。幸《さ》くあれと↓さくあれて。こえだ↓こやで。しみづ↓せみど。ことば↓けとば）が特殊なものだから、「解釈文法」に関係があることでも、原則としては省略して記さない。ここでは、特にいわば一例としてあげたのである。

（二）ク活用・シク活用の連用形と動詞「あり」が熟合した「――かり」「――しかり」という形は、「記」「紀」の歌謡ではまだ見えず、連用形と「あり」とは分かれて用いられている。

赤玉は緒《を》さへ光れど白玉の君が装《よそひ》し多布斗久阿理祁理（貴クアリケリ）（古事記、上）

「万葉集」になると熟合の例が見えてきて、一往、未然形以下の六活用形がそろったが、元来カリ活用は、助動詞「ず」「む」「き」「けり」などにつづくために出来たものであろうから、「万葉集」でもすでに未然形、連用形の用例こそは多いが、連体形の用例は少なく、終止形の用例は「無かり」だけ、已然形の用例も「無かれ」のほかは稀であり、命令形も

われも思ふ人もな忘れおほなわに（「おほなわに」ハ語義不詳）浦吹く風の止時無有（ヤムトキナカレ）（万葉、四、六〇六）

のようなやや不確実な用例しか見えない。

中古では命令形は「久しかれ」「長かれ」「あしかれ」「のどけかれ」「はげしかれ」などいろいろな用例が見えてきたが、連体形の用例は依然少なく、終止形、已然形の用例は、ほとんど見当たらないようである。

(ホ)「多し」という形容詞には疑問があって、なお今後の研究が必要である。というのは、上代では「記」の歌謡に「意富祁久《おほけく》（多キコト・多キモノ、ノ意）」、「万葉集」に「於保久《おほく》」「於保伎《おほき》」「大有《おほかれ》（已然形）」「友《トモヲ》衆《おほミ》」など、「多し」の意の形容詞の語幹や活用形のいくつかが（と言っても「おほけく」は「おおきアク」、「おほかれ」は「おほくあれ」に還元すると結局、連用形と連体形だけである）見えるが、「多し」「多けれ」という活用形の例は見えない。中古でも、たとえば「源氏物語」には「多し」の用例は、「多く（多う）」のほかは「多く」と「あり」の結合による「多から」「多かり（連用形・終止形）」「多かる」「多かン」「多かれ（已然形）」だけで、「多し」「多けれ」も、さらに「多き」もない。「源氏」以外の中古の仮名文学でも、現在知られている限りでは、歌に「多き」の用例がきわめて稀に見えるほかは、ほぼ同様である。したがって学者によっては中古の「多く」（「多う」）は副詞と見るべきだとさえしておられる。では上代・中古を通じて終止形「多し」は存在しなかったのかというと、必ずしもそうではないらしくて、中古の漢詩文の訓点では「多し」の意味と思われる「オホシ」が若干（中古後期の「四条宮下野集」の歌の詞書に「『梅の香、夜多し』といふ題を人に代はりて」とあるのなども、その一例としてふくまれる）見られるし、また、「類聚名義抄」（中古末に出来た漢和字書）では「多」「巨」「夥」「衆」のほか二十余の漢字に「オホシ」の訓が見えている。「オホシ」は、ひょっとしたら漢文訓読のために「オホク」「オホキ」から人為的に導かれて作り出された新造語ででもあったのであろうか。

右のように、漢文訓読語をのぞいては、上代中古では終止形「多し」が見えないばかりでなく、用例は連用形「多く」にのみ偏《かたよ》り、それでも上代にはわずかに見えた連体形「多き」さえも、中古ではさらに稀少になっていったということは、結局この形容詞は連用形「多く」以外は発達しそこなった「事情」があったということであろう。その「事情」が何であるか、私には見当もつきかねるが、「多し」と語幹「オホ」が共通である「大」の意の「オホキ」がやはり形容詞であるべくして、上代中古を通じて連体形「オホキ」以外のすべての活用形（オホク・オホシ・オホケレ）を発展させることができず「オホキニ」の形にのがれて「オホキナリ」を作り、それの活用形で用を足しているのと無関係ではないかも知れない。あるいは古代において「大きいこと」と「多いこと」とは区別して意識されず、いずれも「オホ」であったのに、やがて区別されるようになって、それが「オホキ」（大・多）と「オホク」（多）を生んだ段階で、すでに「オホキ」は「大」と「多」との意の混乱を生じたので「オホキ」は「多」の意を捨てる方向に向い、「オホキ」はもっぱら「大」の意、「オホク」はもっぱら「多」の意ということとなって、さらに「オホキ」は「オホキナリ」、「オホク」は「オホクアリ→オホカリ」という語とその活用形を作ることによって、「オホシ」「オホク」「オホケレ」の発生を抑え混乱を避けおおせたというようなことかも知れない。さらにもう一つ、「凡河内躬恒《おほしかふちのみつね》」の名に残っているので知られる「凡《おほ》し」という語は、「源氏物語」に「凡《おほ》し垣下饗《かいもとあるじ》 甚だ非常《ひざう》に侍りたうぶ」という、時代おくれの学者の会話語の中で唯一つ使われているが、「およそ」という意の副詞と解かれている。これも、よくはわからないが、ひょっとしたら、「大きいこと」、「多いこと」と、「多くてはっきりしないおよそのこと」とは共通点があるようだから、もとは形容詞「凡《おほ》し」が生まれかけながら、「多《おほ》」「大《おほ》」から作られた形容詞との混乱を避けてそのまま固定しつつ副詞に転じたものかも知れないし、また、「多くてはっきりしないこと」と「漠然としてはっきりしないこと」とも共通点があるから「オボシ」(「オボシキ」「オボシク」などの形で「源氏物語」に用例がかなりある)というシク活用形容詞の存在も「多」「大」の意の「オホク」「オホキ」の、他の活用形の発達を抑止することに無関係ではないのかも知れない。
以上、まったくの臆説である。無責任な臆説を、れいれいしく書き立てて恐縮であるが、高校生の諸君に「ことばをさぐる」ということのおもしろみをちょっと知ってもらおうと、よけいな道草を食ってみたのである。許されたい。

(へ) ク活用形容詞は情態的な属性概念をあらわすものが多く、シク活用形容詞は情意的な意味をもつものが多いといわれる。発生・発達もシク活用形容詞はク活用形容詞に遅れると考えられている。

(ト) ク活用形容詞の語幹は、次の例で見られるように本来は無活用の情態語として種々のはたらきをもっていた。「シ」はむしろその語尾としてあとから付け加えられて活用語(形容詞)を形成したと見るべきようである。

つぎねふ(枕詞)山城女《やましろめ》の木鍬《こくは》持ち打ちし大根《おほね》(土ヲ打チ起コシテ掘ッタダイコン)(以上、序詞)泥士漏能斯漏多陀牟岐(根ジロノシロ腕《タダムキ》)(大根ノ根ガ白イヨウニ、白イ腕ヲ)枕《ま》かずけばこそ(枕ニシテ寝ナカッタノナラコソ)知らずとも言はめ(古事記、仁徳)(「根《ね》白《じろ》」は名詞「根」と名詞「白《しろ》」との複合名詞。「白《しろ》ただむき」の「白《しろ》」は名詞「ただむき」に対する連体修飾語)

(子ハ)いづくより来たりしものそ眼交《まなかひ》に母等奈可〻利提(モトナカカリテ)夜周伊斯奈佐農(ヤス寝《イ》シ寝《ナ》サヌ)(「シ」ハツヨメ「寝《ナ》ス」ハ「寝《ヌ》」ノ使役動詞)(万葉、五、八〇二)(「もとな(本無)」は名詞「もと」と「な」が複合して副詞となったもの。「やす寝《い》」の「やす」は名詞「寝《い》」に対する連体修飾語)

吾妹子《わぎもこ》を由伎弓波也美武(行キテハヤ見ム)淡路島雲居に見えぬ(見エタ)家つくらしも(家ニ近ヅクラシイヨ)(万葉、十五、三七二〇)(「はや」は副詞)

そのほか「とほそく(遠退く)」(「とほ」は四段動詞「そく」の連用修飾語として「そく」

と複合して動詞を作る）、「とほのみかど（遠の朝庭）」「とほつ国」（それぞれ「とほ」は「の」「つ」を伴って名詞に接する。「の」「つ」が添うのだから「とほ」は名詞と見るべきであろう）「とほながし（遠長し）」（「とほ」は「長し」の連用修飾語として「長し」と複合して形容詞「遠長し」をつくる）「為《す》るすべの無さ」（「な」は接尾語「さ」をつけて名詞をつくる）「あなみにく」（「みにく」は感動詞「あな」と共に用いられて、感動の余情をあらわす。この場合「みにく」は名詞と見なしてよいであろう。）（以上、すべて「万葉集」の用例に拠る）などいろいろに用いられている。

シク活用の形容詞の語幹は末尾に「シ」をもつので、終止形と見かけの上ではまったく同じで、識別しにくいようであるが、やはりク活用のそれと同じ現象が見られる。ただク活用の場合とちがって名詞（「の」につづくものをのぞく）・副詞・連用修飾語としてはたらく語の位置に立つことはない。

本毎《もとごと》に花は咲けども何とかも于都倶之伊母我（ウツクシ妹ガ）また咲き出来《でこ》ぬ（日本書紀、孝徳）（「ウツクシ」は連体修飾語。シク活用語幹の連体修飾語は、連体形より感動の気持ちが加わっているという考えもあるが確かではない。）

いであやしの問はず語りや。（宇津保、蔵開、中）（「あやし」は「の」を伴って名詞に接する。この場合、「あやし」は名詞と見られる。）

あはれ、あなおもしろ、阿那多能志（アナタノシ）あなさやけおけ（古語拾遺）（ク活用形容詞の場合、上に「あな」があると一つの例外もなく語幹がつく。それから推測してシク活用形容詞の場合も「あな」につくものは必ず語幹と判断すべきで、従って、「あなたのし」は「アア、タノシイコトヨ」「アア、タノシイナア」というような意に解くべきである。「たのし」は名詞。〕

言問はぬ木すら妹《いも》と兄《せ》と（姉妹兄弟）ありといふをただ独り子に有之苦者（アルガ苦シサ。〔「者」ハ助字〕）（タッタ一人ッ子デアルノガツライコトヨ）（万葉、六、一〇〇七）〔接尾語「さ」をつけて名詞を作る〕

中古になると、形容詞の語幹が、そのままで述語となる用例が見える。

何方《いつかた》によはなりぬらむおぼつかな（ハッキリシナイコトダナア）明けぬ限りは秋ぞと思はむ（後撰、秋下、凡河内躬恒の九月つごもりによんだ歌）

また中古では、ク活用・シク活用とも、その語幹から「ながら」につづく例が「物うながら」「つれなながら」「うるさながら」「いやしながら」「いとほしながら」「つつましながら」「おぼめかしながら」など、かなり見える（助詞「ながら」の節参照）が、「ながら」は語源的には「『な（のノ古形）』プラス『から（名詞）』」であるから、この語幹は名詞と見なしてよいであろう。

（チ）「おなじ（古クハ「おやじ」）」という形容詞は名詞を修飾するとき、上代から語幹を用いる例と連体形を用いる例とが並行して見え、中古では前者の例の方がはるかに多くなった。意味は両者に（たとえば、語幹の方が感動の気持ちがあるというような）差があるようには感じられない。

人言《ひとごと》の繁《しげ》きによりてまを薦《ごも》（カラムシデ作ッタコモ）の於夜自麻久良波（オヤジ枕ハ）吾《わ》は纏《ま》かじやも（万葉、十四、三四六四）

た□（一字不明）し人ととるとも意夜志己々呂曽（オヤジ心ソ）。（平城宮址出土木簡。天平十八年九月四日付ケ）

月見れば於奈自久爾奈里（オナジ国ナリ）山こそは君があたりをへだてたりけれ（万葉、十八、四〇七三）

あしひきの山は無くもが月見れば於奈自伎佐刀乎（オナジキ里ヲ）心へだてつ（万葉、十八、四〇七六）

故前坊《せんぼう》の同じき御はらからといふなかにも（源氏、葵）〔「源氏物語」には、他に十一例の「同じき」がある〕

（リ）中古になるとク活用形容詞の終止形が名詞への連体修飾語として用いられているものが見えるが、おそらくは、シク活用形容詞の語幹から名詞につづく「うつくし妹」「さかし女《め》」「くはし女《め》」「かくはし花橘」「愛《は》し妻」（以上、「記」「紀」の歌謡に見える例）などの用例から連想されて生まれたことばであろう。

こよひは少しうちとけて、はかなしごとなどもいふ。（源氏、竹河）

よしなしごといと多かりや。（源氏、行幸）

（ヌ）体言に添う位置にある形容詞の語幹に「み」をつけた用法がある。

1　采女《うねめ》の袖吹き返す明日香《あすか》風《かぜ》京都乎遠見（都ヲ遠ミ）いたづらに吹く（万葉、一、五一）

2　草枕羈行君乎愛見（旅行ク君ヲウツクシミ）たぐひて（一緒ニオ供シテ）そ来《こ》し志賀《しか》の浜辺《はまべ》を（万葉、四、五六六）

3　月夜好三（ツクヨヨミ）妹《いも》に会《あ》はむと直道《ただち》から吾《われ》は来つれど夜ぞ深《ふ》けにける（万葉、十一、二六一八）

4　あしひきの（枕詞カラ「山ノ」ノ意ニ転用サレタモノラシイ）石根許其思美（岩根コゴシミ）菅の根を引かば難《かた》みと標《しめ》のみそ結《ゆ》ふ（万葉、三、四一四）

右の1・2のようにその形容詞の上に「を」がある場合と、3・4のように「を」がない場合とがある。これらはそれぞれ「都ガ遠イノデ」「旅行ク君ガカワイイノデ」「月夜ガヨイノデ」「岩根ガゴツゴツケワシイノデ」の意とするのが一往の通説であり、ほぼそれで当たっていると思われるが、それでは「都を」「君を」の「を」が主語「都」「君」に添った間投助詞であるかどうかという点になると疑問がある。それについては助詞「を」の節の（ヌ）の項で述べたことを参照されたい。佐伯梅友博士は、その著「上代国語法研究」において、この語法について、「を―み」の形のものには、一方、「を」がなくて「――み」だけの形の例がある点から考えられて、こういう場合、助詞があれば「を」であって、他の助詞のある例がないという点で、格助詞的なものであるとみようと思う。唯一の例外として、「吉野川ゆく瀬の早みしましくも淀むことなくありこせぬかも」(万葉、一一九)という例があるが、「吉野川ゆく瀬の」が「淀むことなく」の序である点で別に考えられるべきだと思う。

と述べられたが、さらに日本古典文学大系「古今和歌集」の解説においては、

「――み」は「――みして」という心持とみる。即ち(「夜を寒み」ノ)「寒み」は「寒がって」、(「別れを惜しみ」ノ)「惜しみ」は「惜しがって」という心持になる。これが本来の意味であろう。

と説かれるのにつづいて、右の「吉野川ゆく瀬の早み」の歌を再検討されて、

私は従来、これを、序詞だからとか、「早み」が「しげみ」(巻八、一五〇〇)と同様に体言ではなかろうかとか、苦しい説明をして来たのであるが、もう一つ

玉桙の道の遠けば間使も遣縁毛《ヤルヨシモ》奈美《ナミ》(巻十七、三九六九)

という例があるのに気がついた。

として、「『――も』という文節は主語である例が多いから、『やるよしも』が主語、『無み』が述語という感じにうけとられる。こうした感じられかたから、『山高み』のように『を』をもたないものの中には主語述語関係に見ていいものがあると言えそうだ」(要約)というようなことを述べておられる。つまり本来は、「を」は体言を目的語とした連用格

助詞風のものであり、また「を」がない場合も上の体言は、やはり目的語として変わりはないのだが、一方、あとでは、その下に「を」がある場合はしばらく措《お》き、「を」がない場合、体言は主語、下の「形容詞語幹＋み」は述語という感じにうけとられることにもなって、そうした用法も生じてきたと見ようとしておられるのであろう。その「あと」の時期を中古に入ってからと考えておられるのか、すでに上代でもと考えておられるのか、十分はっきりしないが、上代としたら、同じ時代に両様の用法（うけとられかた）があったということになる。不自然のようだが、しかしこの「を――み」「――み」の用法は万葉時代すでに古風であったとすれば、あり得ないこととは言えない。

　佐伯博士が「夜を寒み」を「夜を寒みして＝夜ヲ寒ガッテ」の意と解かれることは、ただちに「寒み」を「寒ま」「寒み」「寒む」「寒め」というふうに動く四段活用動詞の連用形と見なしておられるということではないようではあるが、「寒み」が「寒みして」（名詞「寒み」とサ変動詞「し」の複合した動詞に助詞「て」の添ったもの）と語法的に同じであることが証明されない限り、やはり「寒み」は、少なくとも「連用形だけ存在する四段活用動詞」と見なすよりしかたがないであろう。つまり形容詞語幹に接尾語「み」を添えて、動詞連用形として用いる語法が行なわれたが、それは、「寒み」「高み」「遠み」「近み」「よみ」「めづらしみ」「ゆゆしみ」などのように連用形だけで終ってしまったものと、「惜しみ」「かなしみ」「あやしみ」「かしこみ」「なつかしみ」「いつくしみ」などのように各活用形を備えた四段活用動詞に成長したものとに分かれたということであろう。

右のように考えてよいのなら、佐伯博士のお考えは、現在考えられる方向として一番筋道が立っているのではないかと思われる。それに従えば「都を遠み」は本来は「都ヲ遠ガリ」「月夜よみ」は「月ヲヨガリ」ということになるが、「遠み」「よみ」は連用形以外は行なわれないでおわった動詞であり、現在の口語でも普通は動詞風には表現しないから「都ヲ遠イトシテ」「月ヲヨイトシテ」、さらに意訳して「都ガ遠クテ」「月ガヨクテ」、またそれら「―（を）―み」の形のものは、多くの場合、意味上、下文の内容に対する原因・理由をあらわし、ここの例でもそうであるから「都ガ遠イノデ」「月ガヨイノデ」と訳せばよいということになろう。

右に述べたように、「―（を）―み」の形のものは、多くの場合、意味上、下文の内容に対する原因・理由をあらわすが、少数の場合は、たとえば次の例のように、当然、そうでないものがある。

明日香《あすか》の旧《ふる》き都は山高三（山高ミ）（山ガ高ク）河とほしろし春の日は山し見が欲《ほ》し秋の夜は川しさやけし……（万葉、三、三二四）

この「山高み」も本来は「山ヲ高ガリ」ということだが、「高ガル」という言い方は、普通、現在の口語にはないから「山ガ高ク（テ）」と言いかえればよく、そしてこの「山高み」は下文の「河とほしろし」の原因とは考えにくいから、「山ガ高イノデ」の意にはならない、というわけである。ただ、口語訳としてはそれでよいとしても、疑問がのこるのは、果たして本来「山ヲ高ガリ」でよいのかどうかという点である。「山ヲ高ガリ」というかぎり主体は「人（ワレ）」であり、「ワレガ山ヲ高ガリ→ワレガ山ヲ高イト感ジ」ということである。この歌ではあとにつづいている「山し見が欲し、川しさやけし」（ワレガ山ヲ見ルコトヲホシク思イ、川ガサヤカダ。「山し見がほし」ノ「山」ハ「我が見がほし国は」（古事記、仁徳）ノ例カラ見テ「山ヲ」（目的語）デアルコトハマズ確カデアロウ）は「山」は目的格、「川」は主格という関係にあるのだから、ここも「山」は目的格、「河とほしろし」の「河」は主格でもおかしくないと言えばそれまでだけれど、少なくとも現代のわれわれの感覚では「山高み」には「山」が主語「高み」が述語であるのが自然のようである。となると、本来は「山ヲ高ガリ」なのだが、佐伯博士の言われるようにこうした「山高み」のような「を」をもたないものは、場合によって、主語述語の関係にあると当時（万葉時代）の人にもうけとられていたと見てよかろうか、ということになる。「―（ヲ）―ミ」の形のものが「――ガ―ノデ」のような意で用いられることは中古の歌でもかなり例が見える。

さ月山こずゑを高みほととぎすなく音《ね》空なる恋もするかな（古今、恋二、紀貫之）

（ル）右のほかの、「形容詞の語幹＋み」の用法を示せば

1 道の後《しり》こばだ嬢子《をとめ》は争はず寝しく（ネタコト）をしぞ（「叙」ノ字ヲアテテアルノデ濁

ッテ「ぞ」トヨム。ツマリ上代デモ「ぞ」トモ言ワレタトイウコトデアル）も宇流波志美意母布（ウルハシミ思フ）（古事記、応神）

2　望月《もちづき》の益目頬染所念之（イヤメヅラシミ思ホシシ）君と時々いでましてあそび給ひし（万葉、二、一九六）

3　春さりて野辺をめぐれば面白見我矣思経蚊（オモシロミワレヲ思ヘカ）さ野《の》つ鳥来鳴き翔《かけ》らふ秋さりて山辺を行けば名津蚊為迹我矣思経蚊（ナツカシト我ヲ思ヘカ）天雲も行きたなびく（万葉、十六、三七九一）

右の1・2は「ウルハシガリ思フ」「メヅラシガリ思フ」（「メヅ」は賞美スル意）の意と解くべきなら「うるはしみ」「めづらしみ」は四段動詞連用形ということになるが、たとえば1に対しては「日本古典文学大系」注（「古代歌謡集」土橋寛博士）は「ウルハシムという動詞の連用形に、オモフという動詞が結合した熟合動詞」というふうにはっきり動詞説を採っているものの、2に対しては「日本古典文学大系」注は「満月のように、いよいよ見たく讃うべく思っておられた背の君」、「日本古典文学全集」訳は「(望月の)いよいよいとしく思われた夫君」というふうにいずれも「メヅラシク」に対すると同じような訳語を当てているのから見れば、通説としてはまだまだ動詞と見なすことには十分踏み切れていないと言うべきであろう。ことに3では「オモシロミ思フ」と「ナツカシト思フ」とは対《つい》になっていて、「オモシロミ」「ナツカシト」は、「オモシロミ」「ナツカシミ」または

「オモシロシト」「ナツカシト」と言いかえても作者として意味は同じつもりである（「オモシロシト」では一音あまるので「オモシロミ」とし、それに「ナツカシミ」を対させては変化に乏しいので「ナツカシト」とした、というようなことか）ようにも推測されるから、よけい「オモシロミ」「メヅラシミ」「ウルハシミ」など、いずれも、まだ動詞とは見なしきれないのであろう。しかし本来の語法から言えば、やはり動詞的な意識で当時考えられていたものと見てよいのではなかろうか。そうだとすると、3も、一方は「オモシロガリ思フ」一方は「ナツカシト思フ」であってもさしつかえはないということになろうか。

4　白たへの袖之別乎難見為而（袖ノ別レヲカタミシテ）荒津の浜にやどりするかも（万葉、十二、三二一五）

5　さ百合《ゆり》花ゆり（ノチ）も逢はむと思へこそ（思ウカラコソ）いまのまさか（現在）も宇流波之美須礼（ウルハシミスレ）（万葉、十八、四〇八八）

4・5に対して「日本古典文学大系」注は「難みして―難《むずか》しいと思って」「うるはしみす―相手を立派だと思ってあれこれ仕える」とする。1・2・3の「――ミ思フ」が「――ミス」になっただけだから同様に考えてよいとするなら、「――クスル」か「――ガリスル」のどちらかの意だ、ということになるが、サ変動詞「す」と複合するものは「ヨミス」「アシミス（アシンズ）」（「日本書紀」の訓に見える。「ヨイトスル（ヨイト思ウ・ヨガル）」「ワルイトスル（ワルイト思ウ・ワルガル）」の意）など同類のことばを参考にしても、一語の複合動詞（サ変）として、「――ミ思フ」などより（口語に訳する場合は「カタミス」が「カタシトスル」「カタシト思ウ」であるとしても）一歩形容詞から脱しおおせている感じがつよい。

6　今日だにも言問《こととひ》せむと乎之美都々（惜シミツツ）悲しび坐《ま》せ（悲シンデイラッシャルノデ）（万葉、二十、四四〇八）

6は「つつ」が添っているのだから、明らかに四段動詞「惜しむ」の連用形「惜しみ」である。ただし稀有の例である。

7　独り寝《ね》て絶西紐緒忌見跡（絶エニシ紐ヲユユシミト）せむすべ知らに（知ラナイデ）ねのみしぞ泣く（タダ声ヲ立テテ泣クヨ）（万葉、四、五一五）

7に対して「日本古典文学大系」は「注」に「ゆゆしみと―ユユシは不吉である、不吉のこととして恐れつつしむべきであるの意、ミは形容詞語幹について原因・理由を表わす。トはトテの意」としるし「大意」では「紐が不吉に感じられて」とする。「日本古典文学全集」は「注」で「ゆゆしみと」を「不吉だとして」とし、訳文で「不吉に思われ」とする。大意はおそらくそんなことであろうが、この語法を正確に説き明かそうためには、今まで述べてきた佐伯博士のお考えに沿った線での説明の根源にさかのぼって再吟味すべきこともいろいろ出て来そうでもあるし、私に確かな考えがないから、再考の機会にゆずりたい。ただ「絶えにし紐をゆゆしみ、いかにせむと、せむすべ知らに」の「いかにせむ」

を省略したものと見なすことが許されるならば、ごく平凡な「ヲ―ミ」の一例（絶エテシマッタ紐ヲ不吉ガッテ。絶エテシマッタ紐ガ不吉ナノデ。）にすぎなくなろう。この種の例に、ほかに

あしひきの岩根こごしみ菅の根を引者難三等（引カバカタミト）標《しめ》のみそ結《ゆ》ふ（万葉、三、四一四）

「日本古典文学大系」注は「むずかしいからとて」、「日本古典文学全集」注は「ミ語法＋トは、～だと思っての意」とする。これも「引かばかたみ」の次に「いかにせむ」の省略を考えることはできよう。（この歌の寓意は、「日本古典文学全集」注に「人の妨害などのため、女性をものにすることができず、とりあえず約束だけすることをいう」とあるとおりである。）

見まく欲《ほ》り思ふ間《あひだ》に玉づさの使の来《け》れば（「来アレバ」ノ約トイウ）宇礼之美登（ウレシミト）吾《あ》が待ち問ふに（万葉、十七、三九五七）

「日本古典文学大系」は「注」では「嬉しみと―嬉しくて。嬉しいからとて」、「大意」では「嬉しくて、待ちうけて都の様子をきくと」とする。これも「うれしみ」の次に「使に会はむ」などの省略を考えられないではない。

泊瀬《はつせ》川速見早湍乎（速ミ早瀬ヲ）掬《むす》び上げて飽かずや妹（マダ飲ミタリナイカ、愛スル女《ヒト》ヨ）と問ひし君はも（万葉、十一、二七〇六）

「速み早瀬」を「早き早瀬」の意とする説が昔行なわれていたが、これも「速イノデ、ソノ早瀬ノ水ヲ」の意と見て支障はないとすれば、普通の「（ヲ）—ミ」の例にすぎない。

夏の野の繁見丹開有（繁ミニ咲ケル）姫百合の知らえぬ恋は苦しきものそ（万葉、八、一五〇〇）

この「繁《しげ》み」は名詞であることは明らかであるが、四段動詞連用形「しげみ」の名詞化したものなのか、「み」は本来名詞的な語尾であってそれが形容詞語幹に添ったものなのかは、なお検討すべきであろう。なお「形容詞語幹＋み」で名詞と見なされるべき語は上代ではこの「繁み」以外に見当たらないようである。

（ヲ） 形容詞の連用形が名詞のように用いられることがある。

初雪は千重《ちへ》に降りしけ（「しけ」ハ「頻《し》け」ノ意トモ「敷《し》け」ノ意トモイワレル）故非之久能（恋シクノ）多かる（恋シイコトガ多イ）われは見つつ偲《しの》はむ（万葉、二十、四四七五）

をさなく（幼イ時）よりさる所に生ひいでて（源氏、若紫）

故大将殿にも若く（私ノ若イ時）より参りつかうまつりき。（源氏、東屋）

しばし見ぬだに恋しきものを。遠く（遠イ所。タダシコレハ「遠くあるは」ノ略ト見ラレヌコトモナイ）はましていかにといへかし。（源氏、須磨）

多くの人の心をつくしつる日頃の名残、すこしうちやすみて（源氏、葵）

上代の用例「恋しく」をのぞけば、中古ではどうやら「幼く」「若く」「遠く」「多く」など、年齢、距離、量などをあらわす形容詞に見える現象のようである。

（ワ）形容詞の連用形の用法で注意すべきことを二、三かかげる。

（1）中止法の場合、下文との関係で、順接・逆接・並存など、各種の意が生まれる。

打ちひそみつつ見給ふ御様、例は心強う鮮かに誇りかなるみ気色、なごりなく（ナゴリナケレバ）、人悪し。（源氏、柏木）

ただ女《め》親なき子を置きたらむ心地して、見ぬほどうしろめたく（ウシロメタケレド）、いかが思ふらむと覚えぬぞ心安きわざなりける。（源氏、葵）

浅ましく（下ノ（心やまし）ト同時的ニ並存スル）心やましけれど、人たがへとたどりて見えむも、をこがましく（下ノ「あやし」ト同時的ニ並存スル）あやしと思ふべし。（源氏、空蟬）

（2）「思ふ」「見る」「見ゆ」「聞く」「聞こゆ」などの上に用いられるとき、「『終止形』プラス『と』」の意になることがある。

少納言はうれしと聞くものから、なほあやふく（アヤフシト）思ひ聞ゆ。（源氏、葵）（以上の四例はいずれも時枝博士の「古典解釈のための日本文法」による）

かつは人も心弱く（心弱シト）見奉るらむとおぼしつつまぬにしもあらぬ御けしきの心苦しさに、承りも果てぬやうにてなむまかで侍りぬる。（源氏、桐壺）

見劣りせむことこそいとほしかるべけれ、大方の世につけても、限りなく（限リナシ

ト）聞くことは、必ずさぞあるかし、など思ふに（源氏、横笛）

稀には、右にあげた以外の動詞の場合の用例も見える。

あはれにいとほしうて、いかに本意なく（本意ナシト）うらみむとおぼして（浜松中納言物語、二）

（3）「こちら（我）でこうこうと思うように」の意となることがある。

われ亡くなりぬとてくちをしう思ひくづほるな（クチヲシト我思ハムヤウニ汝思ヒクヅホルナ、ノ意）。（源氏、桐壺）

いとうれしく仰せられたり（我イトウレシト思フヤウニ汝仰セラレタリ、ノ意）。（源氏、浮舟）

（カ）形容詞の連体形の用法で注意すべきことを一、二かかげる。

（1）「『連体形』プラス『体言』」が「『終止形』プラス『との』プラス『体言』」の意になることがある。

心弱き（心弱シトノ）のちのそしりをおぼせば、この程を過ぐさむとし給ふに（源氏、御法）

かろがろしき（カロガロシトノ）そしりをや負はむとつつみしだに、なほすきずきしき（スキズキシトノ）咎を負ひて、世にはしたなめられき。（源氏、梅枝）

他人《こと》だにあらず、今は親たちに心おき、浅き（浅シトノ〔軽薄ダトイウ〕）うらみを負ひぬ

るは、すべて昔思ひし事ども皆たがひぬる我が身なりかし。（浜松中納言物語、二）

（2）右に類した言い方で意のまぎれやすいものがある。

（帝ガ源氏ヲ明石カラ召還シテ復位サセヨウトスルノヲ、母后ガ反対シテ言ウコトバ）世のもどきかろがろしきやうなるべし（ソンナコトヲシタラ世間ノ非難ガ、ソノ処置ハ軽々シイトイッタフウデアルニチガイナイ）。（源氏、明石）

以上（ワ）（カ）の連用形・連体形の用法で述べたことは、形容詞にかぎらず、次にあげるように他の活用語などのそれらについても言えることであるが、いわば代表的にかかげたわけである。

思ひ給ふる心の程よりは、こよなくおろかに（疎《オロ》カナリト）御覧ぜらるることの苦しう侍る。（源氏、夕霧）

さらに浮びたる（浮ビタリトノ）罪侍るまじきことなり。（源氏、東屋）

第四章　動　詞

（イ）上代では、終止形が体言を修飾すると考えられるような用例が稀に見える。古代にそうした用例があったなごりかと思われる。

所射鹿乎（イユシシヲ）つなぐ河辺の和草《にこぐさ》の身の若《わか》かへにさ寝し子らはも（万葉、十六、三八七四）（「ゆ・らゆ」ノ節ニ既引）

「射ゆ」は上一段動詞「射る」に古代の受身助動詞「ゆ」が結んで出来たものであろうが、それ自体下二段動詞である。「書紀」の訓に「射《い》えて」など連用形の用例が見える。従ってその連体形は「射ゆる」であるはずだから、この「射ゆ鹿」の「射ゆ」は終止形が体言を修飾していると見るほかはない。

（ロ）已然形が順接条件となって、下文につづくときは、中古では（擬古的用法を除いては）必ず「ば」を下につけるが、上代では「ば」をつけないことが多かった。この「ば」はもと係助詞の「は」であり、つけない方が古形であると考えられている。（助詞「や」の節その他でもすでに述べた。）

勅旨《おほみこと》戴《いただ》き持ちて唐《もろこし》の遠き境に遣《つか》はされ麻加利伊麻勢（マカリイマセ）（「マカリイマセバ」

ノ意）海原《うなはら》の辺《へ》にも沖にも神《かむ》づまりうしはきいます諸《もろもろ》の大御神《おほみかみ》たち舟舳《ふなのへ》に導きまをし……

（万葉、五、八九四）

なげきつつますらをのこの恋礼許曽（恋フレコソ）（「恋フレバコソ」ノ意）わが結《ゆ》ふ髪の漬《ひ》ちてぬれ（「ぬる」ハヒトリデニユルンデホドケル意ノ下二段動詞）けれ（万葉、二、一一八）

次の歌の「たけ」は、中古なら「たけドモ」の意かといわれる。そうだとすると、上代では已然形が逆接条件をも構成することになるが、他にこの種の用例を見ず、そのうえ「たけ」（四段動詞已然形ト見ラレテイル）の意が不確かなので疑いをのこすべきである。

大舟を荒海《あるみ》に漕ぎ出で八船多気（ヤフネタケ）（イヨイヨ漕ギニ漕グケレド、ノ意トサレル）

わが見し児《こ》らが目見《まみ》は著《しる》しも（私ノ会ッタアノ子ノ目モトハハッキリト記憶ニウカブヨ。）

（万葉、七、一二六六）

已然形についてふれたついでに、橋本博士が上代特殊仮名遣の研究によって発見されたことを一言紹介しておく。それは、助動詞「り」の節でもちょっと述べたが、四段活用の已然形と命令形は現在では同形と考えられているが、上代では已然形の語尾の「ケ」「ヘ」「メ」は乙類、命令形の語尾の「ケ」「ヘ」「メ」は甲類であって、明らかに区別があったということである。この新発見の事実によって橋本博士は

とこしへに君も阿閇（アヘ）やもいさな取り海の浜藻の寄る時々を（紀、允恭紀）

の「あへやも」の「あへ」を従来命令形と解き、命令形に感動の「やも」が添ったものとして「いつもあなたは会って下さいよ」の意としていたのを、乙類の「へ」であるから已然形であると断ぜられて「あへやも」は反語であると論定された。つまり一首は「いつもあなたにお会いするか、いやお会いできはしないのです。海の浜藻の、波のまにまに岸辺に時たま寄るように時折りにすぎませんよ」というような意であろう。

(八)後世、四段活用・ラ変活用・ナ変活用以外は命令形語尾には「よ」を伴うのが普通であるが、上代では次のように下二段・上一段・サ変・カ変の場合も「よ」がつかない用例が見える。(上二段活用動詞については、命令形の用例が見えないといわれるから、「よ」の存在は不明である。なお下一段活用は上代では存在しない。)カ変は中古においても「よ」を伴わないのが普通である。

大伴の遠つ神祖《かむおや》の奥津《おくつ》城《き》は之流久之米多弖(シルクシメタテ)(「タテ」ハ下二段命令形)人の知るべく(万葉、十八、四〇九六)

よき人のよしとよく見てよしと言ひし芳野吉見与良人四来三(吉野ヨク見ヨヨキ人ヨク見)(「見」ハ上一段命令形)(万葉、一、二七)(一方デハ「ヨク見ヨ」トイウフウニ「ヨ」ヲツケテイナガラ、一方デハ「ヨク見」ト言ッテイルノハ、第五句ヲ「ヨク見ヨ」トスルト字余リニナルカラデアロウカ。トスレバ、「ヨ」ヲ使ワナイ言イ方ガ必ズシモ普通デアッタトハ言エナイコトニハナロウ。」)

うたてけに（イヤナコトニハイヨイヨヒドク）心いぶせし（心ガハレバレシナイ）事計《ことはかり》（事ノハコビヲ）吉為吾兄子（ヨクセワガセコ）逢へる時だに（万葉、十二、二九四九）

汝《な》が母に嘖《こ》られ（シカラレテ）吾《あ》は行《ゆ》く青雲の（枕詞）伊弖来和伎母児（出デコワギモコ）逢ひ見て行かむ（万葉、十四、三五一九）

「夜さりこのつかさにまうでこ」とのたまうてつかはしつ。（竹取）〔以下、中古ノ例〕

「さらば、そのありつる文を賜はりてこ」となむ仰せられつる。（枕草子）

「供に歩《あり》かすべきをのこどもなど参らざめるを、かしこに物してとのへむ。装束《さうずく》してこよ」とていでられぬ。（諸本ニ異同ガナイ）

カ変の命令形に「よ」を伴なう用例は「蜻蛉日記」に一つ見えるのが初見かといわれる。

（二）上代では上一段活用の「見る」「似る」「煮る」などは、終止形接続の助動詞「らむ」「らし」「べし」にその未然形（あるいは連用形とも見られる。つまり語幹相当の部分）から接する。助詞「とも」に対しても同様である。

白たへの（枕詞）藤江の浦（兵庫県明石市西部）に漁《いざり》する安麻等也見良武（アマトヤミラム）旅行くわれを（万葉、十五、三六〇七）

春日野《かすがの》に煙《けぶり》立つ見ゆ少女《をとめ》らし（「し」ハツヨメ）春野のうはぎ（ヨメ菜）採而煮良思文（ツミテ煮ラシモ）（万葉、十、一八七九）

往きめぐり雖見将飽八（ミトモアカメヤ）名寸隅《なきすみ》の船瀬の浜に頻《しき》る白波（万葉、六、九三

七）

（ホ）上代では「散らく」「在らく」「見らく」「恋ふらく」というような形でそれぞれ「散ルコト」「在ルコト」「見ルコト」「恋フルコト」の意をあらわすことばがあるが、助動詞「む」の節の「まく」の項や形容詞の章の（ロ）の節の3の項などでも説いたと同様に、それらはそれぞれ「散るアク」「在るアク」「見るアク」「恋ふるアク」の約とする説に従えば、すべて動詞の連体形から「アク」につづいたものと解くことができる。

梅の花知良久波伊豆久（チラクハイヅク）しかすがにこの城《き》の山（筑前国）に雪は降りつつ（万葉、五、八二三）（コノ種ノ「く（アク）」ハ「コト」ノ意ヲアラワスノガ普通デアルガ、ココノ例ノヨウニ「トコロ」ノ意ト見ラレルモノ、ソノ他「モノ」「トキ」ナドノ意ト見ラレルモノモ少々アル。「いづく」ノ「く」ナドトノ密接ナ関係ガ想像サレル。）

潮満《しほみ》てば入りぬる磯の草なれや（「草ナレバヤ」ノ意。疑問条件）見良久少恋良久乃大寸（見ラクスクナク恋フラクノ多キ）（万葉、七、一三九四）

天《あめ》なるや（「や」ハ間投助詞）月日の如くわが思へる君が日に異《け》に老落惜文（オユラク惜シモ）（万葉、十三、三二四六）

桜花散り交《か》ひくもれ老いらく（「老ゆらく」ノ訛。老ユルコト。「老」ヲ擬人化シタ）の来むといふなる道まがふがに（古今、賀）

最後の例は中古のものであるが、「老ゆらく」を「老いらく」と訛《なま》っているということは、こうした「く」の用法が一般にはすたれたことを暗示していると言えよう。ただし中古でも、あるきまったことばについてはしきりに用いられ、たとえば「竹取物語」でも「いはく」「仰せたまはく」「の給はく」「申さく」などの用例が見え、その他漢文訓読風の男子用語としては、いろいろな文献にしきりに見られる。

かくや姫いはく「……」といふ。（竹取）

御門《みかど》仰せたまはく「……」との給はす。（竹取）

仰せのことを承りて申さく「……」と申し合へり。（竹取）

仏、王に告げて宣はく「……」と説き給ひけり。（今昔物語、二ノ四一）

右は女流の文章でなら、「かくや姫『……』といふ。」「御門『……』との給はす。」などといったふうに、「いはく」「仰せたまはく」などが省かれる。言いかえれば、そうした女流の文章こそ本来の日本語なのである。つまり「いはく『……』」ならまさに漢文直訳的なことばであるが、あとに再び「といふ。」を加えて、日本語風にしたてなおしたのが、この言い方である。したがって、これは、そのままでは、実際の口語には用いられない。あくまでも文章に書いた変体口語である。

なおこの種の「く」が動詞的な活用をする助動詞に添う場合も右に準ずることは言うまでもない。

御民《みたみ》われ生ける験《しるし》あり天地《あめつち》の栄《さか》ゆる時に相楽念者（アヘラク思ヘバ）（「アヘラク」ハ「アヘ

ルアク」ノ約ト見ラレル）（万葉、六、九九六）
あしひきの山の木末《こぬれ》の寄生《ほよ》（ヤドリ木）取りて可射之都良久波（挿頭《カザ》シツラクハ）（「ツラク」ハ「ツルアク」ノ約トミラレル）千年寿《ちとせほ》くとそ（千年ノ命ヲ祝ウトテデアル。）（万葉、十八、四一三六）

（ヘ）意味は同じことばで、上代から中古にかけて活用の形がちがってゆく動詞がいくつかある。そのおもなものをあげておく。

A 四段から下二段にかわるもの

1 隠る（自動詞）（上代に下二段の用例も生まれている）

青山に比賀迦久良婆（日ガ隠ラバ）ぬばたまの夜《よ》は出でなむ（記、神代）（四段）

妹《いも》が門《かど》いや遠《とほ》そきぬ筑波山可久礼奴保刀に（カクレヌ程ニ）袖ば振りてな（万葉、十四、三三八九）（下二段）

はしけやし（イトシイ。「ハシキ」ノ転ジタ「ハシケ」ニ間投助詞「ヤ」ト強メノ「シ」ノ添ッタモノトイウ）妻も子どもと高高《たかたか》に（今カ今カト背ノビヲシテ、ノ意カトイウ）待つらむ君や之麻我久礼奴流（島隠レヌル）（万葉、十五、三六九二。挽歌）（下二段）

わかき者はかたち隠れず。（源氏、末摘花）（下二段）

2 忘る（他動詞）（上代に下二段の用例も生まれている）

沖つ鳥鴨着《かもづ》く島に我が率寝《ゐね》し伊茂播和素邏珥（イモハワスラジ）世のことごとも（紀、神代

下）〔四段〕
飯炊《いひかし》く事毛和須礼提（事モ忘レテ）ぬえ鳥の呻吟《のどよ》ひをるに（万葉、五、八九二）〔下二段〕
又さて忘れぬるは何のとがかあらむ。（源氏、胡蝶）〔下二段〕
風さわぎむら雲まよふ夕べにも忘るる（下二段）間なく忘られぬ君（源氏、野分）（「忘らる」トイウ形ノコトバダケハ中古デモ「忘れらる」トハナラズニ、イツモ「忘られ」「忘らるる」「忘らるれ」トイウフウニ四段ノママデ用イラレタ。）

3　触る〔自動詞〕（上代でも「記」「紀」時代には四段、「万葉」時代には方言以外は下二段になっているようである）
下問《したど》ひに我《わ》が問ふ妹《いも》を下泣きに我が泣く妻を今夜《こぞ》こそは夜須久波陀布礼（ヤスク肌フレ）（ヒソカニ問ウイトシイ妹ヨ、忍ビ泣キニ泣クワガ妻ヨ、今夜コソハ心ヤスラカニ肌ガ触レルコトダ。）（記、允恭）〔四段〕
大君の命畏《みことかしこ》み伊蘇尓布理（磯ニ触リ）海原《うのはら》渡る父母を置きて（万葉、二十、四三二八。防人《さきもり》歌）〔四段〕
鶯の来鳴く山吹《やまぶき》うたがたも（イチズニ）伎美我手敷礼受（君ガ手触レズ）花散らめやも（万葉、十七、三九六八）〔下二段〕
事に触れて数知らず苦しき事のみまされば（源氏、桐壺）〔下二段〕

4　垂る〔自動詞〕

ちちのみの（枕詞）父の命《みこと》（「命」ハ敬称）は栲綱《たくづの》の（枕詞）白《しら》ひげの上《うへ》ゆ奈美太多利（涙垂リ）嘆きのたばく（「のたぶ」ハ「のたまふ」ノ約）（万葉、二十、四四〇八）（四段）

行平の中納言の藻塩垂れつつわびける家居近きわたりなりけり。（源氏、須磨）（下二段）

B　四段から上二段にかわるもの

1　もみつ（自動詞）（モミジスルの意。上代では「つ」は清音）

児《こ》持《もち》山若かへるで（「かへるで」ハカエデノコト。蛙ノ手ノヨウナ形ヲシテイルカラノ名）の毛美都麻弖（モミツマデ）寝《ね》も（寝むノ訛）と吾《わ》は思《も》ふ汝《な》はあどか（何トカノ意）思《も》ふ（万葉、十四、三四九四）（四段）

吾《わ》が宿の萩の下葉は秋風もいまだ吹かねば（吹カヌニノ意）如此曽毛美照（カクソモミテル）（「ル」ハ助動詞「リ」ノ連体形。四段活用ヲ受ケル）（万葉、八、一六二八）（四段）

しぐれつつもみづるよりも言の葉の心の秋にあふぞわびしき（古今、恋五）（上二段）（古今集ニハ、他ニ「もみぢつつ」ノ用例ガアル。従ッテ上二段ト判定デキル）

2　生く（自動詞）（「生く」は上代・中古を通じて助動詞「り」につづいて「生けり」という形で用いられることが多い。中古でも上二段の例といわれたものは左にかかげる「蜻蛉日記」の一例だけである。だが、この一例も「死ノウト思ウ私ヲ死ナセズニ生カセル人（息子）」と解いて下二段他動詞と見るのが近頃の定説であるから「上二段にかわる」とする例からは省くのがよい。）

いでなほここながら死なむと思へど、生くる人ぞいとつらきや。（蜻蛉日記、上）

C　上二段から四段にかわるもの

1　避《よ》く〔他動詞？〕（上代・中古を通じて上二段が普通であるが、中古では四段も見える）

神《かみ》が崎荒石《ありそ》も見えず波立ちぬ何処《いづく》ゆ行かむ与奇道者無荷（ヨキ道《チ》ハ無シニ）（万葉、七、一二二六）〔上二段連用形デアルコトガ、次ノ例ト照ラシ合ワセテ推定サレル〕

家人《いへびと》の使なるらし春雨の与久列杼吾等乎（ヨクレドワレヲ）濡らさく思へば（万葉、九、一六九七）〔上二段〕

吹く風にあつらへつくるものならばこの一本《ひともと》はよきよといはまし（古今、春下）〔上二段〕

秋風に誘《さそ》はれわたる雁《かり》がねは物思ふ人の宿をよかなむ（ヨケテクレ）（後撰、秋下、よみ人しらず）〔四段〕

D　上二段から上一段にかわるもの

1　ふ（乾）〔自動詞〕

妹《いも》が見し楝《あふち》の花は散りぬべしわが泣く涙伊摩陀飛那久尓（イマダヒナクニ）（万葉、五、七九八）〔「ヒ」ハ上二段未然形デアルコトガ次ノ二ツノ例ト照ラシ合ワセテ推定サレル〕

わが背子《せこ》にわが恋ひ居《を》ればわがやどの草佐倍思浦乾来（草サヘ思ヒウラブレニケリ）（万葉、十一、二四六五）〔「乾」ヲ「フレ」ノ音ヲアラワスノニ用イテイル。「フレ」ハ已然形〕

熊襲梟帥有二二女一。兄曰二市乾鹿文一。乾、此云レ賦（熊襲《クマソ》タケルフタリノ女《ムスメ》アリ、兄《エ》ヲ市乾鹿文《イチフカヤ》ト曰《マヲ》ス。乾、コレヲバフトイフ）（紀、景行、十二年）（「乾」ヲ「フ」ノ音デヨムトイウ注記デアル。「フ」ハ終止形）

かへりてはかごとやせまし寄せたりしなごりに袖のひがたかりしを（源氏、明石）（コノ「ひ」ハ上一段未然形デアルコトガ、次ノ例ト照ラシ合ワセテ推定サレル）

涙のひる世なく霧《き》りふたがりて明かし暮らし給ふ。（源氏、御法）

そのほか、くしゃみをすることを中古で「鼻ヒル」というが、この「ヒル」も上代では上二段であったと考えられている。

2　う（居・座）（自動詞）（上代・中古において「ゐ・ゐ・ゐる・ゐる・ゐれ・ゐよ」というふうに上一段に活用する動詞が、さらに古い上代では「ゐ・ゐ・う・うる・うれ・ゐよ」というふうに上二段に活用したと推定されている）

爰倭迹々姫命仰見而悔之急居急居此云二菟岐于一（ココニヤマトトトヒメノミコトアフギミテクイテツキウ急居コレヲバツキウトイフ）（紀、崇神、十年）（「居」ヲ「ウ」トヨマセテイル。コレニヨッテ次ニアゲル「万葉集」ノ「座」モ「ウ」トヨマレテイル。）

たまきはる（枕詞）わが山の上に立つ霞（以上、序詞）雖立雖居（立ツトモウトモ）君がまにまに（万葉、十、一九一二）

E　上二段あるいは四段から下二段にかわるもの

1 おそる〔自動詞〕（用例が少ないので、漢文訓点語に「オソラム」「オソラバ」「オソリナバ」「オソリジ」とあるのなどから推測して、上代・中古前期では上二段、ときに、四段と考えられている。その後、中古末には下二段になったようである。）

かつは人の耳におそり、かつは歌の心に恥ぢて思へど（古今、序）〔四段？ 上二段？〕

いかなる仰せ言にかと、おそれ申し侍る。（源氏、浮舟）〔下二段〕

F 下二段から下一段にかわるもの

1 くう（蹴）〔他動詞〕（中古における下一段活用の唯一の所属語「蹴《け》る」は、上代では「くゑ、くゑ、くう、くうる、くうれ、くゑよ」と活用して下二段であったらしい。ただし、その終止形「くう」の用例が確認されないので、「類聚名義抄」に「蹢クヱル」とあることなどから、上代でも「くゑ、くゑ、くゑる、くゑる、くゑれ、くゑよ」と活用した下一段動詞であったとする説もある。）

若二沫雪一以蹴散 蹴散、此云二倶穢簸邏邏箇須一（アハ雪ノゴトクニ蹴散《クヱハララ》カシ蹴散、此ヲバクヱハララカスト云フ）（紀、神代、上）

偶預下中大兄於二法興寺槻樹之下一打レ毱之侶上（紀、皇極三年正月。岩崎本ノ朱訓点ニ「打レ毱之侶」ニ対シテ「マリクウルトモガラ」トアル。コレヲ確実ナ資料ト認メテヨイナラ、下二段活用説ハ正シイト言エル。）

舞へ舞へ蝸牛《かたつぶり》、舞はぬものならば、馬《むま》の子や牛の子にくゑさせてん、踏みわらせてん（後白河法皇撰、梁塵秘抄、二）（中古末ニハ「くゑ」ハ「け」ト変ワッテイタト思ワレルガ、歌謡デハ古イコトバガ伝誦サレタノデアロウ。）

翁袖をかづきてまどひ入るに、さと寄りて一足づつける。（落窪、二）（下一段）

（付言）右のほか、中世以後に活用がかわったり誤られたりするものに「うづむ（埋）」（他動詞。四段から中世末ごろに下二段にかわる）、「うらむ」（他動詞。上二段から近世に四段にかわる）、「恋ふ」（上代では「君に恋ひ」と言って「君を恋ひ」とは言わないから、自動詞と見るのが穏当であろうが、中古では「を恋ふ」が通例のようであるから他動詞とみなしておく。上二段であるが、近世以後「恋ふ人」というような誤った言い方も行なわれて四段化してゆく）、「用ゐる」（他動詞。元来「持ち率《ゐ》るマタハ持ち居る」の意であろうからワ行上一段であるが、中古後期から「ゐ・ひ」が混同して「もちひる」とも記されるようになったことから、誤ってハ行上二段「ひ、ひ、ふ、ふる、ふれ、ひよ」の活用も文章語としては用いられるようになった）、「試《こころ》みる」（他動詞。元来「心見る」の意であるから、マ行上一段であるが、中世に入ると終止形を「試む」とするマ行上二段も行なわれはじめた。やや不確実な用例としては、すでに中古後期の物語にも見える。）、「うしろみる」（「試みる」と同じ事情によって、上一段のほかに上二段も行なわれるようになったが、用例として中古中期にすでに稀に見える。ただし書写者の誤りかも知れないので吟味を要する）、「かいま見る」（「試む」「うしろむ」と同じ事情で出来た「かいまむ」がたしかな例としては「更級日記」に見えている。）などがある。

（ト）同じ時代に用いられている動詞で、終止形では一見同じだのに、活用がちがうものには、意味にもちがいのあるものがあるから注意を要する。

1 分く〔他動詞〕

上代でも中古でも下二段と四段との二種がある。上代では下二段の「分く」は、主として具体的な物を区分したり区別したり押し分けたりするものに用い、四段の「分く」は、主として心で事を判別するのに用いるといわれる。一々の用例にあたると、なかなかそうはっきりは言えないようであるが、大体の傾向としては右の考えは承認できそうである。中古でも、ほぼそれと同じと見てよいであろう。

女郎花《をみなへし》秋萩しのぎさを鹿の都由和気奈加牟（露分ケ鳴カム）高円《たかまと》の野そ（万葉、二十、四二九七）〔下二段〕

ただ今は異様《ことざま》に分くる御心もなくて（源氏、葵）〔下二段〕

天そそり高き立山冬夏と和久許等母奈久（分クコトモナク）白たへに雪は降り置きて（万葉、十七、四〇〇三）〔四段〕

その際《きは》より下は、志のおもむきに従ひて、あはれをも分き給へ、労をも数へ給へなど聞え給へば（源氏、胡蝶）〔四段〕

2 「しのふ」〔他動詞四段〕と「しのぶ」〔他動詞上二段〕

中古では四段の「しのぶ」も上二段の「しのぶ」も同じく「しのぶ」と発音されたらしいが、上代では四段の「しのふ」の「ふ」は清音であって、上二段の「しのぶ」と区別されていた。（また「しのふ」の「の」は甲類、「しのぶ」の「の」は乙類で「の」の発音もちがっていた。）「しのふ」は「思慕する・賞美する」の意、「しのぶ」は「堪《こら》える・つつみ隠す」の意である。

鏡なす吾《あ》が思《も》ふ妻《つま》有りと言はばこそよ家にも行かめ久尓袁母斯怒波米（国ヲモシノハメ）（故郷ヲモ思慕シヨウモノヲ）（記、允恭）〔四段〕

人目多み眼《メ》社忍礼（眼コソシノブレ）（オ会イスルコトヲコラエマスケレド）少くも心のうちにわが思はなくに（万葉、十二、二九一一）〔上二段〕

この清濁の区別、「の」の音の区別は中古に入るとなくなり、意味も思慕することは、とかくひそかに隠れこらえてすることでもあるので、混り合ってきて、活用までも交錯するようになる。その交錯の仕方は、かなり複雑であるが、たとえば木之下正雄氏（鹿児島大学教育学部研究紀要第四巻）は「源氏物語」のすべての用例を調べて、「源氏物語」では「耐《しの》ぶ」「隠《しの》ぶ」「偲《しの》ぶ」の三つの語に分けるべきだと説かれる。すなわち、「耐ぶ」意の場合は、「バ（バの用例は十五ある）・ビ・ブ・ブル・ブレ・（命令形はない）」と、いわば「ナ変型」に活用して紛れがない。「隠ぶ」意の場合は、未然形は「バ（一例）」「ビ（三例）」の二形があり、それも伝本によって相異のあるものもあるから伝写による変改も考えられるが、また当時の社会全体としても未然形から動揺しはじめたのだと見られるとされる。連用形以下は、「ビ・ブ・ブル・ブレ・（命令形はない）」であって少しの混同もない。「偲ぶ」意の場合は、未然形「バ（十一例）」連用形「ビ」、終止形「ブ」、連体形は「ブ」が二例、「ブル」が二例で、已然・命令の二形はない。しかして連体形の「ブル」は（他に同じ作者の「紫式部家集」に一例、「紫式部日記」に一例ある）歌だけに用い、連体形の「ブ」は会話と地の文だけで用いられているから、「偲ブル」は歌語として意識されていたとされる。つまり歌語としては「ナ変型」活用、話し言葉としては四段活用だとされるのである。右によって中古中期における「しのぶ」の実態は明らかになったと言えよう。

3 たのむ〔他動詞四段と他動詞下二段〕

四段の「たのむ」は現在の口語の「たのむ」と活用も意味も同じであるから、特に記すこともないが、下二段の「たのむ」は「相手をしてたのみに思わせる」意であるから、誤らぬように注意されたい。上代では次にかかげる「令恃」が下二段未然形によむべきものとみとめられている。

はじめより長く言ひつつ不令恃者（タノメズハ）（私ニアナタヲタノミニサセルヨウナ心ヲオコサセナイノナラ）かかる思ひにあはましものか（万葉、四、六二〇）

中古には用例が多い。

なほざりに頼めおくめる一ことを尽きせぬ音《ね》にやかけてしのばむ（源氏、明石）

何の心ありて、あすはひの木とつけけむ、あぢきなきかね言《ごと》なりや。誰に頼めたるにかあらむ（一体誰ニ自分ヲ頼ミニサセテイルノデアロウカ）と思ふに知らまほしうをかし。（枕草子）

われを頼めて来《こ》ぬ男、角《つの》三つ生《お》ひたる鬼になれ、さて人に疎《うと》まれよ（梁塵秘抄、二）

なお右の下二段他動詞の「たのむ」は四段他動詞の「たのむ」を下二段に活用させることによって使役の意をつけ加えたものと見られるが、こうした類の語には、なお「疎《うと》む」「祓《はら》ふ」「知る」などがある。

〔うとむ〕

紅の花ぞあやなくうとまるる梅の立枝《たちえ》はなつかしけれど（源氏、末摘花）〔四段他動詞〕

（薫ハ）いとどしづめたる（落チツイタ）さまして、宮（匂宮）の御心ばへ、思はずに浅うおはしけりとおぼしく、かつは言ひもうとめ（ドウヤラ意外ニ薄情デイラッシャルノダッタト感ジラレルヨウニ、一方デハ、中君ニ向カッテ話シテ中君ヲシテ匂宮ヲ疎マセ）、また慰めもかたがたにしづしづと聞え給ひつつおはす。（源氏、宿木）〔下二段他動詞〕

〔はらふ〕

又、為レ攘《ハラハムガ》二鳥獣昆虫之災異《ワザハヒ》一（紀、神代、上）〔訓点の「ハラハ」は四段他動詞〕

右の「はらふ」は、神に祈って災や罪けがれを除き清める意と思われる。

中臣《なかとみ》の太祝詞《ふとのりとごと》伊比波良倍（イヒハラヘ）贖《あか》ふ命《いのち》も誰《た》がために汝《なれ》（万葉、十七、四〇三一、酒

を造る歌、大伴家持）〔下二段他動詞〕

喚二集卜者一而祓祈禱、亦弥増病（卜者《カミナギ》ヲヨビッドヘテ、ハラヘノミイノレドモ、マタイヤマシニ病《ヤ》ム）（日本霊異記—中古前期に成る—中、第五。章末に古い訓釈が付記されているが、「祓」に対して「波浪遍」（ハラヘ）と読み仮名を付けている。）〔下二段他動詞〕

過犯家牟雑雑罪乎今年六月晦之大祓尓祓給比清給事乎諸聞食止宣（過《アヤマ》チ犯《ヲカ》シケム雑雑《クサグサ》ノ罪ヲ今《コ》年《トシ》ノ六月《ミナツキ》ノ晦《ツゴモリ》ノ大祓《オホハラヘ》ニ祓《ハラヘ》給ヒ清メ給フ事ヲ諸《モロモロ》聞キ給へと宣《ノタマ》フ）（六月晦大祓祝詞ノヨミ）

〔下二段他動詞〕

通説は下二段の「はらふ」は自動詞だとするようであるが、右の第三例の「罪ヲ……祓へ給ヒ清メ給フ」の訓が正しいのなら、やはり他動詞で、神に仕える者をして神にいのって罪けがれをはらわせる意と見てよいのではなかろうか。

〔知る〕

若ければ道行之良士（道行キ知ラジ）幣《まひ》はせむしたへの使（地下ノ世界へノ使ヨ）負《お》ひて通らせ（コノ子ヲ背負ッテオ通リ下サイ）（万葉、五、九〇五、死んだ児を恋うる歌である）

〔四段他動詞〕

春の野にあさるきぎし（キジ）の妻恋《つまごひ》に己《おの》があたりを人尓令知管（人ニ知レッツ）（自分ノアリカヲ人ニ知ラセ知ラセシテイル）〔下二段他動詞〕

中古でもしきりに用いられる「人知れず」ということばも「人ヲシテ知ラシメナイデ→人

ニ知ラレナイデ」の意であろう。
また四段自動詞を下二段他動詞に変えることによって使役の意をつけ加える例もいろいろ見える。

〔生く〕

白玉の見が欲《ほ》し君（「見が欲し」ノ「見」ハ「見ル」ノ連用形ノ体言的用法ノ「見」。見ルコトガホシイ君。「見が欲し」ハ形容詞語幹ノママノ形デ「君」ノ連体修飾語トナッテイル）を見ず久《ひさ》に夷《ひな》にし居《を》れば伊家流等毛奈之（生ケルトモナシ）（「ト」ハ、表記ノ仮名ニ乙甲ノチガイガアルガ、ク活用形容詞ノ「トシ」ノ語幹ニアタル「ト」―「利心《トゴコロ》」ナドト用イラレル―カトイワレル）（万葉、十九、四一七〇）（四段自動詞）

尼君は親の煩ひ給ふよりも、この人を生け果てて（生カセ果タシテ）見まほしく惜しみて（源氏、手習）（下二段他動詞）（今ノ口語ノ「生け花」ノ「生け」モ生カセル意デアル）

〔浮く〕

漁《いざり》する海人《あま》の娘子《をとめ》は小船《をぶね》乗り（小船ニ乗リノ意。助詞「ニ」ノ省略ハ稀有ノ例デアル。音数ヲ合ワセルタメノ無理ナ作為デアロウ）都良と尓宇家里（ツララニ浮ケリ）（ツラナッテ浮イテイル）（万葉、十五、三六二七）（四段自動詞）

涙を浮けて（浮カセテ）宣へば（源氏、梅枝）（下二段他動詞）

ひんがしの池に舟ども浮けて（源氏、藤裏葉）（下二段他動詞）

〔笑ふ〕

交野《かたの》の少将には笑はれ給ひけむかし。（源氏、帚木）〔四段自動詞〕

世の人聞きも人笑へにならむこととおぼす。（源氏、葵）〔下二段他動詞連用形ノ名詞形〕

〔コノ「人笑へ」ハ「人ヲシテ笑ワセルコト」ノ意ト考エラレル。タダ「人ヲシテ笑ワセルコト」ハ「人ニ笑ワレルコト」デアルノデ、一方「人笑はれ」トイウ名詞モ生ジタ。「源氏物語」デハ「人笑へ」四二例、「人笑はれ」一六例が見エル。〕

（チ）「おはす」は中古の用例で、四段ともサ変とも下二段とも見られそうなものがあるので、古くから議論せられていた。ことに「おはさ」「おはせ」の「さ（左ノ草体ノ平仮名）」「せ（世ノ草体ノ平仮名）」は写本の上では字形がすこぶる似ていて、たとえば、「おはさず」（四段）なのか、「おはせず」（サ変マタハ下二段）なのか判別に苦しむことさえあって、事態をいっそう紛らわしくしている。しかし宮嶋弘氏（龍谷大学国文学論叢第一輯）をはじめとする諸家によって、現在では、サ変説がほぼ定説になったようである。「源氏物語」では「おはせ（未然）」「おはし（連用）」「おはす（終止）」「おはする（連体）」「おはすれ（已然）」「おはせよ（命令）」の各活用形が整然とそろって用いられていてサ変活用として乱れがない由、木之下氏（前記論文）の報告がある。したがって次の「竹取物語」の「おはせね」の「ね」もサ変未然形に添うあつらえの終助詞と見るべきである。

我をいかにせよとて、捨てはのぼり給ふぞ。具してゐておはせね。

なお「竹取物語」における「菜種の大きさおはせしを」の「おはせ」も下二段連用形ではなく、サ変未然形（助動詞「き」の活用形「し」「しか」はサ変の未然形に添う）と判断される。

（リ）ナ変動詞「死ぬ」に完了の助動詞「ぬ」が添って「死にぬ」となる例は中古ではなかった。恐らく「死ぬ」はもと「し往《い》ぬ」だったので、同じく「往《い》ぬ」から生まれたと思われる完了の助動詞「ぬ」と重ねて用いられることは避けられたのであろう。なお「し往ぬ」の「し」は「荒風《あらし》」の「し」で風《かぜ》の意の古語で、「呼吸が去ってゆく」ことであろうといわれる。

（ヌ）カ変の「く（来）」の連用形「き」に完了の助動詞「たり」が添った「きたり」とは解しかねる四段活用の「きたる」の用例が上代から見える。

帰りける比等伎多礼里等（人来タレリト）言ひしかばほとほと死にき君かと思ひて（万葉、十五、三七七二）

右の「来タレ」は完了の助動詞「リ」が添っているのだから、「来《キ》＋（完了の助動詞）タレ＋（完了の助動詞）リ」と解くわけにはいかない。「タリ」は元来「テアリ」であり「リ」は元来「アリ」なのだから、重なるはずはないのである。したがってこれは

是後、豊玉姫果シテ如ニク其ノ言ノ来至《キタル》。（紀、神代、下）

における「来至」の訓のように、「来《き》いたる」の約によって生まれた四段活用の複合動詞とみなすべきであろう。中古では「続日本後紀」、仁明天皇嘉祥二年三月の条に天皇の四十の賀に興福寺の大法師が献じた長歌のなかに

日本乃倭之国波《ヒノモトノヤマトノクニハ》言玉乃《コトダマノ》富国度曽《サキハフクニトゾ》古語尓流来礼留《フルコトニナガレキタレル》神語尓伝来礼留《カムゴトニツタヘキタレル》、事任万尓本世乃事尋者《コトノマニマニモトツヨノコトタヅヌレバ》、歌語尓《ウタゴトニ》詠反志天《ウタヒカヘシテ》、神事尓用来利《カムワザニモチヰキタレリ》皇事尓用来利《キミゴトニモチヰキタレリ》

などとあるが、仮名の物語日記の類の中には確かな用例はほとんどあらわれないようである。

(ル)「あり」が「あれど」または「こそあれ」などという形をとるとき、その「あり」の上に、下文の述語の意味するものの反対の意味のことばが略されていると解されるべき用法がある。

妹《いも》とありし時者安礼杼毛（時ハアレドモ）別れては衣手寒きものにそありける（万葉、十五、三五九二）

右の「時ハアレドモ」は「時ハ衣手寒からず、アレドモ」の意となる。ただもともと省略された言い方なのだから、補ったままでは表現者の意に反しよう。したがって「時ハトニカク（トシテ）」などと訳すと、ほぼ当たるだろう。

玉くしげ（枕詞）覆《おほ》ふをやすみ明けていなば（オオイカクスノハタヤスイトテ、夜ガ明ケテ帰ルナラ）君名者雖有（君ガ名ハアレド）（君ガ名ハ惜シカラズアレド・君ノ名ハトモカク）

わが名し惜しも（万葉、二、九三）

みちのくはいづくはあれど（カナシカラズアレド）塩釜の浦漕ぐ舟の綱手かなしも（陸奥デハ他ノドコハトモカクトシテ、塩釜ノ浦ヲ引綱デ引イテイルサマハ痛切ニ心ニシミルナア）（古今、東歌）

今こそあれ（今コソサカユク時モナクテアレド・今コソハトモカクトシテ）我も昔は男山さかゆく時もありこしものを（古今、雑上）

以上は、ほぼ佐伯梅友博士（日本古典文学大系、古今和歌集解説）によったのである。なお二、三の用例を「源氏物語」から挙げておく。

情づくれど、うはべこそあれ（ウワベコソツラキコト多カラザルヨウニ見エテアレ・ウワベハトモカク）、つらきこと多かり。（関屋）

何かは今始めたる事ならばこそあらめ（事ナラバコソ似ゲナクアラメ・事ナラトモカク）、ありそめにける事なれば、さも心かはさむに似げなかるまじき人のあはひなりかし。（賢木）

「だにあり」についてもほぼ同じようなことが言える。ただしこの場合は下文の述語と同じものが「あり」の上に省かれていることになる。

思ひよらざりし独り言を聞き給ひけむだにあるものを（ダニかたはにアルモノヲ）（アラタメテ他人サマノオ耳ニ入ルヨウニ弾クノハ）いとかたはならむ。（橋姫）

御手は昔だにありしを（ダニしじかみ彫《ゑ》り深うアリシヲ・昔デサエソウダッタガ）いとわり

なうしじかみ彫《ゑ》り深う強く固く書き給へり。（末摘花）

（ヲ）中古からは動詞・形容詞などに音便の現象がしきりに見られる。形容詞の場合はわかりよいが、動詞の場合は、後世とちがうことが多いから注意を要する。

おはしまいたり。臥《ふ》いたり。さわがい給ふ。泣い給ふ。

思ひたまうなげく。取うでたまふ。

あんべいかな。（この撥音便の場合は表記しないで「あべいかな」のようにも書かれる。）

第五章　敬語としての動詞及び補助動詞

「す（四段）」「る」「らる」「す（下二段）」「さす」「しむ」などの尊敬の助動詞についてはすでに述べた。ここでは、動詞または補助動詞（動詞が助動詞のように他の動詞に添ってその動詞の意をたすけるために使われているもの）が、敬語として用いられているものを概説する。

一　尊敬語

尊敬すべき人の動作をあらわすことばに尊敬をふくめたり、敬意を添えたりするもの。

（イ）ます（四段活用）

君まさで煙絶えにし塩釜の浦さびしくも見え渡るかな（古今、哀傷）

右は動詞。「あり」の尊敬語。「イラッシャル」と訳せばよい。

そらみつ（枕詞）大和の国は押しなべて吾こそをれしきなべて吾己曽座（吾コソマセ）（万葉、一、一）

右は雄略天皇の御製の一節である。「ませ」は御自身、自己の動作に敬語を用いられたものと解されているが、これは帝位に対する御自身の自覚にもとづく表現とも、平生敬語的表現にかこまれて生活していられるので自然そうなってしまった表現であろうともいわれている。（ただし、御製とはいいながら、伝承されてきたものだから伝承者の敬意が混入して原歌が変えられたものだろうともいわれる。そうだとすれば、自尊敬語の例にはならないが、後掲の「います」「給ふ」の同様な例とともに、一往自尊敬語の例と見ておくことにする。なお右の「座」を「イマセ」と訓む説もある。）

わがせこが久尓敝麻之奈婆（国へマシナバ）ほととぎす鳴かむ五月《さつき》はさぶしけむかも（万葉、十七、三九九六）

右も「国へイラッシャルナラ」と訳してよいが、この場合は「行く」の尊敬である。

葎《むぐら》はふいやしきやども大君の座牟等知者（マサムト知ラバ）玉敷かましを（万葉、十九、四二七〇）

これも「イラッシャルデアロウトワカッテイルノダッタラ」と訳してよいが、この場合は「来る」の尊敬である。

わがせこが可反里吉麻佐武（帰リキマサム）時のため命《いのち》のこさむ忘れたまふな（万葉、十五、三七七四）

右は補助動詞。動詞の連用形に添いその動詞のあらわす動作をする者に対する尊敬の意をあらわす。「いでまし（出デマシ→行幸）」という語（名詞）の「まし」はこの「ます」の連用形の体言化したものである。

なお二人称代名詞の「まし」（例―「麻之《まし》も我《あれ》も」（万葉、十四、三四四〇）・「ましが常に見るらむも羨ましきを」（源氏、少女））も、この「まし」の連用形の体言化した「まし」で、相手を直接ささずにその人の「座《まし》（座席）」をもって間接的に示して敬意をあらわしたことによる語といわれる。ただし、上代でも中古でも、実際は同輩または目下に向かって親しみをもってよぶのに用いられている。（代名詞は原義から次第に敬意がうすれてゆく例は多い。）

「ます」の語源については、「ま」は「目」「見」などと同源で「見えること」、「す」は尊敬の助動詞で、「お見えになる」の意だとする説などがあるが、もとよりたしかではない。

「ます」は上代ではひろく用いられたが、中古では古風に感じられるようになったのか、歌以外にはあまり用いられぬようであり、まことに「源氏物語」では単独の動詞「ます」は「柏木に葉守の神はまさずとも」（柏木）、「海にます神の助けにかからずは」（明石）、「天《あめ》にますとよをか姫の宮人も」（少女）「神のます」（匂宮）の四例のみしか見えず、しかもすべて歌の中にあり、神に関してのみ用いられている。

（ロ）まさふ（四段活用）

用例は上代に限られ、しかも稀少であるので、その意味も十分たしかではない。「ます」

に上代の継続の意の助動詞「ふ」（四段活用）の添って出来た語で「イツモイラッシャル」の意とするのが通説のようであるが、後掲の「いまさふ」「おはさふ」などが「いまし合ふ」「おはし合ふ」などの約であるとしたら、これも「まし合ふ」（複数ノ人々ガ…イラッシャル、ノ意）の約と考えられよう。ただし次にかかげるように稀少の例のうち一つ（前者）は主語は複数であることが確実なのに、一つ（後者）は主語は単数と見るのが穏当らしく、かつその意も「ます」の継続と解く方が自然のようであり、結局「まさふ」には同形で成り立ちも語意もことなる二語があったと見るべきか、なお考えたい。（その場合は、「いまさふ・いまさうず」「おはさふ・おはさうず」「おはしまさふ・おはしまさうず」などがすべてそれぞれ「複数の者」を主語とする語であるらしいことから類推して「まさふ」も「まし合ふ」の約であるのが本来なのだが、稀少の用例の語なので、中古では語意が不たしかとなり、歌で「ます」の継続の意として誤用されたと見るのが、一往の解釈となり得ようか。）

賢臣等乃累世而仕奉麻佐部流事乎奈母加多自気奈美伊蘇志美思坐須（カシコキオミタチノ世ヲカサネテ仕へマツリマサヘル事ヲナモ忝《カタジ》ケ無ミイソシミ思ホシマス）。（続日本紀宣命、第五十二詔）

脇足《けふそく》を押さへてまさへよろづ代に花の盛りを心しづかに（後撰、慶賀、左大臣〔実頼〕の家に脇足心ざしおくるとて加へける　僧都仁教）

（八）います（自動詞。上代では四段活用、中古ではサ変活用）

「ます」に接頭語の「い」が添って出来たものといわれる。「イラッシャル」（「行く」「来る」ノ尊敬ノ意ノ「イラッシャル」ヲ含ム）の意である点、「ます」とちがわない。

上代ではかなり多く用いられているが、中古ではやはり古風に感じられてか、訓点語や男性用語としては残ったが、女性の文学では「おはす」「おはします」を普通用いて、「います」は稀少となり、「源氏物語」での「います」は「行ひいます」（この「行ひいます」の「います」は補助動詞と見るより「行ひ（て）あり」の「あり」にあたる尊敬の動詞と見るべきであろう。）の一例をふくめて用例は五例にすぎない。

上代の例（四段活用）

はしきよし今日《けふ》の主人《あろじ》は磯松の都祢尓伊麻佐祢（常ニイマサネ）（イツモ変ワラズニオ在リニナッテ下サイ）今も見るごと（万葉、二十、四四九八）

たくぶすま（枕詞）新羅辺伊麻須（新羅《シラキ》へイマス）（新羅ヘオ行キニナル）君が目を今日《けふ》か明日《あす》かと斎《いは》ひて待たむ（万葉、十五、三五八七）

中古の例（サ変動詞）

「かかる道はいかでかいまする（オ行キニナル）」といふを見れば、見し人なりけり。（伊勢物語）

入道、例の後夜《ごや》より深う起きて、鼻すすりうちして、おこなひいましたり（勤行シテイラッ

シャッタ）。（源氏、松風）
右大将（薫）の宇治へいまする（オ出カケニナル）ことなほ絶えはてずや。（源氏、浮舟）〔内記ニ対スル匂宮ノ会話語〕
かくくちをしくいましける君（少将）なれば、あたら（浮舟ノ）御さまをも見知らざらまし。（源氏、東屋）〔浮舟ノ乳母ノ会話語〕
宮（匂宮）「ことごとしげなるさまして何しに（夕霧ガ）いましつるぞよ」とむづかり給へど、あなたに渡りて対面し給ふ。（源氏、宿木）

「います」の活用は上代では四段であったが中古では右の例のように「いまし」「いまする」の形が同時におこなわれているから、サ変に転じたと推定されている。（四段と下二段の混交と見られないこともないが、連用形「いませ」の存在は確認できないから、サ変説の方が穏当と考えられる。なお中古に四段が用いられている例も皆無とは言えないが、転化の過程のものか、古形を敢えて用いたものか、のいずれかと解せられよう。）

A　たらちねの母に障《さは》らば（母ニ邪魔サレテイルナラ）いたづらに伊麻思毛（イマシモ）吾《われ》も事成るべしや（万葉、十一、二五一七）

B　食《を》す国の（ワガ治メル国ノ）遠《とほ》の朝廷《みかど》に汝《いまし》らがかくまかりなば平らけくわれはあそばむ手抱《たむだ》きて我者将御在（ワレハイマサム）天皇朕《すめらわれ》うづの御手《みて》もち（天皇デアルワタシハ尊イ御手デ）かき撫でそ祢宜賜（ネギタマフ）うち撫でそねぎたまふ　帰り来《こ》む日にあひ

飲まむ酒《き》そこの豊御酒《とよみき》は（万葉、六、九七三、天皇、酒を節度使の卿等《まへつきみら》に賜ふ御歌）

右のAの「いまし」は前項の二人称代名詞「まし」と同類の二人称代名詞である。動詞「います」の連用形の体言化したもの。「まし」と同様、敬意はうすいようであり、「用例上まったく敬意はみとめられない」とする説さえもある。Bの「ワレハイマサム」の「います」は天皇御自身の自尊敬語であるが、やはりこの御歌の語り手（伝達者）の敬意が混入したものだともいわれている。ついでに言えば、この御歌には「ネギタマフ」という「たまふ」の自尊用例も見えている。これについても語り手の敬意による変改だとする説がある。

「います」の中古における敬意の度合について木之下正雄氏（平安女流文学のことば）は次のように言われる。

イマスはオハスより敬意が低い。源語では僧都や少将のような低い身分の者に用いられ、枕草子では関白道隆が女房に対して用いている。身分の高いところでは夕霧に対して用いているが（松尾言ウ前掲ノ引用文参照）、それは匂宮が陰で悪口を言う場合である。源氏に対しては用いてない。

大体首肯できようが、友人関係とは言いながら、匂宮が薫について用いている例（前掲）もあるし、用例が一般に少ないので、なおいくらか不安がのこらないでもない。

(二) います（他動詞。下二段活用）

四段活用動詞が下二段活用に変わると使役の意をもつことがあることは、前述したが、「います」においても同様な現象がある。ただし確かな用例はごく少ない。

　他国《ひとくに》に伎美乎伊麻勢弖（君ヲイマセテ）（オイデニナルヨウニオサセシテ）いつまでか吾《あ》が恋ひをらむ時の知らなく（万葉、十五、三七四九）

　言《こと》さへく（枕詞）百済《くだら》の原ゆ神葬《かむはぶり》葬伊座而（ハブリイマセテ）（万葉、二、一九九）

あとの例は、他動詞とよむべき個所だから「イマセテ」とよんでいるのであるが、補助動詞風な使い方で「葬り申し上げて」の意と解くべきであろう。

（ホ）いまさふ（四段活用）

用例は上代に限られ、しかも稀少であるので、その意味も十分たしかではない。「います」に上代の継続の意の助動詞「ふ」（四段活用）の添って出来た語で「イツモイラッシャル」の意とするのが通説のようであるが、後掲の「おはさふ」がその多数の用例で検討する限りでは「おはし合ふ」の約と見られるのと考え合わせて、もし用例においてすべて主語が複数であるとしたら「いまし合ふ」（複数ノ人々ガ…イラッシャル、ノ意）の約と考えられよう。たしかな用例をなお調べたい。

　此ノ二《フタリ》ノ禅師等《タチ》イ（「イ」ハ助詞）同《オヤ》ジ心ヲ以《モチ》テ相従ヒ道ヲ志シテ世間《ヨノナカ》ノ位冠《クラヰカガフリ》ヲバ不楽《ネガハズ》伊末左倍止毛奈毛（イマサヘドモナモ）…（続日本紀宣命、第四十二詔）

右の「いまさふ」の主語は「二ノ禅師等」で、複数である。

(へ)いまさうず（サ変活用）

「いまさうず」は「いまさふ」の連用形にサ変動詞「す」のついた「いまさひす」の音便であるが、用例は中古後期の「大鏡」に二例見られるのが、どうやら最古のものらしい。なお「いまさふ」を「ずっといらっしゃる」の意とする「広辞苑」や「いつもいらっしゃる」の意とする「新選古語辞典」（中田博士）が、「いまさうず」をそれぞれ「いまさひす」の音便としながら、語意は「いらっしゃる・おられる」（広辞苑）、「いらっしゃる・おいでになる」（新選古語辞典）として、「ずっと・いつも」などの意を省いているのには、疑問があろう。

（三人ノ女房ガ）「……さばれとおぼしめしつるにこそと思ひなすも心おごりなんする」とのたうびいまさうじける。（大鏡（東松本、巻五））

（熱イ湯漬ダッタノデ）北風はいとつめたきに、さばかりにはあらで、いとよく参りたる（何度モオカワリシテ召シアガッタ）御房たちも、いまさうじけり。（大鏡（東松本、巻六））

右は二例とも主語は複数である。やはり「複数ノ人々ガ…イラッシャル」の意と見るべきではなかろうか。なお「大鏡」に用例初見というのは不審であり、あるいは「おはさうず」からの連想によって中古後期に新たに生じた語かも知れないが、もともと「います」が女流仮名文学には用例稀少なのだから、その派生語の用例の伝存稀少なのは当然とも考えられよう。

（ト）いますがり・いまそがり（ラ変活用）

中古初期から用例が見える。「いますがり」は「いますがあり」の約、「いまそがり」は「いますがり」のなまったものといわれ、語意はほぼそれで合うようであるが、「が」は普通は連体句・条件句のなかでのみ用いられる主格助詞だから、この語源説は疑わしい。音も清《す》んで「いますかり」「いまそかり」とよんで伝えられているようであり後世濁ってよむのはあるいは「『いますがあり』語源説」にひきずられた結果かも知れない。ただ用例から見て、ラ変であることは確実だから、「あり」と結んで出来た語であることに疑いはない。「いますあく（「コト」ノ意）あり↓いまさかり」の転じたものか、などと臆測するのも、発生が中古初期ということでは、時代錯誤とのそしりをまぬがれまい。なお十分考えるべきである。

いますがりつる（コレマデニアナタガオ示シ下サッタ・「ありつる」ノ尊敬語）志どもを、思ひも知らでまかりなむずる事の、くちをしう侍りけり（「けり」ハ「ける」ノ誤写カ）。（竹取物語）

右大将藤原常行という人いまそがりけり。（伊勢物語）

「源氏物語」にも一例だけ見える。

けしきばみいますがりとも、え書き並べじや。（源氏、梅枝）〔源氏ノ君ノ紫上ニ対スル会話ノコトバ〕

（チ）みまそがり（ラ変活用）

「いまそがり」と同じといわれる。用例はきわめて稀である。

太政大臣《おほきおとど》の栄華のさかりにみまそがりて、藤氏のことに栄ゆるを思ひてよめる（伊勢物語）

（リ）いますがらふ（四段活用）

用例が左の「源氏物語」の一例しか知られていないようなので、活用もたしかではないが、「いますがり合《あ》ふ」の約であることはまず確実であろうとすれば、四段活用である。

見ぐるしの君だちの、世の中を心のままにおごりて、官位《つかさくらゐ》を何とも思はず過ぐしいますがらふや（暮ラシテイラッシャルヨ）。（竹河）

主語「君だち」は複数である。「複数ノ人々ガ…シテイラッシャル」の意。

（ヌ）まします（四段活用）

尊敬語（動詞）としての「ます」に尊敬の補助動詞としての「ます」が重なって出来た動詞。主として、神仏や尊貴な方《かた》の「いらっしゃる（マタハおありになる）」意に用いられた、敬意の強いことば。上代での一字一音の漢字表記の例は見あたらぬようであるが、後掲の「おほまします」の表記例によって類推が可能である。

その矢雉《きぎし》の胸をとほりて、高皇産霊尊《たかみむすひのみこと》のましますみまへに至る（其矢洞二達雉胸一、而至二高皇産霊尊之座前一也）。（紀、神代下ノ訓）

今よりは荒ぶる心安ましますな花の都に社《やしろ》定めつ（後拾遺、神祇）

神仏あきらかにましまさばこのうれへやすめ給へ。（源氏、明石）

「源氏物語」では右の一例が見える（他に不たしかな例が一例）だけである。

「まします」自身が補助動詞として用いられる（例―道を過ぎましましけるに〈十訓抄〉）のは、中世に入ってからのようである。

（ル）ましまさふ（四段活用）

用例は稀であるが、「ましまし合ふ」の約で「複数ノ人々ガ…シテイラッシャル」の意と見られる。

翁（滋野真菅ノ自称）をし、かの女人（貴宮）に合わせたうべらば、何ものかはともしからん（何ノ不自由モサセマセン）。大ぞうにて男しましまさふ中に（姉君タチガ、並々デ、皆、夫タチガオイデナサルナカデ）やもめにて（貴宮ダケガ一人住ミデ）捨て置いたいまつるよりは……（宇津保、藤原の君）

（ヲ）おほまします（四段活用）

「まします」にさらに敬意をあらわす「おほ（大）」を冠したものといわれる。ただし「ます」に「おほ」を冠した「おほます」という語があったもの（用例は見えない）の連用形「おほまし」に、さらに「ます」が添ったのか、ともいう。

さて朕《あ》は御身都可良之久於保麻之麻須尓依天（御身《ミミ》労《ツカ》ラシクオホマシマスニヨリテ）（続日本紀、第四十五詔）

如来の尊き大御舎利《おほみさり》は……大御形《おほみかたち》も円満《たらは》して、別《こと》によく大末之末世波（オホマシマセバ）

（続日本紀、第四十一詔）

（付言1）

「古今集（流布本）」春上の「きみがため春の野に出でて若菜つむ」云々の歌の詞書に「仁和のみかどみこにおましましける時に人にわかな賜ひける」とあるので、中古前期に「おまします」（「おほまします」の約と考えられる）という語があったといわれているが、この「おましましける」の部分が、「古今集」の、信用すべき多くの古写本では「おはしましける」とあるから、従えない。ただし「千載集」には春上の詞書に「白河院花御覧じにおましましけるに、召しなかりければよみて奉り侍りける」、雑中の詞書に「いとかしこうあはれがらせおましまして、今ははや還昇仰せ下すべき由御けしきありて」とあり、諸本に異同はないようだから、中古後期には出来ていたと見てよかろうか。それにしても用例は稀少であることから考えると、「おはします」から連想されて生まれた擬古的文語かも知れない。

（付言2）

「いらっしゃる」の意の四段動詞「おます」は中古まで用例は見えない。中世の例として「新選古語辞典」（中田博士）は「増鏡、おどろの下」の「これこそまことのうまごにおましけれ」を引いているが、信ずべき伝本では「おはしけれ」となっている。「おます」の出現は、もっと後代であろうか。

(ワ) おはす(サ変活用)

「おはす」は中古に入ってから出来たと思われる尊敬動詞である。上代の「います」と語意は同じと見てよい。(中古の漢文訓読では「イマス」がもっぱら用いられ、「オハス」「オハシマス」はごく稀にしか用いられないところから見ると、「おはす」「おはします」は、あるいは女流文学用語に近かったのかも知れない。)

「おはす」の活用については「動詞」の章の(チ)の節に説明したように、サ変説に従うべきであろう。(補言—小久保崇明氏の「大鏡の語法の研究」によれば「おはす」の活用は本来はサ変であるが、中古末の「大鏡」の前後から四段活用の用例である「御心ぞおはしし」「いかがおはす」などが見えはじめて来る由である。)

ここにおはするかぐや姫は重き病をし給へば、え出でおはしますまじ。(竹取)

かくいやしきおのれがもとにしばしおはしつるなり。(竹取)

はらからなども、えいとかうまではおはせぬわざぞ。(源氏、早蕨)

かの花散里にもおはし通ふ(「行キ通フ」ノ敬語)ことこそ稀なれ……(源氏、須磨)

おとど、いとをかしとほの聞きおはす。(源氏、螢)

最後の例は、補助動詞と見るより、複合動詞と見るべきか。

（カ）おはさふ（四段活用）

「おはし合《あ》ふ」の約で「複数ノ人々ガ……シテイラッシャル」の意であることについて、はやく橘純一氏（国語解釈、昭和十四年九月）、宮島弘氏（龍谷大学国文学論叢第一輯）などの研究がある。なお「おはさふ」に約されるまえの「おはし合ふ」の用例には、次のようなものがある。

「……女どもはこれにや似たる」とのたまへば、「さもあらず。をかしげになんおはし合ふめる。……」といふ。（落窪物語、一）

右の「おはし合ふ」の主語は、複数の「女ども」である。「源氏物語」にも一例が見える。

あるじの侍従（髭黒大将ノ三男）、殿上などもまだせねば、所々も（参賀ニ）ありかで、（薫ノ君ト）おはし合ひたり。（源氏、竹河）

右は形式的には、主語は侍従一人であるが、薫と一緒に「おはし合ふ」のだから、事実としてはやはり二人（複数）である。

「おはさふ」の用例は、「源氏物語」に一例見えるだけで、その他の作品でもきわめて稀である。次項にかかげる「おはさうず」の方が多く用いられたため用例がとぼしいのであろうか。

昔（父母ガ）おはさひし御ありさまにもをさをさ変ることなく、あたりあたりおとなしく（夕霧夫妻ガ）すまひ給へるさま（源氏、藤裏葉）（「源氏物語大成」では底本他三本が「おはさひし」であるが、御物本「おはせし」肖柏本「おはしまひし」であり、河内本はすべて「おはしまさひし」である。なお湖月抄本は「おはしまひし」なので吉沢博士の「新釈」の索引には「おはさふ」の用例は見えない。〕

いで、さうざうしきに、いざ給へ。昔物語してこのおはさふ人々（ココニ聴聞ニ集マッテオイデノ人タチ）に、さは古へは世はかくこそ侍りけれと聞かせ奉らむ。（大鏡、序。世継翁共のことば）

（ヨ）おはさうず（サ変活用）

「おはさひす」の音便。「複数ノ人々ガ……シテイラッシャル」の意。

「源氏物語」には動詞として二例、補助動詞的なものとして五例あるが、すべて主語は「複数の人」である。

1 （姫君タチハ）碁打ちさして恥ぢらひておはさうずる、いとをかしげなり。（竹河）

2 さばかり何《いづ》れともなく若う盛りにて清げにおはさうずる御子どもの、（夕霧ニ）似給ふべきもなかりけり。（宿木）

3 「いづかたにつけても、人わろくはしたなかりけるみ物語かな」とて、（源氏ハ中将ヤ馬頭ト共ニ）うち笑ひおはさうず。（帚木）

4 （君ダチガ）太鼓をさへ勾欄のもとにまろばし寄せて、手づから打ち鳴らし、あそびおはさうず。（末摘花）

5 （幼イ君ダチハ）皆深き心は思ひ分かねど、うちひそみて泣きおはさうず。（真木柱）

6 「そのかみは（当時ハ）若う心もとなきやうなりしかど、（薫ノ君ハ）めやすくねびまさりぬべかめり」など、（玉鬘ノ君ハ息子タチト）言ひおはさうず。（竹河）

7 あやしくかうばしくにほふ風の吹きつるを、思ひかけぬ程なれば、（薫ノ君ノ来訪ダト）驚かざりける（気ガツカナカッタ）心おそさよと、心もまどひて（姫君二人ハ）恥ぢおはさうず。（橋姫）

右のうち3と6とは、「単数の主語に当たる人が他の人と一緒に」の意で、複数の主語と同じに扱ってよいものである。

（タ）おはします（四段活用）

尊敬の動詞「おはす」に尊敬の補助動詞「ます」を加えて強い敬意をあらわす語。

故宮おはしましし世を、などてつらしと思ひけむ。（源氏、末摘花）

ここにおはするかぐや姫は重き病をし給へば、え出でおはしますまじ。（竹取）

前者は動詞、後者は補助動詞。

大将殿などおはしまし通ふ（「来通フ」ノ尊敬）御宿世のほどをかたじけなく思ひ給へられしかばなむ……（源氏、蓬生）

右のような複合語は「源氏物語」において、「おはす」についても、「おはし集る」「おはし合ふ」「おはし通ふ」「おはし過ぐ」「おはし添ふ」「おはしそむ」「おはし着く」「おはし

「おはし果つ」「おはしゐる」などがあるが、「おはします」については「おはしまし通ふ」「おはしまし暮らす」「おはしましそむ」「おはしまし着く」「おはしまし離る」「おはしましまぎらはす」「おはしまし寄る」などが見えている。

「おはす」と「おはします」との意味・用法のちがいについて、「源氏物語」を中心に木之下正雄氏（平安女流文学のことば）が述べておられるのを引用させていただいておく。

オハシマスとオハスは意味は同じであるが、オハシマスの方が敬意が強い。(1)地の文では、帝にはオハシマスを用い、源氏にはオハスを多く用い、内大臣や夕霧以下には殆どオハスだけを用いる。(2)会話で、話相手と第三者とで使い分けをする。面と向かった場合は、（女房ガ紫上ニ）「かの人の御子になりておはしませよ」（若紫）というが、第三者の源氏について、女房同志は「（源氏ガ）おはせざらましかばいかに心細からまし」（若紫）と、オハスを用いる。(3)身分関係によって使い分けがある。紫上に対して、女房はオハシマスを用いるが、目上である老尼は「いかで世におはせむとすらむ」（若紫）と、オハスを用いる。それで、オハシマスは会話に多く用いられ、地の文ではオハスが多く用いられる。オハシマスは古今集や後撰集では天皇や上皇に用いられ、最高の敬語であったが、平安中期は敬意が低下して、女房が紫上に対して用いるようになった。それでも最高の敬語であって、オハスより敬意が高かったのである。

（レ）おはしまさふ（四段活用）

「おはしまし合ふ」の約で「複数ノ人々ガ……シテイラッシャル」の意。

（姫君タチガ）幼くおはしまさうし時「この花はわがぞわがぞ」と争ひ給ひしを、故殿は姫君（長女ノ姫）の御花ぞと定め給ひ、上《うへ》は若君（次女）の御木と定め給ひしを（源氏、竹河）

「おはしまさうし」は「おはしまさひし」の音便。「源氏物語」の「おはしまさふ」の用例はこれだけである。（「源氏物語大成」の底本（大島本）では、「さうし」を「見せ消《みけ》ち」して「しゝ」と改めているが、解きがたかったからであろう。三条西家本も「おはしまさうし」である。）ただし河内本の「源氏物語」には、なお次の一例がある。

女御の宮たちはた、父みかどの御方ざまに王気《わうけ》づきてけ高うこそおはしまさへ、殊にすぐれてわらかにもおはせず。（柏木）

右の「おはしまさへ」の部分が青表紙本（普通の本。「大成」の底本大島本など）では「おはしませ」となっている。

「大鏡（東松本）」になると、八例（後掲の下二段活用とおぼしき一例をのぞく）見える。そのすべてをあげる。

おほかた六条の宮の御子共の皆めでたくおはしまさひしなり。（道長伝）

女君たちは皆かくおはしまさふ。（師輔伝）

六人は武蔵守従五位上経邦の女の腹におはしまさふ。（師輔伝）
おのづから男も女もよきあしきまじりてこそおはしまさふめりしか。（道長伝）
いづれと聞えさすべきにもなくとりどりに（ドノ方モ皆）めでたくおはしまさふ。（道長伝）
この老法師の娘たちには（トシテハ）けしうはあらずおはしまさふな。（道長伝）
この一条殿、六条の左大臣殿たちは、六条の一品式部卿の宮の御子どもにおはしまさふ。（道長伝）
この殿の君達、男女合はせ奉りて十二人かずのままにておはします。男も女も……とりどりに有識にめでたくおはしまさふも、ただことならず。（道長伝）

右の例を通覧すれば、この語尾の「ふ」の意は継続と解くべきではなく、「…合ふ」のそれと見るべきことは、確実である。これらの「大鏡」の用例を拠りどころとして、さかのぼって上代の「まさふ」「いまさふ」の類の語意をまで類推するのには、幾分の不安はあるとしても、「まさふ」「いまさふ」の類を「まし合ふ」「いまし合ふ」と解く説が、いちじるしく有力に感じられるとは言い切れるであろう。（なお一々拾い切れなかったのであげるのを省いたが、すでに「宇津保物語」に主語を複数の人とする「おはしまさふ」の用例は相当数あるようであり、それらをすべて拾いつくして検討すれば、右の「大鏡」の全用例よりはるかに有力な証拠となるであろう。他日の調査に期したい。）

「大鏡」には右のほかに、下二段活用とおぼしき一例がある。

（道長ハ今年満六十歳ナノデ、御賀ガアルダロウガ、ソノトキハ）いかにまた（御子孫ノ方々ガ）さまざまおはしまさへて、めでたく侍らんずらん。（道長伝）

右は「おはしまさひて」の誤写とするのが通説である。そうかも知れない。ただ強《し》いてこのままに解こうとするなら、中古末期で活用に揺れができたとか、稀少の用例の語に若干のなまり・ひずみが生じたとか、あるいは使役的な意味を加えたものだとかいうようなことも考えられないでもあるまい。

（ソ）おはしまさうず（サ変活用）

「おはしまさひす」の音便。「複数ノ人々ガ……シテイラッシャル」の意。用例は稀少である。

賀茂の川ほとりに桟敷《さじき》うちてをとこ君たちおはしまさうず。（宇津保、藤原の君）

（ツ）たまふ（四段活用）

動詞としては「与ふ」「授く」などの尊敬語。「クダサル」「オ与エニナル」などと訳す。

この見ゆる天《あま》の白雲海神《わたつみ》の沖つ宮べに立ち渡りとのぐもり合ひて安米母多麻波祢（雨モタマハネ）（万葉、十八、四一二二）

細かに書き給ひて、御使には、かの大蔵大輔《おほくらのたいふ》をぞたまへりける（「下サッタノダッタ」ト訳シテヨイガ、コノ場合ハ「行カセナサッタノダッタ」ノ意トナル）。（源氏、蜻蛉）

（帝カラノ）御禄の物、上《うへ》の命婦とりて（左大臣ニ）たまふ。（源氏、桐壺）（文脈の上からは動作主の「命婦」が「たまふ」ように見えるが、「命婦」は機械的な取次役にすぎないから、「たまふ」の主語は、書かれていない「帝」である。あるいは文脈を「(帝ガ)御禄の物(ヲ)―上の命婦とりて―たまふ」のように、「上の命婦とりて」を挿入句とみて解くことも可能か。そうすれば「たまふ」の主語は、はっきり「帝」となる。〕

補助動詞としては「オ……ナサル」「オ……ニナル」「……クダサル」などの意で用いられる。

わがせこが帰り来まさむ時のため命残さむ和須礼多麻布奈(忘レタマフナ)(万葉、十五、三七七四)

女御更衣あまたさぶらひたまひけるなかに……(源氏、桐壺)

(付言1)

「たまふ」の命令形に特殊の用法がある。

いざ給へよ(サア、イラッシャイヨ)。をかしき絵など多く、雛《ひひな》あそび(人形アソビ)などするところに。(源氏、若紫)

あなかま(アアヤカマシイコト)、たまへ(シズカニシナサイ)。大臣《おとど》たちもしばし待て。(源氏、玉鬘)

(付言2)

慣用句と言うべきものであろう。

「たまふ」の用法の一つとして、佐伯梅友博士（国語要講）は、「落窪物語」の中で、継母の北方が、落窪姫のことを「大とのごもる」という尊敬語を使って語った侍女を「聞きにくし」と叱っておきながら、自身はその侍女に姫のことを尋ねて「いかに。縫ひたまひつや」と言っているのは、一見矛盾しているようであるが、それは姫に対する北方の尊敬表現ではなく、北方の教養を対者に示して自己の品位を保持するための表現だと見るべきであると説いておられる。

（付言3）

「たまふ」の自尊敬語としての用例は（ハ）「います」の項の中にすでに挙げたが、中古の用例としては次のようなものがある。

そこらの（タクサンノ）年ごろそこらのこがねたまひて、（オマエ（竹取翁）ハ）身をかへたるがごとなりにたり。（竹取。（月の都の使者のことば））

「たまひて」の主語は、月の都の使者の主人にあたる人、つまり月世界の支配者である。

（付言4）

「たまふ」の主語が「人」でなく、「その人に属するもの、または関わるもの」である場合がある。

忍ぶれど、（源氏ハ）涙ほろほろとこぼれ給ひぬ。（源氏、賢木）

かの（源氏ノ君ノ）御移り香の、（幼イ姫君ノ衣服ニ）いみじう艶《えん》に染みかへらせ、

（「せ」モ尊敬）給へれば……（源氏、若紫）

次の例は、「病」を主語とし、それに敬語の「たまふ」が添っている。

（源氏ハ）瘧病《わらはやみ》にわづらひ給ひて、よろづにまじなひ加持など参らせ給へど、しるしなくて、あまたたび（瘧病ガ）おこりたまひければ……（源氏、若紫）

暮れかかりぬれど、（瘧病ガ）おこらせ（「せ」モ尊敬）たまはずなりぬるにこそはあンめれ。はや（京ニ）帰らせ給ひなむ。（源氏、若紫）

右の「おこる」を「（源氏ガ）発作をおこす」意と見なして、主語を「人（源氏）」とするのは「風（ノ病ガ）おこりてためらひ（療養シテ）侍るほどにて」（源氏、真木柱）、「胸（ノ病）は時々おこりつつ（女君ガ）煩ひ給ふさま」（源氏、若菜下）、「時々（病ガ）おこり（帝ガ）悩ませ給ひし御目もさわやぎ給ひぬれど」（源氏、澪標）などの用例を見れば、当たらないと言うべきであろう。ただ「胸（ノ病）」や「（御目ノ病）」は「おこり」とだけあって敬語を添えない（それぞれ下の「煩ひ給ふ」「悩ませ給ひ」の「給ふ」で兼ねているのだと見るのは、それぞれその主語が上下で変わっていると思われる点から従えまい。）のに、「瘧病」には添えるのはどういうわけであろう。「もののけ」についても「例の御邪気《ざけ》（モノノケ）の久しくおこらせ給はざりつるを」（源氏、浮舟）とあるのなどを勘案すれば、「胸（ノ病）」「目（ノ病）」などとちがって「瘧病」や「もののけ」は、その強烈異常な発作状態から神霊的な存在と考えられて、それが「人」の身に乗りうつって

「人」と合体しているように意識された結果、「たまふ」が添うのかも知れない。

次の例は解きがたい「たまふ」である。須磨に退去する前に岳父の左大臣に別れのあいさつに来た源氏に対する左大臣のことばの一節である。

幼く物し給ふ（夕霧。左大臣ノ娘ト源氏トノ間ノ子）が、かく齢《よはひ》過ぎぬる（左大臣トソノ妻大宮ノ）なかにとまり給ひて、（アナタ（源氏）ニ）なづさひ聞えぬ月日や隔たりたまはむと（私ガ）思ひ給ふるをなむ、よろづの事よりも悲しう侍る。（源氏、須磨）

主語「月日」の動作「隔たる」に「たまふ」が添っている。おそらく誤写であろう。河内本には「隔たり侍らむと思ひ給ふるになむ」また別本（青表紙本・河内本のいずれの系統にも属さない本）には「隔てたまはむと思ひ給ふるになむ」とあって、わかりやすい。このように不審の稀少な例には、本文に不安があることが多い。

（付言5）

「おぼえたまふ」ということばの「おぼえ」はもともと「おもほえ」（「おもはえ」の転。「おもはえ」は「おもはれ」の古形）の約で、受身あるいは自発の意の「オモハレ」である。「たまふ」が誰に対する敬語か、文意をあやまらないように気をつける必要がある。

（薫ノ君ハ）「なほしるべせよ。われはすきずきしき心などなき人ぞ。かくておはしますらむ（姫ノ）御ありさまの（ガ）、（私ニトッテ）あやしくげになべてに（普通ノ女ノヨウニ）おぼえ給はぬなり（感ジラレナサラナイノダ）」とこまやかに（宿直人ニ）のた

まへば（源氏、橋姫）

右の「給ふ」は主語の「姫（の御ありさま）」に対する薫の尊敬語である。

年老いたる尼君たちなど、さらにかかる人（源氏）の御ありさまを見ざりつれば、「（源氏ノ君ノ御アリサマガ）この世のものともおぼえ給はず（尼君タチニトッテ、コノ世ノモノトモ感ジラレナサラナイ）」と聞え合へり。（源氏、若紫）

右の「給ふ」は主語の「（源氏ノ君ノ御アリサマ）」に対する尼君たちの尊敬語である。ところが「おぼえ給ふ」の「給ふ」には、次の例のように、主語の「人」や「物」に対してでなく補語の人に対する尊敬語である場合がある。

火ほのかにまたたきて、母屋《もや》の際《きは》に立てたる屛風の上《かみ》、ここかしこの（アチコチガ）隈々《くまぐ》しく（源氏ニトッテ）おぼえ給ふ（感ジラレナサル）に、物の足音ひしひしと踏み鳴らしつつ、うしろより寄り来る心地す。（源氏、夕顔）

右の「給ふ」は補語の「（源氏）」に対する文章作者の尊敬語である。「おぼえ」の主語は「ここかしこ」。

（今マデハ姫君タチガ）何とも見ざりし山がつも（父ノ八宮ノ）おはしまさでのちたまさかに（姫タチノ山荘ニ）さしのぞき参るは、珍らしく（姫君タチニトッテ）おぼえ給ふ。（源氏、椎本）

右の「給ふ」は補語の「（姫君タチ）」に対する文章作者の尊敬語である。「おぼえ」の主語は「山がつ」。
このように「おぼえ給ふ」の「給ふ」が、或る場合は主語に対しての、或る場合は補語に対しての尊敬語であるというのは、まことに紛らわしいようであるが、多数の用例を通覧すると

Ⅰ「尊者」ガ（「卑者」ニトッテ）シカジカトおぼえ給ふ＝「給ふ」ハ主語ノ「尊者」ニ対スル尊敬語。

Ⅱ「卑者（マタハ尊卑ニ無関係ナ事物）」ガ（「尊者」ニトッテ）シカジカトおぼえ給ふ＝「給ふ」ハ補語ノ「尊者」ニ対スル尊敬語。

ということになるようである。
なお、さらに一般に言えば、「給ふ」が添う動詞または助動詞が、受身あるいは自発・可能の意をもつ語である場合は、右のような事実があるということになりそうである。

（柏木ガ、女三宮ヲ）よろづに聞え悩ますも、うるさくわびしくて（女三宮ニトッテハ）物のさらに言はれ給はねば（源氏、若菜下）

右の「給ふ」は補語の「（女三宮）」に対する尊敬語。主語は「物」。

（付言6）
補助動詞の「給ふ」は「す」「さす」などの敬語助動詞と重ねて「せ給ふ」「させ給ふ」として用いることも多い。ただし尊敬の助動詞の「る」「らる」と重ねて用いることはな

いという。（それについて木枝増一氏――高等国文法新講――は「る」「らる」の原意である受身と「給ふ」の原意である「与ふる」とは意味がまったく相反した事実であるからではあるまいかと言っておられる。）

「せ給ふ」「させ給ふ」の用例を左に掲げる。最高の尊敬語であるから、（会話の場合は別として）地の文では、天皇・皇后・皇太子・院などの尊貴の者にほぼ限定して用いられる。

いつしかと（帝ハ）心もとながらせ給ひて、急ぎ参らせて御覧ずるに（源氏、桐壺）

（帝ハ）御胸つとふたがりて、つゆまどろまれず、明かしかねさせ給ふ。（源氏、桐壺）

（ネ）たぶ（四段活用）

「たぶ」は「たまふ」の約。tamafu→tamfu→tambu→tabu と変わったものという。

「たぶ」は「たまふ」の約ではあるが、用例から見ると、「たまふ」の本来の意味であるといわれる「上位者（尊者）から下位者（卑者）に与える」意のうち、特に「くれてやる。恩恵を与えてやる」の気持ちの強いことばで、したがって、場合によっては、動作の受け手を卑しめる方向にのみ意味が働いて、動作主（仕手）に対する尊敬の意味をほとんどあるいはまったく持たない用法もあるといわれている。（杉崎一雄氏「古典敬語の語彙の分析、国文学、一七ノ四」「日本文法大辞典『たぶ』の項」・木之下正雄氏「平安女流文学のことば」など）

しかし用例の多くは、動作主に対する尊敬の意を失なってはいないことは、次の「竹取物語」「源氏物語」の例でも明らかである。

「竹取物語」の例

A　「むすめをわれにたべ」と（貴公子タチが竹取翁ニ）伏しをがみ手をすりのたまへど（姫への求婚者である貴公子たちの行動）

B　今金《こがね》五十両たまはるべし。船の帰らむにつけてたび送れ。しかかねたまはぬものならば、かの衣《ころも》の質《しち》返したべ。（左大臣あべのみむらじに対する唐土船の商人わうけいからの手紙）

C　家に少し残りたりける物どもは、龍の珠を取らぬ者どもにたびつ。（大伴大納言御行の、家来たちへの行動）

D　汝《なむぢ》が持ちて侍るかぐや姫奉れ。顔かたちよしときこしめして、御使たびしかど、かひなく見えずなりにけり（姫ハ見ラレナイデシマッタノダッタ）。（帝の翁に対する仰せ言）

「源氏物語」の例

E　あるべき限り上下《かみしも》の僧どもそのわたりの山がつまで（源氏ハ）物たび、尊き事の限りをつくして出で給ふ。（賢木）

F　宮の亮《すけ》をはじめて、さるべき上人ども（中宮カラノ）禄とりつづきて、わらはべにたぶ。（胡蝶）

G（薫ハ）絹綿などのやうのもの阿《あ》闍梨《じやり》におくらせ給ふ。尼君にもたまひ、法師ばら尼君の下《げ》衆《す》どもの料にとて、布などいふ物をさへめしてたぶ。（宿木）

右のAは受け手の貴公子たちが、仕手の翁に対して、姫ほしさのあまり自らを下賤の者と言い落として謙譲の態度をもって「私ニクレテヤッテ下サイ」というふうに懇願しているのであるが、受け手（自ら）を卑しめていると同時に、仕手に対して十分の尊敬が払われていることは明らかであろう。またBの仕手は左大臣、Cの仕手は大納言、Dの仕手は帝（したがってこのDの場合「たぶ」は自尊敬語と見られる）で、BCDの受手はそれぞれその仕手に比べて格段に卑しい身分の者である。仕手への十分な尊敬と、受け手への卑しめは確認されよう。EFGの「源氏」の三例についてもまったく同じことが言える。ことにGでは阿闍梨には「おくる」、尼君には「たまふ」、法師ばら尼君の下衆どもに限っては「たぶ」（クレテオヤリナサル）と言っているのが注意される。

上代の「たぶ」は「万葉集」では単独動詞としては次の一例だけが見える。

茜《あかね》さす（枕詞）比流波多と婢弖（昼ハ田タビテ）ぬば玉の夜《よる》のいとまに摘める芹《せり》これ（二十、四四五五、班田《はんでん》の時の使葛城王の歌）

右は一見自尊敬語のようであるが、班田使としての「われ」は、権威ある朝廷の命令によって班田の仕事をとり行なって、朝廷のいわば代行者として卑《いや》しき人民たちに「たぶ」のであるから、前にあげた例と同じことである。次にあげる「大和物語」の、今は貴人の妻になっている女が、昔の夫が乞食《こじき》姿で芦《あし》を荷なっているのに会い、ひそかに供の者に命じて芦を買いとらせようとするときの、供人たちのことばのなかの「たぶ」も主語（仕手）は一往「供人」のようだが、実際は、明らかに主人の「女」であって、普通の用例と同じと見てよかろう。

「この芦の男に物など食はせよ。物いと多く芦の値《あたひ》に取らせよ」と（女ガ）いひければ、「すずろなる者に、何か多くたばむ（何ダッテタクサンクレテオヤリニナルコトガアリマショウ、ソンナ必要ハアリマセン）」など、（ソコニ）在る人々いひければ……

動作主（仕手）に対する尊敬の意はまったくないと思われる用例としては次のようなものがある。その場合「たぶ」は会話のなかで用いられ、聞き手である尊者に対して、与えられる者（話し手側に属する者）を卑しめることによって尊者への畏《かしこ》まりをあらわすものと考えられている。

忠こそ山伏に問ふ、「いづくに住み給ふ行ひ人ぞ。」山伏「年若かりしより鞍馬に籠りて今年は三十年になり侍りぬる山伏なり。去《い》ぬる七月より修行にまかりありくに、供養絶えて今日三日、童べに物もえたばで（クレテヤレマセンデ）疲れ臥し侍れば、とり申すなり（オ願イ申シ上ゲルノデス）。山伏は穀絶ちて久しくなり侍りぬ」（宇津保、忠こそ）

右の山伏は弟子三人、童子五人をつれて「忠こそ」の邸の門前で読経して糧《かて》を乞うたのである。

（五歳ノ仲忠ガ母ノ食べ物ノナイノヲ悲シミツツ）近き河原に出でて遊びありけば、釣する者、魚《いを》を釣る。「何にせむとするぞ」と（仲忠ガ釣人ニ）いふに、（釣人ガ）「親のわづらひて物も食はねば、たばむずるぞ（クレテヤロウトスルノデス）」といふに、「さは親にはこれを食はするぞ」と（仲忠ハ）知りて（宇津保、俊蔭）

右の仲忠は零《れい》落した境遇にあるのだから、尊貴な存在として仕手（釣人）からみとめられるのには若干不自然なふしがあるが、「いとをかしげ」な、「らうたげ」な子と釣人たちから見られていることは後文に叙べられているから、やはり、聞き手である「尊者」仲忠に対して、「仕手」の釣人が、自分側の「与えられる者」である「親」を卑しめることによって、「尊者」仲忠への畏《かしこ》まりをあらわしたものと見てよいであろう。

大将（仲忠）……酔《ゑ》ひて臥し給へり。上（帝）より「おそし」とて召せば、「涼の朝臣、酒を強《し》ひてたび侍りつるに前後も知らでなん」。空酔《そらゑひ》をして参り給はず（帝ノ御前ニ参上ナサラナイ）。（宇津保、蔵開中）

右は仲忠の、帝のお召しに対する答えである。帝への直接の答えではなく、使者への答えであろうが、やはり帝に対する「畏まり」が「たぶ」にあらわれているのであろう。この「たぶ」の動作主は涼であるが、中納言涼に対する大将仲忠の敬意は（その両者の身分差のないに等しい点から言っても、帝に対して両者は等しく卑下すべき立場にある点から言っても）「たぶ」にはないと見てよいと思う。「たび侍り」の「侍り」は、涼を自分（仲忠）側においてその動作を帝に対して謙譲させたもの。なおこの「たび侍りつる」は口語には訳しにくい。「クレマシタ」ぐらいで間に合わせておく。

補助動詞として用いられる「たぶ」は、前掲の「竹取物語」のBの一例（返したべ）のようにやはり「（返シテ）クレテヤッテ下サル・（返却）シテヤッテ下サル」の意と解けるものもあるが、口語としては「……シテ下サル・……ナサル」を当てて訳すほかはないものが多いようである。しかし、それにしても、仕手と受け手との身分差のはなはだしい場合に、ほぼ限定して用いられているようである点や、話（会話）の聞き手に対して「畏まり」の気持ちが感じられる点などで、「たまふ」とのちがいが感じられる。次に例をあげる。

わが聞きし耳によく似る（ウワサニ聞イタトオリデス）葦《あし》の末《うれ》の（序詞）足ひく（足ナエノ病気ノ）わが背《せ》（親愛ナル才人ヨ）勤多扶倍恩（ツトメタブベシ）（万葉、二、一二八）

右は、石川女郎《いしかわのいらつめ》が大伴田主に贈った歌であるが、わざと畏まって若干からかった気持ちでの作かといわれる。「ツトメタブベシ」は、「シッカリシテ下サイ」と一往訳されるが、「こうしてあなたのお身を心配申し上げている、とるに足らない下賤の私のために、一所懸命に御療養してやって下さいまし」の意と解いてもよいとすれば、「シテヤッテ下サル」の用例に属させられることになろう。

幣《ぬさ》には（海ノ明神ノ）み心のいかねば（御心ガ御満足ナサラナイノデ）み船もゆかぬなり。

なほ（明神ガ）うれしとおもひたぶべきものたいまつりたべ。（土佐日記）

右は、船頭（かじとり）が船君に向かって言ったことばである。「おもひたぶ」には、仕手の「海の明神」をあがめまつり、受け手の「船中の人間たち」（自分たち）を卑しめる、畏まった気持ちが強くあらわれていると見てよかろう。「明神ガウレシイトオ思イナサルハズノモノ」と一往訳されるが、あるいはこれも「明神ガ（ワレワレ船中ノ人間タチノタメニ）ウレシイト思ッテヤッテ下サルハズノモノ」（つまり、「明神」がうれしく思うことによって海の荒れがおさまり利益をうける対象である「人間たち」を卑しめ畏まらせた表現）の意を読みとってよいのかも知れない。「たいまつりたべ」は船頭が自分を卑下させて船君をあがめて言う畏まった物言いであるが、「サシアゲテ下サイマシ」と訳すほかはあるまい。しかしこれも、尊貴な船君が海の明神にしかじかの物を奉るのを、卑賤な自分ら船頭たちへの恩恵とうけとるという形での表現と解けないでもない。

かく行きくらして泊に至りて翁人《おきなびと》ひとり、たうめ（老女）ひとり（暗ニ貫之夫妻ヲサス）、あるが中に心ち悪《あ》しみして、物ものしたばで（「ものし」ハ食ウ意）ひそまりぬ（ヒッソリ寝テシマッタ）。（土佐日記）

右は、作者は貫之ならぬ女性某としてフィクション仕立てをした「土佐日記」において、その「女性某」の立場で、船君夫妻の「翁人ひとり、たうめひとり」を尊び、自分を卑賤の地位において畏まった表現であろう。一往「何モオ食ベニナラナイデ」と訳す。これも、あるいは、船君の安否は、それの従者たちである余のすべての者の利害にかかわるとする意識から「（同船の従者たちの心配をよそに）食事も摂《と》ってやって下さらなくて」の意をくみとってよいかも知れないが、かなり考えすぎのきらいがあろうか。

　人の告げたびしかば、いとあやしくおぼえ侍りしかど、問はで（宇津保、忠こそ）

右は、忠こそが讒《ざん》言によって父から疑われ、絶望して失踪《そう》、遁世したあとで、帝が父に、忠こその失踪の理由をただすことばに対して、父が奉答することばの一部である。前後に疑わしい敬語の使い方などもあり、本文の吟味も必要で、確実な資料としては十分ではないが、一往採用しておく。「告げたぶ」の動作主である「人」を尊敬したのではなくて、会話の聞き手である「帝」への畏まりをあらわしたものの例とされている。「人」は自分（話し手）側の者とみなされているわけである。「人ガ告ゲマシタノデ」とでも訳すより仕方がなかろうか。

（ナ）たうぶ（四段活用）

「たぶ」の転といわれる。上代の用例は知られていないようであるし、中古の用例も多くはないので、その意味・用法について確かなことはわからない。ただ、次のようなことがほぼ言えるかと思う。

　単独の動詞としての「たうぶ」は、「たぶ」と同じように、Ⓐ身分差の甚しい尊者（仕手）から卑者（受け手）へ「くれておやりになる」の意で用いられている（この場合、仕手の尊者への尊敬語である）場合と、Ⓑ仕手に対する尊敬の意はなくて、受け手を卑しめる意をあらわすのに用いられている場合とがある。

Ⓐの用例

（帝ハ仲忠母ヲ尚侍ニ任ズル由ヲオ書キニナリ、ソレニ歌ヲ）書きつけさせ給ひて、上達部《かんだちめ》達の御中に「人々これに名して下されよ（署名シテ、仲忠母ニ下賜セヨ）」とてたうびつ。（宇津保、初秋）

（中宮ノ御前デ、中宮ノ妹君デアル淑景舎《シゲイシャ》女御ガ、父君カラモラッタ笙《ショウ》ノ笛ノ話ヲスルト、中宮ノ弟ノ僧都ノ君隆円ガ言ッタコトバ）それは隆円にたうべ。（枕草子、能因本）

後の例は、きょうだいとは言え、女御と隆円とは、宮と臣下との関係だから、身分差は懸絶している。それへの畏まりの気持ちがあらわされたものと思われる。

Ⓑの用例

藤原の後蔭《のちかげ》が唐物の使（舶来ノ荷ノ検査ニ筑紫ニ朝廷カラ遣ワサレタ使）に長年のつごもりがたにまかりけるに、うへのをのこ（殿上人）ども酒たうびけるついでによめる（古今、離別、藤原兼茂の歌の詞書）

勅撰集としての「古今集」では、詞書のなかで敬語を用いられる人物はきびしく帝・后・東宮のみに限られるから、この「たうび」は、仕手である「うへのをのこども」に対する尊敬語でないことは確かである。とすれば、「うへのをのこどもが後蔭に酒をクレテヤッタ」の意と解くべきことになろうか。つまり「たうび」によって後蔭は「うへのをのこども」より下位の者であることをあらわしたものと見てよさそうである。

　三月ばかり越《こし》の国へまかりける人に酒たうびけるついでに（後撰、離別・羇旅、よみ人しらずの歌の詞書）

右もまったく同じ用例である。「越の国へまかりける人」は作者（よみ人）より下位の者であることが「たうび」であらわされているのであろう。

補助動詞としての「たうび」は、単独動詞としてのそれの用例よりはやや多いとはいえ、「土佐日記」ほか限られた三、四の作品に散見されるだけなので、やはりたしかなことはわからない。ただその少ない用例からどうやら推測される意味・用法として次のことが挙げられている。

①　古めかしく、しかつめらしく、固苦しい感じのことばであったようだ。
②　したがって、中古中期では特に老人・学者、いなか者などに限って用いる。
③　①にあげたような性質のことばだから、自然、形式的に用いられて、敬意も「たまふ」より低い感じをもつ。
④　仕手に対する尊敬の意をもつ。
⑤　仕手尊敬の意をふくまずにもっぱら受け手を卑しめる意だけに用いられる例は見あたらない。（ただし「のたうぶ」を除く）

用例を次に掲げる。

1　藤原のときざね、橘のすゑひら、長谷部のゆきまさらなん、み館《たち》より（前ノ守〔貫之〕ガ）出でたうびし日より、ここかしこに追ひくる。この人々ぞ志ある人なりける。（土佐日記）

2　（同行ノ淡路生マレノ老女デ船酔イシテ船底ニイルノガ歌ヲヨンダノデ、船君〔貫之〕ノ言ウコトバ）ふなゑひしたうべりしみ顔には似ずもあるかな。（土佐日記）

3　帥（太宰帥滋野真菅、齢六十バカリ）の主《ぬし》「女人（左大将源正頼ノ娘、アテ宮）の見たいまつるべくは近く率《ゐ》てたうべりや（アテ宮ヲソバデオ見上ゲ申スコトガデキルヨウニ身近カニツレテキテオクレデナイカ）」。殿守《とのもり》「うたてもの給ふかな。いはゆる（世ニ評判ノ）あて宮ぞかし。いつしかわが主《ぬし》にも会はせ奉らん（ソノウチアナタ様ニオ会ワセ申シ上ゲマショウ）」。帥「翁をし（コノ私ヲ）、かの女人に会はせたうべらば、何ものかはともしからん（アノ女性ヲ妻ニサセテオクレナラ、アノ女性ニドンナモノモ不自由ハサセナイツモリダ）。大ぞうにて男しましまさふ中に、やもめにて捨て置きたいまつるよりは（姉君タチニハ並々ニ皆夫ガイラッシャル中デ、一人住ミデ捨テ置キ申シ上ゲルヨリハ）、翁の片庵に率てまして、翁の食《た》うべんものの、まづ笥《け》ごとに取りよそひし、初めを食はしめてこそは、かしづきたいまつらめ、庄物《さうもち》（庄園ノ産物）ら、はた身々一つにたいまつり、御衣《みそ》櫃物《うづ》にても、ともしくては、あらじやは。」面《おもて》はげまして（気負ッテ）「人の見たいまつるべくあらば（他人ガアテ宮ノ生活ブリヲオ見申シ上ゲルナラ）国王の一の妻《め》になりたうべらむにも劣らじをや（第一ノ皇后ニオナリナサッテイヨウノニモ劣ルマイヨ）」などいふほどに（宇津保、藤原の君）

4 （帝ガ橘千蔭ニ向カッテ言ウコトバ）「（アナタノムスコノ忠君ガ出奔シテシマッタノハ）それ（アナタガ他人ノ告ゲ口ニ従ッテ言ッタコトバ）に倦《うん》じたるななり。（アナタガフダンハ）いささかなる気色も（忠君ニ対シテ）見せ給はず、忝《かたじ》けなく恐ろしき物にならはしたうべるに（コワイ父ダトイウフウニフダン思ワセテオイデナノニ）、許されぬ（忠君ヲオ許シナラヌ）気色のありけんに思ひ倦じにけるならん。いかやうなる事をか聞えたうびし（聞きたうびしトスル本モアル。ソノ方ガ通ジヤスイ。）」（宇津保、忠こそ）

5 （老イタ姑《シュウトメ》ヲ、嫁ガ厄介ガッテ）今まで死なぬことと思ひて、よからぬことをいひつつ（夫ニ対シテ）「もていまして、深き山に捨てたうびてよ」とのみ責めければ……（大和物語）

6 （源氏ノ息夕霧ノ字《アザナ》ヲツケル儀式ニヨバレタ公卿タチガ、作法ニ馴レナクテ儒者ノ博士タチニトガメラレルト、ソノ博士ノコトバガオカシイノデ笑ウノヲ、マタ叱リツケル博士ノコトバ）鳴り高し。鳴り止《や》まむ。（ヤカマシイシズカニセヨ）。はなはだ非常《ひざう》なり。座を引きて（退去シテ）立ちたうびなむ（帰ッテオシマイナサレ）。（源氏、少女）

右の1は仮託の作者の女性が前《さき》の守の行動を（親しさから）軽く尊敬したものと見てよかろうか。2は会話主より目下の者の行動についているから軽い尊敬と見られる。3は三例のうち前二例は、会話主より目下の者の行動に添っているが、後の一例は、会話主より高貴な人の行動に添っているから、「軽い尊敬」として処理することはむずかしい。田舎者の老人真菅の古めかしく、固苦しい尊敬語と見るべきか。4は帝が臣下に言うことばだから、軽い尊敬か。5も軽い尊敬と一往見ておく。6は時代おくれの学者の、しかつめらしい尊敬語と考えられている。以上、あまりご都合《つごう》主義の行きあたりばったりの解釈ではなはだ不確実であり危険であることは、言うをまたない。今後のきびしい吟味が必要である。

時代が、中古でも末なので、語法も意味も中古の標準に外れるおそれがあろうから、一往、別扱いにするため残しておいたが、「大鏡」には、補助動詞「たうぶ」が十例ある。

A　（十二月ノ法成寺ノ五大堂供養ノ衆僧ニ配ル湯漬ヲ行事二人ガ熱クシテ配ッタノデ、道長ハ行事ヲホメタ。）ぬるくて参りたりとも、別の勘当などあるべきにはあらねど、殿（道長）をはじめ奉りて、人にほめられ、行末にも、「さこそありけれ」と（行事ガ）言はれたうばんは、ただなるよりはあしからず、よきことぞかし。（昔物語）

B　（安子女御ガ嫉妬シテ局ノ御格子ヲアケナイノニ困ジタ村上天皇ガ）「女房に『などあけぬぞ』と問へ」となにがしの主《ぬし》の、（ソノコロ）童殿上したるが、（ソノトキ）御供なるに、仰せられければ、（ナニガシノ主ハ）あきたる所やあると、ここかしこ見たうびけ

れど（師輔伝）

C　（一条摂政殿ト朝成中納言トハ仲ガ悪カッタガ朝成ガ）この一条殿のつかまつり人とかやのためになめき事したうびたりけるを（一条殿ノ奉公人トカイウ者ニ対シテ無礼ナコトヲナサッタノダッタノヲ）（一条殿ガ）「ほいなしなどばかりは思ふとも、いかに事に触れて、我などをばかくなめげにもてなすぞ」とむつかりたまふと（朝成ガ）聞きて（伊尹伝）

D　（宮中デノ胆ダメシデ、道長ハ高御座ノ南面ノ柱ノモトヲケズッテ持ッテ帰ッタノデ、帝ハ）つとめて（翌朝）「蔵人してけづり屑《くづ》をつがはしてみよ」と仰せ言ありければ、（蔵人ハ）もていきて押しつけて見たうびけるに、つゆたがはざりけり。（道長伝）

E　出雲の守相如《すけゆき》の主《ぬし》のみ家《いへ》に（道兼ガ）あからさまに（チョット）わたり給へりしをり、（道兼ヲ関白ニ任ズルトノ）宣旨はくだりしかば、あるじ（相如）のよろこびたうびたるさまおしはかり給へ。（道兼伝）

F　（女官タチノ金堂礼拝ノ日ノ御召車ノ様子）一品の宮もなかに奉りたりける（オ乗リニナッテイタ）にや。御衣《そ》どもはなにがしの主《ぬし》のもちたうび、御車のしりにぞ候はれし。（藤氏物語）

G　寛平延喜などの御譲位のほどのことなどは、いとかしこく忘れずおぼえ侍るをや。伊勢の君の、弘徽《こき》殿の壁に書きつけたうべりし歌こそは、そのかみに（当時）あはれなることと人申ししか。

別るれどあひも思はぬももしきを見ざらんことや何か悲しき

法皇の御返し

みひとつのあらぬばかりを押しなべて行きかへりてもなどか見ざらむ（昔物語）

H　この宰相（良岑衆樹。宰相ハ参議ノ唐名）ぞかし、五十までさせる事なく、朝廷《おほやけ》に捨てられたるやうにていますかりけるが八幡（石清水八幡）にまゐりたうびたるに、雨いみじう降る。石清水の坂のぼり煩ひつつ参り給へるに……（昔物語）〔この後に「宰相の思ひかけず頭《とう》になりたまふとこそは承はりしか」とある。〕

I　（後一条院即位ノ日ニ高御座ニ汚レガアッタノヲ行事ガ見ツケテ、兼家ニ「なにがしのぬし」ヲヤッテ報告サセルガ、兼家ハ眠ッタフリヲシテ返事ヲシナイ。「なにがしのぬし」ハワケガワカラナクテ）とばかり御前にさぶらふにぞ、（兼家ハ）うちおどろかせ給ふ（目ガオサメニナッタ）さまにて「御装束は果てぬるにや」とおほせらるるに、「聞かせ給はぬやうにてあらんとおぼしめしけるにこそ」と心得て、立ちたうびける。（昔物語）

J　（三条院ノ大嘗会《ダイジヨウエ》ノ御禊《ミソギ》ノオリニ女宮ガ女房ノタメニ衣裳ナドイロイロ心ヅクシシテ下サッタノニ）女房の御心のおほけなさは、さばかりのことを、すだれをおろして渡りたうびにしはとよ。（昔物語）

右の十例はすべて、それぞれの叙述の場面において、そこに登場する尊貴な人との対比において、より身分の低い人（ただし語り手〔物語のなかでの語り手〕よりは身分が高い）の行動に添えて用いられている。つまり「軽い尊敬」に用いられていると見てよいと思う。念のため逐次説明すれば、Aは道長に比べて身分の低い行事の「言はる」という行動に、Bは村上天皇に比べて低位のなにがしの主の「見る」という行動に、Cは一条摂政に比べて低位の朝成中納言の「なめき事し」という行動に（一条摂政の「むつかる」という行動には「たまふ」が添っているのに注意）、Dは帝に比べて低位の蔵人の「押しつけて見」という行動に、Eは道兼に比べて低位の出雲守相如の「よろこぶ」という行動に、Fは宮たちに比べて低位のなにがし主の「もつ」という行動に、Gは法皇に比べて低位の伊勢の君の「書きつく」という行動に、Hは石清水の神に比べて低位の宰相の「まゐる」という行動に（対比するものがないときは「たまふ」がつかわれていることに注意）、Iは兼家に比べて低位のなにがしのぬしの「立つ」という行動に、Jは宮に比べて低位の女房の「渡る」という行動に、それぞれ「たうぶ」が添って用いられている。これがもし中古末の一般の用法であるとすれば、そのころの用法は、それ以前より限定され、明瞭化されていたと言えるかも知れない。しかし、それよりも、中古中期から用例が稀少になっているという事実と考え合わせて、この「大鏡」の用例は、大宅世継夏山繁樹等二百歳に近い老人の話しことばの中に見えるのだから、やはり中古末の一般的な用例ではなく、古風な老人の特殊なことばで、しかも当時はすでに死語になっているものが作者によって復活させられて用いられたために、その用法も限定され、明瞭化されていたのだと見る方が、真に近いのでなかろうか。

(ラ) のたまふ (四段活用)

「のたまふ」(宣ふ) は「のりたまふ」の約。「のる」は、本来呪力を持った発言であったといわれ、上代では天皇の発言や重要な発言に用いられる。したがって「のたまふ」も上代(ただし用例は「宣」「勅」などに対する宣命・日本書紀などの訓であって、やや確実性を欠く)では、神仏や天皇および皇族の発言を言うのに用いられたが、中古になると、一般に「言ふ」の尊敬語になって盛んに用いられた。

小君かしこに行きたれば、姉君(伊予介ノ後妻空蟬)待ちうけて、いみじくのたまふ。(源氏、空蟬)

次の「の給ふ」は稀少の用例であるが、「貴人に代わってそのおことばを自分が伝え言う」(仰セ言ヲ申シ聞カセル)の意に用いたもの。

いとかしこき仰せ言にはべるなり。姉なる人に(アナタサマノ仰セ言ノオモムキヲ)の給ひみむ。(源氏、帚木)〔源氏の君に対しての紀伊守のことば〕

(ム) のたぶ (四段活用)

「のたまふ」の約。用例はきわめて少ない。

ちちの実《み》の（枕詞）父の命《みこと》は栲綱《たくづの》の（枕詞）白髭《しらひげ》の上《うへ》ゆ涙垂《た》り奈気伎乃多婆久（ナゲキノタバク）（「ク」ハ「コト」ノ意）（万葉、二十、四四〇八）

「父の命《みこと》」という尊敬表現は使っているものの、神仏や天皇などではないから「のたまはく」というのを避けて、「のたばく」になったのであろうか。だとすると「のたまはく」よりは軽い尊敬の意を持つということになるが、稀少の用例では、もとよりたしかめかねる。「大鏡」に次の一例が見える。

大織冠をばいかでか淡海公と申さん。ぬしのたぶ事も天の川をかき流すやうに侍れど、折々かかるひがごとのまじりたる。（藤氏物語）

夏山繁樹（百八十歳ばかり）が大宅世継に向かって言ったことばである。やはり軽い敬語で、また、中古末期としてはきわめて古風な老人のことばであると見てよかろうか。「大鏡」作者が当時（中古末期）の死語を復活させて用いたものと思われる。

（ウ）のたうぶ（四段活用）

「のたうぶ」は「のたぶ」の転といわれる。中古に見えるが、用例は少ない。したがって、その意味・用法にたしかでないことが多い。

わずかの用例から推測するかぎりでは、やはり、Ⓐ軽い尊敬語である場合と、Ⓑ仕手に対する尊敬の意はなくて、受け手を卑しめる意をあらわすのに用いられている場合とがあるようである。

Ⓐの用例

1 （実忠ノ手紙ヲ見テアテ宮ハ）「あやし、例のむつかしきもの、常に見せ給ふ」との給へば、兵衛《ヒヨウエ》（女房ノ名）「常に見知らぬやうなり」と聞ゆれば、（アテ宮ハ、兵衛ニ）「例のごと、のたうべかし」などの給ひて（宇津保、藤原の君）

2 御子の君（上野宮）「おもしろき事の給ふくそ（「くそ」ハ対称代名詞。軽イ敬称）たちかな。ただかうなり、この事は。京くそたちのし給はんことは、『この道隆寺の塔の会《ゑ》にまさるものはなかるべし』とのたうびひろげよ。」（宇津保、藤原の君）

3 （道綱ガ母ニ向カッテ言フ語）「殿（父兼家）なん『きんぢ（オマエ）が（ツトメテイル）寮《つかさ》の頭《かみ》（右馬頭遠度。兼家ノ異母弟）の、去年《こぞ》よりいとせちにのたうぶことのあるを（兼家ガヨソニ生マセテ放ッテオイタ娘ヲ道綱母ガ引キ取ッテ養女ニシテイタ、ソレニ求婚シタコトヲ指ス）、そこにあらん子はいかゞなりにたる。大きなりや、心ちつきにたりや』などのたまひつるを……」（蜻蛉日記）

4 （村上天皇ガ）「女房に『などあけぬぞ』と問へ」となにがしの主の、童殿上したるが、御供なるに、仰せられければ、あきたる所やあると、ここかしこ見たうびけれど、さるべき方は皆立てられて細殿の口のみあきたるに、人のけはひしければ、よりて『かく』と（ナニガシノ主ガ）のたうびければ……（大鏡、師輔）

5 年つもりては、動きがたく候ひしかど、参河入道（定基）の入唐の馬のはなむけの講師、清照法橋のせられし日こそまかりたりしか。さばかり道心なき者の初めて心おこることこそ候はざりしか。先づは神分の心経（神ヲ勧請スルタメノ般若心経）表白のたうびて、鐘うち給へりしに、そこばく集りたりし万人、さとこそ泣きて侍りしか。それは道理の事なり。（大鏡、昔物語）

右の1から5までいずれも軽い尊敬語とみなして、一往支障はないようであるが、2で一方で「し給はん」と言いつつ、「の給ひひろげよ」とは言わずに「のたうびひろげよ」と言っていること、同じように5で一方で「鐘うち給へりし」と言いつつ、「心経表白のたまひて」とは言わずに「のたうびて」と言っているのは、これらの場合の「のたうび」には「おごそかに（しかつめらしく）言う」の敬語の意味があるのかも知れないという感じがする。4は「のたうび」と「見たうび」の動作主は同じである点からも、「見たうび」を軽い尊敬とすれば、「のたうび」も軽い尊敬と見るのが穏当と言えよう。

Ⓑの用例

1　やよひばかりに、物のたうびける人のもとに、また人（歌ノ作者デナイ別ノ男）まかりて消息《せうそこ》すと聞きてよみてつかはしける（古今、恋二、紀貫之の歌の詞書）

2　思ふ人侍りける女に、物のたうびけれど、つれなかりければ、つかはしける（後撰、恋一、よみ人しらずの歌の詞書）

3　おほつふね（在原棟梁ノ娘）に、物のたうびつかはしけるを、さらに聞き入れざりけれ

ば、つかはしける（後撰、恋二、貞元の親王の歌の詞書）

4 女に年を経て心ざしあるよしをのたうびわたりけり。女猶ことしをだに待ちくらせと頼め（タノミニ思ワセ）けるを、その年も暮れて明くる春までいとつれなく侍りければ（後撰、恋二、よみ人しらずの歌の詞書）

5 侍従に侍りける時、村上の先帝の御めのとに忍びて物のたうびけるに、つきなき事なり（不相応ナコトデス）とてさらに会はず侍りければ（拾遺、恋二、一条摂政〔藤原伊尹〕の歌の詞書）

右の五例はすべて男が女に求婚する意の場合に用いられている。前に（ナ）「たうぶ」で「古今集」「後撰集」の詞書の中に見える「酒たうびける」について述べたのと同じように、勅撰集の詞書では、動作主の動作に尊敬語を添えるのは、帝・后・東宮に限られ、一般の皇族でさえ尊敬語は添えられない。したがって、右の五例の「のたうぶ」の動作主（仕手）である貫之・貞元親王・一条摂政等の動作に尊敬語は用いられないはずだとすると、この「のたうぶ」も、動作主の男に対する尊敬語ではなくて、それの受け手である女が、男より身分の低いことをあらわすのに用いられたもの（勅撰集の詞書に「物いひける」の類の用例は多い。その場合は、男女間の身分差はないか、または問題にしないかである。）と解けようかと思う。3・5は、明らかに女は男より身分が低い。ただ2・4のように「よみ人しらず」では、それと女との身分差はわかりにくいが、それらの歌を撰入した勅撰集撰者には「よみ人しらず」の主もあるいはわかっていて、女との身分差もはっきりわかっていたとか、本来そういうことがわかるような詞書をもっていた私家集から、択び入れたとかいう事情を考えてよいであろう。いずれにせよ、読者の側では、この「のたうび」によって、女は男より身分が低いということを諒解することができるのであろう。

ただこうした「のたうぶ」の用例が、「物のたうぶ」の一語に限られ、また「歌」あるいは「勅撰集」の詞書のなかでに限られているらしいことは、「歌」あるいは「勅撰集」の世界での一つの約束ごとであったのかも知れない。（こうした「歌」の世界での約束ごととしては、「など……らむ」の「など」を省いて、ただ「らむ」だけで表わす（「らむ」の節参照）とか、「歌」では敬語を用いないとか、いろいろある。ただし「歌」それ自身のなかでなく、「詞書」で、特殊な約束ごとがあるというのは、まさに異例だろうから、今後十分検討すべきである。）

(廾) おほす（下二段活用）

本来「負《お》ふ」（四段活用）の使役形「負《お》はす」の転「おほす」で「背負わせる・課す・命令を負わせる」の意から「言いつける」「命令する」の意の尊敬語となったものといわれる。

勅比《ノリタマヒ》於保世（オホセ）給布御命乎《タマフオホミコトヲ》……（続日本紀、第四十五詔）

ただし右は「おほせ」に「給ふ」を添えているのだから、「おほせ」自身には敬意がなかったかも知れない。中古に入って、「竹取物語」でも「おほせ給ふ」十例、「おほせらる」二例のほか、単独の「おほす」の例は、「かねてこと皆おほせたりければ」「かの十五日つかさつかさにおほせて」の二があるが、「言いつけて」というだけの意で、本来的には敬意はないものと見られないこともなく、微妙である。「源氏物語」でも、多くの用例は「おほせ給ふ」「おほせらる」であって、単独の「おほす」は、次のようなものである。

A　ただ今惟光の朝臣の宿れる所にまかりて、急ぎまゐるべきよし言へとおほせよ（夕顔）〔源氏が某の院の預りの子に言うことば〕

B　随身も弦《つるう》打ちして絶えず声《こわ》づくれとおほせよ。（夕顔）〔同右〕

C　帝、畏き御心に、倭相《やまとさう》をおほせておぼし寄りにける筋なれば……（桐壺）

D　〔源氏ハ〕西の対に渡り給ひて、惟光に車の事おほせたり。（葵）〔河内本は「おほせ給へり」〕

右のABの「おほせよ」は「命令しろ」の意であって敬意はないと見る方が自然であろう。Cは「帝が、恐れ多い御心によって、すでに日本流の観相を相人に命令して思いついていらっしゃるのだった筋のことなので」と解いて、「おほせておぼし寄る」が一つづきの動作なので「おぼし」で敬意が代表されていると見れば、「おほせ」自身には敬意はないと見られる。Dは主語が源氏だから「おほせ」に敬意があると見るのが自然のようである。しかし稀有の例であり、かつ河内本が異文をもつという点で、本文上若干の疑いがあると言える。さらに「源氏物語」において「おほす」を添える複合動詞が五つあるが、主語が尊敬すべき者である場合はすべて「いましめおほせらる」「おきておほせらる」「めぐらしおほせらる（マタハめぐらしおほせ給ふ）」「もよほしおほせ給ふ」「めしおほす（「めす」ハソレ自身ガ敬語ナノデ「おほす」ノ下ニハ敬語ヲ重ネナイ）のように敬語を加えて用いられている。つまり「おほす」自身には敬意はないものと考えてさしつかえない。「おほす」を上位にする複合動詞でも、やや曖昧《あいまい》なものもあるが、ほぼ右同様に考えられる。

A 「暁かしこに物せむ。車の装束さながら、随身一二人おほせおきて（「おきて」ハ下二段動詞連用形）たれ」と（源氏ハ惟光ニ）のたまふ。（若紫）

B （薫ハ）大方かやうにつかうまつるべく（御庄ノ司人タチニ）おほせおきて出で給ひぬ。（椎本）

C （源氏ハ）近き所の御庄の司召して、さるべき事どもなど、良清の朝臣、親しき家司《けいし》にて、おほせ行ふもあはれなり。（須磨）

D （源氏ハ）京の家司のもとにおほせつかはして、近き国々の御庄の者など催させてつかうまつるべき由のたまはす。（須磨）

右のAの「おほせおきつ」は主語にあたるものは「惟光」だから、敬意はない。Bも「おほせおきて」を「出で給ひ」の「給ひ」にかけていると見れば、「おほせ」に敬意を考える必要はなかろう。Cはやや文脈が明瞭を欠くが、「さるべき事どもなど（ヲ）良清の朝臣（ガ）、親しき家司にて、おほせ行ふ」と解けば「おほせ行ふ」の主語は「良清の朝臣」であるから「おほせ」に敬意はない。Dの「おほせつかはす」は「つかはす」が敬語動詞（例―「〔帝ハ〕靫負《ゆげひ》の命婦《みやうぶ》といふをつかはす」「いみじうしのびて〔帝ハ〕このみこを鴻《こう》臚《ろ》館につかはす」（桐壺））だから「おほせ」には敬意がないものと見て支障はない。

こんなふうに一つ一つ用例を見ると、どうも上代・中古における尊敬の動詞「おほす」の存在には疑問があるように感じられるのだが、一方、「おほす」の連用形の名詞化した「おほせ」（「源氏物語」に三例ある）、およびその複合語「おほせごと」（「源氏物語」に三十七例ある）には、中古一般の用例についてみても「御（み・おほん・おん）」を冠したものがないようであることは、「おほせ」「おほせごと」自体に敬意がふくまれているようでもあり、なお十分検討を要する。今はしばらく、通説にしたがって「おほす」を尊敬の動詞とみなしておく。

（ノ）**おもほす・おぼす**（四段活用）

「おもほす」は四段動詞「おもふ」の未然形「おもは」に上代の尊敬の助動詞「す」（四段活用）の添った「おもはす」の転。「お思いになる」意の尊敬動詞。中古では使用が衰え「おぼす」にかわられた。

草枕旅の翁《おきな》と於母保之天（オモホシテ）針そたまへる縫はむ物もが（万葉、十八、四一二八）

（帝ハ桐壺更衣ヲ）いよいよ飽かずあはれなるものにおもほして（源氏、桐壺）

なお「源氏物語」では単独の「おもほす」の用例（湖月抄本）は約七十で、「おぼす」の用例がおそらく千に近いと思われるのにくらべるとその衰退の様子がしのばれるが、「おもほす」を上につける複合語としては「おもほし出づ」「おもほし入《い》る」「おもほし疑ふ」「おもほし疎《うと》む」「おもほし掟《おき》つ」「おもほし懸《かか》る」「おもほし掛《か》く」「おもほしかしづく」「おもほし返しわぶ」「おもほし返す」「おもほしくたす」「おもほし焦《こ》がる」「おもほし懲《こ》る」「おもほし定む」「おもほし染《し》む」「おもほし知る」「おもほし捨つ」「おもほし立つ」「おもほしたづぬ」「おもほし絶ゆ」「おもほしつづく」「おもほし取る」「おもほしなげく」「おもほし為《な》す」「おもほしなずらふ」「おもほしなる」「おもほし残す」「おもほしのたまふ」「おもほしのどむ」「おもほし放つ」「おもほし人めかす」「おもほし惚《ほ》る」「おもほしまとはす」「おもほし乱る」「おもほし向く」「おもほしめぐらす」「おもほし物《もの》す」「おもほし止《や》む」「おもほし遣《や》る」「おもほし寄る」「おもほし忘る」「おもほし煩《わづら》ふ」「おもほしわぶ」があり、「おもほす」を下につける複合語には「かかづらひおもほす」「きこしめしおもほす」「たづねおもほす」があって、なお盛んに用いられているように見える。しかしその個々の使用例は一乃至《ないし》数例にとどまり、「おぼす」を上につける複合語が、総数においても百十余語多く、その個々の使用例もはるかに多数であり、「おぼす」を下につける複合語もまた二十数語多く、その個々の使用例も多数であることに思いくらべれば、衰退の実情は明らかであろう。

「おぼす」は「おもほす」の約。中古になってから行われた。

これを聞きてかぐや姫少しあはれとおぼしけり。（竹取）

なほ（帝ハ姫ヲ）おぼしおはしまし（「思ひ在り」ノ尊敬）て、この女のたばかりにや負けんとおぼして……（竹取）

（付言1）「愛する」という意の国語は、「おもふ」であったから、「おぼす」には「いとしくお思いになる・かわいくお思いになる」の意の用例がしばしばある。

昔、おほやけ（帝ガ）おぼして（カワイクオ思イニナッテ）つかうたまふ女の、色ゆるされたる（禁色ヲユルサレタ）ありけり。（伊勢物語）

（付言2）シク活用形容詞の「おぼし」は敬語とはまったく無関係なことばであるから注意せよ。この「おぼし」は「おもふ」の形容詞化した語である「おもほし」（例—「於母《おも》保《ほ》之《し》吉《き》言も語らひ」（万葉、十八、四一二五）この場合は「心中望んでいる・ねがわしい」の意）の約で、「……とおもわれる（ようだ）」「そうらしく見える」などの意とするのが通説であるが、「おもほし」の語意とちがうのも疑わしいし、「おほほし」あるいは「おぼほし」（「おほに」「おほおほし」「おぼろ」「おぼつかなし」などと同源の語といわれる）の約で「はっきりしない→はっきりしないが、どうやら……のようだ」の意であるとする説の方が、用例の語意を推測してみるかぎりでは穏当のように見える。

山里にあからさまに（カリニチョット）渡し給へとおぼしく（ドウヤラ……トイウツモリノヨウデ）、いとねんごろに思ひてのたまふ。（源氏、宿木）

（オ）おもほしめす・おぼしめす（四段活用）

「おもほしめす」は「おもほす」の連用形「おもほし」に「めす」（「見る」の尊敬語。後述）がついて出来た尊敬語。原義としては「思ひ見る」の尊敬であるわけであるが、実例としては「思ふ」の尊敬で「お思いあそばす」と訳せばよい。

上代では、次にかかげる中臣宅守《なかとみのやかもり》が狭野弟上娘子《さののおとがみのをとめ》に贈った歌をのぞけば、すべて神または大君の行為に用いられているという（舎弟松尾拾の報告、「国文学」五ノ二）。

遠くあれば一日《ひとひ》一夜《ひとよ》も思はずてあるらむものと於毛保之売須奈（オモホシメスナ）（万葉、十五、三七三六）

中古では「おぼしめす」に取ってかわられて、用例はとぼしく「源氏物語」では一例も見えない。

「おぼしめす」は中古になって行われた。「おもほしめす」と同様、中古でも使用範囲はせまく、「源氏物語」では、帝・院・中宮・春宮に限られているという（舎弟松尾拾、前記の報告）

（帝ハ）こし方行く末おぼしめされず、よろづの事を泣く泣く契りのたまはすれど、（更衣ハ）御いらへも聞え給はず。（源氏、桐壺）

（ク）めす

「見る」に上代の尊敬の助動詞「す」（四段活用）が添って転じた語（上代の尊敬の助動詞「す」は四段活用動詞に添うのが原則であるが、稀にサ変・下二段・上二段・上一段各活用の動詞に属する語に添って「為《せ》す」「寝《な》す」「臥《こ》やす」「見《め》す」「着《け》す」などとなることがあるということは、「助動詞『す』」（上代）の節で述べた）。「見る」「治める・統治する」「よびよせる・取りよせる」「食う・飲む・着るなど、直接物を身につける」の意の尊敬動詞。

A　「見る」の尊敬の例

物ごとに栄ゆる時と売之多麻比（メシタマヒ）明らめ給ひ……（万葉、二十、四三六〇）

中古では普通用いられない。

B　「治める・統治する」の尊敬の例

高照らす日の皇子《みこ》あらたへの（枕詞）藤原がうへに（藤原ノ地ノアタリニ）食《を》す国を売之賜牟登（メシタマハムト）……（万葉、一、五〇）

中古では普通用いられない。

C　「よびよせる・取りよせる」の尊敬の例

東《ひむがし》の滝《たぎ》の御門《みかど》にさもらへど昨日《きのふ》も今日《けふ》も召言毛無（メスコトモナシ）（オ呼ビヨセニナルコトモナイ）（万葉、二、一八四）

またの日（源氏ハ）小君をめしたれば（小君ハ源氏ノモトへ）参るとて（姉空蝉ノ）御返りこふ。（源氏、帚木）

御硯《すずり》いそぎめして……（源氏、空蝉）

人見ぬ廊に御直衣《なほし》どもめして（オ取リヨセニナッテ）着替へ給ひ……（源氏、末摘花）

D

「食う・飲む・着る」などの尊敬の例

石麿《いはまろ》にわれ物申す夏痩《なつやせ》によしといふものぞ武奈伎取喫売世反也（ムナギトリメセメセノ反ナリ（喫ハ「メセ」トヨム、トイウ意）（ウナギヲ取ッテオ食ベナサイマシ）（万葉、十六、三八五三）

大かはらけをぞ参らせしに三度はさらなる事にて七八度などめして（オ飲ミニナッテ）上《かみ》社《やしろ》に参り給ふ道にては、やがてのけざまにしりの方を御枕にて不覚に大殿ごもりぬ。（大鏡、道隆伝）

女院、紫の匂ひの御衣《ぞ》、山吹の御表着《うはぎ》、桜の御小袿《こうちぎ》、青色の御唐衣蝶《からぎぬてふ》を色々に（イロイロノ色デ）織りたりしめしたりし（オ着ニナッテイタノハ）、いふかたなくめでたく……（建礼門院右京大夫集、詞書）

（付言1）「日本書紀」の訓に「任」を「メス」とし、「古今集」、雑下、藤原忠房の歌の詞書に「唐《もろこし》の判官《はうぐわん》（遣唐使判官）にめされて侍りける時に」とあるのなどを見ると、「お呼びよせになる→お呼びよせになって官職につかせる」の意にも用いられたことがわかる。

（付言2）「日本書紀」の訓で「幸」を「メス」とよんでいる。女性を寵愛なさる意であるが、「お呼びよせになる→お呼びよせになって寵愛なさる」の意になったもの。

（付言3） 車などに乗るの尊敬語として「めす」を用いることは、上代・中古には確かな例が見つからないようである。

「めす」は補助動詞として、尊敬の意を添えるのにも用いられる。ただし上に来る動詞は「おもほす」「おぼす」「聞こす」「知らす」「知ろす」などそれ自身尊敬の意をふくむものが多い。「おもほしめす」「おぼしめす」はすでに（オ）で述べた。「聞こしめす」「知らしめす」「知ろしめす」については後に述べる。

（ヤ）聞こす（四段活用）

「聞く」に上代の尊敬の助動詞「す」（四段活用）の添った「聞かす」の転じて出来た尊敬の動詞と考えられているが、上代に用いられ、中古では行われない。語源を右のように考える限りは、本来「お聞きになる」の意であるべきであるが、その意の用例は、次に示すようにたしかではない。

遠々し《とほどほ》（シク活用形容詞語幹）越《こし》の国に賢《さか》し女《め》を有りと聞かして麗《くは》し女《め》を阿理登伎許志弖（アリトキコシテ）……（古事記、神代）

右の「アリトキコシテ」は、上の「有りと聞かして」と並んで、同じことをただ音を変えて「キコシ」「キカシ」と言ったものとすれば、この「キコシ」は「お聞きになる」の意と解いてよいと思うし、また全体の歌意（ここに引くのを省いたが、この歌は四十句近い構成の長歌である）から判断してもそう思われそうなのであるが、後掲の諸用例のように「きこす」は「言う」の尊敬語であるのが普通らしいので、右の「キコシテ」も「おっしゃって」と解くべきだとする説を有力としているようなのである。

青山に日が隠らばぬばたまの夜《よ》は出でなむ（夜ニハ出テイラッシャイ）……真《ま》玉手《たまで》玉手さし枕《ま》き股長《ももなが》に寝《い》は寝《な》さむを（オ寝ニナッテヨロシュウゴザイマスカラ）阿夜尓那古斐岐許志（アヤニナ恋ヒキコシ）（ムヤミニ恋イシガリオッシャイマスナ）八千矛《やちほこ》の神の命《みこと》（古事記、神代）

わがせこし可久志伎許散婆（カクシキコサバ）（コノヨウニオッシャルナラ）天地《あめつち》の神を乞《こ》ひ祈《の》み長く（命長ク生キヨウ）とそ思ふ（万葉、二十、四四九九）

行方《ゆくへ》無みわがする時に逢ふべしと逢ひたる君をな寝《ね》そと母寸巨勢友（母キコセドモ）（私ノ母ハオッシャルケレド）わが心清隅《きよすみ》の池の池の底われは忘れじただに逢ふまでに（万葉、十三、三二八九）

右のような用例の「キコス」はなるほど「おっしゃる」の意と解いて然るべきようである。それで、「キコス」の語源は、「聞く」に尊敬の助動詞「す」の添った「聞かす」の転ではなく、「聞く」をサ行四段に活用させた「聞かす」の転で、その「聞かす」は使役の意（聞カセル）をあらわす。つまり「相手に聞かせる→こちらから言う」の意となる。それが尊敬の意を帯びるのは、「聞こゆ」が「相手から聞かれる→こちらから言う」の意となりつつ、謙遜の意を帯びるのと表裏すると、本居宣長（古事記伝）は説明している。なお四段動詞をサ行四段に活用させなおして使役の意をもたせるものには「驚く→驚かす」「習ふ→習はす」など例が多い。以上は、合理的な説明のようであるが、「聞こしめす」「聞こしをす」の「聞こし」との関係を考えると、やはり疑念が残らないではない。

（マ）聞こしめす（四段活用）

「聞こす」に、さらに尊敬語「めす」を添えた尊敬動詞。「聞く」の尊敬語としては上代（ただし万葉仮名がきの確実な例はない）・中古において、「統治する」の尊敬語としては上代において、「飲食する」の尊敬語としては中古において行なわれた。

「お聞きあそばす」の用例

挙陳天禱里志誠波丁寧度聞許志食弖牟（コトアゲシテ祈リシ誠ハネモゴロトキコシメシテム）

（続日本後紀、嘉祥二年、興福寺大法師等の奉献した長歌）

かほかたちよしと（帝ガ）きこしめして、御使たびしかど……（竹取物語）

「御統治あそばす」の用例

桜花今盛りなり難波《なには》の海押し照る宮に伎許之売須奈倍（キコシメスナヘ）（難波ノ宮デ天下ヲオ治メアソバス時ト共ニ）（万葉、二十、四三六一）

「飲食あそばす」の用例

「壺なる御薬奉れ（オノミ下サイ）。きたなき所（下界）の物きこしめしたれば御心ちあしか

らん物ぞ」とて（天人ガカグヤ姫ニ）もてよりたり。（竹取物語）

（付言）「日本書紀（神代・下）」の古訓に「所レ御《キコシメス》斎《ユ》庭《ニハ》之穂」とある「キコシメス」は「飲食あそばす」の意であるが、果たして上代の訓《よみ》を伝えたものか疑わしいといわれている。

（ケ）をす（四段活用）

「統治する」「飲食する」「着る」の尊敬動詞。上代に用いられた。「すわる」「お（居）る」の意のワ行上二段動詞「う」（例——「急居菟岐于《ツキウ》」（日本書紀、崇神））の活用形に上代の尊敬の助動詞「す」が添って転じたものかともいわれるが、たしかではない。

すめろき（天皇）の乎須久尓奈礼婆（ヲス国ナレバ）（統治ナサル国ナノデ）命《みこと》もち立ち別れなば……（万葉、十七、四〇〇六）

献《まつ》り来《こ》し御酒《みき》そ阿佐受袁勢（アサズヲセ）（盃ニ酒ヲ残サズスッカリオ飲ミナサイ（動詞「アス」ノ意ハタシカデハナイ））ささ（ハヤシコトバ）（古事記、仲哀）

臣《おみ》の子は栲《たへ》の袴を那那陛嗚絁（七重《ナナヘ》ヲシ）（幾重ニモオ着ナサッテ）庭に立たして足結撫《あよひな》だすも（足結ノ紐ヲ撫デツクロイナサルヨ）（日本書紀、雄略前紀）

（フ）聞こしをす（四段活用）

「聞こす」に、さらに尊敬語「をす」を添えたもの。「統治する」「飲食する」の尊敬の意をあらわす。上代に行われた。

天皇《すめろき》の神の命《みこと》の伎已之乎須（キコシヲス）国のまほらに（オ治メニナル国ノ秀デタ所ニ）山をしもさはに多みと（万葉、十八、四〇八九）

やすみしし（枕詞）わご大君高照らす日の皇子《みこ》の聞食御食都国（キコシヲス御饌《ミケ》ツ国《クニ》）（オ食べニナル御饌（天皇ノ食料）ヲ奉ル国デアルトコロノ）神風の（枕詞）伊勢の国は（万葉、十三、三二三四）

（コ）知らしめす・知ろしめす（四段活用）

「領有する・統治する」の意の四段動詞「知る」の未然形「知ら」に、上代の尊敬の助動詞「す」が添うと「知らす」となる。それの連用形「知らし」に、さらに「見る」の尊敬語の「めす」が添って「知らしめす」という一語の尊敬動詞が出来る。上代に用いられた。

葦原《あしはら》の瑞穂《みづほ》の国を天降《あまくだ》り之良志売之家流（シラシメシケル）すめろきの神の命《みこと》の（万葉、十八、四〇九四）

中古になると「知らしめす」は見えなくなったようであり、かわりに「知ろしめす」が盛んに用いられ、それも「御統治なさる・御支配なさる」の意のほかに、「知る」の尊敬の「御存じになる」、やや転じて「顧慮なさる」などの意の用例が多く見える。

今、すべらぎのあめのしたしろしめす（御統治アソバス）こと四つの時（四季）九返《ここのかへ》りになんなりぬる。（古今、序）

親しき家司《けいし》ども具して、しろしめすべき（源氏ノ君ガ支配アソバスベキ）様ども、のたまひ

あづく。（源氏、須磨）

なにがしこの寺に籠り侍るとはしろしめしながら（御存ジアソバシナガラ）、忍びさせ給へるを（源氏、若紫）

（私ノ）命《いのち》終らむ月日も、さらになしろしめしそ（顧慮ナサルナ。オカマイナサルナ）。（源氏、若菜上）

（付言1）「知ろしめす」の確実な上代の用例がないので、一往中古から行われたものと見ておく。普通、「延喜式」の祝詞（大殿祭）の「所知食」の注に「古語云二志《シ》呂《ロ》志《シ》女《メ》須《ス》一」とあるのをもって、上代に「シロシメス」が行われていた証としているが、延喜時代に古語といっているのは必ずしも「万葉集」より古いとも考えられないから、穏かではないと山田孝雄博士（万葉集講義巻第一）は言っておられる。

（付言2）「知ろす」だけで尊敬の動詞に用いられた例は見えない。

（エ）御覧ず（サ変活用）

「見る」の尊敬語。中古に用いられはじめた。中古では最高の敬語であるようで、鎌田広夫氏（源氏物語の「御覧ず」と「見給ふ」、国学院雑誌、昭和35・7）の調査によれば、「源氏物語」では帝や上皇には、けっして「見給ふ」を用いず、「御覧ず」だけが用いられる由である。また「源氏物語」の地の文の中で「御覧ず」を用いられている人物とその使用回数は次のとおりだという。

源氏（三三）　桐壺院（一〇）　冷泉院（八）　匂宮（八）　朱雀院（五）　秋好中宮（三）　今上〈帝ノ名ハ不明〉（二）　紫上（二）　女三ノ宮（二）　女一ノ宮（二）　落葉宮（二）　藤壺（二）　薫大将（二）

なお、鎌田氏は、同じ人物に対して一方では、「見給ふ」を用い、一方では「御覧ず」を用いることのあるのは、その都度都度の場面の寛厳などによるのであろうことを実例をあげて論じておられる。

「御覧ず」を上におく複合動詞（尊敬語となる）で、「源氏物語」に見えるのは、次のような語である。

御覧じ当つ、御覧じ入る、御覧じ得《う》、御覧じ置く、御覧じ送る、御覧じおこす、御覧じ驚く、御覧じ比《くら》ぶ、御覧じさす、御覧じ定む、御覧じ知る、御覧じすぐす、御覧じつく、御覧じとがむ、御覧じとどむ、御覧じなす、御覧じ直《なほ》す、御覧じ馴る、御覧じ始《はじ》む、御覧じ果《は》つ、御覧じ放つ、御覧じ許す、御覧じ分く

用例を左に二、三あげる。「御覧ず」には、現代語としては「ゴランアソバス」が当たろう。

仁和の帝、みこにおはしましける時、布留《ふる》の滝御覧ぜむとておはしましける道に（古今、秋上、詞書）

（命婦ハ、帝ヲシテ）かの（更衣ノ母カラ命婦ニ贈ラレタ更衣ノ遺品デアル）贈物を御覧ぜ。

さす（「さす」ハ使役）。（源氏、桐壺）

かくながら、ともかくもならむを（帝ハ）御覧じ果てむとおぼしめすに（源氏、桐壺）

（テ）みそなはす（四段活用）

「見る」の尊敬語。「みそなはす」は「ミシオコナハス」が「ミソコナハス→ミソナハス」とつづまって出来た語といわれる。「ミソコナハス」は東大寺《とうだいじ》諷《ふ》誦文稿《じゆもんこう》（八二一〜八七六年の間の成立といわれる。中古初期の異体の片仮名をふくむ現存最古の片仮名交り文として有名）に「二親何ゾ法会ヲ隔テテ哀涙ヲ観《ミソコナハサ》ヌ」とあるのをはじめとして、中古の経文の訓点に多く見える。しかし「見ル」の尊敬語は「ミス」ではなく「メス」であるし、「コ」の音節が脱落する例も稀であるしするので、右の語源説はなお疑問とされている。

「みそなはす」は上代、中古に行われたが、「源氏物語」には一例もないところを見ると、当時はかなり古風なことばになっていたのであろうか。

相見曽奈波佐牟止思保須間尓（相見ソナハサムト思ホス間ニ）（高橋氏文《たかはしのうじぶみ》〔七九二年に高橋氏が奉った家の記録〕）

今もみそなはし、のちの世にも伝はれとて（古今、序）

（付言）「新古今集、釈教歌」に、智証大師（八九一年、七十八歳で没す）の「入唐時歌」として次の歌がある。これに従えば、中古前期に「みそなふ」という「見る」の尊敬語が存在したことになるが、用例も稀有であるし、無理に作った歌語と見るべきものであろうか。

法《のり》の舟さして行く身ぞもろもろの神も仏も我をみそなへ

（ア）つかはす（四段活用）

「使いとして人を行かせる」「行かせる」「やる」などの意の尊敬語。したがって「つかはし給ふ」という用例は上代・中古にはない。このことは古く本居宣長が次のように指摘している。

凡て遣志《ツカハシ》の下へ「たまふ」という崇辞を添ふる例なし。こは四五百年前までは、人皆よく知れりと見えて、諸の文詞にあやまれるは一もなきをや。又、「都加波志」といふべき所を「つかはされ」といふも、近き世の人のひがごと也。古あることなし。「都加波志」は遣レ人うへよりいふ。「つかはされ」は被遣にて、行く人の上よりいふ言なれば、別なり。（古事記伝）

「つかはす」は、もと「使ふ」に上代の尊敬の助動詞「す」がついて出来た語とも、「使ふ」をサ行に活用させて使役の意を加えた語とも考えられている。後者と見る場合は、「上位の人が下位の人を使って（何かを）やらせる」などの意から、尊敬の意が生じたと解く。

（帝ハ）いみじうしのびて、この御子を鴻臚館につかはしたり（オ行カセニナッタ）。（源氏、桐壺）

誠やかの明石には、（源氏ハ）返る波につけて御文つかはす（オトドケサセナサル）。引き隠して細やかに書き給ふめり。（源氏、明石）

ただし稀に尊敬の意をふくまない用例と思われるものが見える。

1「（夕顔ノ宿ノ内情ヲサグルコトヲ源氏ニ命ゼラレタ惟光ノ報告ノコトバ）もし見給へ得ることもや侍ると、はかなきついで作りいでて、消息などつかはしたりき（懸想《ケソウ》ノ手紙ナドヲヤリマシタ）。書き馴れたる手して、口疾《くちと》く返りごとなどし侍りき。いとくちをしうはあらぬ若人《わかうど》（若イ女房）どもなん侍るめる」と聞ゆれば、（源氏ハ）「なほ言ひよれ。たづねよらではさうざうしかりなん」とのたまふ。（源氏、夕顔）

右の「消息」は惟光自身が夕顔の宿の女房目あてに送ったものであるから、「つかはす」は惟光の動作であることはたしかである。仕手尊敬の意は当然ないはずである。

2（源氏ニ対スル左馬頭ノ会話――嫉妬心ノ強イ女ニ指ヲ食ワレテ、ソノ女ト）言ひしろひ侍りしかど、誠には変るべき事とも思ひ給へずながら、日ごろ経るまで消息もつかはさず、あくがれまかりありくに……（源氏、帚木）

右も「つかはす」の仕手は会話の主左馬頭であるから、仕手尊敬の意はない。右のうち1の例は「主君の源氏の君に命ぜられて、家来の自分（惟光）が送る」という意が「つかはす」にあらわされているものと考えられるなら処理しやすいが、2の例ではそう考えるわけにはいかないから（1と2とで意味の使い分けをしていると考えるべき根拠が見つからない限りは）この考えは撤回せざるを得まい。となると、1と2に共通に通用しそうな解釈としては一往、（前に「のたうぶ」で考えたように）仕手に対する受け手の身分差をあらわすものと見る道があろうか。1では惟光より夕顔の宿の女房の方が、2では左馬頭より指食いの女の方が、それぞれ身分が低い意が、「つかはす」によって「クレテヤル」というほどの気持ちであらわされていると見なすのである。

ところが、それも工合が悪い用例が別に存在する。勅撰集の詞書にたくさん見られる「つかはす」の用例のなかの若干の例である。

勅撰集の詞書のなかで仕手の動作に尊敬語が用いられるのは、その仕手が帝・后・東宮である場合に限られることは、前に「たうぶ」「のたうぶ」の項で述べたとおりである。したがって、勅撰集の詞書で、仕手の動作として「つかはす」が用いられている場合は、それが帝・后・東宮でない限りは、尊敬語としてはみとめられないわけである。ところが、勅撰集の詞書にたくさん見られる「つかはす」の仕手のほとんどが、帝・后・東宮ではない。つまりそれらの「つかはす」には尊敬の意はないとみとめられるのである。だとすると、それらの「つかはす」は右にかかげた1・2の例のように仕手より受け手が身分が低いことをあらわしているものばかりとみとめてよいかというと、そうはいかないのである。

3　やよひにうるふ月ある年、司召の頃、申文に添へて左大臣の家につかはしける（後撰、春下、詞書。紀貫之）

4　親の、ほかにまかりて遅く帰りければ、つかはしける（後撰、冬、詞書。ヨミ人トシテ「人のむすめの八つなりける」トアル）

5　つらかりける人のもとにつかはしける（後撰、恋四、詞書。伊勢。「返し」ノ作者ハ「贈太政大臣」デアル）

右の例のように、3は卑官の貫之が左大臣に、4は八つの娘が親に、5は女房の伊勢が贈太政大臣に、それぞれ「つかはし」ている。1と2についての解釈は通用しないわけである。

それで、杉崎一雄氏（日本文法大辞典）は、こうした「つかはす」を、聞き手である尊者に対して話し手がかしこまりあらたまって言うのに用いる一種の対話敬語で、「今の（話し手側の第三者に対する）『くれてやります』にほぼ当る丁寧な言い方」だとされる。つまり1・2にあてはめれば、「夕顔の宿の女房」なり「指食いの女」なりを話し手（惟光・左馬頭）側に置いて、それを卑下させることによって、聞き手の尊者源氏を尊敬するものとされるわけである。3・4・5は歌の詞書であるから会話とはちがうように見えるが、実は一般に言って歌の詞書には、会話および消息文（会話と同じことばで記される）にしか用いられない「侍り」という語を文中に持つことがあるので、歌の詞書は会話と同質の文（つまり相手に直接話しかけることばでしるされた文）と考えられている。勅撰集は帝のおぼしめしで、帝にお目にかけるためのものとして編まれたものだから、その詞書は一往、帝に直接申し上げることばでしるされたものと見なし得ることになる。それで杉崎氏はこの3・4・5も、聞き手の尊者帝に対して、聞き手以外のすべての人々を話し手側に置いて、「くれてやる者」（貫之・娘・伊勢）とその「相手」（左大臣・親・贈太政大臣）との身分の上下は無視して、ひとしなみにへりくだりかしこまらせた言い方だとされるのである。

右の杉崎氏のお考えは、今のところ、もっとも合理的であるようであって、従ってよいのかも知れない。ただ、やはり若干不安なのは、本来「上位↓下位」の関係を示す「つかはす」が、聞き手の尊者の前では「下位↓上位」にも用いられてもかまわなくなるということである。敬意表現に敏感な場においてのこととしては、不自然な感じがする。今後とも吟味が必要であろうかと思う。

私としてあるいは考えるべき余地がありそうに思えることは、勅撰集の詞書における「つかはす」の用い方に何やら異常なけはいが感じられることである。「やる」「おこす」「おくる」などと言って事がすみそうなところにも「つかはす」がつかわれている理由はどこにあるのか。たとえば「古今集」の詞書（左注をふくむ）では「やる」（複合動詞を除く。以下準之）四例、「おこす」五例、「おくる」十三例に対し、「つかはす」は四八例であり、「後撰集」の詞書では「やる」五例、「おこす」九例、「おくる」二五例に対し、「つかはす」は実に三四七例である。ことに「古今集」の「やる」の四例のうち三例（「よみてやりける」二例、「人やる」一例）は在原業平の歌の詞書である。「古今集」撰者は業平を尊んでその家集などから歌をえらび取るとき、その詞書にほとんど手を加えなかったので、業平歌の詞書だけは特異なかたちを示しているといわれていることを参考すれば、これらも業平の歌でなかったら「つかはす」に改められていたかも知れないとも言えよう。（もう一例は、「閑院」という命婦の歌の詞書において中納言源ののぼるに「よみてやれりける」とある。これについてはまた慎重に考えなければなるまい。）私はまだ一つ一つあらゆる勅撰集の詞書における「つかはす」の用例を具体的に吟味しているわけではないので、あまり立ち入ったことは言えないけれど、瞥見《べっけん》するかぎりでは、詞書における「つかはす」と「やる」との意味の差を杉崎氏の言われるように帝へのかしこまりの有無として感じとることについて十分納得するところにまでは行きつけない感じがすることを否めない。勅撰集の詞書では、特に、「人を使いとして出す」「人を使いとして物をとどける」などという意味をあらわすことばとしては、それのもつ敬語の意を無視して、原則として「つかはす」を用いることにしたというような約束ごとが「古今集」からはじまったというようなことを臆測するのは、乱暴すぎるであろうか。ともあれ、私家集詞書の「つかはす」の用例なども調べ合わせながら、今後ともいろいろ考えてみたいことばである。

＊　＊　＊

（付言）「奉る」「まゐる」などの謙譲語が尊敬語として用いられる例があるが、ここでは省いて、謙譲語の章であわせて述べることにする。

二　謙譲語

主語に立つ人の動作をあらわすことばに謙譲の意をふくめたり、添えたりして、その動作の及ぶ相手を尊敬する気持ちをあらわすもの。

（イ）まつる（四段活用）

受け手尊敬の動詞。尊者に「さしあげる」意をあらわす。

わが衣《ころも》形見尓奉（形見ニマツル）（思イ出スタネトシテサシアゲマス）しきたへの（枕詞）枕を離《さ》けず巻きてさ寝《ね》ませ（万葉、四、六三六）

礪《と》波《なみ》山手《た》向《む》けの神に奴佐麻都里（幣《ヌサ》マツリ）吾《あ》が乞《こ》ひ祈《の》まく……（万葉、十七、四〇〇八）

こうした「まつる」の単独の用法は、中古に入ると行われなくなった。

補助動詞としては「たてまつる」「つかへまつる（つかうまつる）」（以上、別に述べる）のように、中古に入ると、上接の動詞をふくめて一語の謙譲語となってしまったもののほか、上代では「御酒《みわ》座奉（スヱマツル）」「葬奉者（ハブリマツレバ）」「装束奉而（ヨソヒマツリテ）」「奉見而（ミマツリテ）」「宮柱太敷奉（フトシキマツリ）」「飾奉而（カザリマツリテ)」(以上、万葉集)などひろく種々の動詞に添って行われた。「据エモウシアゲル」「葬リモウシアゲル」「装イモウシアゲル」というふうに訳す。

動詞の「まつる」が上代において「尊者が飲食なさる」の意に用いられた例が見える。「尊者に飲食の料をさしあげる結果として尊者がそれを自らの御手で飲食なさる」ということで、謙譲語が尊敬語に転じたものであろうかという。

夜須美斯志和己於保支美波多比良気久那何久伊末之弖等与美岐麻都流(ヤスミシシワゴ大君ハ平ケク永クイマシテ豊御《トヨミ》酒《キ》マツル)(続日本紀、天平十五年)

(ロ)つかへまつる・つかうまつる(四段活用)

下二段動詞「つかふ」(卑者が尊者に使われる→奉仕する、の意)に補助動詞「まつる」がついて一語の自動詞となったもの。「つかへまつる」は主として上代に、その音便の「つかうまつる」は中古に用いられた。

降る雪の白髪《しろかみ》までに大君に都可倍麻都礼婆(ツカヘマツレバ)貴《たふと》くもあるか(御奉仕申シ上ゲテキタノデ、オソレ多ク尊イコトデゴザイマスヨ)(万葉、十七、三九二二)

御後見《うしろみ》だちてつかうまつる(オツカエ申シ上ゲル)右大弁の子のやうに(若宮ヲ)思はせて、率《ゐ》てたてまつる。(源氏、桐壺)

「つかへまつる」「つかうまつる」が他動詞に用いられると、「尊者のために(または尊者の命令によって）何かをしてさしあげる・何かをお作り申し上げる」の意になる。

つれもなき城上《きのへ》の宮に大殿乎都可倍奉而（大殿ヲツカヘマツリテ）（殯《モガリ》ノ宮―仮リノ御遺体安置所―ヲオ作リ申シ上ゲテ）（万葉、十三、三三二六）

その日の御前の折櫃物《をりびつもの》、籠物《こもの》など、右大弁なむうけたまはりてつかうまつらせける（御調達申シ上ゲサセタ）。（源氏、桐壺）

おりて行く（玉鬘ノモトカラ退出スル）きはに、（大夫ノ監ハ）歌よままほしかりければ、やや久しう思ひめぐらして、

「君にもし心違《たが》はば松浦《まつら》なる鏡の神をかけて誓《ちか》はむ

この和歌は『つかうまつりたり』となん思ひ給ふる（コノ和歌ハワレナガラ「上手ニオ作リ申シ上ゲタ」ト存ジテオリマス）」とうち笑《ゑ》みたるも、世づかずうひうひしや。（源氏、玉鬘）

最後の例の「つかうまつりたり」は、玉鬘に強引に求婚する田舎の権力者大夫監が、「尊者玉鬘のために、つつしんでお作り申し上げた」のである。

こうした尊者のために（尊者の利益となるように）事を行なう気持ちから転じて、自分または自分側に属する者がただ何かをすることを、聞き手に対してへりくだって丁重に言うのに「つかうまつる」が用いられる例が、中古中期にわずかに見えはじめたといわれる。

（浮舟ガ木ノ下デ倒レテイルノヲ、僧都トソノ供ノ僧トガ、人カ狐ノシワザカト定メカネテ宿守ヲヨンデタズネルト、宿守ガ言ウコトバ）狐のつかうまつるなり（狐ガイタスノデゴザイマス）。この木のもとになむ、時々あやしきわざし侍る。（源氏、手習）

ただし右の例についても「倒れている女人（尊者浮舟）の利益となるように」ではないとしても「倒れている女人（尊者浮舟）に対して」狐が動作したことを「つかうまつる」と言ったのだとする考えもあり、聞き手への謙譲表現と断ずるのにはなお検討を要しよう。

「つかうまつる」が他の動詞の連用形について補助動詞のように用いられる例が稀に見えるが、やはり「尊者のために御奉仕申し上げる」気持ちが添ったものである。

おとど（源氏）の「御乳母《めのと》たちだに、心に任せたること、引き出しつかうまつるな（タトエ御乳母デモ、女君ノタメニ自分ノ心マカセナコトヲ引キオコシ申シ上ゲルナ（自分ノ裁量デ女君ニ男ヲ導キ入レルヨウナコトヲスルナ））」など親がり申し給へば（源氏、澪標）

（付言）「つかうまつる」の約された「つかまつる」がいつから行われたかについては、なおたしかでない。「宇津保物語」に散見され、「源氏物語」では大成底本に十例見える。しかし大成底本の十例は、伝本によっては「つかうまつる」であるものも多くて、確実さを欠く。「宇津保」は伝本が新しくて信用し切れない。また中古の経文の訓点に「ツカマツル」と見えるが、それらは撥音便で、後世なら「ツカムマツル」とでも表記されるべきものらしいという。「大鏡（東松本）」には「つかうまつる」三〇例、「つかまつる」（「つかまつり人」をふくむ）一三例が見える。このころから「つかまつる」は一般に用いられたと見なしてよいであろうか。なお「大鏡」では「つかまつる」の「ただ何かをすることを、聞き手に対してへり下って丁重にいう」用法が見えている。

　（私ガ）太政大臣殿（「殿」ハオ邸ノ意）にて元服つかまつりし時、きむぢ（オマエ）が姓は何ぞと仰せられしかば、夏山となん申すと申ししを（序）

（ハ）たてまつる（四段活用）

「卑者から尊者に物をさしあげる」意が根幹で、その「物」が「人」である場合は、「卑者から尊者に使いの者をさしあげる」意ともなる。

　下二段動詞「たつ」に動詞「まつる」が加わって出来た語であるが、その「たつ」は「起き上がらせる→起き上がって出発させる→物や人を他人のもとに行かせる」意とも「物を上へささげる」意ともいわれ、なおたしかではない。

「たてまつる」は上代以来「まつる」と大体同じような意に用いられたらしいが、上代では「まつる」が優勢で「たてまつる」の用例は少ない。「たてまつる」の方が、新しく、敬意が強く感じられていたのであろう。中古になると、「まつる」は用いられなくなり、「たてまつる」が栄えた。

　韓国《からくに》（唐）に行き足らはして（行ッテ役目ヲ十分果タシテ）帰り来《こ》むますらたけをに美伎多

弓麻都流（御酒《ミキ》タテマツル）（御酒ヲサシアゲテ御無事ヲ祈リマス）（万葉、十九、四二六二）

わが馬をば（源氏ニ）たてまつりて（サシアゲテ）（自分ハ）御供に走りありく。（源氏、夕顔）

なにがしをえらびたてまつり給へるは（父ガ私ヲエランデコチラ（玉鬘）ニ使者トシテ私ヲサシアゲナサッテイルノハ）人づてならぬ御消息にこそ侍らめ。（源氏、藤袴）（柏木ノコトバ）

補助動詞としての確実な用例は上代には見つけられない。中古から発生したと見てよいのであろう。補助動詞としては「物または人をさしあげる」という実質的意味はうすれて、上の動詞のあらわす動作が卑者から尊者に向けて行われることをあらわすのに用いられる。「……申しあげる」と訳してほぼ当たる。

御子《みこ》をば（宮中ニ）とどめたてまつりて（オ残シ申シ上ゲテ）（更衣ハ）忍びてぞ出で給ふ。（源氏、桐壺）

母君泣く泣く奏して（更衣ヲ）まかでさせたてまつり給ふ（退下サセ申シ上ゲナサル）。（源氏、桐壺）

いかさまにして都にゐてたてまつりて（オ連レ申シ上ゲテ）父おとどに知らせ奉らむ。（源氏、玉鬘）（動詞「ゐ（率）る」ニハ助詞「て」ヲ介シテ補助動詞「たてまつる」ガ添ウ。

自動詞「ゐる」ト区別スルタメニ自然ソウナッタノカ。」
(女房タチハ紫ノ上ヲ) 見たてまつり馴るる (見馴レ申シ上ゲル) ままに (源氏、須磨)
(女御ヲ) 細《こま》やかにおぼしたる (帝ノ) さまを、(女御ノ父ハ) 人知れず見たてまつり知り (見知リ申シ上ゲ) 給ひてぞたのもしく、さりともとおぼされける。(源氏、絵合)

最後の二例は複合動詞「見馴る」「見知る」の間に「たてまつる」が介入している例である。この種のものとしてほかにも「見たてまつり送る」「見たてまつり過ぐす」「見たてまつり置く」「見たてまつりゆるす」「念じたてまつり思ふ」などが「源氏物語」に見える。

動詞の「たてまつる」が転じて、「(あらかじめ卑者によって用意されたものを用いて、尊者が) 飲食する (上代・中古)・着る (中古)・乗る (中古)」の意の尊敬語として用いられることがある。尊者のこのような動作は平常において側近の卑者が「してさし上げる」(「飲ませてさし上げる・食べさせてさし上げる・着せてさし上げる・乗せてさし上げる」) ことではあったが、実際にはそれは準備段階にとどまり、究極のところは「飲食する」のも「着る」のも「乗る」のも、尊者自身の、口をあけ嚙み呑みこみ、あるいは手足をうごかしなどの自発的な動作を待たなければならないのだから、尊者自身が「なさる」意に転じて尊敬語となったのであろうか。

〔「飲食する」の尊敬語の例〕

1　ここにその后 (八千矛《やちほこ》の神の后の須勢理《すせり》姫《ひめ》の命《みこと》) 大御《おほみ》酒杯《さかづき》を取らして、立ちよりささげて歌ひ給ひしく（歌イナサッタコトニハ）八千矛の神の命《みこと》や吾《あ》が大国主《おほくにぬし》……登与美岐多弖麻都良世（豊御酒《トヨミキ》タテマツラセ）（コノオ酒ヲオメシアガリ下サイマセ。〔「タテマツラセ」ノ「セ」ハ尊敬ノ助動詞「ス」ノ命令形ト見ラレテイル。タダシコノ用例以外尊敬語ノ「奉る」ニ他ノ尊敬助動詞ノ添ッタ例ハ見ラレナイ〕）（古事記、神代）

2　（カグヤ姫ニ）一人の天人言ふ、「壺なる御薬たてまつれ（召シアガレ）。きたなき所（下界）の物きこしめしたれば（召シアガッテイタノデ）、御心地あしからむものぞ」とてもてよりたれば（竹取）

〔「着る」の尊敬語の例〕

3　この御子《みこ》三つになり給ふ年、御袴着のこと、一の宮のたてまつりしに劣らず（一ノ宮ガオ着アソバシタノニオトラズ）、内蔵寮《くらづかさ》、納殿《をさめどの》の物を尽くして、いみじうせさせ給ふ。（源氏、桐壺）

4　帝《みかど》の、赤色の御衣《ぞ》たてまつりて（オ召シアソバシテ）（御乗輿ノナカデ）うるはしう動きなき御かたはら目に（キチント行儀正シク動キモナサラヌ御横顔ニ）なずらひ聞ゆべき人なし。（源氏、行幸）（玉鬘ガ行幸ヲ見テノ感ジ）

5　御やすみ所にまかで給ひて御衣《ぞ》たてまつりかへて（オ召シカエアソバシテ）、おりて拝したてまつり給ふさまに（源氏、桐壺）

〔「乗る」の尊敬語の例〕

6　（左大臣ハ源氏ヲ）わが御車に乗せたてまつり給ひて、みづからはひき入れてたてまつれり（左大臣自身ハ車ノ奥ノ方ニオ乗リアソバシテイル）。（源氏、若紫）

7　女御殿（明石女御）、対の上（紫ノ上）はひとつにたてまつりたり（一ツ車ニオ乗リアソバシテイル）。次の御車には明石の御方、尼君忍びて乗り給へり。女御の御乳母、心知りにて（事情ヲ知ッテイル者ナノデ）乗りたり。（源氏、若菜下）〔「乗る」動作ノ敬意ノ高低ノ順序ガワカルノデ著名ナ例。「たてまつる」ハ一番敬意ガ高イト推測サレル。〕

8　（明石ノ入道ハ）かぎりなくよろこび、かしこまり（オ礼）申す。「ともあれかくもあれ、夜の明けぬさきに御舟にたてまつれ（オ召シアソバセ）」とて、例の親しきかぎり四五人ばかりして（例ノトオリ親シイ者ダケ四五人グライヲツレテ、源氏ハ舟ニ）たてまつりぬ（オ乗リアソバシテシマッタ）。……船より御車にたてまつり移るほど（御車ニオ乗リウツリアソバスコロ）、日やうやうさしあがりて……（源氏、明石）

9　高名の、なにがしといひし御馬、いみじかりし悪馬《あくめ》なり（ヒドイ疳馬《カンバ》デシタ）。あはれ、それを（道長サマハ）たてまつりしづめたりしはや（オ乗リシズメアソバシテイタノデスヨ）。（大鏡、道長）

なお右の3の本文が河内本では

この御子三つになり給ふ年、御袴着のこと、一の宮の着給ひしに劣るけぢめなく、内蔵寮、納殿の物をつくしていみじき清らをつくさせ給ふ。

となっている。河内本は青表紙本をわかりやすく言い改めた本文を多く採用した本という感じがあるが、ここの「着給ふ」も「たてまつる」を言い変えたものと見てよいとすれば、中古の末期にはすでにこの種のたてまつるは一般にはわかりにくいことばになろうとしていたことをあらわしていると見られそうである。

（付言）「たてまつる」が音便で「たいまつる」となる例が中古に見える。

かぢ取りしてぬさたいまつらするに、ぬさのひむがしへ散れば（土佐日記）

父が生学生《なまがくしやう》につかはれたいまつりて（大鏡、序）

（二）たてまつる（下二段活用）

中古にだけ行われた特殊な謙譲語である。「奉れさせ」「奉れたまふ」「奉れたり」などのように未然形・連用形が用いられる。この「奉れ」について木之下正雄氏（鹿児島大学教育学部教育研究所紀要第二巻・平安女流文学のことば）は、「奉り入れ」の約とする説は「奉り入る」の用例が見当たらぬこと、「奉らせ」の約と見て四段活用の「奉る」の尊敬と解く説は、「奉れさせ給ふ（源氏、若菜上、夢浮橋）」の用例を説明し得ないことをもって、それぞれ退けられたのち、多くの用例を詳細に比較検討されて、四段他動詞の「奉る」を下二段に変えて使役をあらわしたものとされる。また、この「奉れ」がやがて亡んだのは、「奉らす」「奉らしむ」のような助動詞を用いる規則的な言い方に取って代わられたからであろうといわれる。

同氏の調査によれば、この下二段の「奉る」は「後撰集」に一例、「宇津保物語」に一〇七例、「源氏物語」に五七例というふうに中古中期に盛んに用いられたが、中古後期になると、「栄華物語」に少数、「大鏡」に一例見えるだけで、「浜松中納言物語」には一例も見えなくなっているという。用例をあげる。

〔使いの者（マタハ仲介者）をして尊者に物をさしあげさせる意のもの〕

まだ后になりたまはざりける時、傍の女御たちそねみ給ふけしきなりける時、みかど御曹司にしのびて立ちよりたまへりけるに、御対面はなくてたてまつれたまひける（後撰、雑一、嵯峨の后の歌の詞書）（后ガ女房ナドヲ使ッテ帝ニ、歌ヲ奉ラセナサッタノデアル）

又の日、（源氏ハ北山ノ尼君ニ）御文たてまつれ給へり（使者ヲツカワシテ御手紙ヲサシアゲサセナサッタ）。（源氏、若紫）

（亡キ葵上ノ母大宮カラ源氏ニ）いみじくしつくし給へる物（衣裳）ども、又かさねて（使者ヲシテ）たてまつれ給へり。（源氏、葵）

（朝顔ノ）にほひも殊に変はれるを（源氏ハ）折らせ給ひて、（女宮ニ）たてまつれ給ふ。（源氏、朝顔）

（源氏ガアチコチノ女方ノタメニ年ノ暮ノ贈リ物ノ衣裳ヲエランデイルノヲ見テノ紫ノ上ノコトバ）いづれ劣りまさるけぢめも見えぬ物どもなめるを、着給はむ人の御かたちに思ひよ

そへつつ（御容貌ニ考エ合ワセ合ワセシテ）たてまつれ給へかし（サシアゲサセナサイマシ）。（源氏、玉鬘）

昼あなた（僧都ノモト）にひきぼし（干シタ海藻）たてまつれたりつる返り事に「大将殿おはしまして、御あるじ（ゴ馳走）の事俄かにするを、いとよき折」とこそありつれ。（源氏、夢浮橋）

木之下氏は

　他者をして物をさしあげさせる場合、(1)授受行為の結果だけを考えれば、奉り手と受け手との敬譲関係だけを表わすことになる。その場合は四段奉ルを用いている。(2)奉り手と受け手との敬譲関係を主に考えるが、他者を使役するという過程も考える場合は奉レ、奉ラセを用いる。このような過程を考えたり考えなかったりすることは他の動詞にもあるのであって、「道長が法成寺を建てた」とも言えば、「道長が（大工ニ）法成寺を建てさせた」とも言う。そのどちらを用いるかは話し手の表現意図によることで、素材だけからはきめられない。

　奉レと奉ラセは敬意に多少の差があったようである。奉ラセは、源氏↓末摘花以外は、帝・院・源氏・紫上・女三宮・螢宮・仏などが受け手で、同等ないし目上に対して用いられるが、奉レは、玉鬘・宇治の姫君・僧都などが受け手で、目下に対しても用いられる。奉ラセは奉レより正式の言い方であり、度合いが高く、使役の意味も強かったと思われる。

と説明しておられる。

〔使いの者を尊者のもとにつかわし申し上げる意のもの〕

僧都（尼君ノ兄）の御返りも同じさまなれば、（源氏ハ）くちをしうて、二三日ありて、惟光をぞ（尼君ノモトニ使者トシテ）たてまつれ給ふ。（源氏、若紫）

（里ニ帰ッテシマッテイル妻ノ雲居雁ニ対シタ夕霧ハ）消息たびたび聞えて、迎へに（使イノ者ヲ）たてまつれ給へど、御返りだになし。（源氏、夕霧）

（玉鬘ニ対スル夕霧ノ手紙）「みづからも参るべきと思う給へつるに、つつしむ事（物忌ナド）の侍りてなむ。をのこども雑役《ざふやく》にとて参らす。うとからず召し使はせ給へ」とて、源少将、兵衛の佐などたてまつれ給へり。（源氏、竹河）

中納言殿よりも、御前（御前駆）の人々、かず多くたてまつれ給へり。（源氏、早蕨）

わざと（私ヲ薫サマガ）たてまつれさせ給へるしるしに（コチラニ使者トシテオツカワシ申シ上ゲアソバシテイラッシャルシルシニ）何事をかは（私ハ薫サマニ）聞えさせむとすらむ。ただ一言をのたまへよかし。（源氏、夢浮橋）〔小君ガ僧都ノ妹尼ヲ介シテ、異父姉ノ浮舟ニ薫へノ返事ヲクレト呼ビカケルコトバ〕

木之下氏は

人を尊敬すべき人のもとにつかわす場合、(1)結果である、行かせる人と受ける人との敬譲関係は考えないで、過程である行かせる人と行く人との使役関係だけを表わす場合ツカハス（現代語つかわす）〔松尾注―木之下氏は中古語の「ツカハス」を尊敬語と見ておられないようである。」(2)行かせる人と受ける人との敬譲関係だけを考え、行かせる人と行く人との使役関係は考えない場合、四段奉ル（現代語さしあげる）。(3)行かせる人と受ける人との敬譲関係を主とするが、行かせる人と行く人との使役関係という過程も考える場合、奉レ（現代語伺わせる）。いずれを用いるかは話し手の表現意図によることである。

と説明される。なお氏は、

奉レの客語が文面に表われない場合は、物をさしあげさせるのか、人を伺わせるのか不明の場合もある。「ただ言葉にて『侍らぬ程に物し給へりけるかしこまり』など言ひて奉れてのち」（蜻蛉日記、日本古典文学大系本302）。言い入れさせて、言ってやって、などと解されているが、「使を奉れて」の意味ではなかろうか。

と言われる。

補助動詞としての「奉れ」の用例はきわめて少なく、木之下氏によれば「宇津保」に九例あるほか「源氏」は一例しか見えず、その一例も、「奉り」の誤写かと推測されている。

兵部卿のみこ、あこ宮して宮に御消息聞えたてまつれ給へれば（アコ宮ヲ介シテ宮ニ案内ヲ乞イ申シアゲサセナサッテイルノデ）、東の大殿に御ましよそひて対面し給へり。（宇津保、菊の宴）

大殿油《おほとなぶら》ほのかなれど、（明石姫君ノ）御けはひいとめでたしと宮（秋好中宮）はみたてまつれ給ふ。（源氏、梅枝）（大成所収の青表紙本は肖柏本（河内本の本文を若干採用していると

思われる本〕をのぞきすべて「みたてまつれ」であるが、青表紙本の肖柏本、河内本、別本のすべては「みたてまつり」である。〕

木之下氏は

宇津保に補助動詞の奉レが多いのは、「さしあげさせる」という具体的な意味が四段奉ルより保たれていたためと思われる。そして源語（松尾注―源氏物語ノコト）に補助動詞の奉レがないのは、奉レの用法が衰え始めて、その最初の現象として補助動詞の用法がまず衰えたためと思われる。

と言われる。

（ホ）まゐる（上一段活用・四段活用）

○上一段活用自動詞の謙譲語として

「行く」「来《く》」の謙譲語。上代にわずかに用例が見える。古風なことばであったものと思われる。

霜の上に霰《あられ》たばしりいやましに安礼波麻為許牟（アレハマヰコム）（コチラニ参上イタシマショウ）年の緒長く（万葉、二十、四二九八）（天平勝宝六年〔七五四〕正月四日に大伴家持の宅で新年の祝宴の折の大伴千室の歌であるが、歌のあとに「古今未レ詳」との註記がある。古伝承の歌か新作か未詳という意か。）

岩根踏み山越え野行き都べに末為之和我世乎（マヰシワガセヲ）（都ニオウカガイシタ親愛

ナワガ君ヲ）あらたまの年往《ゆ》き還《がへ》り月かさね見ぬ日さまねみ……（万葉、十八、四一一六、天平感宝元年（七四九）大伴家持作の長歌）

父母《ちちはは》にわれは愛子《まなご》ぞ（「叙」ノ字ガ用イラレテイルノデ「ぞ」トヨム）母刀自《とじ》にわれは愛子ぞ参昇（マヰノボル—五音ニヨムベキナノデ、コウヨミガ決メラレタ）八十《やそ》氏《うぢ》人の手向《たむ》けする恐《かしこ》の坂に幣《ぬさ》まつりわれはぞ退《まか》る遠き土佐道《とさぢ》を（万葉、六、一〇二二、石上乙麿が土佐国に配流された時の歌）

用例は連用形しかないので、あるいはワ行上二段活用（ヰ・ヰ・ウ・ウル・ウレ・ヰヨ）で終止形は「まう」かともいわれる。「万葉集」の用例として右のほかにも「麻為泥許之登吉（マヰ出来《デコ》シ時）」（十八、四一一一、大伴家持）、「麻為弖枳尓之乎（マヰテ来《キ》ニシヲ）」（二十、四三九三、今の茨城県出身の防人の歌）などが見える。家持関係の歌に多いようなのは、古語を敢えて用いたものか。

（付言）中古に「まうのぼる」という語が見える。「まゐのぼる」の転じたものである。

弘徽《こき》殿には久しく上の御局《みつぼね》にもまうのぼり給はず。（源氏、桐壺）

なお「まゐく（参来）」の転じた「まうく」が「日本書紀」の古訓に見えるが、用例は稀である。

○四段活用自動詞の謙譲語として

「行く」「来《く》」の謙譲語。

上一段活用の「まゐる」の連用形「まゐ」に「い（入）る」が添った「まゐいる」の約。

「(貴人のもとや貴い所へ)おうかがいする・参上する」意であるが、「(まゐいづ↓)まうづ」が「屋外に出て(神社仏閣など尊い所へ)行く」のに対し、「(貴人のいる)屋内に入《はい》ってゆく」が原義であろう。

一日《ひとひ》には千遍参入之(千《チ》タビマヰリシ——一句七音ナノデ「マヰイリ」トハヨマナイ)東《ひむかし》の大き御門《みかど》を入《い》りかてぬかも(入リカネルコトヨ)(万葉、二、一八六)

上代に四段活用の「まゐる」を一字一音の漢字で表記した例は見られない。

(六条御息所ハ)十六にて故宮にまゐり給ひて(今ハ亡キ東宮ノ御許ニオウカガイナサッテ)二十にて後《おく》れ奉り給ふ。(源氏、賢木)

(帝ノ)御使もいとあへなくて帰りまゐりぬ(卑シイ者ガ尊貴ナ皇居ニ帰ッテクルコトノ謙譲表現。現代語ニ訳シニクイ)。(源氏、桐壺)

(留守居ノ子ガ)紙燭もて(源氏ノソバニ)まゐれり。右近(女房ノ名)も(恐怖デ)動くべきさまにもあらねば、(源氏ハ)近き御几帳を引きよせて(失心シテイル夕顔ヲカクシテ)、「なほもてまゐれ(コチラニ紙燭ヲモッテウカガエ)」とのたまふ。(源氏、夕顔)(「もてまゐれ」ハ尊者ノ源氏ガ卑者ノ留守居ノ子ノ「来ル」トイウ動作ヲ謙譲サセタ言イ方デアル。)

四段自動詞の「まゐる」に他の動詞を添えた複合語はいろいろあるが、「源氏物語」では、「まゐり集まる・まゐり合ふ・まゐり承はる・まゐり帰る・まゐり通ふ・まゐり来《く》・まゐり籠《こ》む・まゐりさぶらふ・まゐりさまよふ・まゐり近づく・まゐりちがふ・まゐりつかうまつる・まゐり著《つ》く・まゐりつどふ・まゐりとぶらふ・まゐり馴る・まゐりよる」などが見える。

（付言）「まゐる」が「『行く』場所（相手）を尊敬し『行く』自己を謙譲する」意から転じて、現在のように、自己（または自己側の第三者）の「行く」「来る」を丁寧に言う対話敬語になったのは室町期のことかといわれる。

　現在のこの対話敬語の「まゐる（まいる）」を誤用しないように注意されたい。「先生のお宅にまいります」は、ただ自分が「行く」ということの言い方を丁寧にしたのにすぎない。だから「私はこれから妹の家にまいります」とも言うのである。「先生（のお宅）」を尊敬するのなら、「先生のお宅にうかがいます」と言うべきである。「先生はどこへまいりますか」とも言えない。「先生はどこへおいでになりますか」と言うのである。ことに「先生はどこへまいりますか」という言い方は、先生を自分と同じ側において丁寧な態度をとらせたことにもなって、「先生はどこへ行きますか」よりは、もっと失礼な言い方と受けとられるおそれさえあるのである。

○四段活用他動詞の謙譲語として

「さしあげる」―「（事物を用意して）……してさしあげる」などの意をあらわす。自動詞の「まゐる」が「何かをしてさしあげるためにおうかがい（参上）する」という気持ちであることからの転義かという。

この酒をのみてむとて、よき所を求めにゆくに、天の河といふ所に至りぬ。みこに馬頭大御酒《むまのかみおほみき》まゐる（オ酒ヲサシアゲル）。（伊勢）

（源氏ハ）御粥強飯《かゆこはいひ》めして（オ取リヨセニナッテ）、客人《まらうど》（頭中将）にもまゐり給ひて（サシアゲナサッテ）（源氏、末摘花）〔「まゐり」ハ形ノ上デハ、源氏ガ頭中将ニ対シテ謙譲シテイルワケデ、不必要ナ謙譲表現ノヨウデアルガ、タトエバ「客人にもすすめ給ひて」トスルト、頭中将ニ対スル敬語ガナクナル。「物語」ハ「語リ手」（実際ハ「物語作者」デアルガ、「語リ手」ヲ仮リニタテタ形デ物語ハ記述サレテイル）ノ話ノ筆録トイウ形ノモノデアルカラ、身分ノ低イ「語リ手」トシテハ、頭中将ニ敬語ヌキデ対スルノハ遠慮サレル結果、「語リ手」ノ頭中将ニ対スル敬意ガ、登場人物ノ源氏ノ動作ノ上ニ載セテ表ワサレルノデアル。〕

（源氏ヲオ招キシテ）月もなき頃なれば、（僧都ノ坊ノ庭デハ）遣水《やりみづ》に篝火《かがりび》ともし、燈籠《とうろ》などにもまゐりたり（源氏ノタメニ火ヲオトモシ申シ上ゲテイル）。（源氏、若紫）

南の御殿（紫ノ上ノ御殿）には、御格子《みかうし》まゐりわたして（オ付キノ者ガアタリ一帯ノ御格子ヲオアゲ申シ上ゲテ）、（紫ノ上ハ）よべ見捨てがたかりし花どもの、行方《ゆくへ》も知らぬやうにてしをれふしたるを見給ひけり。（源氏、野分）

西面《にしおもて》には（朝顔ノ宮ノ御殿デハ）御格子まゐりたれど（オ付キノ者ガ御格子ヲオオロシ申シ上ゲテアルケレド）（源氏ノオイデヲ）厭《いと》ひ聞え顔ならむもいかがとて、一間《ひとま》二間《ふたま》（柱ト柱トノ間ヲ「ま」ト言ウ）はおろさず。月さし出でて……（源氏、朝顔）〔格子ヲアゲルノニ

モ、オロスノニモ「まゐる」ト言ウコトニ注意）

今年《ことし》だに少しおとなびさせ給へ。十にあまりぬる人は、雛《ひひな》遊びは忌み侍るものを。……御髪《みぐし》まゐるほどをだに物うくせさせ給ふ（御髪ヲ結ッテサシアゲルアイダヲサエオイヤガリアソバス）。（源氏、紅葉賀）

（僧都ハ）さるべきもの作りて（源氏ニ）すかせ（飲マセ）たてまつる。加持《かぢ》などまゐるほど（加持ナドシテサシアゲルアイダニ）、日高くさしあがりぬ。（源氏、若紫）

入道、琵琶の法師になりて、いとをかしうめづらしき手一つ二つ弾《ひ》きいでたり。箏《さう》の御琴《こと》まゐりたれば（源氏ニサシ上ゲタノデ）、すこし弾き給ふも、（入道ハ）さまざまいみじうのみ思ひ聞えたり。（源氏、明石）

○四段活用他動詞の尊敬語として

謙譲語の「たてまつる」が転じて「飲食する」「着る」「乗る」の尊敬語になるように、謙譲語の「まゐる」（他動詞）が「（あらかじめ卑者によって用意されたものを用いて、尊者が）飲食する・しかじかの動作をする」の意の尊敬語に転用されることがある。

心地もまことに苦しければ、（宇治ノ大君ハ）物もつゆばかりまゐらず（食物モ少シモ召シアガラズ）、ただ亡からむのちのあらましごとを、あけくれ思ひつづけ給ふに（源氏、総角）

（公達ハ）「いといみじき花の蔭にしばしもやすらはず、立ち帰り侍らむは、飽かぬわざかな」とのたまふ。岩隠れの苔の上に並《な》みゐて、かはらけ（土器、杯ノ意カラ酒ノ意トナル）

まゐる。（オ酒ヲ召シアガル）。（源氏、若紫）

（源氏ハ幼イ紫君ト）諸共《もろとも》に物などまゐる（召シアガル）。（源氏、紅葉賀）

かくて野（大原野）に（帝ハ）おはしましつきて、御輿《みこし》とどめ、上達部《かんだちめ》の、平張《ひらはり》にものまゐり（上達部ガ天幕ノ中デ食事ヲナサリ）、直衣《なほし》、狩《かり》の御装《よそひ》などあらため給ふほどに……（源氏、行幸）

（六条御息所ハ、生霊トシテ葵上ヲナヤマセタノデ、物ノケ退散ノ祈禱ノタメ焚《タ》カレタ護摩《ゴマ》ノセイカ）御衣《ぞ》なども、ただ芥子《けし》の香《か》にしみかへりたり。あやしさに御ゆするまゐり（御洗髪ノ水ヲオツカイナサリ）御衣着かへなどして試《こころ》み給へど、なほ同じやうにのみあれば（源氏、葵）〔「御ゆするまゐり」ハ、アルイハ「御洗髪ノ水ヲオススメ申シ上ゲ」トカ「御洗髪ヲシテサシ上ゲ」ト解ケナイコトモナイカモ知レナイガ、次ノ「御手水まゐる」ナドト比べテ考エレバ、ヤハリ「御洗髪ノ水ヲオツカイニナル」ト解イテヨイヨウデアル。〕

（源氏ハ）夜深く御手水《てうづ》まゐりて（御手洗イノ水ヲオツカイニナッテ）、御念誦などし給ふも、珍らしき事のやうにめでたくのみ（従者タチニトッテハ）おぼえければ（源氏、須磨）

（僧都ハ源氏ニ）「御物のけなど加はれるさまにおはしましけるを、こよひはなほ静かに加持などまゐりて（加持ナドヲナサッテ）いでさせ給へ（明日オ帰リアソバセ）」と申す。（源氏、若紫）〔加持ハ源氏自身ガスルノデハナイガ、源氏ノ意志ニヨッテ行ワレルノデ、コウイウ言イ方ヲスルト見テヨイノデアロウ。〕

（書巻ヲ、源氏ハ）大殿油短くまゐりて（燈火ヲ低クナサッテ）御覧ずるに（源氏、梅枝）

（実際ハオソバ付キノ者ガ低クシテサシアゲタノデアロウガ、ソレガ源氏ノ意志ニ出タ動作デアルコトカラ、源氏ガ主語トナッテ「低クナサル」ト表現シタノデアロウ。）

なお右のような尊敬語として用いられる「まゐる」には「給ふ」が添って用いられることはない点、注意されたい。

（付言）次の「まゐる」は難解である。

御方に渡り給ひて（源氏ハ紫君ノオ部屋カラ御自分ノオ部屋ニオ渡リニナッテ）中将の君（侍女ノ名）といふに、御足などまゐりすさびて、大殿ごもりぬ。（源氏、葵）

右の「まゐりすさぶ」は「慰ミニオモマセニナル・セッセトオモマセニナル」などと解かれている。主語は源氏とするのである。しかし、右にいろいろあげた「まゐる」のどの用例にも合わなくて不審である。強《し》いて言えば「加持などまゐりて」（源氏ガ加持ナドヲナサッテ）が「加持などまゐらせて」に実質的な意味は近いのに比べて、これが「御足などまゐりすさびさせて」の意であると見られることから、両者の近似は考えられそうでもあるが、「加持などまゐりて」はともかく「源氏ガ加持ナドナサッテ」と口訳できるのに対して、これは「源氏ガ御足ナド慰ミニ（セッセト）オモミニナッテ」と口訳できない点に大きなちがいがあろう。ところで大成所収の校合用本のすべて（青表紙本・河内本・別本）において「中将の君といふに」の「いふに」は一致するので、実は大成底本だけには「いふ」とあるにもかかわらず、大成底本の脱字とみなされて「に」を補って普通よまれているのであるが、あるいは、その大成底本の本文の方が正しいのかも知れない。というのは「中将の君といふ、御足などまゐりすさびて」なら、「中将の君という者が、源氏の御足などをせっせとおもみ申し上げて」と解き得ようからである。前後の文で、「渡り給ふ」「大殿ごもる」の主語は「源氏」なのに、「まゐりすさぶ」の主語だけが「中将の君」であるのは、やや煩わしいが、例のないことではない。なお「大殿籠るとて、右近を御足まゐりに召す」（源氏、玉鬘）という用例もあるが、これは「右近を（源氏の）御足をおもみ申し上げる者として召す」と解けよう。

（へ）まゐらす（下二段活用）

一語の、特に強い謙譲の動詞。「さしあげる」などと訳されている。おそらくもと「まゐる」に使役の助動詞「す」を添えた「人を介して物をさしあげる」意の「まゐらす」が、「直接物をさしあげる」意の特に丁寧な謙譲表現に転じたものであろう。

中将、人々引き具して（帝ノ御前ニ）帰り参りて、かぐや姫をえ戦ひとめずなりぬる（コトヲ）、こまごまと奏す。薬の壺（天人ガモッテ来タノヲカグヤ姫ハ帝ニ贈ラセタ）に（カグヤ姫ノ）御文添へてまゐらす（サシアゲル）。（竹取）（人ヲ介シテ帝ニサシアゲル意ト解ケナイコトモナイガ、直接ト解クノガ通説デアル）

（源氏ガ乳母ノ家ノ前デ牛車ノ中デ開門ヲ待ツ間ニ、フト目ニツイタソノ隣家ノ軒ニハイマツワッテイル夕顔ノ花ヲ折リトラセニ随身ヲ行カセルト、ソノ家ノナカカラ女《メ》ノ童《ワラワ》ガ）出で来てうち招く。白き扇のいたう（香ヲ焚キ）こがしたるを「これに置きてまゐらせよ（サシアゲヨ）。枝もなさけなげなンめる花を」とて（扇ヲ随身ニ）取らせたれば（源氏、夕顔）〔牛車ノ中ノ人ヲ高貴ナ人ト推測シテ、随身ヲ自分ガワニ置イテツヨク謙譲サセタ言イ方〕

補助動詞として「まゐらす」が他の動詞に添って「……し申し上げる」の意に用いられるのは、中古中期ごろからはじまったようであるが、当時は「……し申し上げる」の意の補助動詞としては「たてまつる」「きこゆ」「申す」が主として行われていて、「まゐらす」の使用は少なくて、「源氏物語」には一例もなく、「枕草子」に若干見える程度であった。その後、中古末期から中世にいたると、他を圧倒して用いられるようになった。

笑《ゑ》ませ給へるに又めでたくなりてぞ見まゐらする（三巻本「見たてまつる」）。（能因本枕草子）

御輿にたてまつりたるを見まゐらせたるは（三巻本「御輿にたてまつるを見たてまつるには」）（能因本枕草子）

げに（御所ノ明暮ハ）いかならむと思ひまゐらする（三巻本モ同ジ）。（能因本枕草子）

かかる人こそ世におはしましけれと驚かるるまでぞまもりまゐらする（三巻本モ同ジ）。（能因本枕草子）

なほかうしもおしはかりまゐらする（三巻本モ同ジ）人はなくやあらんとぞくちをしき。

(能因本枕草子)

能因本「枕草子」の用例は右の五例の外二例を加えて七例のみである。(三巻本も右の三例の外四例計七例である。)

(右大臣実資ハ院ニ参上スル) かくまゐらせ給へるをいと時ようおぼしめしたる (院ノ) 御気色《けしき》を、(実資ハ) いとあはれに心苦しう見まゐらせさせたまて (「たまて」ハ「たまひて」ノ約) (大鏡、道長)

(付言) 源氏物語に見える次の一例は補助動詞と見ないで、「さしあげる」意の動詞と解くのが穏当と考えられている。

(老女房ノ弁ガ薫ニ、亡キ柏木ノ古イ手紙類ヲ渡ストキノコトバ)「おまへにて失はせ給へ (アナタノオ手デ御取リ捨テ下サイ)。『われなほ生くべくもあらずなりにたり』と (柏木ガ) のたまはせて、この御文を取り集めてたまはせたりしかば、『小侍従 (薫ノ母女三宮ノ女房。女三宮ト柏木トノ間ヲトリモッタ女) にまた会ひ見侍らむついでに、さだかに伝へまゐらせむ (タシカニ伝エテオ渡シ申シ上ゲヨウ)』と思ひ給へしを、やがて別れ侍りしにも、わたくしごとには飽かず悲しうなむ思う給ふる」(橋姫)

(ト) まうづ (下二段活用)
「まゐいづ」の約転。「(立ち出て、尊者のもと・尊い所に) うかがう・参上する」の意。

(源氏ガ近クノ僧房ニ来テイルノヲ聞イテ、妹尼ニ言ウ僧都ノコトバ)「いみじう忍び給ひけ

れば、(オイデヲ)え知り侍らで、ここに侍りながら、御とぶらひ(オ見マイ)にもまうで

ざりける(出カケテ参上シナイデイタノデシタヨ)」(源氏、若紫)

(暴風見舞ニ夕霧ハ)東の御方(花散里)にまづまうで(出カケテ参上シ)給へれば(源氏、

野分)

(木ノ下ニ寄ッテヒドク泣ク浮舟ヲ見ツケタ僧ガ)「珍しき事にも侍るかな。僧都の御坊に御

覧ぜさせ奉らばや」といへば、「げにあやしきことなり」とて一人(他ノ一人ノ僧)は(僧

都ノ所へ)まうでて、「かかる事なむ」と申す。(源氏、手習)

(小野ノ妹尼へノ僧都ノ手紙)「よべ大将殿よりの御使にて小君や(ソチラへ)まうで給へり

し。……」(源氏、夢浮橋)

(藤壺ニ会オウト、源氏ハ)心もあくがれまどひて、いづくにもいづくにも(他ノドノ女ノ

所ニモ)まうで給はず。(源氏、若紫)

(源氏ハ須磨ニ出発スル)あすとての暮には、院(父帝)の御墓ををがみ奉り給ふとて、北

山にまうで給ふ。暁かけて月出づる頃なれば、まづ入道の宮(藤壺)にまうで(河内本「ま

ゐり」トアルガ改メタノデアロウ。「まうで」ノ方ガ自然デアル。)給ふ。(源氏、須磨)

(頭中将ハ源氏ヲ見マイニ)俄かに(須磨ニ、京カラ)まうで給ふ。(源氏、須磨)

(空蟬ノ一行ハ)関入る日しも、この殿(源氏)石山(石山寺)に御願果しにまうで(河内

本「まゐり」トアルガコレモ改メタモノデアロウ)給ひけり。(源氏、関屋)

石山に今日（浮舟ヲ）まうでさせむとて母君の迎ふるなりけり。（源氏、浮舟）

「まうづ」は「外《そと》に出て貴い所にうかがう」意であるから、「神社・仏閣に参詣する」意に用いられることが自然多くて、「源氏物語」の「まうづ」（複合語を除く）八一例中三三例はそれである。

（チ）まうでく（カ変活用）

「まうづ」と「く（来）」が複合した動詞であるから、「卑者が外《そと》に立ち出て尊者のもと（マタハ尊イ所）に参上して来る」意と解いてよさそうに見えるが、次の「古今集」の詞書の例などを見ると、そう解くわけにはいかないようである。

1　あひ知れりける人のまうできて帰りけるのちに、よみて花にさしてつかはしける（春下、紀貫之の歌の詞書）

右の歌の詞書が作者貫之の立場で記されているにせよ、撰者たちの立場で記されているにせよ、作者貫之に対して「貫之の『あひ知れりける人』」が謙譲するのは、勅撰集の詞書の性質から考えても、あり得ないことである。したがって杉崎一雄氏（日本文法大辞典）は

改まった気持ちの会話（勅撰集詞書を含む）に用いて、自己側のものの「来る」動作をへりくだり、あるいは丁重にいう語であって、「行く」を意味する「まかる」と対をなすものであり、下二段「給ふ」や「侍り」と同性質のものであったと思われる。

と説かれる。「古今集」の詞書からもう少し例をあげる。

2 桜の花の咲けりけるを見にまうできたりける人によみておくりける（春上、凡河内躬恒の歌の詞書）

3 友だちの、久しうまうでこざりけるもとへ、よみてつかはしける（雑下、凡河内躬恒の歌の詞書）

4 月おもしろしとて、凡河内躬恒がまうできたりけるによめる（雑上、紀貫之の歌の詞書）

これらの「まうでく」は、1の例をふくめて、いずれも、勅撰集を御覧になる「帝」への丁重な謙譲語（「帝」に対して直接お話し申し上げている形での丁重な謙譲表現）で、現代語としては「やってまいります」ぐらいにあたろう。したがって、次の例のように、一見「貴人のもと、または貴所に参上する」の意と解けそうな「まうでく」も、同じ「古今集」の詞書や左注のなかのことばであるからには、やはり右と同様の意に解くべきものと考えられる。

5 あひ知れりける人の、越《こし》の国にまかりて、年経て、京にまうできて（ヤッテマイリマシテ）、又帰りける時によめる（離別、凡河内躬恒）

6 この歌は、昔仲麿をもろこしに物習はしにつかはしたりけるに、あまたの年を経て、え帰りまうでこざりけるを、この国より又使まかりいたりけるに類《たぐ》ひてまうできなんと出

でたりけるに、明州といふ所の海辺にてかの国の人、馬のはなむけしけり。（羇旅、安倍仲麿の歌の左注）

7　宗岳大頼《むねをかのおほより》が越よりまうできたりける時に、雪の降りけるを見て、「おのが思ひはこの雪のごとくなん積れる」といひけるをりによめる（雑下、よみ人しらずの女の歌の詞書）

8　藤原敏行朝臣の、業平の朝臣の家なりける女をあひ知りて、文つかはせりけることばに、「今まうでく（スグニソチラニヤッテマイリマスヨ）。雨の降りけるをなん見わづらひ侍る」と言へりけるを聞きて、かの女に代りてよめりける（恋四、在原業平の歌の詞書）

9　貫之が和泉の国に侍りけるとき、大和より越えまうできてよみてつかはしける（雑上、藤原忠房の歌の詞書）

「古今集」の詞書以外の例をあげよう。

10　（カグヤ姫ガ竹取翁ニ言ウコトバ）「おのが身は、この国の人にもあらず。月の都の人なり。それをなむ、昔の契りありけるによりなむ、この世界にはまうできたりける。今は帰るべきになりにければ、この月の十五日に、かのもとの国より迎へに人々まうでこむず」（竹取）

11　（竹取翁ノ帝ニオ答エスルコトバ）「この十五日になむ、月の都よりかぐや姫の迎へにまうでくなる。尊く問はせ給ふ。この十五日は、人々たまはりて、月の都の人まうでこば、とらへさせむ」（竹取）

12 （浮舟ノ行キ倒レノ怪異ニツイテ、僧ガ宿守ニ尋ネタノニ対スル宿守ノ答エ）「狐のつかうまつるなり。この木のもとになむ、時々あやしきわざなむし侍る。をとしの秋も、ここに侍る（コノアタリニ住ンデオリマス）人の子の、二つばかりに侍りしを取りてまうできたりしかども、（私ハ）見驚かず侍りき」（源氏、手習）

13 （浮舟ニツイタ物怪《モノノケ》ガ僧都ニ調伏サレテ言ウコトバ）「おのれはここまでまうできて、かく調ぜられ奉るべき身にもあらず」（源氏、手習）

14 （薫大将ニ対スル僧都ノコトバ）「かしこに侍る尼どもの、初瀬に願《ぐわん》侍りて、まうでて（参詣シテ）帰りける道に、宇治の院といふ所にとどまりて侍りけるに、『母の尼の労気《らうけ》俄かにおこりて、いたくなむ煩ふ』と告げに人の（私ノトコロヘ）まうできたりしかば、（私ハ宇治ニ）まかり向ひたりしに、まづあやしき事なむ」（源氏、夢浮橋）

15 （浮舟ノトコロニ来タ薫ノ使イハ、ヒソカニ来タ匂宮ノ使イト出会ッテトガメテ）「まうと（ソナタ）は何しにここには度々まゐるぞ」と問ふ。（匂宮ノ使イハ）「私にとぶらふべき人のもとに、まうでくるなり」といふ。（薫ノ使イハ）「私の人にや艶《えん》なる文はさし取らする。気色《けしき》ある（ウサンクサイ）まうとかな。物隠しはなぞ」といふ。（源氏、浮舟）

16 （源氏ガ右近ニ亡キ夕顔ノ素姓ナドタズネルノニ答エル右近ノコトバ）「去年《こぞ》の秋の頃、かの右大臣殿より（本妻ノ右大臣四ノ君ノオ邸カラ）いとおそろしき事の聞えまうでこ

しに（キコエテマイリマシタノデ）、物おぢをわりなくし給ひし御心に、せむ方なうおぼしおぢて……」（源氏、夕顔）

17 （内大臣ガ母大宮ニ言ウコトバ）「よからぬ者（娘ノ雲居雁）の上にて、（アナタサマヲ）恨めしと（私ガ）思ひ聞えさせつべき事の出でまうできたるを、かうも思う給へじと（恨メシイトハオ思イ申シ上ゲナイヨウニサセテイタダコウト）かつは（一方デハ）思う給ふれど、なほ静めがたく覚え侍りてなむ」（源氏、少女）

18 （柏木ノ女三宮ヘノ艶書ヲ源氏ニ発見サレタコトヲ知ッタ侍従ノコトバ）「あないみじ。かの君（柏木）もいといたくおぢ憚りて、けしきにても（源氏ガ）漏り聞かせ給ふことあらばと、かしこまり聞え給ひしものを、程だに経ず（サッソク）かかる事の出でまうでくるよ」（源氏、若紫下）

19 （弁ガ柏木ニ、柏木ノ出生ノ秘密ヲ打チ明ケヨウトスルトキノコトバ）「この宮（宇治八宮ノ山荘）わたりにも、（アナタガ）時々ほのめかせ給ふ（チラットオ立チ寄リナサル）を待ち出で奉りしかば、すこし頼もしく、かかる折もや（オ目ニカカレル機会モアロウカ）と念じ侍りつる力出でまうできてなむ」（源氏、橋姫）

右のうち少なくとも12・14・16・17・18・19の「まうでく」は、「『まうでく』の対象を尊敬するために『まうでく』の動作主が謙譲する語」とは解けないであろう。「ヤッテクル・クル」を丁重に言ったものであろう。とすれば、残りの10・11・13・15も同じように解くべきであろう。

（付言）こうした「まうでく」の用例はすべて会話（歌の詞書・手紙を含む）の中に見えるが、ただ次のようにきわめて稀には地の文に見えるのをどう考えるべきか。今後の検討に待たねばならない。

かのもろこし船来けり。小野房守《をののふさもり》まうできてまうのぼるといふ事を聞きて、あゆみ疾《と》うする馬をもちて走らせ迎へさせ給ふときに馬に乗りて筑紫よりただ七日にまうできたる。（竹取）

中納言のたまふやう「いとよき事なり」とて、あななひ（足場）をこぼち、人みな帰りまうできぬ。（竹取）

なお「竹取物語」には「まうでく」は一八例見えるが、地の文に見えるのは右にあげた三例だけである。「竹取物語」の伝本本文の信用度に問題があるのかも知れない。

（リ）まかる（四段活用）

上代と中古とで意味・用法がちがう。

○上　代

尊い所または尊い人のもとから退出する（マタハ退出して行く・退出して来る）意の謙譲語（受け手尊敬）。

1　わがせこし気太之麻可良婆（ケダシマカラバ）（モシ都カラ越前国へ下ッテ行クノナラ）

しろたへの袖を振らさね（振ッテホシイ）見つつしのはむ（ソレヲ見イ見イオ慕イシマショウ）（万葉、十五、三七二五、越前ニ流罪サレル中臣宅守ト別レルトキニ狭野弟上娘子ノヨンダ歌）〔都ヲ尊イ所トシテ敬ウノデアル〕

2 大君の任《まき》（原文「末支」。普通ハ「マケ」ナノダガ、万葉巻十八ノ後代ノ補写本文ノ部分ニノミ「マキ」トシテアラワレル。オソラクモト「麻気《マケ》」トアッタノヲ「マキ」ト誤読シテ「末支」ト改メタモノダロウトイウ）のまにまに執《と》り持ちて仕《つか》ふる国の年の内の事かたね持ち（一年ノ報告文書ヲ結ビ持チ）……山越え野行き都べに参《ま》ゐしわがせを……見ぬ日さまねみ（見ナイ日ガ多イノデ）恋ふるそら安くしあらねば……思い結ぼれ嘆きつつ吾《あ》が待つ君が事終《を》はり可敝利末可利天（カヘリマカリテ）（都カラ越中国ニ帰ッテ来テ）……にぶぶに笑《ゑ》みて（ニッコリホホエンデ）逢はしたる（私トオ会イニナッテイル）今日を始めてかくし常《つね》見む面変《おもが》はりせず（万葉、十八、四一一六、越中国ノ掾久米広縄ガ朝集使ニ付イテ入京シテ、ソノ事ガ終ワリ、本任ニ還リ至ッタノデ、守ノ大伴家持ガ作ッタ歌）

3 （アナタガ）勅旨《おほみこと》戴《いただ》き持ちて唐《もろこし》の遠き境《さかひ》に遣《つか》はされ麻加利伊麻勢（マカリイマセ）（日本ノ国カラ唐ノ国ニデカケテオイデニナルノデ。「イマセ」ハ尊敬動詞「イマス」ノ已然形デ「イマセバ」ノ意）……（万葉、五、八九四、遣唐大使丹比広成ニ献ジタ山上憶良ノ歌）

4　ももしきの大宮人の退出而（マカリデテ）あそぶ船には梶棹《かぢさを》も無くて不楽《さぶ》しも漕《こ》ぐ人無しに（万葉、三、二五七）

5　かくしてや猶八将退（ナホヤマカラム）（コウシテヤッテキテヤハリ退去スルノダロウカ）近からぬ道の間《あひだ》をなづみ参《ま》ゐ来《き》て（万葉、四、七〇〇、大伴家持ガ娘子ノ門ニ到ッテ作ル歌）（「参ゐ来」ト対シテイル。相手ノ所ヲ尊シトシテイルコトガ明ラカデアロウ。）

6　楽浪《さざなみ》の志賀《しが》津《つ》の子ら（「ら」ハ接尾語。複数デハナイ）が罷道之（マカリヂノ）川瀬の道を見れば不怜《さぶ》しも（万葉、二、二一八）（「マカリヂ」ハ「死ノ国ヘ行ク道」ノ意。コノ世ヲ高メ、コノマシカラヌアノ世ヲ低ク見ルノデアロウ）

「まかる」の語源は、「まゐる」が「ゐる（尊イ人ノ御前デ坐ッテ低イ姿勢デイル）」に接頭語の「ま」がついたものとする考えと関連して、「離《か》る（尊イ人ノ御前ヲ憚ッテ遠ク離レル）」に接頭語の「ま」がついたものとする考えがある。ただし「まゐる」については「ゐる」の終止形が古くは「う」であったかも知れないとすると、古代には、「まう」の形であったことになる。その「まう」と「まかる」とが対《つい》に見らるべき語とすれば、なるほどつごうがよいようであるが、ただ「離《か》る」は下二段活用だのに「まかる」は四段活用である点が工合が悪い。そんなこともあって、「まかる」の語源を別に求めて、下二段他動詞「任《ま》く」（「官職ニ任ズル」意ノ語ラシイガ用例ハ「官職ニ任ジテ（地方ニ）行カセル」

意ノモノニ集中シテイルヨウデアル）の自動詞「任かる」（四段活用）と見る説が有力になっている。「任く」が「命令して行かせる」意であるのに対して、「任かる」は「命令されて行く」の意で、転じては、「尊者の命令で尊者のもとを去ってよそへ行く」「尊者のもとを退き去る」の意となったとするのである。それでこうした語源説を根拠として右の用例のうち1は「朝廷の命令（流刑）で越前へ行く」、2は「大君の命令によって越中国に帰任する」、3は「勅旨によって唐に行く」の意で原義に近い用法のものだとする説も生まれてくる。それもあながち否定はできないであろうが、4・5・6は、いずれも「尊者の命令（または意志）によって行く」意とは解きがたいのと考え合わせると、やはり1・2・3のようなものだけを原義に近い用法と見なすのには、なお今後の慎重な検討が必要だろうと思う。

○中　古

A　上代の意味、用法と同じもの

7（勅使ノ少将ヲ帝ハ）竹取が家につかはす。（少将ハ）家にまかりて（竹取ノ家ニ宮中カラ出カケテイッテ）（竹取）

8（主君ノ大納言ノ言ニ対シテ）おのおの仰せうけたまはりてまかりぬ（大納言ノ御前カラ退出シタ）。（竹取）

9（帝ハ内侍中臣ノフサコニ）「多くの人の身をいたづらになして、会はざなるかぐや姫は、いかばかりの女ぞと、まかりて（宮中カラ退出シテ（帝ガ自ラヲ高イ位置ニオイテ、フサ子ニ、帝ニ対シテ謙譲サセタ言イ方ト見テヨイデアロウ））見てまゐれ」との給ふ。

ふさこ承りてまかれり。（竹取）

中古中期に入ると、後述の「まかり出づ」の場合をのぞいては、「まかる」は次のBの用例に属するものばかりとなるが、中古初期においては右のようになお地の文にも用いられて、上代の意味・用法とまったく同じものがある。ただしその用例（地の文に用いられる例）は少なく、「竹取物語」の「まかる」の全用例二十三のうちでも、右にあげた三例のほかにもう一例疑わしいもの（「ふねを海中にまかり入りぬべく吹きまはして」）があるだけである。

B　対話敬語として用いられるもの

尊者に対する、かしこまりあらたまった会話（勅撰集の詞書・消息文をふくむ）のなかで、自己（話し手）または自己側に属する者の「行く」の意を謙譲して丁寧に言う語（対話敬語）。口語の「まいります」にほぼあたる。

10（頭中将ノ源氏ニ対スル会話）「（ソノ女ガ）かうのどけきにおだしくて（コウノンキナノニ私ハ安心シテ）久しくまからざりし頃（久シクソノ女ノモトヘマイリマセンデシタ頃）この見給ふるあたりより（私ノ本妻ノ所カラ）情なくうたてある事を、さるたよりありてかすめ（然ルベキツイデヲモッテソノ女ノモトニソレトナク）言はせたりける、

のちにこそ聞き侍りしか」（源氏、帚木）

11　夜ふかく（女ノモトカラ）出でにければ、女「……」といへるに、男「京へなむまかる」（京へマイリマス（尊イ所デアル京へノ敬意ハ見ラレナイ））とて「……」といへりければ（伊勢）

12　神のやしろのあたりをまかりける時に（通ッテマイリマシタトキニ（尊イ社へノ敬意ハ見ラレナイ））斎垣《いがき》のうちの紅葉をみてよめる（古今、秋下、詞書）

13　（明石入道ガ源氏ニ言ウコトバ）「（私ノ）親（ハ）大臣の位をたもち給へりき。みづからかく田舎の民となりて侍り。次々さのみおとりまからば（劣ッテマイリマスナラ）何の身にかなり侍らむと悲しく思ひ侍るを……」（源氏、明石）

以下にあげる例は、やはりすべて会話（勅撰集の詞書・消息文をふくむ）に用いられているものであるが、都から地方へ下る場合、または尊者の前からよそへ行く場合に用いられている。こうしたものは単に自己または自己側のものの「行く」の意を丁寧に言う対話敬語とのみ見ないで、上代以来の「尊い所または尊者」に対する謙譲の意をあわせ持っていると見るべきかとする考えもある。なお研究を要しよう。

14　（零落シテクラス末摘花ノ悲境ニツケコンデ、筑紫下向ニ伴ナッテユコウト誘ウ腹黒イ叔母ノコトバ）「はるかにかくまかりなむとするに（「遠クコノヨウニマイッテシマオウトスルノニ」ノ意トモ「都カラ遠クコノヨウニ下ッテマイッテシマオウトスルノニ」ノ意トモ解ケル）、心細き（姫君ノ）御ありさまの、常にしもとぶらひきこえねど、近き頼み侍りつる程こそあれ、いとあはれにうしろめたくなむ（近イトイウ安心感ガゴザイマシタ間ハトモカクトシテ、今ハヒドクオイタワシク気ガカリデス）」（源氏、蓬生）

15 あひ知れりける人の越の国にまかりて（「出カケテマイリマシテ」トモ「下ッテマイリマシテ」トモ解ケルガ、次ノ「京にまうできて」ヲ前述ノヨウニ―「まうでく」ノ節参照―「京ニヤッテマイリマシテ」ト解クベキナラ、前者ニ解クノガ穏当デアロウカ）、年経て京にまうできて、又帰りける時によめる（古今、離別、詞書）

16 「渡殿《わたどの》なる宿直人《とのゐびと》起して、紙燭《しそく》さしてまゐれと言へ」と（源氏ガ侍女ノ右近ニ）のたまへば、「いかでかまからむ（「ドウシテマイレマショウ」トモ「ドウシテ御前カラソチラへ下ッテユケマショウ」トモ解ケル）。暗うて」と（右近ガ）言へば（源氏、夕顔）

C 他の動詞の上について用いられるもの

「まかりいづ」の一語をのぞいては、すべてやはり対話敬語として用いられ、その点Bと性質は同じである。相手に対して自己または自己側に属する者の動作を謙譲して丁寧に言う場合、その動作をあらわす動詞の上に添える語といわれる。したがって「まかり」を冠していても、「行く」の意を持たないと普通見られているようである。たとえば「源氏物語」では次のような「まかりプラス動詞」の用例（「まかりいづ」をのぞく）がある。

まかりあか（離）る、まかりあくがる、まかりあたる、まかりありく、まかりいる、まかり失《う》す、まかり移《うつ》る、まかり下《お》る、まかり帰る、まかり通ふ、まかり下《くだ》る、まかり過ぐ、まかり絶ゆ、まかり着く、まかり泊る、まかり馴る、まかり逃ぐ、まかりのぼる、まかり離《はな》る、まかり向ふ、まかり休む、まかり宿る、まかり寄る、まかり渡る

以上はそれぞれ単に「あかる、あくがる、あたる、……」の謙譲語だとするのである。しかし用例を一わたりながめて見ると、それらはそれぞれ「行きあかる、行きあくがる、行きあたる……」の謙譲語と見てもどうやら支障はないようであり、少なくとも、まったく「行く」の意を失なっていると考えるのは行きすぎと言ってよさそうである。右のうち一、二例をあげる。

（帝ニ対スル僧都ノコトバ）「いと奏しがたく、（奏上シタラ）かへりては罪にもやまかりあたらむと思ひ給へはばかること多かれど……」（薄雲）（「罪ニアタル」コトデハアルガ、「罪ニ行キアタル――コチラカラワザワザ行動シテ罪ニアタル――」トイウヨウナ気持チヲ言ッテイルト解ケナイコトハナイ」

（馬頭ノ源氏タチヘノコトバ）「（女ガ他ノ男ヲ通ワセテイル現場ヲカイマ見テ）その夜の事にことつけてこそまかり絶えにしか」（帚木）（「絶エタ」ダケノ意トモ解ケルガ、「行き絶エタ→行クノヲヤメタ」ノ意ト解クノガ自然デアロウ」

D　「まかりいづ」

用例は多くなく、「源氏物語」でも七例に過ぎないのは、その約音によって出来た「ま

かづ」（次節参照）を用いるのが一般になっていたからであろう。同じ「源氏物語」で「まかづ」は一二五例見られるのに比べて、その劣勢ぶりは顕著である。

「まかる」を他の動詞の上に据える複合動詞一般は、前述のように対話敬語にのみ用いられ、その「まかる」は「行く」の謙譲の意をあらわす（あるいは、それのついた動詞の意を謙譲する気持ちをあらわす）のに対し、この「まかりいづ」に限っては、（対話敬語の用法に属する用例とおぼしきものもあるが）その「まかる」は尊い所から退出する意の謙譲語（受けて尊敬）として用いられ、地の文における用例も見える。つまり「まかづ」（後掲）の原型である故をもって、「まかづ」と同じ意に用いられたのであろうか。

　昔、男梅壺より雨に濡れて、人のまかりいづる（退出スル）を見て（伊勢）（地ノ文）

（二条院デノ催ノ折）夜に入りて、楽人ども（二条院カラ）まかりいづ（退下スル）。（源氏、若菜上）（地ノ文）

　（真木柱ガ夫ノ紅梅大納言ニ言ウコトバ）「若君の、一夜（宮中デ匂宮ノ宿直所ニ）宿直《とのゐ》してまかりいでたりしにほひの（退下シテキタトキノ衣ニ染ミタ匂イガ）いとをかしかりしを……」（源氏、紅梅）

　（女一宮ノ病気平癒祈禱ニ召サレテイル僧都ノ中宮ヘノ対話）「世の中に久しく侍るまじきさまに、仏なども教へ給へる事ども侍るうちに今年来年過ぐしがたきやうになむ侍りければ、仏を紛れなく念じつとめ侍らむとて、深く（横川ニ）こもり侍るを、かかる仰せ言にて、まかりいで（コレハ「行キ出デ」マタハ「出デ来」ナドノ謙譲デ対話敬語デアロウ。モットモ、「寺カラ退下シテ来ル」ノ意ト解ケナイコトモナイ）侍りにし」など啓し給ふ。（源氏、手習）

女の宮仕へにまかりいで侍りけるに、珍らしき程は、これかれ物言ひなどし侍りけるを、程もなく一人に会ひ侍りにければ、む月の一日ばかりにいひつかはし侍りける（後撰、春上、よみ人しらずの詞書）〔対話敬語ノ例トシテホボ確実ト言エヨウ〕

（ヌ）まかづ（下二段活用）

「まかりいづ」の約音で、中古から用いられた。用例の大多数は、尊い所または尊い人のもとから退出する意の謙譲語で、中古では「まゐる」と対をなす語である。（言いかえれば、上代では「まゐる」と対をなすのは「まかる」であったのが、中古では「まかづ」になったということである。）

この女のいとこの御息所、女をば（宮中カラ）まかでさせて（退出サセテ）蔵にこめてしをり給うければ（折檻ナサッタノデ）（伊勢）

（帝ハ）わりなく思ほしながら、（更衣ヲ宮中カラ）まかでさせ（退出サセ）給ひつ。（源氏、桐壺）

おとど（義父ノ左大臣ガ）夜に入りて（宮中カラ）まかで給ふ（ゴ退出ナサル）に、（源氏ハ）引かれ奉りて大殿におはしましぬ。（源氏、末摘花）

（葵上ノ急死ノアト幼イ若君ダケガ残サレタノデ、侍女タチハ）おのおの「あからさまにまかでてまゐらむ（チョットオ邸カラ里ニサガッテマタ参上シマショウ）」といふもあれば
（源氏、葵）

（源氏ハ）ただ御位添ひて、牛車許されてまゐりまかでし給ふを（宮中ニ参上退下ナサルノヲ）（源氏、薄雲）（「まゐる」ト「まかづ」ガ対ヲナシテイルコトヲモットモヨク示ス例）

用例は少ないが、（「まかりいづ」の場合と同様に）対話敬語と見られるものも、左のとおり若干見える。

（雨夜ノ品定メノ折、源氏タチニ、馬頭ガ話スコトバ）「『かかる疵さへつきぬれば、いよいよまじらひをすべきにもあらず。……世を背きぬべき身なめり』など言ひおどして、『さらば、今日こそ限りなめれ』と、この指《および》をかがめて（女ノ家カラ）まかでぬ（出テ行キマシタ）」（源氏、帚木）

（源氏ニ対スル僧都ノコトバ）「……（私ガ）かく京にもまかでねば（コンナフウニ、京ニモ出カケマセンノデ）（私ノ妹尼ハ、私ノ住ムコノ北山ノ寺ヲ）たのもし所《どころ》に籠《こも》りて侍るなり」
（源氏、若紫）

右のような対話敬語としての「まかづ」については、杉崎一雄氏（日本文法大辞典）は、一部の男性、また僧侶などの会話に出る点からみて、あるいは特殊な用法だったかとも思われる。

と言われる。なお多くの中古の文献をしらべて考えたい。

（付言） 次の「まかづ」は人についてでなく、物（箱）について用いている珍しい例であるが、尊い人（紫の上）のもとから「まかづ」である点に変わりはない。

人はえ知らぬに、つとめて（早朝）この箱を（紫ノ上ノ御モトカラ）まかでさせ給へるに（下《サガ》ラセナサッタノニヨッテ）親しき限りの人々思ひ合はする事どもありける。（源氏、葵）

（ル） まをす・まうす（四段活用）

「まをす」は上代に用いられた。「まうす」は「まをす」の転音。上代すでに「万葉集」に「麻宇勢」（四〇六一）、「麻宇之」（四〇九四）など「まうす」の用例が見えるが、これらは「乎（ヲ）」を「宇（ウ）」に誤写したものかといわれる。中古に入ると、すべて「まうす」である。

動詞としての「まをす」「まうす」は上代・中古を通じて「言ふ」の謙譲語（「申し上げる」と訳す）としての用例が圧倒的に多いと見られているが、若干変わった意味用法の例も見られる。というのは、「まをす（まうす）」は、古くは神・天皇・親など、自己に対して支配力を持つ者に向かって、実状をうちあけて申し上げる、または実状をうちあけてお願い申し上げる意に用いられていたらしい。そうした意味は、その後も必ずしも失なわれないで、次にあげる用例の場合などを見ても、いずれも普通、ただ「申シ上ゲル」と訳されてはいるが、多かれ少なかれ、右に述べたような実状告白・請願の意味がふくまれていると言えるようである。

家人《いへびと》の斎《いは》へにかあらむ（家人ガ潔斎シテイルカラカ）平《たひ》らけく船出はしぬと於夜尓麻乎佐祢（親ニマヲサネ）（親ニ〔ソノ実状ヲ〕申シ上ゲテ下サイ）（万葉二十、四四〇九、「防人《さきもり》の別を悲しぶる情を陳《の》ぶる歌」の短歌）

堀江《ほりえ》より水脈《みを》引きしつつ（水脈ヲ案内シツツ）御船《おふね》棹《さ》す賤男《しづを》の徒《とも》は加波能瀬麻宇勢（川ノ瀬マウセ）（川ノ瀬〔ノ実状〕ヲ申シ上ゲロ→川ノ浅瀬ニ注意シテ御案内申シ上ゲヨ、ノ意トナル）（万葉、十八、四〇六一）

かぢ取りのまうして（神サマニ〔実状ヲ〕申シ上ゲテ）奉ることは、「この幣《ぬさ》の散る方《かた》にみ船すみやかに漕がしめ給へ」とまうして奉る。（土佐日記）

この男「いかにせむ。わがかかる心（女ヲ恋ウル心）やめ給へ」と仏神にもまうしけれど（〔実状ヲウチアケテオ願イ〕申シ上ゲタケレド）（伊勢）

大納言これを聞きてのたまはく、「船に乗りては、かぢ取りのまうすこと（コノオレサマニ〔シカジカカクカクト実状ヲ〕申シ上ゲルコト）をこそ高き山ともたのまめ。などかく頼もしげなき事をまうすぞ（コノオレサマニ申シ上ゲルノダ）」（「まうす」ハ船頭ノ動作。大納言ガ尊貴ナ立場ニタッテ、相手ノ船頭ニ謙譲サセタ言イ方デアル）（竹取）

（播磨守ハ）近衛の中将を捨てて、まうし（朝廷ニ〔自己ノ実状ヲウチ明ケテ御願イ〕申シ

上ゲテ）たまはれりける司《つかさ》なれど（源氏、若紫）

（仏ヲ拝ミ奉リナガラ）右近は、心のうちに「この人（玉鬘）をいかでたづね聞えむ（何トカシテ探シ出シ申シ上ゲヨウ）と、まうしわたりつるに（仏ニ実状ヲウチ明ケテオ願イ申シ上ゲツヅケタノニ）かつがつかくて見奉れば（ヤットコウシテ玉鬘ニオ目ニカカッタノデ）、今は思ひのごと、おとどの君（源氏）の、（玉鬘ヲ）たづね奉らむの御志深かめるに、知らせ奉りて、（玉鬘ニ）幸あらせ奉り給へ」など、まうしけり（仏ニオ願イ申シ上ゲタ）。（源氏、玉鬘）

次のような、一往まったく実状告白・請願の意をもたないと思われる用例は、尊敬すべき人の名を言う場合に限られるようである。とすると、その「まうす」も、あるいは、人を誰と具体的にさすとか人名を口にするとかするのは憚られるが、あえてその失礼をおかして実のところを申し上げる、というような気持ちなどがあるのかも知れない。

二条の后のまだ東宮の御息所《みやすんどころ》とまうしける（ト、人々ガオ呼ビ申シ上ゲタノダッタ）時に（古今、雑上、詞書）

右大将にいまそかりける藤原常行とまうす（ト、ソノ名ヲ申シ上ゲルオ方ガ）いまそかりて（伊勢）

このごろ藤大納言とまうすなる（ト、人々ガソノ名ヲオ呼ビ申シ上ゲルト聞クオ方ノ）御このかみ（兄）の、右衛門督にて隠れ給ひにしは（源氏、橋姫）

「まうす」が対話敬語（話し手である自己、または自己側の者の「言う」という動作を謙譲して言う語）に用いられることがある（今の口語の「申シマス」にあたる）。特に畏《かしこ》まった会話（「勅撰和歌集」の詞書も含まれる）において見られる。その事情について杉崎一雄氏（日本文法大辞典）は、次のように説明される。

　恐らく「申す」が、本来、かしこまって（公的に）申し上げる意であるところから、その改まった気持ち、さらに「言ふ」主体を低める気持ちを主として対話敬語に転じ、聞き手に対し「言ふ」を丁重に表現するものとなったものかと思われる。

用例をあげる。

　久しうとはざりける人の、思ひ出でて、「こよひまでこむ（「まうで来む」ノ約）。門ささであひ待て」とまうして（申シマシテ）までこざりければ（後撰、恋六、詞書）

（勅使ノ内侍ガ媼《オウナ》ニ）「仰せごとにかぐや姫のかたち、優《いう》におはすなり。よくみて参るべきよし、のたまはせつるになむ参りつる」といへば、「さらば、かくまうし侍らむ（ソレデハ、ソウ姫ニ申シマスデゴザイマショウ）」と言ひて入りぬ。（竹取）

かの白く咲けるをなむ夕顔とまうし侍る（ト申シマスコトデゴザイマス）。（源氏、夕顔）

（随身の、源氏へのことば）

今一度とぶらひ見よと（乳母ガ私ニ）まうしたりしかば（申シマシタノデ）（源氏、夕顔）

（源氏の、勅使頭中将へのことば）

この人（行キ倒レテイタ浮舟）いたづらになし奉らじ（死ナセ申シ上ゲナイヨウニシヨウ）、と（私ノ妹尼ハ）まどひ焦《い》られて、泣く泣くいみじきことどもをまうされしかば（私ハ妹尼カラ申サレマシタノデ。「れ」ハ受身トミル）、のちになむ、（私ハ）かの坂本にみづから下《お》り侍りて、護身などつかうまつりしに（源氏、夢浮橋）〔僧都の薫へのことば〕

朱雀院の行幸、今日なむ楽人《がくにん》舞人《まひびと》定めらるべき由、よべうけたまはりしを、「おとど（父左大臣）にもつたへまうさむ（帝ノソノ思召ノホドヲ伝エ申シマショウ）」とてなむ（宮中カラ）まかで侍る。（源氏、末摘花）〔頭中将の源氏へのことばであるが「　」の中の「まうす」ということばは、頭中将の、帝への畏まりを示すのであろう〕

補助動詞としての「まをす」「まうす」は他の動詞について、「まをす」「まうす」の本来の意味である、尊者に対して「（実状を）言う」の謙譲の意などをつけ加える場合（この場合は、むしろ「謙譲の意を持つ複合動詞」と言うべきであろう）と、ただかなり畏まった謙譲の気持ちを添えるだけの場合とがある（ただしどちらとも見分けにくい例も少なくない。次に掲げる例でも必ずしも分明ではない）。いずれも口語としては「……申し上げる」と訳せば、ほぼ当たろう。

前者の用例

いと取りまうしがたき（取リアゲテ申シ上ゲニクイ）事なれど（源氏、明石）〔明石入道の源氏へのことば〕

日一日（髭黒大将ハ、夫ノ浮気デヒステリー気味ノ北方ノ部屋ニ）入りゐてかたらひまうし給ふ。（源氏、真木柱）〔「かたらひまうす」を「かたらひ言ふ」の謙譲語と見るとすれば、この「まうす」は、やはり懇願的に相手に実状をいろいろと訴えてその諒解を得ようとする、というような実質的な意味があると見られよう。その点「かたらひきこえ給ふ」と区別できそうである〕

（尼ニナッタ女三宮ハ）人離れたらむ御すまひにもがなとおぼしなれど、およすげて、えさも強ひまうし給はず（ソウモ押シツケテ申シ上ゲルコトモデキナイ）。（源氏、鈴虫）

後者の例

天飛ぶや（枕詞）鳥にもがもや都まで意久利摩遠志弖（送リマヲシテ）（オ送リ申シ上ゲテ）飛び帰るもの（飛ビカエッテクルモノヲ）（万葉、五、八七六）

ただなにがし（私。大夫監）らが私の君と（姫君玉鬘ヲ）思ひまうして（オ思イ申シ上ゲテ）頂《いただき》になむささげ奉るべき。（源氏、玉鬘）

（太政大臣ハ）事々しくおはする人にて、参りにくくおぼしけれど、院の御事を昔よりそむきまうし給はねば（昔カラ朱雀院ノ仰セニハオ背キ申シ上ゲタコトハオアリニナラナイノデ）（朱雀院ニ）参り給ふ。（源氏、若菜上）

（太政大臣ハ）今日は仰せ言《ごと》（勅命）ありて、（源氏ノ所へ）渡り給へり。院（源氏）もいとかしこく驚きまうし（オ驚キ申シ上ゲ）給ひて御座につきたまひぬ。（源氏、若菜上）

「三の宮こそいとさがなくおはすれ。常にこのかみ（兄宮）にきほひまうし（負ケマイト争イ申シ上ゲ）給ふ」と（源氏ハ幼イ三ノ宮ヲ）いさめきこえ給ふ。（源氏、横笛）

いはけなう侍りし時より（私〔柏木〕ハ源氏ヲ）たのみまうす（オ頼ミ申シ上ゲル）心のはべりしを（源氏、柏木）

びんなき事もあらば、重く勘当せしめ給ふべき由なむ（薫カラ）仰せ言侍りつれば、いかなる仰せ言にかと、おそれまうし侍る（恐レ申シ上ゲテオリマス）。（源氏、浮舟）〔内舎人の右近へのことば〕

「天照御神を念じませ（「まうせ」ノ約。「大鏡」ニモ用例ガ見エル—オ祈リ申シ上ゲヨ）」と（夢ノ中デ人ガ）いふと見て（更級日記）

色着《いろげ》せる（色ノツイテイル）菅笠《すががさを》小笠《がさ》（ヲ）わが頸《うな》げる珠《たま》の七条《ななを》と取替毛将申物乎（取リ替ヘモマヲサムモノヲ（オ取リ替エ申シ上ゲモシマシヨウノニ）（万葉、十六、三八七五）

最後の例は、上の動詞「取り替へ」（連用形）と補助動詞「まをす」との間に助詞の「も」が入っているが、同様に扱ってさしつかえはないであろう。

上代の「まをしたまふ」ということばには、次の用例で見られるように、特殊な意味用法があるようである。

万代《よろづよ》に坐《いま》し給ひて天《あめ》の下《した》麻乎志多麻波祢（マヲシタマハネ）朝廷《みかど》去らずて（万葉、五、八七九）

右の「天の下申し給ふ」については、「日本古典文学大系」頭注は「天下のことを言上し下達することから、天下の政治をおとりになる意」、「日本古典文学全集」頭注は「天下の政治を執行すること」と解く。前者は「まをす」と「たまふ」とを分けて、「言上する」のと「下達する」のとを同じ主語のそれぞれの動作とするのであろうが、いかがであろう。むしろ「まをしたまふ」を一語として「天下のこと（政治）を天皇に申し上げなさる＝天下の政を執奏なさる→天皇に代わって政治を執行なさる」の意と見てよいのではなかろうか。こうした「天の下申し給ふ」の用例は、他にも

やすみしわご大王《おほきみ》（高市皇子《たけちのみこ》）の天の下申賜者（マヲシタマヘバ）（万葉、二、一九九）

高光る（枕詞）日の朝廷《みかど》神《かむ》ながら愛《めで》の盛りに（天皇ノ御寵愛ニヨッテ）天の下奏多麻比志（マヲシタマヒシ）家の子と撰《えら》び給ひて（天下ノ政ヲオ執リニナッタ名家ノ子トシテ天皇ガアナタヲオエラビニナッテ）（万葉、五、八九四）

など見えている。こうした例は、さして特殊とは言えまいが、次のような例になると、「申したまふ」の「たまふ」が四段活用でありながら、動作主を尊敬する意には解けそうもないという奇妙な様相を呈する。

然れどもわご大君（聖武天皇）の諸人《もろひと》を誘《いざな》ひ給ひ善き事（大仏鋳造ノコト）を始め給ひて黄《く》金《がね》かもたしけく（タシカニ。十分ニ）あらむと思ほして心《した》悩ますに、鶏《とり》が鳴く（枕詞）東《あづま》の国の陸奥《みちのく》の小田《をだ》なる山に黄金ありと麻宇之多麻敝礼（マウシ給ヘレ）、（天皇ハ）御《み》心を明《あき》ら

め給ひ（御心ヲオ晴ラシナサッテ）（万葉、十八、四〇九四）

右について有坂秀世博士（国語音韻史の研究）は、多くの用例を引用したうえで、

「申したまふ」における「たまふ」は、この語の主語に対して、決して敬意をあらわす必要のない場合に用いられたものであって、その意味は「申す」と大差なく、その相違するところは、「申す」が一般的な意義をあらわす語であったのに対して、「申したまふ」は特に丁重な儀式的な気持ちを含んで、現代語の「言上する」に相当するものではなかったか。ただしなぜ「たまふ」が、その主語に対して敬意をあらわす必要のない場合に用いられるようになったか、その理由は未だ明かでない。（要約）

とされた。「日本古典文学大系」頭注も、「申し給へれ—言上したので。この語については諸説があり決定できない。今有坂秀世氏の説による。」として、有坂氏説に従っている。

この種の「申したまふ」の用例をもうひとつあげると、次のとおりである。

神ながらわご大君の天の下治め賜へば、物部《もののふ》の八十伴《やそとも》の男《を》（文武百官）を撫で賜ひ斉《ととの》へ賜ひ食《を》す国（統治ナサル国）の四方《よも》の人をも遺《あぶ》さはず（ノコサズ）めぐみ賜へば、古昔《いにしへ》ゆ無かりし瑞《しるし》（昔カラ例ヲ見ナカッタ瑞祥ガ）遍《たび》まねく申多麻比奴（申シタマヒヌ）（万葉、十九、四二五四）

右の「申シタマヒヌ」については、「日本古典文学大系」頭注は「出現したこと。申し給ふは、政府に言上する意」とし、大意では「（吉祥が度々）現われて来た。」とする。

「(吉祥ノ出現ヲ頻繁ニ) 朝廷に言上した」とあるべき注をくだいて記したつもりであろうか。

有坂氏説のほかには、この「申したまふ」は「上に申し、上許を得たる状態に於て、下に給付する」事であるとする説、「申したまふ」の「たまふ」を四段活用のままで主語に立つ卑者の動作に添ったことばとして「申しあげさせていただく」の意とする説があるが、前者は用例のすべてを必ずしも説明しきれないようであり、後者は語法的に説明が不足でなお十分には納得しかねるようである。今後の研究にまたねばならない。

「まをす」の語源について『時代別国語大辞典上代編』は、次のように言う。

もともとマヲスは尊者の許に参上することをあらわす上二段動詞マウ(松尾注—「マウ」ヲ「マヰル」ノ古形ト考エテノ説デアル。「(ホ)まゐる」ノ項参照)に対する使役ないし他動の形で、マヰラスの意であろう。マウが一般的でなくなってから、これとイルとの複合したマヰルがあらわれ、その使役形のマヰラスに位置を譲り、言う・告げるの意だけに限定して用いられるに至ったと考えられる。

本来「畏まってさしあげる」「畏まって……してさしあげる」などの意が「尊者に、卑者から畏まってことばをさしあげる」意に限定されて用いられたということであろうか。なお考えたい。

（ヲ）まうさす（下二段活用）

元来「まうす」に使役の助動詞の「す」が添ったもので、「人をして申し上げさせる・人を介して申し上げる」の意であったものが、人を介さずに直接申し上げる場合に用いられるようになったもの。中古中期近くからの用例が見える。相手に直接申し上げないで、あいだに人をおいてその人に話して、その人から相手（尊者）に話をつたえてもらうほうが、相手を敬い、こちらが謙譲する気持ちをつよくあらわせるわけである。

その言い方をそのまま用いながら、実際には人を介さずに直接（尊者に）申し上げる場合に用いるのだから、一語の謙譲動詞ということになる。つまり「まうす」より、さらにつよい謙譲語である。後述の「きこゆ」に対する「きこえさす」と同類であるが、用例は「きこえさす」に比べてはるかに少ない。またその用例といちおう目《もく》されるもののうちにも、「人を介して」の意とも見られそうなものもあって、断定しにくいことが多い。（この「まうさす」については助動詞「さす」の項（七三ページ、「申さす」の特殊用法）にも述べ用例をあげてあるから、参照されたい。）

（大将殿ハ）父大臣《おとど》の御許《もと》にまうで給ひて「……」と申させ給へば、（父大臣ハ）「……」と、わが心なる世なればとおぼしてのたまへば、限なく喜び給うて（落窪、四）

津の守（惟光）は「（五節ノ舞姫ヲツトメタ娘ヲ）内侍のすけあきたるに（欠員ノ所ニ）」と申させたれば、さもやいたはらまし（希望通リニトリナシテヤロウカ、チョットムズカシソウダガ）と大殿（源氏）もおぼいたるを、（コノ娘ニ気ガアル）かの人（夕霧）は聞き給ひて、いとくちをしと思ふ。（源氏、少女）

（ワ）きこゆ（下二段活用）

「言う」の謙譲語。動詞「聞く」に上代の自発・可能・受身の意をあらわす助動詞「ゆ」（「る」の古形）の添った「聞かゆ」の転音して出来たもの。従って、自発なら「（音声や話などが）自然（相手の）耳にはいる」受身なら「（音声や話などが）相手に聞かれる」の意が原義である。「自分が言う」ということを「相手の耳に自然に入る」あるいは「相手から聞かれる」と表現すれば、「自分」は直接表面にあらわれないから、それだけ間接的になって謙譲の意が生まれるわけである。中古前期から行なわれた。

「きこゆ」も口語に言いかえるときは、一往「申シ上ゲル」と言うよりほかはないので、口語への言いかえとしては「まうす」と同じことになってしまうが、「まうす」が実状告白・請願といったような性質をもち、堅い直接的な表現であるのに比べて、「きこゆ」は、ただこちらの話を相手から聞かれるというようなやわらかい間接的な表現であるので、特に女性の謙譲表現のことばとして用いられることが多かった。ただし、中世以降は衰えて、擬古文体に見えるにとどまり、一般には「言う」の謙譲語としては、もっぱら「まうす」が現代に至るまで行なわれることになった。

昔、武蔵なる男、京なる女のもとに「きこゆれば（申シ上ゲルト）恥かし、きこえねば（申

シ上ゲナイト）苦し」と書きて、（伊勢）

「いざいと心やすき所にて、のどかにきこえむ（気ラクニアナタニオ話シ申シ上ゲマショウ）」など語らひ給へば（源氏、若紫）

いでむつかしき事（ヲ雲井雁ニ）なきこえられそ（イヤマア、面倒ナコトヲドウカ姫ニ申シ上ゲナサラナイデオクレ）。（源氏、少女）〔大宮が女房の宰相に言うことば〕

直接口で言わないでも「口状《こうじょう》や文書で言う」の謙譲語としても用いる。

なほ名のりし給へ。いかでかきこゆべき（ドウイウフウニシテオ便リ申シ上ゲタラヨイカ）。（源氏ハ藤壺ニ）御文もきこえ給はず。（源氏、賢木）

かうて止みなむとはさりともおぼされじ。（源氏、花宴）〔源氏が初めて会った朧月夜尚侍に言うことば〕

表面は「お話し申し上げる」の意ではあるが、「会う（会って契る）」の意をあらわす場合もある。

五壇の御修法のはじめにて（朱雀帝ガ）慎みおはします隙《ひま》をうかがひて（朧月夜尚侍ハ）例の夢のやうにきこえ給ふ（源氏ニオ逢イ申シ上ゲナサル）。（源氏、賢木）

尊敬すべき人の呼称を言う場合の謙譲語にも用いる。この場合は「自分が申し上げる」のではなく「世間の人々（ただしその中に自分が含まれることもあり得ようか）が申し上げる」の意である。

昔、おほきおほいまうち君ときこゆる（ト申シ上ゲルオ方ガ）おはしけり。（伊勢）

いづくに、誰ときこえし人の（ドコニ何ト申シ上ゲタオ方ガ）さる所にはいかでおはせしぞ。（源氏、手習）

親ときこえけむ人（親ト申シ上ゲタトイウ人）の御かたちも見奉らず（源氏、浮舟）

侍従の君ときこえし人に対面たまはらむ。（源氏、蓬生）

（付言）次の例の「きこゆ」は謙譲語ではなく、「耳に入ってくる・評判が伝わる・噂される・世に知られる」などの意である。

「もし然《さ》にやと聞き合はせらるる事もなしや」と問ひ給ふ。「さらにきこゆることもなし……」とのたまへば（源氏、手習）

あはれのことや。よろしくきこえし（カナリノ美人ダト評判サレタ）人ぞかし。（源氏、帚木）

ただし次の「きこゆ」は謙譲語である。「申し上げる」の意がここでは「噂し申し上げる」の意に当っているため、ふとまぎらわしいのである。

（帝ハ第二皇子ノ立坊ノコトヲ）なかなか危くおぼし憚りて、色にも出させ給はずなりぬるを、「さばかりおぼしたれど、限りこそありけれ」と世の人もきこえ、（第一皇子ノ母ノ）女御も御心落ちゐ給ひぬ。（源氏、桐壺）

他の動詞について補助動詞としても用いられるが、この場合は「言う」の意を失なって、ただそれの添う動詞のあらわす意に謙譲の意を加えるだけである。「……申シ上ゲル」と言いかえれば、ほぼ当たる。

疑ひなき儲《まうけ》の君（皇太子）と、世にもてかしづききこゆれど（源氏、桐壺）

右大将をはじめきこえて（口訳スレバ「初メトシ申シ上ゲテ」トナルガ、「はじめ」ハ下二段動詞連用形）、御をぢの殿ばら、皆上達部のやんごとなき御おぼえことにてのみ物し給へば（源氏、少女）

（カ）きこえさす（下二段活用）

「まうさす」が「まうす」をさらに丁重に謙譲して言う語としても用いられた（この章の（ヲ）参照）ように、「きこえさす」が「きこゆ」のさらに丁重な謙譲語として用いられることがあった。すでに中古中期には用例が見える。「まうす」に対する「まうさす」と同じく、元来は「人をして申し上げさせる・人を介して申し上げる」の意であったものが、人を介さずに直接申し上げる場合にも、あたかも人を介して間接に申し上げるときのようにうやうやしく謙譲の態度を持して申し上げるというような気持ちで用いられたものと考えられる。用例は「まうさす」に比べると、はるかに多く「源氏物語」では百例近いという。（この「きこえさす」については助動詞「さす」の項〔七二ページ〕にも述べてある。参照せられたい。）

（源氏ハ紫上ノ祖母尼君ノ病気見舞イニ立チヨル。源氏ハ南ノ廂《ヒサシ》ノ間ニ坐ッテ見舞イノコトバヲ言ウ。ソレニ対スル病床ノ尼君ノコトバ。人ヲ介シテノヤリトリデアル）乱り心地はいつともなくのみ侍るが限りのさまになり侍りて、いと忝く立ち寄らせ給へるに、みづからきこえさせぬこと。（源氏、若紫）〔人を介さないことが「みづから」の語で明らかである。〕

（付言）同じ「みづからきこえさす」でも次の用例の「さす」は尊敬の助動詞である。見分けに注意したい。

（源氏ハ須磨へ退去スルニアタッテ）あすとて、暮には、院（父）の御墓をがみ奉り給ふとて、北山へまうで給ふ。暁かけて月出づる頃なれば、まづ入道の宮（藤壺）にまうで給ふ。近きみ簾の前におましまゐりて、（宮ガ）御みづから（源氏に）きこえさせ給ふ（申シ上ゲアソバス。源氏ヲ「給ふ」デ待遇シテイルノダカラ、ソレヨリ高貴ナ御身分デ、シカモココハ儀礼的ナ御挨拶ノ場面ナノダカラ、宮ニハ「させ給ふ」ガ当然用イラレル。）（源氏、須磨）

（女房ノ落窪姫へ直接言ウコトバ）「とみの事とて、人まうで来たればなむ。きこえさせつる事（オ話シ申シ上ゲマシタ事）の残りもまだいと多かり。艶《えん》にをかしうて侍りし（事ヲ）、まめやかにきこえさせ侍らむ（マジメニオ話シ申シ上ゲマショウ）」（落窪、一）

補助動詞としても用いられる。

（源氏カラ今夜訪ネテクルトイウ消息ガアッタガ、空蝉ハ）さりとてうち解け、人げなきありさまを見え奉りても（人並ノ人間ラシクモナイ自分ノアリサマヲ源氏カラ見ラレ申シ上ゲタトコロデ）、あぢきなく夢のやうにて過ぎにしなげきを又や加へむと思ひ乱れて、なほさら待ちつけきこえさせむ事のまばゆければ（ヤハリコノママ源氏ノ君ヲオ待チ受ケ申シ上ゲヨウコトハ面ハユイノデ）（源氏、帚木）

（帝ノオコトバニ対シテ）内侍は、なほまばゆけれど、憎からぬ人ゆゑは、濡衣《ぬれぎぬ》をだに着まほしがる類《たぐひ》もあなればにや、いたうもあらがひきこえさせず（ヒドクハ否定シ申シ上ゲナイ）。（源氏、紅葉賀）

（ヨ）たまふ（下二段活用）

謙譲の補助動詞として中古において盛んに用いられたが、それに先立って、上代では、謙譲の動詞として「いただく」の意に用いられたと思われる稀少の例が見える。

黒酒《くろき》白酒《しろき》の御酒《みき》を赤丹《あかに》のほに（顔ヲ赤クシテ）多末倍恵良伎（タマヘヱラキ）（イタダイテ笑イ興ジ）（続日本紀、第三十八詔、天平神護元年）

魂《たましひ》は朝夕《あしたゆふべ》に多麻布礼杼（タマフレド）（アナタノ魂ハ朝ナタナニイタダキマスガ）吾《あ》が胸いたし恋の繁《しげ》きに（万葉、十五、三七六七）〔この「たまふれど」は「魂振れど」で鎮魂をいうとする説があるが、万葉、五、八八二の歌に「わが主《ぬし》の御たまたまひて」（アナタノ御心入レヲ下サッテ）とあるのなども参考して、「給ふれど」と解くのが有力である〕

（付言1）中古において謙譲の意の単独の動詞として用いられたたしかな例は知られていない。次の「落窪物語」（巻四）の例はそれかといわれるが、文意に疑わしいものがあり、誤写を考えるべきであろう。

帥「殿の御《ご》達《たち》のかへらむには、何かたまへたる（殿ノ御達ガ帰ロウトスルニアタッテハ、殿ノ御達ハ何ヲイタダイテイルノカ、ノ意カ）」と問へば、四の君「何か取らせむ。さるべき物もなければ」といらへ給へば……

（付言2）「黒記白記乃御酒食倍恵良伎」（白酒黒酒ノ御酒タマヘヱラキ）（続日本紀、第四十六詔、天平神護三年）のようにこの「たまへ」に「食」の字を用いることがあるのについて、「時代別国語大辞典、上代編」に、

物を授受することは、それを媒介として霊魂の移行することであり、その最も一般的な形式が飲食行為であったところから特に（この「たまふ」は）飲食についていうことが多く、「食」を用いることになったとも考えられる。

という。

謙譲の補助動詞としては、他の動詞について、その動詞のあらわす動作を尊者から受ける意をあらわす。したがって「……サセテイタダク」が本義であるといわれる。上代にも「歓《うれ》しみ貴みなも念食流（思ヒタマフル）」（「続日本紀」第十五詔、天平十三年）などわずかな用例が見られるが、盛んに行われたのは中古、特にその中期であり、その意味・用法も、「（尊者カラ、マタハ、尊者ノオカゲヲモッテ）……サセテイタダク」から転じて、聞き手（会話の相手）に対し自己（または自己側に属する者）の動作を謙譲し丁重に言う対

話敬語ともなった。用例としては、対話敬語とみなすべきものが圧倒的に多いように思われるが、本来の「サセテイタダク」の意をもつかとも思われるものもあって、その判別はかなりむずかしく、用例の今後の検討によって、判別の基準などさがしあてたい。しばらくは「…サセテイタダク」と訳して当たりそうもないときには、「…スルコトデゴザイマス」（対話敬語）など、それに近そうなことばで言いかえておくほかはないようである。

用例をあげる。

（帝ノ）おはしまさぬ世にしばしあり経《ふ》べき心地もし侍らざりしかば、かかる山の末にこもり侍りて、死なむを期《ご》にてと思ひたまふるを（ト考エサセテイタダイテオリマスガ・ト考エテイルコトデゴザイマスガ）、まだなむかくあやしきことは生きめぐらひ侍る。（大和物語）〔少将大徳の、后の宮の使者へのことば〕

御前（姫）にも、いかでかくてあらざりけるものかなと（コンナフウナ人デハナカッタ人ダッタノニ、ト私ノコトヲ）おぼしのたまはすらむと思ひ給ふれば（存ジマスノデ）（落窪、一）〔帯刀の手紙のことば〕

女の、これはしもと難付《なんつ》くまじきは難《かた》くもあるかなとやうやうなむ見たまへ知る（見テワカリマシタコトデゴザイマス〔「源氏ノ君ノオカゲデ見知ラセテイタダキマシタ」ノ意デハナク、対話敬語デアロウ〕）（源氏、帚木）〔頭中将の源氏へのことば。この例のように複合動詞の間に介入することがある。〕

（源氏ハ家来ノ良清ヤ惟光ヲシテ朧月夜ノ君ノ素姓ヲサグラセル。良清等ハ源氏ニ報告シテ言ウ）「ただ今、北の陣より、かねてより隠れ立ちて侍りつる車どもまかり出づる。御方々（女御更衣タチ）の里人侍りつる中に、四位少将、右中弁など急ぎ出でて、送りし侍りつるや、弘徽殿の御あかれならむと見たまへつる（四位少将ヤ右中弁ナドガアワテテ出テ来テ、見送リヲイタシマシタノハ、多分、弘徽殿カラノ御退出デアロウト見マシタコトデゴザイマス。（「見マシタコトデゴザイマス」ト訳シタノハ「たまへ」ヲ対話敬語ト見ナシタカラデアル。コノ場合ハ、源氏ニ対スル、話シ手ノ家来ノ謙譲ヲアラワシ、弘徽殿カラ退出スルオ方ヘノ敬意ハアラワサナイ。ソレデ、コノ「たまへ」ヲ本義ニ解シテ「見サセテイタダキマシタ」ト訳シ改メルトスレバ、弘徽殿カラ退出スルオ方ヘノ敬意（謙譲）ヲ意味スルダケニナッテ、話シ手ノ家来ノ、源氏ニ対スル敬意（謙譲）ハ全クアラワサナイコトニナル。多クノ用例カラ見ルト、コレモ対話敬語ト見ルノガ穏当ダト思ウガ、ナオ十分考エナケレバナルマイ）」。けしうはあらぬけはひどもしるくて、車三つばかり侍りつ」と聞こゆるにも（源氏ハ）胸うちつぶれ給ふ。（源氏、花宴）

（源氏ハ病気見舞イニ乳母ノ尼ノ家ヲ訪ネタガ、不意ノコトナノデ、車ヲ入レルベキ門ガアカナイ。乳母子ノ惟光ニ内ニ入ラセテ、門ヲアケサセル。ヤガテ惟光が出テキテ源氏ニ言ウ）「かぎを置きまどはし侍りて、いと不便《びん》なる（フツゴウナ）わざなりや。物のあやめ見たまへ分くべき人も侍らぬわたりなれど（コレガ源氏ノ君デイラッシャルナドト物ノ区別ヲ見分ケルコトガデキマスヨウナ人〔「物ノ区別ヲ見分ケサセテイタダケルヨウナ人」ト訳シテモ不自然感ガナイヨウダガ、ソレニシテモ「物のあやめ」ヲ尊敬シテイル表現デハナイ。タマタマ「源氏ニ関シテノ物ノアヤメ」ナノデソレヲ尊敬シテイルヨウニ錯覚スルダケノコトデアロウ〕モオリマセヌ界隈デスケレド）らうがはしき（ゴタゴタシタ）大路に立ちおはしまして」と畏り（オワビ）申す。（源氏、夕顔）〔この「見たまへ分く」の主語は「自己」でなく、「自己と同等またはそれ以下の階層の者たち」であるが、それを「自分側の者」として謙譲させたのである。こうした「自己側の第三者」を主語とする用例は稀である。〕

この補助動詞の「たまふ」が添う動詞は限定されていて、ほとんどの用例が「思ふ」であり、「見る」（その「見る」にしても、そのほとんどが「思ふ」に通じる「見る」の用法であると、伊藤和子氏〔国語国文、二二ノ一〕は言われる）がそれに次ぎ、「聞く」が少数ある。その他、きわめて稀に「知る」「申す」その他が散見される。なお右にあげた用例のうちにも記したが、「見給へ知る」「思ひ給へ知る」などのように、複合動詞の間に入って用いられることがあるのも、この語の特色である。

（落窪姫ノ異腹ノ兄弟デアル少将ガ母北ノ方ニ言ウコトバ）「我、左のおほい殿のうへに申し給へて（左大臣サマノ北ノ方落窪姫ニ申シ上ゲマシテ〔申シ上ゲサセテイタダイテ?〕）、よかなり（ソウスルノガヨサソウダ）とのたまはば、わたりたまへ」（落窪、四）

（媒《ナカダチ》ノ者ノ、左近少将ヘノコトバ）「くはしくも知りたまへず（私ハ事情ヲクワシクモ存ジ

マセン)。女どもの知るたよりにて(妹ガ常陸介ノ家ニ奉公シテイル縁故デ)仰せ言を伝へ始め侍りしに……」(源氏、東屋)

補助動詞の場合、用例は会話・消息文に集中していて、地の文での用例は「源氏物語」では次の一例だけが指摘されている(伊藤和子氏、国語国文、二二ノ一)。

所につけて、よろづの事様《さま》変わり、見たまへ知らぬ下人《しもびと》のうへをも(今マデ源氏ヲオ見知リ申シ上ゲナイ〔見知ラセテイタダイテイナイ〕下賤ノ者ノ上ヲモ)見給ひならはぬ御心地に(源氏ハオ見馴レナサラナイオ気持チニハ)めざましう、かたじけなう自らおぼさる。(須磨)

ただしすこぶる異例なので、「見たまひ知らぬ」の誤写かとも言われていて、今後の検討が期待される。

この「たまふ」の終止形は、動詞としても補助動詞としても用いられなかったと見てよいのではないかと思う。四段活用の尊敬の「たまふ」の終止形と語形がまったく同じで区別がつかないからである。「源氏物語」「蜻蛉日記」「今昔物語」「大鏡」などから終止形の用例としてそれぞれ一、二の例が報告されているけれど、本文の誤伝と考えるのが、今のところは穏当かと思われる。

(付言)「おぼえ給ふ」の「給ふ」(四段活用)が謙譲の意に用いられているように見えることがあるが、誤解であることは、四段活用の尊敬語の「たまふ」の項に述べた。

下二段活用の「たまふ」は、中古末から衰えて、中世では擬古文調のものに残るにすぎなかった。「平家物語」など、軍記物語の系列ではまったく用いられていない。

この「たまふ」の語源については、四段活用の「たまふ」に上代の自発・受身の助動詞「ゆ」の添った「たまはえ・たまはえ・たまはゆ・たまはゆる・たまはゆれ」から「たまへ・たまへ・（たまふ）たまふる・たまふれ」に変わったのではないかとする説などがあるが、音転の事情その他、疑わしいことが多く、たしかとは言えない。

（タ）たまはる（四段活用）

四段活用「たまふ」の受身の意をあらわす一語の動詞。現代語の「いただく」（後世「たまはる」が現代語の「くださる」の意にも用いられることがあるので、訳しあやまらないように注意されたい）に当たる。

語源については、四段動詞「たまふ」に自発・受身の助動詞「る」（下二段活用）の添った「たまはる」（下二段活用）の四段活用化したものとする旧来の説に対して、上代には自発・受身の助動詞は、「る」より「ゆ」が古くかつ優勢であったはずだから、上代から「たまはる」の用例が見えるかぎりは、疑わしいとする考えもある。

したがって、他動詞「す（据）う」（下二段活用）が「すえるような状態になる」意で自動詞となると、「すわる」（四段活用）と変わり、他動詞「さ（障）ふ」（下二段活用）が「じゃまをするような状態になる」意で自動詞となると、「さは（障）る」（四段活用）

と変わるように、他動詞「たまふ」（四段活用）が「くださるような状態になる→くださるものを受ける状態になる→いただく」の意で自動詞となったものが「たまはる」（四段活用）ではなかろうか、というような説も生まれている。ただし彼此対比するのに、活用の種類の変転がこれだけにはないのに若干の不安があろう。

用例をあげる。

銀《しろがね》を根とし、金《こがね》を茎《くき》とし、白き玉を実《み》として立てる木あり。それ一枝《ひとえだ》折りてたまはらむ（イタダキマショウ）。（竹取）

左　馬　寮《ひだりのうまのつかさ》の御馬、蔵人所の鷹すゑて（鷹ヲ鷹架《タカホコ》ニ五位ノ蔵人ガトマラセテササゲモッテ）、（左大臣ハ帝カラ）たまはり（イタダキ）給ふ。御階《みはし》のもとに親王《みこ》たち上達部つらねて（列ヲ作ッテ）、禄どもしなじなにたまはり給ふ（身分ニ応ジテイタダキナサル）。（源氏、桐壺）

（付言1）「万葉集」には次の一例だけが見える。

足柄の美佐可多麻波理（ミ坂タマハリ）顧みず吾《あれ》は越《く》え行く（二十、四三七二）

右の「ミ坂タマハリ」は「坂を領する神から通行の許可をいただいて」の意と見られるが、「タ」は接頭語で「マハリ」は「廻り」だとする説もある。しかし武蔵国防人歌にも「み坂たばらば」（二十、四四二四）の用例があり、「たまはる」の上代の用例としては、他にも「続日本紀」の第四十五詔「官位乎賜利（ツカサクラヰヲタマハリ）」「此賜布帯乎多麻波利弖（コノタマフオビヲタマハリテ）」など、多く見えるから、右の「（ミ坂）タマハリ」は「いただいて」の意と見てさしつかえなかろう。

(付言2)「たまはる」が「くださる」の意にも用いられるようになったのは、室町期あたりかといわれる。ロドリゲス(ポルトガルのイエズス会士。一五七七年来日)の「日本大文典」に「タマワル」に対して「尊敬せられることの高い人から低い者へ物を与えることを意味する」と説明されている。

なお「時代別国語大辞典上代編」が、「此の天つ日嗣《ひつぎ》高御座《たかみくら》の業を拙《つたな》く劣《をぢな》き朕にたまはり(被賜)て仕へ奉れと仰せ賜ひ」(続日本紀、第二十四詔)について「ものを与え授けるの意。タマフと同義」としているのは、他に用例の徴するものがない点から見て、時代的に疑わしい。杉崎一雄氏(日本文法辞典)が「被賜」のよみに疑いがあろうとし、また、そのまま解くとしたら、「高御座の業を、朕に『たまはりて仕へ奉れ』と仰せ賜ひ」とすべきかとの意見を提出していられるのを傾聴すべきか。

補助動詞としての用例は上代・中古では「うけたまはる(受け給はる)」(「ツツシンデ受ケツグ」「ツツシンデオ受ケスル」「ツツシンデ受ケテ諒諾スル」「オコトバヲ受ケテソレニ従イ聞ク」「拝聴スル」などの意)のほかは、「今昔物語」などの中古末の説話文学などに「ゆるしたまはる」そのほかわずかの例が見えるにすぎないようである。

天地《あめつち》と共に絶ゆる事なくいやつぎに受賜波利行牟物等之弖(ウケタマハリユカムモノトシテ)
(続日本紀、第九詔、天平十五年)

何事をか、のたまはむ事は、うけたまはらざらむ（ドンナ事デモ、アナタノオッシャル事ハ、ツツシンデオウケシナイコトガアリマショウカ）。（竹取）（姫の、翁に言うことば）

「悩ませたまふ事をも、かくともうけたまはらざりけるおぼつかなさ（御病気ナサッテイラッシャルコトヲモ、コウトモ伝エウケタマワラナイデイタノダッタ御無沙汰ノイタシ様ヨ）」など（源氏ハ尼君ニ）聞え給ふ。（源氏、若紫）

（レ）たぶ（下二段活用）

下二段動詞「たまふ」の上代の用例に、「いただく」の意のものが稀少ながら見えることは、その項に述べたが、下二段動詞「たまふ」の転であるこの下二段の「たぶ」は中古にあらわれ、同じく「（尊者から）いただく」の意をあらわす。しかも上代の下二段動詞「たまふ」が、「飲食物をいただく」意の用例に片寄っているのと同じく、この「たぶ」も「飲食物をいただく」意の用例のみを残している。どうやらその意に限定されて用いられたと見るのが穏当と言えそうである。

それによって考えると、下二段「たまふ」が、その後、動詞としては中古にたしかな用例を見ないのは、それが補助動詞としてのみの用法に発展し、動詞としての発展は「たぶ」（および後述の「たうぶ」）にのみまかせ、「たぶ（たうぶ）」が「飲食物をいただく」意を、中古を通じて持ちつづけたということであるようである。ただ、それにしても用例は少ない。

一日あさましくたべ酔ひて（オ酒ヲイタダイテ酔ッテ）、対面たまはりけるを、いかになめげなるさまに侍りけむ（ドンナニ失礼ナ様子デゴサイマシタデショウ）。その畏《かしこ》まり（オワビ）もきこえさせむ、とてなむ参りきつる。（宇津保、嵯峨院）（仲忠の、仲純を訪問してのことば）

（女ノ乞食法師ガ）「（私ハ）仏の御弟子にさぶらへば、御仏供《ぶく》のおろし（仏ノ御供エ物ノオサガリ）たべむ（イタダキタイ）と申すを、この御坊たちの惜しみ給ふ」といふ。（三巻本枕草子）（能因本では「仏のおろしたべ」とある。この場合の「たべ」は四段動詞「たぶ」の命令形である。）

この「たぶ」は、後世、（その飲食物を与えてくれる人を尊敬するのではなく）単に「食う（飲む）」を上品に言う「たべる」という語を生むが、現代ではその「たべる」という語は、すでに上品な語であるという意識はない普通のことばとなってしまっている。ただ「くう」が現代では下品な、ぞんざいなことばで、教養のある人には用いられないのに対して、「たべる」は用いられるという点で、かろうじて「上品さ」とつながっていると言えば言えるであろう。

ところで、この「たべる」に転ずる過程で、この「たぶ」が、自己（または自己側の者）が飲食することを、畏《かしこ》まって言う会話（勅撰集の詞書をふくむ）などのなかで、謙譲し丁寧に言うのに用いられることがあったようである。

筑紫の白川といふ所に住み侍りけるに、大弐藤原興範朝臣のまかり渡るついでに水たべむとて、うち寄りてこひ侍りければ、水をもていでて詠み侍りける（後撰、雑三、詞書、檜垣の嫗）

右の「水たべむ」を、興範が作者（檜垣の嫗）に言ったことばをそのまま写したものと見るべきなら、「水ヲ（アナタサマカラ）イタダキタイ」の意となって、本来の「尊者から飲食物をいただく」意をあらわす一つの用例であるにすぎないが、勅撰集の詞書における尊敬語の厳しく制限された用い方の例から考えれば、どんな形でも作者檜垣の嫗への尊敬表現が詞書にのこされるのには疑いがある。したがって、これは撰者側の者興範の「水のまむ」という動作を丁寧に謙譲させて「水たべむ」としるして、勅撰集の奉献の相手である帝を尊敬した言い方と見る方が穏当かと思われる。

（付言）下二段活用の「たぶ」の補助動詞としての用例（意味は「たまふ」と同じく「……させていただく」だと考えられている）は、上代の「中臣寿詞《なかとみのよごと》」などに不確実なものがわずかに見えるだけで、なお吟味を要する。

（ソ）たうぶ（下二段活用）

下二段動詞「たぶ」の転といわれる。下二段動詞「たぶ」の意味・用法と考え合わせて「たうぶ」も「（尊者から）飲食物をいただく」意の場合と、それから転じた、自己（または自己側の者）が飲食することを、畏まって言う会話（勅撰集の詞書をふくむ）などのなかで、謙譲し丁寧に言う場合とがあって然るべきであろうが、前者の用例については、たしかなものが現在見あたらないようである。後者の用例をあげる。

1 (貴宮ヲ)翁(滋野真菅ノ自称)の片庵に率《ゐ》てまして(オツレ申シ上ゲテ。「まし」ハ「まうし」ノ約)、翁のたうべむ物(私ガイタダキマショウモノ。「イタダク」ハ「食ウ」ノ丁寧語トシテココニ訳語ニ用イタ)の、まづ笥《け》ごとに取りよそひし、初めを食《く》はしめてこそは、かしづきたいまつらめ。(宇津保、藤原の君)〔真菅が貴宮方の老女に向かって言うことば〕

2 かれこれ円居《まとゐ》して酒らたうべける前に、梅の花に雪の降りかかりけるを(後撰、春上、詞書、紀貫之)

3 花山にて道俗酒らたうべける折に(後撰、春中、詞書、素性法師)

4 弥生《やよひ》の下《しも》の十日許《ばかり》に、三条右大臣、兼輔の朝臣の家にまかりて侍りけるに、藤の花咲ける遣水《やりみづ》のほとりにて、かれこれ大御酒《おほみき》たうべけるついでに(後撰、春下、詞書、三条右大臣)

5 朱雀院の、春宮におはしましける時、帯刀《たちはき》ら五月《さつき》許御書所《おんふみどころ》にまかりて、酒などたうべて、これかれ歌よみけるに(後撰、夏、詞書、大春日師範)

6 三条右大臣、少将に侍りける時、忍びに通ふ所侍りけるを、うへのをのこども五六人許、五月の長雨少し止みて月朧ろなりけるに、酒たうべむとて、押し入りて侍りけるを、少

将は離《か》れかたにて侍らざりければ、立ちやすらひて、主《あるじ》出だせなどたはぶれ侍りければ(後撰、夏、詞書、あるじの女)

7 家に行平朝臣まうできたりけるに、月のおもしろかりけるに、酒らなどたうべて、まかり立たむとしけるほどに(後撰、雑一、詞書、河原左大臣)

8 藤原さねきが蔵人より冠《かうぶり》たまはりて、あす殿上まかり下《お》りむとしける夜、酒たうべけるついでに(後撰、雑一、詞書、藤原兼輔)

9 大井なる所にて、人々酒たうべけるついでに(後撰、雑三、詞書、在原業平)

右の2以下の八例は、「後撰集」詞書における全用例であるが、勅撰集の詞書であるから「くれる人」が帝・后・東宮などでない限りは、それから「いただく」という意味での「たうぶ」は用いられないはずである。したがって4・6・7・9は、明らかに「くう」を丁重に謙譲して言ったものであろう。それらを参考して2・3・5・8もまた同じと見なすべきものと判断される。

なお「古今集」詞書にもすでに顕著な一例が見えている。

但馬の国の湯へまかりける時に、二見の浦といふ所にとまりて、夕さりの乾飯《かれいひ》たうべけるに、ともにありける人々歌よみけるついでによめる(古今、羈旅、詞書、藤原兼輔)

(付言) 下二段補助動詞としての「たうぶ」の用例は見出されていない。

(ツ) たばる(四段活用)

「たまはる」がtamafaru→tambaru→tabaruと転じたものかといわれる。主として上代に行われた。用例が少なく、したがって「たまはる」との、意味の上でのちがいも確認されていない。

針袋《はりふくろ》己礼波多婆利奴（コレハタバリヌ）（コレハイタダキマシタ）すり袋（竹製ノ箱）今は得てしか（得タイ）翁《おきな》さびせむ（ソレデ老人ラシクフルマイマショウ）（万葉、十八、四一三三）

寺寺の女餓鬼《めがき》申《まを》さく大神《おほみわ》の男餓鬼被給而（男《ヲ》ガキタバリテ）その子生まはむ（ヤセッポチノ男デアル大神奥守《オオミワノオキモリ》トイウ人ヲカラカッタ歌。寺々ニ女餓鬼ノ像ガアルガ、アノ女餓鬼ガオ願イ申シ上ゲルコトニハ、大神ノ男餓鬼ヲ夫ニイタダイテ、ソノ子ヲ生ミツヅケマショウト。）（万葉、十六、三八四〇）

やや特殊な用い方として次の一例が見える。

色深く背《せ》なが衣《ころも》は染めましを美佐可多婆良婆（御坂《ミサカ》タバラバ）まさやかに見む（色濃ク吾ガイトシイ夫ノ衣ハ染メルノダッタノニ。坂ノ神カラ通行ノオ許シヲイタダイテ夫ガアノ坂ヲ通ルノナラ、ソノ濃イ色デ夫ガハッキリト見エルダロウノニ）（万葉、二十、四四二四）

〔（タ）「たまはる」の項の「付言1」参照〕

特殊とは言いながら「いただく」の意であることは同じである。

（ネ）**たうばる**（四段活用）

「たばる」の転といわれる。「たまはる」「たばる」と同じく、「いただく」の意の謙譲語であるが、中古にわずかな用例が見られるだけである。

かくて帥《そち》の主《ぬし》、女を召して「かの文は（貴宮ニ）奉らしめてきや」、女「乳母御《めのとご》『いとよく聞え申さむ』とのたまひき。御返りは必ずあらむ。たうばりてまうで来む（イタダイテ、ヤッテマイリマショウ）」と申す。主「はや来たれ」といふ。（宇津保、藤原君）

次の例は、連用形の名詞化したものである。

かかる程に、上（帝）、内侍督（仲忠ノ母）に御物語し給ふついでに「今宵御許にさぶらふ人（アナタノ御側ニ仕エル女房タチ）の中に内侍仕うまつるべき人はありや。この頃、うへの内侍仕うまつるべき人の一人なむなき。少し物など知りて、さてもありぬべからむ人（少シ物ナドワカッテ、コレナラバト思ウヨウナアナタ個人ノ女房ヲ）たうばりになさせ給へ（「帝カラノイタダキモノ」ノ公的ナ女房ニオサセナサイ）。やがてそこに参りなどし給はむに（アナタガ参内ナドナサロウ時ニ）、後見もせさせ給へ（アナタノ世話モオサセナサイ）……」（宇津保、初秋）

秋、（薫ハ）右近の中将になりて、御たうばりの（帝カラノイタダキノ）加階などをさへ、いづこの心もとなきにか、急ぎ加へて、（帝ハ薫ヲ）大人びさせ給ふ。（源氏、匂宮）

「源氏物語」には動詞「たうばる」の用例はなくて、「（帝カラノ）御たうばり」の形での

み三例（大成底本）見える。これについて木之下正雄氏（平安女流文学のことば）は、

天皇から賜わる年官年爵は「御たうばり」を用い、「御たまはり」は一例（賢木）に過ぎない。これは、タマハルは広く一般に用いられたが、タウバルは尊貴の方（極限は帝）が下賤の者に下賜する場合に狭められて、ついに「御たうばり」に跡をとどめるだけになったこと、したがってタマハルより古風な、しかつめらしい言い方であったこと、またタバルに対してもタウバルが古風なしかつめらしい感じであったことを示すのだと思う。

と述べておられる。タバルよりもタウバルが、より古風な、しかつめらしい感じのことばであったかどうかは別として、右の御説は、ほぼ首肯できようと思う。

（付言）上代に「似る」という意味で「たうばる」が「日本書紀」の古訓などに用いられた例がある。姿・形などを尊貴な人から「いただく」の意が転じたものであろうという。

有㆓壱伎直祖真根子者㆒、其為㆑人能似《たうばれり》㆓武内宿禰之形㆒。（応神紀、九年）

臣観㆓女子行歩㆒、容儀能似《たうばれり》㆓天皇㆒。（雄略紀、元年）

（ナ）はべり（ラ変活用）

動詞「はべり」の語源は「這《は》ひあり」だといわれる。したがって普通「貴人のおそばに低い姿勢で畏まっている」が原義と見られていたが、案外、その用例にふさわしいと言えそうなものは、上代の次の例などのほか、あまり見当たらないという。

天皇、便《たちま》ちに御田《みた》を、其《そ》の采女《うねめ》を奸《をか》せりと疑ひて、刑《ころ》さむと自念《おもほ》して、物部《もののべ》（刑吏）に付《たま》ふ。

時秦酒公侍坐（時ニ秦酒公《ハタノサケノキミ》、侍《オホト》ニハベリ）。琴《こと》の声を以《も》て、天皇に悟《さと》らしめむと欲《おも》ふ。（日本書紀、雄略十二年）

そして、むしろ「日本書紀」の古訓の多くを精細に検討すれば、「はべり」は、「ある人（または物事）の動作存在が、その他のある人（または神）の勢力の支配下にあるというような意識」を表現したもの（石坂正蔵「書紀古訓の『ハヘリ』『ハムヘリ』の解釈」国語と国文学一〇ノ三）と見るべきだという。それにふさわしい例をあげる。

時に皇孫《すめみま》、因《よ》りて宮殿《みや》を立てて、是《ここ》に遊息《やす》みます。後《のち》に海浜《うみへた》に遊幸《いでま》して、一《ひとり》の美人《をとめ》を見《みそなは》す。皇孫《すめみま》問ひて曰《のたま》はく「汝《いまし》は是誰《これた》が子《むすめ》ぞ」とのたまふ。対《こた》へて曰《まう》さく「妾《やっこ》は是大山祇《おほやまつみ》の子《むすめ》。名は神吾田鹿葦津姫《かむあたかしつひめ》、亦《また》の名は木花開耶姫《このはなさくやびめ》」とまうす。因りて白《まう》さく「亦吾姉磐長姫在（マタ吾《ヤツコ》ガ姉磐長姫《イロネイハナガヒメ》ハベリ）」とまうす。皇孫の曰《のたま》はく、「吾汝《われいまし》を以《も》て妻《つま》とせむと欲《おも》ふ、如之何《いかに》」とのたまふ。対《こた》へて曰《まう》さく、「妾父大山祇神在（妾《ヤツコ》ガ父《カゾ》大山祇神ハベリ）。請《ねが》はくは垂問《と》ひたまへ」とまうす。皇孫、因りて大山祇神に謂《かた》りて曰《のたま》はく、「吾、汝が女子《むすめ》を見《みそなは》す。以て妻とせむと欲《おも》ふ」とのたまふ。（日本書紀、神代下）

右では、木花開耶姫が皇孫に問いかけられた時点では、姉の磐長姫も父の大山祇神も、皇孫の「おそばにかしこまっている」わけではなく、ただ大山祇神一族の住む世の支配者（皇孫を含めてよい）の支配下に、「存在させていただいている」だけのことである。

もし、こうした用例の方が基本的なものと見られるとすれば、語源は「這ひあり」だとしても、それは「おのれを支配する者（天皇・神など）の恩恵のもとで存在させていただく」姿勢をあらわしたことになろう。

右のような古訓などから「はべり」は上代から存在した語であったことがほぼ確実だと思われるにもかかわらず、上代の文献に万葉仮名書きの例は残されていない。かろうじて、「続日本紀」の宣命（第四十一詔）に次のように「侍利」とあるのなどによって、その存在がほぼ推定できるにとどまっている。

昼毛夜毛倦怠己止無久謹美礼末比仕奉都都侍利（昼モ夜モ倦《ウ》ミ怠ルコト無ク謹シミ礼《ヰヤ》マヒ仕ヘ奉《マツ》リツツハベリ）

中古における動詞「はべり」は、原則としては、対話敬語専用と見てよいようである。上代における「はべり」が、天皇・神などのような絶対者に対する敬意をあらわすものであったのに対して、中古における「はべり」は、尊者に対するあらたまった会話（勅撰集の詞書を含む）のなかで、聞き手の尊者に対して自己（話し手）または「自己（話し手）側の人や物」の「あり（存在スル）」の意を謙譲し、丁寧に言うのに用いられる。（ただし、現代の口語では、それに当たる適当な言い方がない。したがって単に言い方を丁寧にする「ゴザイマス」「オリマス」など、いわゆる丁寧語で言いかえておくほかはない。念のために言えば、現代語で「ドロボウガオリマス」「ソレハドロボウデゴザイマス」という「オリマス」「ゴザイマス」は丁寧語である。「ドロボウ」を自己側の者として謙譲させたのではなく、聞き手に対して話し手が、ただ話し方を丁寧にしただけである。）

1 （私ガ）童《わらは》にはべりし（子ドモデゴザイマシタ）時、女房などの物語読みしを聞きて、いとあはれに悲しく心深き事かなと、涙をさへなむ落《おと》しはべりし。（源氏、帚木）〔馬頭の源氏へのことば〕

2 昔見給へし女房の尼にてはべる（昔、私ガネンゴロニシテオリマシタ女房ガ尼トナッテオリマス）東山の辺《へん》に（死ンダ夕顔ヲ）移し奉らむ。惟光が父の朝臣の乳母《めのと》にはべりし者の（乳母デゴザイマシタ者ガ）みづはぐみて（老イサラボイテ）住みはべるなり。（源氏、夕顔）〔惟光の源氏へのことば〕

3 やまとにはべりける人につかはしける（古今、恋二、詞書、貫之）

4 中納言源ののぼるの朝臣の近江のすけにはべりける時に、よみてやれりける（古今、恋四、詞書、閑院〔延喜頃ノ命婦〕）

5 思ひにはべりける人（喪ニ服シテオリマシタ人）をとぶらひにまかりてよめる（古今、哀傷、詞書、壬生忠岑）

6 惟喬《これたか》の親王《みこ》の、（友則ノ）父（紀有友）のはべりけむ時によめりけむ歌どもと乞《こ》ひければ、書きて送りける奥によみて書けりける（古今、哀傷、詞書、紀友則）

7 親王《みこ》（惟喬親王）この歌をかへすがへすよみつつ、返し得せずなりにければ、供にはべりてよめる（古今、羇旅、詞書、紀有常）

8　雷《かんなり》の壺《つぼ》（襲芳舎）に（天皇ガ貫之ヲ）召したりける日、大御酒《おほみき》などたうべて（コノ「たうべて」ハ「帝カラ御酒ヲイタダイテソレヲ飲ンデ」ノ意トモウケトレソウダガ、下二段活用の「たうぶ」ノ項デ述ベタヨウニ、他ノ用例デハ単ニ「飲食スル」ノ謙譲語デアルカラ、コレモ「イタダイタ御酒ナド飲ミマシテ」ノ意ト見ルベキヨウデアル）、雨のいたう降りければ、夕さりまではべりて、まかり出で侍りける折に、さかづきを取りて（古今、離別、詞書、貫之。（歌ハ兼覧王ニ対シテ別レヲ惜シムモノ））

右の1は自己の謙譲、2は自己側の人を謙譲させたもの、3・4・5は、勅撰集において、帝（聞き手）に対して臣下側の人を畏まって謙譲させたもの。6は惟喬親王に対して、作者友則が自分の父を謙譲させたもののようにも見えようが、勅撰集詞書の一般の用例から考えてやはり、帝（聞き手）に対しての畏まっての謙譲と判断されよう。7も作者有常が惟喬親王の「おそばにおつきしている」のではない。「供にあり」ということを、帝（聞き手）に対して畏まって謙譲した表現である。それは6の詞書で、惟喬親王に対して「乞ひ」「書きて送りける」というふうに尊敬も謙譲も用いないことからも確認されよう。8も一見「宮中で尊貴の前に畏まっている」の意と解けそうだが、やはり「夕方になるまで宮中におりまして」の意と見るべきであろう。この日はおそらく帝（醍醐）から「古今集」撰進についてのことで召しがあり、そのあとの慰労の宴で、貫之は夕方まで兼覧王（惟喬親王の皇子）などと話していたのであろう。

9　御格子まゐりね（オオロシ申シ上ゲロ）。物おそろしき夜のさまなめるを。（私が紫ノ君ノ）宿直《とのゐ》人《びと》にてはべらむ。人々近うさぶらはれよかし。（源氏、若紫）

右は源氏が、老尼の祖母君に死に別れた幼い紫の君を訪ねた夜、紫の君の乳母に向かって言ったことば。「はべらむ」は「おそばにおつき申し上げましょう」の意と解く方がふさわしいようであるが、他の用例とくらべ合わせるかぎり、やはり「宿直人としてここにおりましょう」と解くべきかと思われる。なおこの「はべらむ」は河内本諸本では「さぶらはむ（オソバニオツキ申シ上ゲマショウ）」になっている。

10　（ソノオ話ハ）うちつけなる御夢語りにぞはべるなる（トッテツケタヨウナ、アナタサマノ御夢語リデゴザイマスヨウデスナ）。たづねさせ給ひても、御心劣りせさせ給ひぬべし。（源氏、若紫）（北山の僧都の源氏に対することば）

11　よしよし、又仰せられかくべき事（三巻本「仰せられかくる事」）もぞはべる（マタ仰セラレカケルヨウナ事ガゴザイマスト困リマス。「もぞ」ハ工合ノ悪イコトガ起コルコトヲ予想スル語）。（能因本枕草子）（大進生昌の、清少納言へのことば）

12　下《しも》が下《しも》のなかには、なでふ事か聞こしめしどころはべらむ（ドウイウ事ガ、オ聞キアソバスネウチノアル点ガゴザイマショウカ）（源氏、帚木）（式部丞の源氏などへのことば）

13　あなかしこや。一日《ひとひ》召しはべりしにやおはしますらむ（ア、モッタイナイ。先日私ニ対シテオ召シガゴザイマシタオ方デイラッシャイマショウ）。（源氏、若紫）（源氏の来訪を迎えての北山聖のことば）（この「召しはべり」の「はべり」は補助動詞と見る説もあるが「源氏物語」に「召しあり」という言い方が七例あるので「召し」は名詞と見るべきだとする説に従う）。

14 残りをとおぼしめす御心はべらば（残リヲ聞キタイトオ思イアソバスオ気持チガゴザイマスナラ）、のどかになむきこしめし果てはべるべき。（源氏、橋姫）（老女房の、薫へのことば）

右の「御夢語り」「仰せられかくべき事」「聞こしめしどころ」「召し」「残りをとおぼしめす御心」は自己（話し手）側の事柄ではない。聞き手の尊者側の事柄である。そうした事柄の存在（「あり」）を話し手の方で謙譲して言うのは、理に合わない感じがするから、こうした「はべり」は、単に聞き手に対して言い方を丁寧にする「丁寧語」に転用されたものと見るべきだとするのが通説のようである。しかし、これらの用例などで見るかぎりの「聞き手の尊者に関係した事柄」は、話し手がそれらをそれぞれ「（それが）わが身にはべり」の気持ちで受け取って、自然そこに謙譲の意が感ぜられるものとして、杉崎一雄氏（日本文法大辞典）は、やはり謙譲語として処理することを説いておられる。杉崎氏は、そうした用例として右の11・12・13のほか、なおいくつもの例をあげておられるうち、もう一例を氏の説明のことばとともに次にかかげる。

15　よべも御遊びに（帝ガアナタヲ）かしこく求め奉らせ給ひて、御気色あしくはべりき。（源氏、夕顔）（頭中将の、源氏への詞で、「御気色ガ悪イトイウ状態デワレワレノ上ニゴザイマシタ」の気持ちか。あるいは、そのことを自己の既知のこととして、「はべり」で表わしたものか。）

ただし次のような用例は、話し手側のものと見なすことがかなり困難な事物の存在を「はべり」であらわしている。いちおう丁寧語（話し方を丁寧にする）に転じたものと見てよいのではなかろうか。

16　あすなむ日よろしくはべれば（アシタガ日柄ガ適当デゴザイマスカラ）、とかくの事（夕顔ノ葬送ニツイテノイロイロノコト）いと尊き老僧のあひ知りてはべるに、言ひ語らひつけはべりぬる。（源氏、夕顔）（惟光の、源氏へのことば）

17　「（雪ハ）正月《むつき》の十余日まではべりなむ」と（私―清少納言―ハ中宮ニ）申すを（三巻本枕草子）（能因本では「正月の十五日まではさぶらひなむと申すを」になっている。）

しかし右についても杉崎氏は、「第三者（人または物）の存在をいう場合」の名で分類された上で、

これは、必ずしも話し手側のものとはしてしまえない場合で、「はべり」のへりくだる気持ちが薄くなり、「あり」を丁重に、かしこまっていうだけの用法と思われる。しかし、そこにはその事実の存在を自己の知っていることとして表わす気持ち、また自己の主観として表

わす気持ちの感ぜられる場合が多い。

と述べて、単なる「丁寧語」にはなり果たしていないことを主張しておられる。

(付言1) 杉崎氏が中古の「はべり」が一般的な丁寧語にはまだなっていないことを強く主張されるのは、次のような事情による。

たとえば、「源氏物語」について調査してみても、「侍り」の用いられる会話は下二段「給ふ」さらに「まかる」「まうでく」などの用いられるものと共通の、下位の者が上位の者に対して申し上げる場合、また高い身分の者どうしが、あらたまった堅い言い方で他人行儀にものを言う場合などのものである。聞き手の動作に尊敬語を用いている会話でも、必ずしも「侍り」は用いられず、「です」「ます」「ございます」の類の丁寧語とは異なるものである。しかも中古中期までに限れば、原則として尊者(また、聞き手)側のものには用いない点からも、まだ一般的な丁寧語とはなっていなかったものと思われる。(日本文法大辞典所収、杉崎氏「かしこまりの語法」—金田一京助博士米寿記念論文集—要約)

「丁寧語」というものをきびしく定義して用いるなら、まさに右のとおりであろう。

(付言2) 中古の「はべり」は対話敬語専用で、地の文には用いられないのが原則であり、その原則に外ずれた用例は絶無に近い。したがって、その原則にはずれた稀有の用例というのは、それなりの事情が検討されなければならない。

○「源氏物語」の、地の文での用例

守《かみ》もいとつらう、「おのれをいとひ給ふほどに、残りの御齢《よはひ》は多くものし給ふらむ。いかでか過ぐし給ふべき」などぞ。「あいなのさかしらや」などぞはべるめる。（関屋、巻尾）

右は「『ヤクニモ立タナイ、守ノカシコダテダ』ナドト、世評ハゴサイマスヨウデス」の意で、この物語を語る女房（作者の紫式部が作中に登場させている「物語の語り手」）の語り口を「はべり」であらわしたもの。一般に物語の巻尾にはこうした形は、ときどきあらわれる。

○「紫式部日記」の、地の文での用例

「紫式部日記」には、公的な宮廷女房としての行事・儀式の記録の部分と、自己の回想・感懐を述べた随想部分とがあるが、後者は、式部が誰かに書き送った消息文（手紙）のような文体で記されている。ところで、この日記のなかで「はべり」は一六五（動詞補助動詞を含めて）見えるが、その消息文体（消息文は会話文体で書かれる）の中に一三二、地の文にまじった引用会話文の中に四あるのは当然として、独白体の地の文とおもわれる中に、実に二九存在するのである。

地の文の中で「はべり」は用いられないのが当時のことばのきまりで、他の物語・日記・随筆その他の文献においてもこのきまりは当然守られているのに、この「紫式部日記」だけに例外があるはずはないわけだから、この「なぞ」の解明には諸家がいろいろの意見を出しておられる。たとえば、神田秀夫氏（「紫式部日記の『侍り』と消息文、国語と国文学、昭和三十一年十一月）は、式部が人に見せないつもりで書いていた日記を、誰かに見せるつもりになったときに、それに消息文（現在の「紫式部日記」の中にある消息文）を添書として加え、一方、日記の地の文の文章をも相手にわからせるように補筆した。その補筆に当たっては相手を意識して「はべり」が、とかく用いられたのだ――というような御意見である。解決に有力な示唆を与える説と言うべきであろう。その後、この「日記」の消息文の部分は、式部が実際に誰かに与えた消息文ではなくて、人物批評や自己の心情告白といったような、本来他見をはばかる内容のものを公開するのに当たっての責任回避の方法として、消息文を擬装したのであり、地の文における若干の「はべり」の使用も、それと連関しての操作であったろうとする説も出ている。

いずれにせよ、この「日記」の地の文における「はべり」の存在は、その作品成立の際の特殊事情によるものと諒解しておいてよいと思われる。

（付言３）「はべり」は「日本書紀」の古訓点の中でも「ハムベリ」とよまれている例があり、「源氏物語」（大成底本）にも一例見える。「ハベリ」の「ベ」の前に鼻音が入って出来たものと考えられている。

（付言4）「はべり」は「侍」をもって記されるが、一方、「さぶらふ」を「侍」で記すことがあり、それぞれ「侍り」「侍ふ」というふうに、語尾に仮名が送られればまぎれないが、「侍べし」などと表現されると、判別しかねることがある。それが用例採取を混乱させることもないではない。

補助動詞としての「はべり」は、他の動詞について、その動作に「てある」（存在）、「ている」（継続）を謙譲し丁寧に言う意を加える用法（A）と、単に他の動詞に、謙譲し丁重に言う気持ちを加えるだけの用法（B）とがある。上代にもAの用例は若干見えるが、盛んに用いられたのは中古である。ただし中古も末期には「さぶらふ」に、取って代わられ、中世に入ると、すでにあるいは擬古文において、あるいは特殊な老人用語としてなど、わずかに用いられるにとどまるようになる。

中古における用例で見る限りは、やはり対話敬語専用と見てよいようである。

1　いのち長さの、いとつらう思ひ給へ知らるるに、（マダ生キテイルノカト）松の思はむ事だに恥かしう思ひ給へはべれば（「〔われ〕思ひ給へあれば」ノ謙譲。存ジテオリマスコトデゴザイマスカラ）、ももしきに行きかひはべらむ（「〔われ〕行きかひ（て）あらむ」ノ謙譲ト見ルベキカ、「行きかはむ」ノ謙譲ト見ルベキカ、定メガタイガ、前者カ）事は、ましていとはばかり多くなむ。（源氏、桐壺）〔亡き更衣の母の、勅使命婦へのことば〕

2 （皇子ヲ）見奉りて、くはしう御ありさまも奏しはべらまほしき（「〔われ〕奏せまほしき」ノ謙譲）を、待ちおはしますらむに、夜ふけはべりぬべし（「夜更けぬべし」ノ丁寧語ト見テヨイデアロウ）（源氏、桐壺）〔勅使命婦の、更衣の母へのことば〕

3 （娘ノ更衣ハ）生まれし時より、（親タチニハ）思ふ心ありし人にて、故大納言いまはとなるまで（死ニ際マデ）、ただ「この人の宮仕への本意《ほい》、必ず遂げさせ奉れ。われ亡くなりぬとて、くちをしう思ひくづほるな」と、かへすがへすいさめ置かれはべりしかば（「〔われ〕夫よりいさめ置かれ（て）ありしかば」ノ謙譲デアロウ）、はかばかしう後見《うしろみ》思ふ人もなき（宮中デノ）まじらひは（娘更衣ニトッテ）なかなかなるべき事と思ひ給へながら、ただかの遺言をたがへじとばかりに、（宮仕エニ）いだし立てはべりしを（「〔われ〕いだし立て（て）ありしを」ノ謙譲カ、「〔われ〕いだし立てしを」ノ謙譲カ、定メガタイ）、身に余るまでの（主上ノ）御志の、よろづにかたじけなきに、人げなき（一人前ノ人間ラシクモナイ）恥を隠しつつ、まじらひ給ふめりつるを、人のそねみ深く積り、安からぬ事多くなり添ひはべりつる（「なり添ひつる」ノ丁寧語ト見テヨイデアロウ）に、横さまなるやうにて（横死トイウヨウナカッコウデ）、つひにかくなりはべりぬれば（「〔娘更衣ガ〕なりぬれば」ノ謙譲。娘更衣ハ自己側ノ人デアル）、かへりては、つらくなむ、かしこき（主上ノ）御志を、思ひ給へられはべる（「〔われ〕思ひ給へらる」ノ謙譲）。（源氏、桐壺）〔亡き更衣の母の、勅使命婦へのことば〕

4　（源氏ハ紫ノ上ト）大殿油参りて、絵どもなど御覧ずるに、「出で給ふべし」とありつれば（外出ナサル旨ヲ供人ニ申シツケテアッタノデ）、人々（供人）声《こわ》づくり聞えて、「雨降りはべりぬべし」（「雨降りぬべし」ノ丁寧語ト見テヨイデアロウ）などいふに、姫君（紫ノ上）、例の心細くて屈《く》し給へり。（源氏、紅葉賀）

5　京にもこの雨風、あやしき物のさとしなりとて、仁王会《にんわうゑ》などおこなはるべしとなむ聞えはべりし（「〔噂ガ〕聞えし」ノ丁寧語ト見テヨイデアロウ）。内裏《うち》に参り給ふ上達部《かんだちめ》なども、すべて道とぢで、政も絶えてなむはべる（「絶えてなむある」ノ丁寧語ト見テヨイデアロウ）。（源氏、明石）〔都から来た紫の上の使者の、源氏へのことば〕

6　桜の花の散りはべりけるを（「散りけるを」ノ丁寧語ト見テヨイデアロウ）見てよみける（古今、春上、詞書、素性法師）（古今、春上の歌の他の詞書では、「桜のちりがたになれりけるを」「桜の花のちりけるを」「桜の花のちるを」「桜のちるを」などと見えて「はべり」を添えたものはない。この詞書だけに「はべり」がある理由ははっきりしない。）

右の中で私が丁寧語と見てよかろうと説明を加えておいたものの類については、杉崎氏は、やはりきびしく謙譲語としての性質を失わないものとみとめられるであろう。氏は補助動詞の「はべり」についても「一般的に第三者（人または物）の動作についた場合」という類を立てられて、

へりくだるよりも丁重さをつけ加えるものといえるが、自己の主観として表現する気持ちが感ぜられるものもある。

と述べ、右の6の「散りはべりける」2の「夜ふけはべりぬべし」などを例示しておられる。「自己の主観として表現する気持ち」という点に謙譲語の性質をみとめられるわけであろう。

少数ながらめずらしい用例、疑わしい用例がある。次に挙げておく。

7　今さりとも七年《ななとせ》あまりがほどに（アナタサマハ）おぼし知りはべりなむ。なにがし（私）がいやしきいさめにて、すきたわめらむ女に心おかせ給へ（浮気ナナヨナヨシテイルヨウナ女ニハ御警戒アソバシマセ）。（源氏、帚木）（源氏より七歳年長らしい馬頭の源氏へのことば）

8　（柏木右衛門督ガ）今はかぎりになり給ひにし御病の末つ方に（ソノ乳母デアル私ノ母ヲ）召しよせて、いささかの給ひ置くことなむはべりしを、（アナタサマガ）きこし召すべきゆゑなむ一言《ひとこと》はべれど、かばかり聞え出ではべるに、残りをとおぼし召す御心はべらば、のどかになむ聞こしめし果てはべるべき。（源氏、橋姫）（老女房の、薫へのこ

とば）

（注記―旧版では、この老女房のことばのはじめに「え知ろしめさじかし。此頃藤大納言と申すなる御このかみの衛門督にて隠れはべりにしは……」とあるのをとりあげたが、その本文は「湖月抄」だけであって、「源氏物語大成」所収のすべての本が「隠れ給ひにしは」となっているから、削った。「湖月抄」本文がおそらく「給」を「侍」と誤写した本文を伝えたのであろう。）

9　（源氏ガ北山カラ帰ル日ノコト、都カラ公達ガ賑カニオ迎エニ来テ、楽器ヲ弄ブ）僧都、琴《きん》をみづから持《も》て参りて、「これ、ただ御手一つあそばして（タダ一曲ダケオヒキナサッテ）、同じうは山の鳥もおどろかしはべらむ」とせちに、（源氏ニ）聞こえたまへば（源氏、若紫）

右の7の「おぼし知りはべり」の「はべり」は「（相手ノ尊者が）おぼし知る」ということを、話し手が、相手の尊者に対して、話し方を丁重にして、特に畏まって言うのに用いたのであろうか。「おぼす」はそれ自身で十分な尊敬語（源氏、桐壺「月日経て、若宮まゐり給ひぬ。いとどこの世のものならず、清らにおよすけ給へれば、（帝ハ）いとゆゆしうおぼしたり」―「帝」デモ「おぼす」ダケデ十分ナノデアル）であって、尊敬語をさらに重ねて用いる必要はないから、「はべり」自身に尊敬の意はなかろうことは、ほぼ確実だとすれば、やはり「はべり」の根源の意味であるという「或る大きな力の支配下に自分が恐懼し畏れつつしみつつ存在させていただく」の意から導かれつつ、ひどく畏まった特殊な丁寧語に転じたものとでも考えるよりほかはないかも知れない。

阪倉篤義《あつよし》氏（国語国文二一ノ一〇）はこれを、

「思ひ知る」という行為を「おぼし知る」という形で、はっきり相手側のものとして表現した上で、更にこれを話手自らのへり下った立場から丁重に表現したものであって、試みに口語訳を宛てるならば、「お思い当りになっていただく」とでも言うべきだろうか。

とされる。（なお氏は、前掲の動詞「はべり」の用例14の「御心はべらば」についても、同様なお考えから「御心があっていただくなら」と訳語をあてておられる。）8も7の同類である。「聞こしめす」にさらに敬語を重ねることはない。老女房である話し手が、源氏の子で実は己が母の仕えた右衛門督の秘密の子である薫に対して、恐れつつしんでうやうやしく話すのに当たって、「（アナタサマガ）聞こしめし果つべき」でよいものを、「（アナタサマガ）聞こしめし果てはべるべき」と言ったのだとすれば、やはりこの「はべり」もひどく畏まった特殊な「丁寧語」であろう。阪倉氏風に口語訳してよいとすれば「ユックリト最後マデオ聞キアソバシテイタダクノガヨロシュウゴザイマショウ」となろうか。ただし、いずれにせよ、この種の用例はきわめて稀少であり、よほど四角ばった恐懼の心境からのみ生まれる表現のようである。

9は「おどろかしはべらむ」の主語を「源氏」と見る場合には「おどろかし給はむ」と

でもあるべき点が疑わしいのだが、「われわれ（僧都ヤ公達。源氏モ含メテモヨカロウ）」だとすれば、問題はない。「御手一つあそばして」とのつながりは、やや不自然だが、会話としては、不備なのが却って自然だとも言えようか。

（付言）中古における補助動詞の「はべり」にも、地の文で用いられる稀有の例がある。「紫式部日記」にあることは、動詞の「はべり」の「付言2」の項で述べたから省くが、「源氏物語」にも、次のようなものが見える。

（源氏ノ四十賀ノ贈リ物ノコトヲイロ〳〵述ベタアトノ地ノ文）昔物語にも、物得させたるを、かしこき事には、数へつづけためれど、いとうるさくて、こちたき御中らひの事どもは、えぞ数へ敢へはべらぬや。（若菜上）

やはり、作者によって設けられた「この物語の語り手の女房」の「語り口」が顔を出したところであるから、地の文とは言いながら、ここは会話体なのである。すべて、然るべき事情があるのであって、対話敬語の範囲を、無法に越えることはないと知るべきである。

＊　＊　＊

「はべりたまふ」（四段活用）または「はべりたうぶ」（四段活用）という用例が「宇津保物語」「源氏物語」の対話文の中などに少数見える。

中古の「はべり」は、自己（話し手）側の者の動作・存在を、謙譲し丁重に言う対話敬語として用いられるのが普通であるから、それに尊敬語の「たまふ」（四段活用）をつけて用いられることが稀有なのは当然であろう。

「源氏物語」の用例をあげる。四例ですべてである。

1 筋ことなりける（儒家風ノ）まじらひにて、右大将民部卿などの、おほなおほな（精一杯ツトメテ）かはらけ（盃）取り給へるを（博士タチハ）あさましくとがめ出でつつおろす（作法ニ違ウト咎メ指摘シテハケナス）。（博士ハ言ウ）「おほし垣下饗《かいもとあるじ》、甚だ非常《ひざう》に（大体、宴ノ相伴役ノ方々ハ、ハナハダ尋常デナクテ）はべりたうぶ。かくばかりのしるしとあるなにがしを知らずしてや（コレホド著名ナソレガシヲ知ラナイデ）、朝廷《おほやけ》にはつかうまつりたうぶ。甚だをこなり（オロカナコトダ）」など言ふに、人々みなほころびて笑ひぬれば（少女）（源氏の息夕霧の字を付ける式を二条の東院で行なった日のこと）

2 （早口ノ近江君ヲ、父ノ大臣ガタシナメルト、近江ノ君ハ言ウ）舌の本性《ほんじやう》にこそはべらめ。幼くはべりし時だに、故母《こはは》の常に苦しがり教へはべりし。妙法寺の別当大徳《べたうだいとこ》の産屋《うぶや》にはべりける、肖《あ》えものとなんなげき（妙法寺ノ別当大徳ガ安産祈願ノタメ産屋ニオリマシタソレノ早口ガアヤカリモノダッタトナゲイテ）はべりたうびし。いかでこの舌疾《したと》さ止《や》めはべらむ。（常夏）

3　（阿闍梨ハ宇治八宮ニツイテ冷泉院ニ）「出家《すけ》の志はもとよりものし給へるを、はかなき事に思ひとどこほり、今となりては、心苦しき女子《をんなご》どもの御うへを、え思ひ捨てぬとなむ、なげきはべりたまふ」と奏す。（橋姫）

4　（浮舟ノ母君ハ亡キ娘ノ形見ヲ薫ノ使ノ仲信ニ渡ス。仲信ハ帰ッテ）殿に御覧ぜさすれば、（薫ハ）「いとすぞろなるわざかな（死ヌナドトハ考エノナイコトヲシタモノダ）」との給ふ。言葉には（母君カラノ薫ヘノ言葉トシテハ、仲信ハ言ウ）「（母君ハ私ニ）みづからあひはべりたうびて、いみじく泣く泣くよろづの事のたまひて、『……』となむ物しはべりつる」と聞こゆ。（蜻蛉）

右で見るかぎり、話し手自身（1では博士、2では近江君、3では阿闍梨、4では仲信）より尊貴な、したがって畏まって物を言わなければならない聞き手（1はやや疑わしいが形式的には源氏であろうか、2では父大臣、3では冷泉院、4では薫）に対する会話文で用いている。また聞き手よりも、卑者《ひしゃ》の地位ではあるけれど、話し手にとっては尊敬しなければならない者（1では右大将、民部卿など、2では母、3では宇治八宮、4では浮舟母）の動作について用いている。さらにどうやら1の「非常にはべりたうぶ」は「非常にありたうぶ」の、2・3の「なげきはべりたうぶ（たまふ）」は「なげきてありたうぶ（たまふ）」の、4の「あひはべりたうぶ」は「あひてありたうぶ」の（つまり「はべり」は「あり」の）、聞き手に対する謙譲としての意をあらわしている―というようなことが想像されるようである。

なお1・2・4が「はべりたうぶ」であるのに対して、3が「はべりたまふ」であることは、3の動作主は八宮という高貴なお方であるからであり、反対に1・2・4は動作主が話し手にとってそうつよく尊敬を必要としない者（1の場合、博士の主観では、相伴役の右大将らは、あるいは眼中にない存在であったと見てよかろうか）であったからであろう（四段活用の補助動詞「たうぶ」の項参照）。

こんなことから、「はべりたまふ」「はべりたうぶ」は、聞き手に対して、それより低い地位にある者の動作「あり・してあり」を謙譲させて「はべり」であらわし、同時に、その動作主を話し手の立場で重く尊敬して「たまふ」、軽く尊敬して「たうぶ」を加えたものと見て大過はないであろう。

ただこうした用例が「源氏物語」でわずかに四例で、その後の物語などにはまったく見られなくなっていることから見ても、また、その四例の話し手が、近江君以外は、博士、阿闍梨、仲信（薫の家司）というような融通のきかない性格・境遇の男性たちであり、近江君も教養の欠けた、女らしくない女で、ことばづかいなども生《なま》おぼえで滑稽な失敗もやりかねない女として登場していることから見ても、中古の中期には、すでに時代おくれになっていた、ひどく畏まり、しゃちほこばった特有の男性用語であった、と想像することは可能であろう。

「宇津保物語」には六例あることを杉崎一雄氏は指摘して検討しておられる（「侍りたう

ぶ」について、国学院雑誌、昭和三五・七。日本文法大辞典)。挙例を省くが、意味・用法とも、「源氏物語」とほぼ同じと見てよいであろう。ただ話し手が「源氏物語」の場合のような、特殊な境遇・性格の男性ばかりではなく、忠雅・仲頼・実頼など、普通の宮廷人たちが主であることは「源氏物語」より、成立年代も、物語の舞台も古く、それほど「時代ばなれ」してしまったことばとは、必ずしも考えられなかったらしい、というちがいはあるのかも知れない。また、そのうちの一例は地の文(「簀の子に(忠雅ノ)御座まゐりて、左衛門督の君、宰相中将、左大弁などはべり給ひて」国譲下)であるのは異例であり、今後の研究に待たねばならないが「侍ひ給ひて」とある写本からの写し誤りというようなことではないとは言えない。「宇津保物語」の伝本には近世期をさかのぼるものはなく、誤写が多いということは、こうした国語研究資料として不安が多いのである。

(ラ) さぶらふ (四段活用)

上代語の「さもらふ」から転じた語で、「日本書紀」の古訓に「侍《さぶらひテ》ニ殿内ニ」(神代紀下)、「侍《さぶらひテ》ニ門下《ミカドニ》ニ」(景行紀)など見えることから、上代にすでに行なわれていたとする説と、右の訓は中古のもので、上代にはまだ生まれていなかったとする説とがある。ともかく、上代における存在は確かではない。

「さもらふ」は「もる」(ジット見ツメル、守ル、番ヲスル。他人ニ気ヅカレナイヨウニ隙《スキ》ヲウカガウ、気ニシテ待ツ)に継続の意が加わった「もらふ」(ツイデニ言エバ、現代語ノ「もらう」ハ「気ニシテ待チツヅケル↓期待シツヅケル↓他人カラノメグミヲ期待シツヅケテ、ソノ結果トシテメグミヲ受ケル」意ニ変ワッタモノトイワレル）に、接頭語の「さ」が添ったもので、「時ノ至ルノヲジット見ツメツツ待ツ」「尊貴ナ人ノオソバニイテ、ジット見ツメツツソレカラノ命令ヲ待ツ」というような意の語と考えられる。

　したがって、動詞「さぶらふ」は、やはり原義どおり「尊貴なお方のおそばに畏こまっていて、その命令をうかがい待つ」の意で用いられてよいはずであるが、用例で見るかぎりは、「命令をうかがい待つ」ほどの具体的な意は、ぼかされて、単に「尊貴な人のおそばにひかえている（伺候する）・尊貴な人にお仕えする」の意（A）か、「尊貴な人の所におうかがいする」の意（B）に用いられているようである。また、転じて、対話敬語として「あり」（存在）の意を、聞き手に対して謙譲して丁重にいうのにも用いられる（C）。それぞれの用例をあげる。

Aの例

1　（帝ハ）かぐや姫の家に入り給うて見給ふに、光り満ちて清らにてゐたる人あり。これならむとおぼして、逃げて入る袖をとらへ給へば、（ソノ人〔姫〕ハ）面《おもて》をふたぎてさぶらへど（顔ヲ袖デ隠シテ、帝ノオソバニヒカエテイルケレド）（竹取）

2　後涼殿にもとよりさぶらひ給ふ更衣（伺候シテイラッシャル更衣）の曹司を、外《ほか》に移させ給ひて（源氏、桐壺）

3　かく透間《すきま》なく（弘徽殿《コキデン》女御ト梅壺女御ノ）二所さぶらひ給へば（帝ノオソバニオツキ申シ上ゲテイラッシャルノデ）、兵部卿宮（ハ自分ノ娘ノ入内ヲ）すがすがともえおもほし立たず（源氏、絵合）

4　その頃のことには、この絵の御定めをし給ふ（人々ハ絵合ワセノ絵ノ御批評ヲシテイラッシャル）。「かの浦々（須磨明石ノ浦々）の巻は中宮にさぶらはせ給へ（中宮ノオソバニ侍《ハベ》ラセテオイテ下サイマシ）」と（源氏ハ中宮ニ）きこえさせ給ひければ、（中宮ハ）これがはじめ、又残りの巻々ゆかしがらせ給へど（源氏、絵合）

5　うへ（帝）の御前に「いなかへじ」という御笛のさぶらふなり。御前にさぶらふ物どもは皆、琴笛も珍らしき名つきてこそあれ。（能因本枕草子（三巻本もほぼ同じ））

右の4・5は、尊貴の人のおそばにひかえているものが「人」ではなくて「物」の場合である。5は後掲のCの例とまぎれやすいが、Cは対話敬語であり、これは地の文に用いられていて、区別されるべきである。ただ現代の口語にはまことに訳しにくい。「御笛ガオソバニ侍シテイルノダ」では、口語にはなるまいから、「御笛ガゴザイマスノデス」というふうに訳すとすれば、Cと同じ対話敬語になってしまうが、やむを得まいか。あるいは「御笛ガオ手許ニオアリニナルノデゴザイマス」と訳せばやや近かろうか。（「オアリニナル」は尊敬語だから、厳密には、もとより当たらない。）

6　（浮舟ノ女房右近カラノ、宇治中君ノ女房大輔ヘノ手紙）「年改りて、（中君サマニオカ

セラレテハ）何事かさぶらふ。御私にも（大輔御自身ニオカレテモ）いかにたのしき御よろこび多くはべらむ…」（源氏、浮舟）

右は手紙文の中で用いられているから、Cの例と見て、「アナタ（大輔）ノトコロデ何カ変ワッタコトガゴザイマスカ」と解けそうでもあるが、「御私にも」と、あとに記されていることから見れば、中君についての御機嫌伺いと見るべきであり、現代語としては「御主君デアル中君サマノオンモトデ何カ変ワッタコトガオアリニナリマショウカ」とでも訳すのが穏当であろう。

Bの例

7 （僧都カラ妹尼ヘノ手紙）「…自らきこえさすべきことも多かれど、今日あす過ぐしてさぶらふべし（ソチラニオウカガイシマショウ）」（源氏、夢浮橋）

8 （大夫監ガ玉鬘ヲ美シイト聞イテ、訪ネテクル。取次ノ乳母ニ言ウ）「…志をはげまして、今日はいとひたぶるに、強《し》ひてさぶらひつる（ムリニモオウカガイシマシタ）」（源氏、玉鬘）

Cの例

9 （蓬莱ノ玉ノ枝ヲ持ッテキタ皇子ニ翁ガ言ウ）「いかなる所にか、この木はさぶらひけむ（ゴザイマシタノデショウ）。あやしくうるはしくめでたきものにも」と申す。（竹取）

10 （侍女ノ阿漕ハ、継母ニ監禁サレテイル姫ニ、ヒソカニヤット会ウ）あこぎ泣く泣く

「今朝よりこのへやのあたりをかけづり侍れど、えなんさぶらはざりつるは（オ側ニオ伺イデキマセンデシタヨ）。いみじくもさぶらひつるものかな（ヒドイコトデゴザイマシタヨ）…」と申せば（落窪、一）

11 「少しよろしからむ事を申せ（少シマシナコトヲ申シ上ゲルヨウニシロ）」と（公達ハ式部丞ヲ）責め給へど「これより珍らしき事はさぶらひなむや（コレヨリ珍ラシイコトハゴザイマショウカ）」とてをり（畏マッテヒカエテイル）。（源氏、帚木）

12 （朱雀院カラ姫宮降嫁ヲホノメカサレテ、夕霧ハ）「はかばかしくもはべらぬ身には、よるべもさぶらひがたくのみなむ（タシカナ妻モナカナカゴザイマセンデ）」とばかり奏して止みぬ。（源氏、若菜上）

13 （浮舟ノモトニ忍ンデ行コウトスル匂宮ガ内記ニ手引キヲタノム。内記ハ言ウ）「おはしまさむ事は、いと荒き山越えになむはべれど（山越デゴザイマスケレド）、ことに程遠くはさぶらはずなむ（トリタテテ道ノリガ遠クハゴザイマセン）」（源氏、浮舟）

（付言）Cの例と見るべきか、Aの「物」の例と見るべきかきめかねるようなものもある。

（新築ノ中納言邸ヲ、道頼ハ落窪姫ガソノ邸ノ地券ヲ持ッテイルノヲ確カメテ、中納言ノ転居ニ先手ヲ打ッテ占有シテシマウ。ソノトキノ道頼ト姫ノ侍女衛門トノ会話）「いかで領ぜさせ果てじ」と（衛門ガ）言へば、男君（道頼）「券はありや」とのたまへば、「いとたしかにてさぶらふ」「さてはいとよく言ひつべかなり（ソレナラ大変ウマク先方ニ談ジ

コメソウダ)。…」とのたまへば(落窪、三)

右の「いとたしかにてさぶらふ」は「地券ハ確実ナ状態デ存在シテオリマス」の意と解くならC、「地券ハ確実ナ状態デ姫君ノオ手許ニオアリデゴサイマス」の意と解くならAとなろう。ただ、この文のあとにも「券やさぶらふらむ」「券はまことにやさぶらふらむ」とあり、それらはいずれもAと解く方がよさそうな例であるから、右もAと判断すべきか。

「さぶらふ」が他の動詞についているのには、次の三つの場合があり得よう。

①〔他の動詞のあらわす動作に、「おそばにおうかがいしている」などの意を加える場合〕

この頃はなほもとのごとくまゐりさぶらはるべき由おとどもすすめ給へば(御持僧トシテ宮中に、昔ノヨウニ参上シテ、帝ノオソバニオ仕エナサルベキ由ヲ源氏モオススメニナルノデ、僧都ハ)(源氏、薄雲)

雪のいと高く降りたるを、例ならず御格子参らせて、炭櫃《すびつ》に火おこして物語などしてあつまりさぶらふに(集マッテオソバニ侍シテイルト)「少納言よ、香炉峯の雪はいかならむ」と仰せらるれば(能因本枕草子。〔三巻本もほぼ同じ〕)

②〔他の動詞のあらわす動作に、「あり・てあり」の謙譲の意を加えて、話し手が聞き手に対しての謙譲の気持ちをあらわす場合(対話敬語)〕

これは用例が少なく、またそれらの用例も①との区別がつけにくいことが多い。

(殿上人タチガ蔵人ノ輔尹トイウ男ヲナブリモノニシテ、アザケル歌ヲ作ッタ。帝ガ)これが（「が」ハ「を」ノ誤リカ）御笛に吹かせ給ふ（笛デソノ歌ヲオ吹キニナル）を、（高遠ノ大弐ガ帝ニ）添ひさぶらひて（コノ「さぶらふ」ハ①）「なほ高う吹かせおはしませ。え聞きさぶらはじと申せば、（帝ハ）「いかでか。さりとも聞き知りなむ」とてみそかにのみ吹かせ給ふを（能因本枕草子（三巻本もほぼ同じ））

右の「え聞きさぶらはじ」を「輔尹はえ聞きてあらじ」の対話敬語（聞き手の帝に対する高遠の謙譲）と解くなら、この②の用例となるが、輔尹は蔵人として殿上に奉仕する身なのだから、それを「さぶらふ」であらわしたとすれば、①の用例と見なければならない。

③（他の動詞のあらわす動作を、単に丁重に表現して、聞き手への謙譲の気持ちを添えるだけの場合（対話敬語））

これも用例は稀少であり、それらの用例にしても本文に疑わしい節があることが多いようである。

（雪山ノ番ヲ頼マレタ木守ガ清少納言ニ言ウ）「いとやすきこと。たしかにまもり侍らむ。（デスガ）わらはべぞのぼりさぶらはむ（ノボルコトデゴザイマショウ）」（三巻本枕草子）

右は、いたずらな童児たちが「のぼらむ」の対話敬語として疑いもない適例のようであるが、この部分が能因本では、

いとやすきこと。たしかにまもりさぶらはむ。わらはべなどぞのぼり侍らむ。

となっていて、本文は浮動している。「まもりさぶらはむ」の方は「私が守ッテ奉仕イタ

シマショウ」の意と見るのが穏当であろうとすれば①の例である。ただし②の例と見られなくもない。

（馬寮ノカイバヲ積ンデアッタ建物ノ火災ニヨッテ垣ヲ隔テテスグノ家ヲ焼カレタ男ノウッタエノコトバ）「からい目を見さぶらひつる（三巻本「見さぶらひて」）。誰にかはうれへ申しさぶらはむ（三巻本「うれへ申し侍らむ」）とてなむ」（能因本枕草子）

右は、能因本・三巻本とも「見さぶらふ」については一致する。したがってたしかな用例のように見えるが、この男は、無教養な庶民として登場している男だから、妙な敬語を使っているさまを作者は写しているのかも知れない。たしかな用例とするのには、やはりためらわれるのである。

次の例の「なげき申しさぶらふ」は、やはり「なげき申す」の対話敬語ではなくて、「なげき申しあり」の対話敬語と見る方が、ふさわしいとすれば、③ではなく、②の例となる。

（落窪姫ノ異母兄ノ越前守ガ、姫ノ夫ノ衛門督ノ所ニ来テ、邸ノ不法占拠ニ抗議シテ言ウ）「この家作り侍る事、二年なり。その程までは音なく侍りて、（ダシヌケニ、今ニナッテ）かく妨げさせ給へるは、いと安からずなんなげき申しさぶらふなり」（落窪、三）

少なくとも中古中期ごろまでは、②③の用法は、まだ確立してはいなかったと考えられそうである。

（付言）「さぶらふ」は、中古後期から「はべり」と次第に交替して、しきりに使われるようになり、中世に入ると、「はべり」は口語からはまったく影をひそめ「さぶらふ」のみが用いられるようになるようである。また中古末から中世初にかけて「ぶ」の音が清音に変わり「さうらふ」といわれたという。ただし「平家物語」では、男性用語は「さうらふ」、女性用語は「さぶらふ」と使い分けられている由であり、中世末のロドリゲスの「日本大文典」では「さぶらふ」は「書き言葉で女子にのみ使われる」と説明されている。中世では「さぶらふ」は、「はべり」とちがって、会話文で尊者の存在や動作について言うのに用いられる。

（二位尼ガ帝ト共ニ入水ショウトスルトキ帝ニ言ウ）「西にむかはせ給ひて、御念仏さぶらふべし」（平家、先帝身投）

解説　碩学の示したスタートライン

小田　勝

本書は日本の古典文を正確に読解しようとする人のために著された本格的な解釈のための文法書であり、絶大な支持を得た往年のベストセラーである。

本書の著者松尾聰は、古典語の語彙・語法に精通し、古典文を逐語的に正確に読解することで定評のある国文学者である（国語学にも造詣が深く、国語学会（現在の日本語学会の前身）の評議員も長く務めた）。松尾は古典文学作品の注釈書を数多く著しているが、それらはいずれも一語一語に密着し、多くの用例を集めて慎重に吟味した上で語意を定めるという姿勢で貫かれている。このような松尾の研究手法は、著書『源氏物語を中心としたうつくし・おもしろし攷』（笠間書院・昭和五一年）、『源氏物語を中心とした語意の紛れ易い中古語攷』（同・昭和五九年〔以下「文献1」〕）、『源氏物語を中心とした語意の紛れ易い中古語攷　続篇』（同・平成三年）、『松尾聰遺稿集Ｉ　中古語「ふびんなり」の語意』（同・平成一三年〔以下「文献2」〕）などでうかがうことができる。これらの諸論考は古典語の「うつくし」「おもしろし」「つきづきし」「ふびんなり」などの語意を検討したものであるが、その際松尾は中古を中心とする文学作品から一々全用例（！）をあげて、一つ一つ丁寧に解釈して粘り強くその語意を吟味している。これが古典文読解に対する松尾の基本姿勢であり、思えば古典文というものはこのようにしてしか読めないはずのものであろう。

本書もまた如上の態度で記述されたものであって、本書が目指したものは助動詞・助詞・敬語の語意を実際の用例に沿って吟味してゆくことである。だから本書は、一頁目から、掲示の用例を読み飛ばすことなく、ゆっくりと読まれるべき本であるといえる。著者は読者に掲示の用例を一つ一つ慎重に吟味するよう求めている、あるいは本書によってそのようなことを可能にする読解力と持久力とを養成しようとしていると言ってもよいだろう。本書の用例を、そこに付された周到な片仮名書きの説明に助けられながら丁寧に読み進めてゆけば、相当の古典文読解力が付くこと必定である。

いったい語学者というものは言語体系《ラング》への拘りが強いから、文脈から切り離された用例を言語データとして、それを分類、類従する作業に没入しがちなのだが、本書はさすがに優れた文学者の手に成るものだから、一々の用例についてその置かれた文脈ごと丁寧に読み込んだ上で掲示されており、まるで良質な注釈書を読んでいるような感覚にさせられる。本書の特筆すべき特徴であろうと思う。

本書は暗記のための文法規則を示したものではないから、不都合な用例、不審な用例も隠さず示し、松尾はそれらを前にして、ああでもないこうでもないと逡巡してみせる。そうしてうまく説明できない用例に対しては正直に分からないと述べている（解決のつかない用例を前にして「今後の解決を俟《ま》つ」「なお考えたい」と——少し苛立ったように——書くのは松尾の注釈書の特徴である）。また、用例の少ない語は語意が定めがたいから、全用例を掲示して検討してもいる。性急に要点を求めがちな現代人にとっては取っ付きにくい所があるかもしれないが、著者曰く「我慢して勉強してもらうより仕方がない。なぜといって、ここに書いてあることは、古文解釈に必要な最少限度の知識なのだから。」（六頁）と。苟《いやしく》も日本の古典について云々するのは、最低限本書に書いてあることくらいは身につけてからにし給え——本書について東条操（国語学者・方言学者、一八八四〜一九六六年）は「入門」ではなく「入道」だと言ったというが（文献2、三二―三頁）、松尾が本書で示そうとしたものは古典文学・古典語学に〝入道〟するためのスタートラインであった。

さて、本書は今から五十年近くも前に書かれた本だから（初版の刊行からは七十年近くになる）、今日の立場からの補足・補正を書くことは解説者の責務であろうと思う。以下、本書の記述にそくして、注目すべき記述、また補正すべきであると思われる記述について、若干のコメントを記す。

二三頁の〔問題〕は、イ～フを正確に訳せ、「もし答えられないのだったら」「諸君は、古語についてきわめて初歩的な知識さえもしっかり身につけていないことが確かなのだ」と言って、多くの読者を警醒した有名な問題である。ただしこの中で「(ネ)花咲かざり。」だけは、実例が皆無ではないものの、中古和文としてはイレギュラーな形であろうと思う。

四八～五〇頁、「受身の言い方は「人」が主語に立つ場合に限って用いられ、人以外のもの特に無生物については用いられなかったといわれている」が、「かなり無生物を主語とする受身の言い方の例外的用例があるようである」と指摘する。全くその通りであって、例えば『枕草子』では全受身文中の二六パーセントが非情物を主語とする受身文であるという調査結果もある（原田信一氏）。広く用いられている新編日本古典文学全集（小学館）の『源氏物語』の頭注では「古代日本語では無生物を主語として受身の述語を用いることはない。」（第一冊〔第二〇巻〕一八〇頁頭注六）などと言い切っているのだが、言い過ぎである上に真実ではない。次のような例をあげておこう。

(1) 人の家居のなごりなくうち捨てられて（源氏、匂兵部卿）

(2) 大きなる木の、風に吹き倒されて（三巻本枕草子）

したがって五〇頁の「この（格子ノ）際に……」の例の「屛風」は擬人化されたと考える必要はなかろう。

五六頁の「落窪君の……」の例では、「腹立たれ給へば」の「れ」に疑義を示しているが、自発と解して問題ないのではなかろうか。

一〇三頁、土佐日記の「夜更けぬ。この歌主……」の「またまからず」について、「むず」の「む」が脱落したものとする説には従い難く、この箇所は今日では「まだまからず（＝まだおいとましません〔新編日本古典文学全集訳〕）」のように読むのが普通である。

一三三頁、「つ」と「たり」が接続した「て‐たり」が存在しないというのはその通りであるが、両者は接続しないわけではなく、「たり‐つ」の語順で接続する。

一六四頁七・八行目の「や……らし」の用例は、「初音なるらん」「さみだれに水の水かさまさるらし」という本文に従うべきかと思われる。

二四一頁の指定（断定）の助動詞「なり」の活用表には、連用形に「なり」とともに「に」がほしい。

二四三頁後ろから二行めの「せうとたる人」は、「せうとなる人」という本文に従うべきかと思われる。

二六五頁、「に」の（ロ）の用例は、変わった例である。一応便宜のために現行の活字本での所在を記しておくと、この例は新潮日本古典集成『狭衣物語』上の二二頁にある（日本古典文学大系では三八頁、新編日本古典文学全集では第一冊〔第二九巻〕三一頁の箇所だが、本文は異なっている）。

三〇五～三一四頁での「ばかり」の接続に関する指摘は鋭い。用言に続く「ばかり」について、意味（「範囲」か「限定」かの違い）によらず、ラ変型活用語および助動詞「き」「ず」「まじ」には連体形に、それ以外の活用語には終止形に接続すると規定する（文献1に詳細な考証がある）。三〇九頁16の例、三一一頁Bの例は「さし出づばかり」「思ひ給ふばかり」の本文に従うべく（ただしそうすると後者は下二段「給ふ」の終止形の例となる）、三〇九頁15の例も本文が疑わしいようである。三一一頁の古今集の例と同頁Aの例との二例が存疑として残るけれども、これらの連体形は準体言とも考えられようか。なお、この規定によれば、「ばかり」は助動詞「ず」には連体形「ぬ」に、助動詞「ぬ」には終止形「ぬ」に付くことになるから、「……ぬばかり」とあった場合、この「ぬ」は打消の場合も、完了の場合も存することになる。例えば、次の(3)の「ぬ」は打消、(4)の「ぬ」は完了であること、上接語の形から分かる。

(3) 露をなどあだなる物と思ひけむわが身も草におかぬばかりを（古今、哀傷）

(4) うち払ひ起き臥す床にゐる塵の名をのみ立ててやみぬばかりか（肥後集）

次例のように、未然形と連用形とが同形の語に「ぬばかり」が付いた場合は形の上から判断することはできない（文意から(5)の「ぬ」は打消、(6)の「ぬ」は完了と判断される）。

(5) もの思ひてよにふる雪のわびしきは積もり積もりて消えぬばかりぞ（兼盛集）

(6) うち捨てて君しいなばの露の身は消えぬばかりぞ有りとたのむな（後撰、離別・

羇旅）

三一四頁、「まで」。ここに説かれている如くであるので、古語には、現代語に存する「まで」（till）と「までに」（by）との使い分けは存しない。

三二六頁、（ト）の例。松尾は「不用意の誤用」というが、この句型（〔「……係助詞……連体修飾語＋名詞＋述語〔文末〕。」において、係助詞を伴う文節が意味上連体修飾語にのみ係ると考えられる句型〕では、必ず文末の述語は係助詞に対する結びの形になる（つまり（ト）の句型はこれで正用法である）こと、この解説の筆者による考証がある（小田勝『古代語構文の研究』〔おうふう・平成一八年〕第四章第二節）。三二七頁（チ）の例は、「花かとぞ見る」の本文に従うべきであろう。

三五〇頁、落窪の「二人の聟の装束……」の例は、「しばらくの間は何かと忙しかったけれども」（新編日本古典文学全集訳）とも解釈できよう。

三七一頁、（イ）の「かく鎖《さ》し込めてありとも」の例は、「かく」とあるから、（ニ）の例かとも思われる。

四七四頁からの第五章は、敬語語彙についての解説であるが、謙譲語で「たうぶ」「たばる」「たうばる」など僅少の語に相当の分量を割いている一方、例えば「奏す」「啓す」が無いなど、必ずしも網羅的ではない点に注意したい（尊敬語では「大殿籠もる」などが無い）。また、古典敬語のしくみについても、体系的な説明がなされていない。

五〇〇頁にある「おぼえ給ふ」は、「おぼえ」が受身の場合Ⅰに、「自発」の場合Ⅱになるということである（受身の場合「太郎が呼ばれなさる」のように敬意は文の主語である「太郎」に、自発の場合「（太郎にとって）故郷が思い出されなさる」のように敬意は文の主語以外〔以下これを「補語」と呼ぶ〕の人物である「太郎」に向く）。

五五〇頁、補助動詞の「たてまつる」について、「上の動詞のあらわす動作が卑者から尊者に向けて行われることをあらわすのに用いられる。」という理解は妥当ではない。例えば、

(7)（帝ハ）一の宮を見たてまつらせ給ふにも（源氏、桐壺）〈地の文〉

では、上の動詞「見る」のあらわす動作は、帝（尊者）から一の宮（卑者）に向けて行われたものである（つまり主語の方が補語より上位者であっても補助動詞「たてまつる」は用いられるということである）。なお、右例(7)において、「たてまつる」は「一の宮に対する敬意」を表すが、これは「作者からの、一の宮への敬意」であって、「帝からの、一の宮への敬意」ではない。もしも「たてまつる」が「主語から補語への敬意」を表すとすると、

(8)（蜂ガ太政大臣宗輔ヲ）刺したてまつることせざりけり。（今鏡）

(9) かの蓮《はちす》の花は、まろが女院のわたりにこそ似たてまつりたれ。（堤中納言物語、はなだの女御）（女達ガ各自ノ女主人達ヲ花ニ喩エテ語リ合ッタモノ）

⑽　あが君を取り奉りたらむ、人にまれ鬼にまれ、返したてまつれ。（源氏、蜻蛉）

⑻は「蜂から太政大臣への敬意」、⑼は「蓮の花から女院への敬意」、⑽は「「人であれ鬼であれ、何であれ」という不定のモノから「あが君」への敬意」を表しているということになり、これはまことに奇妙な理解というべきであろうし、次例⑾では敬意の主体がないことになってしまう。

⑾　神武天皇をはじめたてまつりて、当代まで六十八代にぞならせ給にける。（大鏡）

同様に、「たてまつる」を「主語を低めることによって、結果的に補語を高める」とする説明も成り立たないというべきである。用例⑺において「帝を低める」とするのは古典敬語の体系上極めて考え難いことであるし、そもそも⑾では低めるべき主語がない。

五八五頁、（ヌ）の括弧内、「（言いかえれば……」以下は、要するに、上代では、

まゐる（行き先を敬う）⇕まかる（出所を敬う）

だったものが、中古になると、

まゐる（行き先を敬う）⇕まかづ（出所を敬う）

まかる（「行く」意を畏まって言う）⇕まうで来（「来る」意を畏まって言う）

になったということである。したがって、波線を付した「まかる」が「上代と中古とで意味・用法がちがう」（五七六頁）ことになるわけである。

最後に、本書からさらに学習を進めたい方のために、いくつかの文献を紹介しておく。最初にあげるべきは、何と言っても松尾が著した名注釈書『徒然草全釈』（清水書院・昭和四一年、新装改訂版・平成元年、拡大復刻版・平成二八年）であろう。注解は隅々まで松尾らしさに溢れており、本書の次に読むべき本としてお勧めする。松尾はまた『源氏物語』の全注釈にも挑んだのだが、朝顔巻までで途絶してしまったのは、何とも惜しまれる（『全釈源氏物語』第一巻〜第六巻〔筑摩書房・昭和三三〜四五年〕）。その他、松尾の著作リストは『松尾聰遺稿集Ⅲ 日本語遊覧 語義百選』（笠間書院・平成一二年）でみることができる。古典語の助詞・助動詞の詳しい参考書としては、此島正年《このしままさとし》『国語助詞の研究 助詞史素描』（桜楓社・昭和四一年、増訂版・昭和四八年）、同『国語助動詞の研究 体系と歴史』（同・昭和四八年）、松村明編『古典語現代語 助詞助動詞詳説』（学燈社・昭和四四年）など、古典敬語については中村幸弘・大久保一男『古典敬語詳説』（右文書院・平成一四年）などがあり、敬語のしくみを理解するには現代敬語についてのものであるが菊地康人『敬語』（角川書店・平成六年、講談社学術文庫・平成九年）がたいへん有益である。本書に度々登場する杉崎一雄のかしこまりの語法については、同氏に『平安時代敬語法の研究――「かしこまりの語法」とその周辺――』（有精堂出版・昭和六三年）がある。

松尾自身が言うように（三頁）、本書は古典文の構文についてはまったく触れられていないから、本書を補完する古典語構文の参考書として、先に本文庫に収録された佐伯梅友

『古文読解のための文法』（ちくま学芸文庫・平成三一年）の参照を強くお勧めする。

松尾聰、小西甚一、山岸徳平、佐伯梅友、今泉忠義らが活躍していた時代——まだ国文学と国語学とはぴったりと寄り添っていた。本書はそんな時代の空気を今に伝えている。両者が完全に没交渉になり果てた今、国文学と国語学との協同ということについて、もう一度反省する必要もあるのではないだろうか。そんな思いも込めて、初学の学習者にも、プロの専門家にも有意義な本書の文庫化を心から喜びたい。

（おだ・まさる　國學院大學教授　日本語学）

語句索引

○この索引は「古文解釈」の便宜のために作った「古語」のあらましの索引である。したがって文法用語や人名、書名などは一切採らなかった。
○「序説」の章は索引から省いた。

本書は、一九七三年十二月二十五日、研究社より刊行された。文庫化にあたっては、一九九一年の改訂十三版を底本とし、ルビを増やした。なお、明らかな誤りは適宜訂正した。

現代語訳 信長公記(全)

太田牛一
榊山潤 訳

幼少期から「本能寺の変」まで、織田信長の足跡をつぶさに伝える一代記。作者は信長に仕えた人物で、史料的価値も極めて高い。(金子拓)

現代語訳 三河物語

大久保彦左衛門
小林賢章 訳

三河国松平郷の一豪族が徳川を名乗って天下を治めるまで、主君を裏切ることなく忠勤にはげんだ大久保家。その活躍と武士の生き方を誇らかに語る。

雨月物語

上田秋成
高田衛／稲田篤信校注

上田秋成の独創的な幻想世界「浅茅が宿」「蛇性の婬」など九篇を、本文、語釈、現代語訳、評を付しておくる〝日本の古典〟シリーズの一冊。

古今和歌集

小町谷照彦訳注

王朝和歌の原点にして精髄と仰がれてきた第一勅撰集の全歌訳注。歌語の用法をふまえ、より豊かな読みへと誘う索引類や参考文献を大幅改稿。

枕草子(上)

清少納言
島内裕子校訂・訳

芭蕉や蕪村が好み与謝野晶子が愛した、北村季吟の注釈書『枕草子春曙抄』の本文を採用。江戸、明治と読みつがれてきた名著に流麗な現代語訳を付す。

枕草子(下)

清少納言
島内裕子校訂・訳

『枕草子』の名文は、散文のもつ自由な表現を全開させ、優雅で辛辣な世界の扉を開いた。随筆文学屈指の名品は、また成熟した文明批評の顔をもつ。

徒然草

兼好
島内裕子校訂・訳

後悔せずに生きるには、毎日をどう過ごせばよいか。人生の達人による不朽の名著。全二四四段の校訂原文と、文学として味読できる流麗な現代語訳。

方丈記

鴨長明
浅見和彦校訂・訳

天災、人災、有為転変。そこで人はどう生きるべきか。この永遠の古典を、混迷する時代に生きる現代人ゆえに共鳴できる作品として訳解した決定版。

梁塵秘抄

植木朝子編訳

平安時代末の流行歌、今様。みずみずしく、時にユーモラス、また時に悲惨でさえある、生き生きとした今様から、代表歌を選び懇切な解説で鑑賞する。

ちくま学芸文庫

改訂増補《かいていぞうほ》　古文解釈《こぶんかいしゃく》のための国文法入門《こくぶんぽうにゅうもん》

二〇一九年九月　十　日　第一刷発行
二〇二四年七月二十五日　第三刷発行

著　者　松尾　聰（まつお・さとし）

発行者　増田健史
発行所　株式会社　筑摩書房
東京都台東区蔵前二―五―三　〒一一一―八七五五
電話番号　〇三―五六八七―二六〇一（代表）
装幀者　安野光雅
印刷所　株式会社精興社
製本所　株式会社積信堂

ISBN978-4-480-09940-2 C0181